“十三五”国家重点图书出版规划项目
面向挑战的隧道及地下工程

丛书总主编
洪开荣

DUNGOU SHIGONG ZHUYAO WENTI
YU ANLI FENXI

盾构施工主要问题与案例分析

郭卫社 主 编
高 攀 冯欢欢 副主编

人民交通出版社股份有限公司
北京

内 容 提 要

本书结合工程案例分析，深入阐述了盾构施工过程中的主要工程问题。主要内容包括：盾构始发、到达、空推过程中的常见问题，软硬不均地层、全断面硬岩、易结泥饼地层及小半径曲线盾构等特殊不良地层式掘进中的常见问题，管片开裂渗漏、盾构切桩、盾构涌水、盾构及管片旋转、盾构施工遭遇有害气体等复杂工况下的常见问题处治技术，以及盾构工作压力计算与选取、盾构仓内高压动火技术、饱和带压进仓技术、常压换刀刀盘的应用与改进、多模式盾构应用、渣土垂直皮带提升技术、渣土零排放与资源化利用等其他核心关键技术。

本书适用于盾构工程领域从事设计、施工、监理、制造的专业技术人员使用和参考，也能为高等院校隧道及地下工程相关专业的师生提供参考。

图书在版编目（CIP）数据

盾构施工主要问题与案例分析 / 郭卫社主编. —北京：人民交通出版社股份有限公司，2020.12

ISBN 978-7-114-16632-7

Ⅰ.①盾… Ⅱ.①郭… ②高… ③冯… Ⅲ.①盾构法—隧道施工—案例 Ⅳ.①U455.43

中国版本图书馆CIP数据核字(2020)第099591号

面向挑战的隧道及地下工程

书　　名：盾构施工主要问题与案例分析

著 作 者：郭卫社

责任编辑：谢海龙　张　晓

责任校对：孙国靖　扈　婕

责任印制：刘高彤

出版发行：人民交通出版社股份有限公司

地　　址：（100011）北京市朝阳区安定门外外馆斜街3号

网　　址：http://www.ccpcl.com.cn

销售电话：（010）59757973

总 经 销：人民交通出版社股份有限公司发行部

经　　销：各地新华书店

印　　刷：北京建宏印刷有限公司

开　　本：787×1092　1/16

印　　张：25.25

字　　数：579千

版　　次：2020年12月　第1版

印　　次：2021年12月　第2次印刷

书　　号：ISBN 978-7-114-16632-7

定　　价：168.00元

丛书编写委员会

本册编写委员会

主 任 委 员

郭卫社

副主任委员

高 攀 冯欢欢

编 委（按姓氏笔画排序）

王百泉 花 煜 李沿宗 李建宁 李 政 李 荆 吴建宏

何 列 张 迅 张 兵 陈艺升 陈玉林 韩 丹 谢有才

谢 韬

本 册 主 审

张宁川 张稳军 干昆荣

作者简介

Introduction to the author

郭卫社，1994年毕业于长沙铁道学院（现中南大学）铁道工程专业，2009年获石家庄铁道学院（现石家庄铁道大学）建筑与土木工程硕士学位，正高级工程师，中国中铁股份有限公司隧道与地下工程专家，《隧道建设》（中英文）杂志编委，中南大学隧道与地下工程校外导师。现任中铁隧道局集团有限公司科技设计与信息化部部长，长期工作在隧道及地下工程第一线，先后担任项目总工程师、片区指挥部总工程师14年。获省部级科技进步奖5项，发明专利4项，出版专著2部。

高攀，郑州大学水工结构工程硕士，高级工程师，现任中铁隧道局集团有限公司科技设计与信息化部副部长，长期从事科技研发和科研管理工作，先后主持完成了4项中国中铁股份有限公司和省部级重点、重大课题，获省部级科技进步奖6项，发明专利12项，发表学术论文10余篇。

冯欢欢，工程硕士，高级工程师，现任中铁隧道局集团有限公司科技设计与信息化部设计科科长、中国土木工程学会隧道及地下工程分会秘书，主要从事隧道及地下工程装备与施工技术的研究与管理工作。先后获中国施工企业管理协会科学技术奖科技创新先进个人、中国中铁青年岗位能手等荣誉称号，获河南省科技进步奖2项，中国铁路工程总公司科学技术奖3项，发明专利8项，省部级工法3项，发表学术论文35篇（其中EI收录8篇）。

陈艺升，毕业于太原理工大学土木工程，工程师。先后参与广深港狮子洋隧道、广州轨道交通四号线南延段、珠三角城际广佛环线建设。主持省级工法1项，中国中铁科研项目1项，获发明专利3项，主持荣获省级QC奖2项，发表核心期刊论文2篇，获广州市市政工程协会优秀工程技术人员，作为主要完成人获广东省土木建筑学会科学技术一等奖1项。

李建宁，高级工程师，现任中铁隧道集团三处有限公司工程部副部长，广东省建筑施工安全管理专家。长期从事轨道交通工程、盾构/TBM施工与技术研究，参与重庆地铁、广州地铁、深圳地铁、东莞地铁、深圳前海深隧等项目建设。发表论文11篇，申请专利5项，获河南省工程建设省级工法1项，广东省土木建筑学会科学技术奖励一等奖1项。

陈玉林，工程师，现任中铁隧道股份有限公司佛莞城际FGZH-3标项目、深江铁路2标项目总工程师。长期从事轨道交通、盾构工程与盾构机技术研究工作，获省部级工法2项，全国QC一等奖2项，发表论文2篇，参建的深圳地铁11号线荣获荣获2018—2019年度中国建设工程鲁班奖，参建的深圳地铁9号线获2020年度国家优质工程金奖。

张兵，正高级工程师，注册土木（岩土）工程师，现任盾构及掘进技术国家重点实验室副总工程师、研发部部长。主要从事盾构及掘进技术方面的科技创新及管理工作，主持国家重点研发计划课题1项，参与973计划课题3项、863计划课题3项、国家国际合作专项1项，获中国专利优秀奖1项，省部级科技进步一等奖2项、二等奖5项、三等奖2项，获国家发明专利21项、软件著作权7项。

何列，高级工程师，现任广州市轨道交通13号线二期七项目部总工程师。长期从事轨道交通工程、盾构工程及盾构技术研究工作，先后参与深圳地铁、重庆地铁、长沙地铁、广州地铁等城市轨道交通建设，参与编制2018年住房与城乡建设部百项新技术、广东省省统表轨道交通分册。熟悉盾构施工、车站明挖施工、城市暗挖施工等技术，有丰富的复合地层盾构掘进经验。获得多项发明、实用新型专利。

李沿宗，高级工程师，硕士研究生，国家一级注册建造师、《隧道建设》（中英文）审稿专家，现任中铁隧道局集团有限公司科技设计与信息化部科管科科长，主要从事隧道及地下工程科技创新管理及研发工作。主持或参与研究了10余项省部级、中国中铁及集团公司重大、重点课题，多项成果已通过省部级鉴定或评审，荣获多项省部级科技奖。以第一作者发表核心期刊论文8篇，发明专利10余项。

吴建宏，毕业于兰州交通大学，现任珠江三角洲水资源配置工程土建施工B4标项目部项目经理。参与广州地铁、深圳地铁、长沙地铁等城市轨道交通建设，获中铁隧道股份先进个人，获得发明专利2项，实用型新型专利8项，工法1项。

王百泉，高级工程师，中铁隧道局集团有限公司专家，主要从事盾构工程、隧道及地下工程非标设备研发和隧道检测技术研究等工作。先后参与了综合管廊、铁路、城市轨道交通等工程建设，主持和参与原铁道部、广东省重点领域研发计划、中铁隧道局集团有限公司多项盾构及非标设备科研项目，获中国铁路工程总公司科学技术奖特等奖2项、一等奖1项、二等奖1项，获洛阳市科学技术奖一等奖1项、国家级工法1项、省部级工法2项、国家发明专利13项，编写专著1部，发表科技论文11篇。

面向挑战的隧道及地下工程

Primary Problems and Case Analysis of Shield Construction

丛书序

Introductory

200 万年前人类祖先已择洞而居，遮蔽风雨，抵御猛兽。中华文明文字记载的隧洞挖掘可追溯至公元前 722 年郑庄公与其母姜氏“阙地及泉，隧而相见”。人类经过不断探索研究和工程实践，如今随着技术的不断进步与可持续的文明发展，人们对采用隧道与地下工程解决人类生存与地面环境矛盾的认识越来越深刻，如解决地面交通的问题、解决水资源分布不均的问题、解决地表土地资源稀缺的问题、解决能源安全储存的问题、解决城市地表环境的问题，等等。特别是进入 21 世纪以来，人类已广泛形成了“来自地表挑战的地下工程解决方案”的共识。同时，正是这些应对挑战的隧道与地下工程解决方案，使得隧道与地下工程建设本身又面临着新的技术挑战，如超深埋的山岭隧道、超浅埋的城市隧道、超长隧道、跨江越海隧道以及复杂地面与地下建（构）筑物环境下的隧道与地下工程等。另外，隧道及地下工程建设还要面临极其复杂的地质条件与恶劣环境的挑战，如高地温、高地应力、高水压、极硬岩、极软岩、地下有害气体、岩溶等。

中华人民共和国成立以后，随着铁路、公路、水利水电等基础设施的大规模建设，隧道与地下工程进入快速发展期。至 20 世纪末，我国累计建成铁路隧道 6211 座，隧道总长度达 3514km，为中华人民共和国成立前铁路隧道总长度的 22 倍。进入 21 世纪以来，我国的铁路、公路、水利水电、城市地铁、综合管廊、城市地下空间、能源洞库等得到爆发式的发展，我国一跃成为隧道与地下工程发展最快的国家，隧道总量居全球首位。至 2017 年底，我国运营隧道（洞）总长达 39882km，在建隧道总长约 17000km，规划的隧道长度约 25000km。隧道与地下工程呈现出向多领域应用延伸，并具有明显地向复杂山区、城市人口密集敏感区发展的趋势。可以说，21 世纪，隧道与地下工程将大有作为，但面临的挑战与压力也将是史无前例的。

中铁隧道局集团有限公司（简称“中铁隧道局”）为原铁道部隧道工程局，是国内隧道与地下工程建设的主力军，年隧道建设能力达 500km 以上，累计建成隧道（洞）约 7000km。中铁隧道局自 1978 年成立以来，承担了我国大量的重、难、险隧道与地下工程建设任务，承建了众多具有标志性、里程碑意义的隧道与地下工程，如首次采用新奥法原理修建的衡广复线大瑶山隧道（14.295km）——开创了我国修建长度超过10km以上隧道的先河，创立浅埋暗挖法修建的北京地铁复兴门折返线——标志着我国地铁建设由“开膛破肚”进入暗挖法时代，首次采用沉管法修建的宁波甬江隧道——标志着我国水下隧道建设的跨越，创建复合盾构施工工法建设的广州地铁2号线越秀公园—广州火车站—三元里区间隧道——标志着我国地铁建设迈入盾构时代。从北京地铁，到广州地铁，再到全国其他43座城市的地铁建设，标志着我国地铁建设技术迈入了引领行列；从穿越秦岭的西康铁路秦岭隧道（19.8km），到兰武铁路乌鞘岭隧道（20.05km）、南库二线中天山隧道（22.48km）、兰渝线西秦岭隧道（28.24km）、成兰线平安隧道（28.43km）等众多20km以上的隧道，再到兰新铁路关角隧道（32.6km）、大瑞铁路高黎贡山隧道（34.5km），以及引水工程的引松隧洞（69.8km）、引汉济渭隧洞（98.3km）、引鄂喀双隧洞（283km），展示着我国采用钻爆法、TBM法技术能力的综合跨越；从“万里长江第一隧”武汉长江隧道，到首座钻爆法海底隧道厦门翔安隧道、海域第一长隧广深港高铁的狮子洋隧道（10.8km）、首座内河水下立交隧道长沙营盘路湘江隧道、内河沉管隧道南昌红谷隧道，镌刻下我国水下隧道建设技术的成熟与超越；从平原、到高山、到水下，隧道无处不在，给人们带来了便利生活与环境的改善。同时伴随着这些代表性隧道工程的建设，我国隧道施工机械装备与技术方法，也实现了一个又一个台阶的跨越，每一个台阶无不留有隧道人为人类美好生活而挑战自然、驾驭自然的智慧与创造。

“隧贯山河，道通天下”是隧道人的追求与梦想，更是我们的情怀，也是我们对美好生活向往的真实写照！中铁隧道局的广大技术人员，本着促进隧道技术进步、共享隧道建设成果为目的，以承建的重、难、险隧道工程为依托，计划将隧道建设中遇到的难题、形成的技术、积累的经验以及对隧道工程的思考，以专题技术的方式记录和编写一部部出版物，形成“面向挑战的隧道及地下工程”系列丛书。希望本丛书对隧道及地下工程领域的发展与进步具有一定的参考与借鉴价值，同时期待耕耘于该领域的专家、学者和同行进行批评指正，也寄望能给未来的隧道人带来启迪，从而不断地推动隧道及地下工程技术的进步，更加自信地应对社会发展对隧道的需要与建设隧道中的挑战，更好地服务于人类！

在我们策划“面向挑战的隧道及地下工程”丛书的过程中，人民交通出版社股份有限公司给予了我们极大的帮助，共同讨论丛书的架构、篇目布局等，在此致以崇高的敬意！

本系列丛书在编写过程中得到了许多基层技术人员的支持与帮助，相关单位和专家也为丛书的出版做了大量的组织和支持工作，在此一并致以诚挚的感谢！

2018年12月

前　　言

Preface

这本书兑现了一个承诺，抚平了我心中的焦虑。近年来每当空闲时我总感到如芒在背，隐隐有欠债未还的不安。2017年我应邀在“隧道及地下工程大讲堂”微信公众号做了“盾构隧道施工关键技术与工程案例”讲座。讲座中我承诺还要就盾构工作压力选取、仓内带压动火、饱和带压换刀、常压换刀技术应用心得等内容开展第二期讲座，由于种种原因未能兑现。伴随时间的流逝，我内心的不安日渐增加。三年来我一刻也不曾忘记自己的承诺，不遗余力积累素材，研究、思考相关问题。而今这本书的出版也许能够缓释我内心轻诺之隐忧。

这本书没有高深的理论，适合土木工程师作为工具书参考。隧道施工技术属于自然科学体系下的应用技术范畴，工程师解决问题要把复杂问题简单化。本书内容摒弃复杂的计算和深奥的理论分析，写作方式为提出工程问题、分析产生问题原因、结合工程案例讲解经验得失，形成技术结论。“表达简洁易懂、教训客观呈现、经验可以复制”是本书的特点。

本书共21章，内容涵盖盾构的始发到达、空推、软硬不均地层、硬岩地层、小半径曲线、易结泥饼地层掘进、盾体旋转、地层涌水、有害气体防治、盾构工作压力选择、盾构切桩、饱和带压进仓、仓内高压动火、渣土垂直提升与资源化利用等。结合大量工程案例，详细阐述异常工程问题的特征，并针对性地分析问题产生的原因，提出了解决上述问题的方案与措施。

这本书汇聚了中铁隧道局集团有限公司（简称“中铁隧道局”）工程技术人员集体智慧。中铁隧道局是我国隧道与地下工程的领军企业，拥有盾构及掘进技术国家重点实验室，在盾构技术方面积累了丰富的经验与教训。本书参编人员涵盖了从事科学研究、装备制造、施工技术等方面的一线工程师，文字或许不工，经验应当宝贵。

这本书播种了一个希望，希望充当垫脚石。近年来隧道事业蓬勃发展，经验不足导致盾构工程事故频发。本书通过21章内容，全面梳理总结了盾构施工可能遇到的主要工程问题，虽属一家之言，却也做到了知无不言、言无不尽，希望能起到航标警示作用。让后来者站在前人的肩膀上审视问题，从前人的脚印中取精华、弃糟粕。

本书系“面向挑战的隧道及地下工程”系列丛书之一。丛书由中铁隧道局组织编写，总工程师洪开荣担任总主编，依托中铁隧道局承担的重、大、艰、险工程项目以及重大科技攻关项目，系统梳理总结隧道及地下工程领域的建设关键理论、创新技术与发展成果。

本册主编郭卫社，副主编高攀、冯欢欢，具体编写分工：高攀、张迅、韩丹编写第 1 ～ 3 章；陈艺升、高攀、李建宁编写第 4 章；李建宁、陈艺升、何列编写第 5、9、14 章；陈玉林、李政编写第 6 章；张兵、王百泉编写第 7、8、21 章；何列、张迅编写第 10 章；李沿宗、韩丹、谢有才编写第 11、12、13 章；冯欢欢、王百泉编写第 15、16 章；吴建宏、花煜编写第 17 章；王百泉、李荆、谢韬编写 18、19、20 章。本书由中铁工程装备集团张宁川教授级高工、天津大学张稳军教授、中铁隧道局干昆荣教授级高工主审。编写过程得到了许多现场技术干部的支持和帮助，在此向他们致以诚挚的感谢。

尽管付出了极大的努力，但盾构施工是一个复杂而具体的生产过程，加之时间仓促、水平有限，疏误难免，希望专家和读者批评指正。

作　者

2020 年 6 月

目　录

Contents

第 1 章

隧道建造方法分类与盾构发展历程

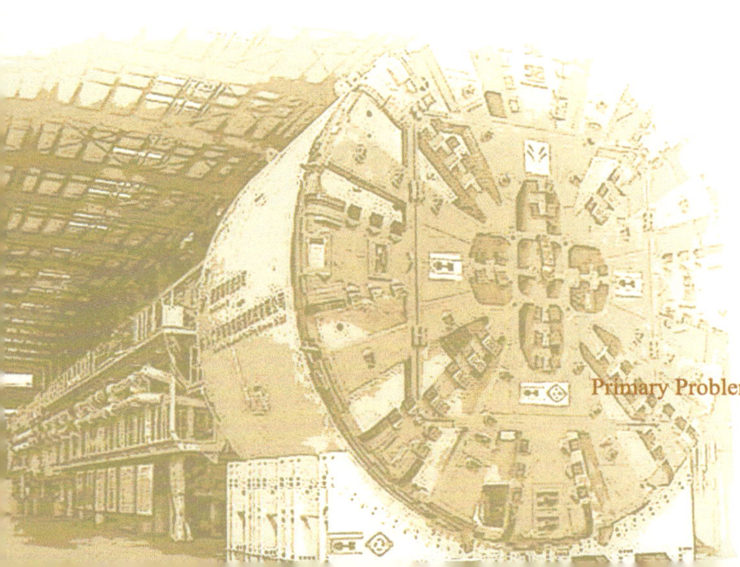

面向挑战的
隧道及地下工程

Primary Problems and Case Analysis of Shield Construction

工业革命以来，随着科学技术的全面进步，隧道建造水平有了突飞猛进的发展，产生了多种建造方法，在各种环境下修筑出不同规模、不同用途的隧道工程。21 世纪的今天，隧道建造技术正处在机械化阶段向信息化、智能化快速发展的阶段。本章将追本溯源，厘清隧道建造方法分类及盾构技术发展的历程。

1.1 隧道建造方法分类

隧道在其漫长的发展过程中逐渐形成了丰富的建造方法，这些方法又通过工程实践得到不断完善。最初，人们采用火焚水淬的方法破碎岩石，修筑隧道，留下了人类利用和改造大自然的古老印迹。现今，隧道工程借助各学科的发展成果，形成了明挖法、暗挖法、沉管法等建造方法。隧道修建方法分类见图 1-1。这些方法有各自的使用条件和适用范围，下面对这些主要建造方法作简要介绍。

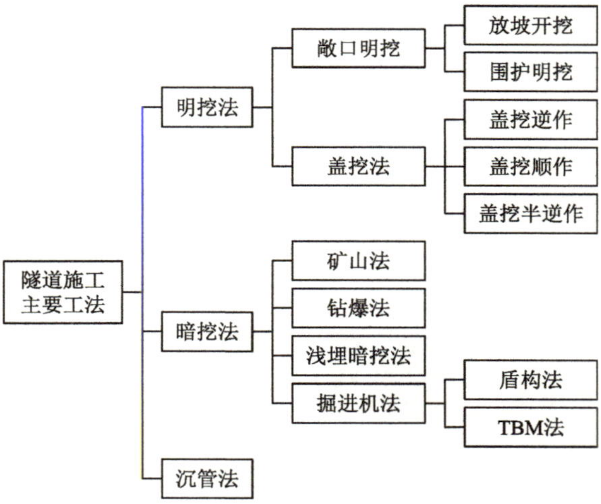

图 1-1　隧道修建主要工法

1）明挖法

明挖法通俗来讲就是在地表明槽开挖基坑或沟槽，构筑地下结构的施工方法，其施工现场见图 1-2。明挖法主要分为敞口明挖和盖挖法，敞口明挖分为放坡开挖和围护明挖；盖挖法又可分为盖挖逆作、盖挖顺作、盖挖半逆作。在地面建筑较少、地表干扰较少的地区修建浅埋的地下工程一般适合采用明挖法。

2)暗挖法

暗挖法分为矿山法、钻爆法、浅埋暗挖法、掘进机法。

(1)矿山法

矿山法最早应用于采矿行业施工采矿巷道。典型技术特征就是多分部开挖+钢轨或棚架硬支撑,如图 1-3 所示。其基本原理是基于松弛荷载理论,其施工方法是按分部顺序采取多部式开挖,并要求边挖边撑以求安全,所以支撑复杂,材料消耗多。

图 1-2　明挖法施工现场

图 1-3　矿山法开挖的隧道支护

(2)钻爆法

钻爆法是钻孔爆破法的简称,即通过钻孔、装药、爆破开挖岩石的方法。钻爆法的基本原理是基于新奥法,即是以隧道工程经验和岩体力学的理论为基础,在支护手段上将锚杆和喷射混凝土组合在一起,作为主要支护手段的一种施工方法。钻爆法施工的工作面见图 1-4。钻爆法的典型特征就是光面爆破或低扰动的机械开挖+喷锚柔性支护,充分发挥围岩的自承载能力。

(3)浅埋暗挖法

浅埋暗挖法是王梦恕院士所创立的在较浅地下进行各种类型洞室暗挖施工的一种方法。该方法遵循"新奥法"原理,按照"管超前、严注浆、短开挖、强支护、快封闭、勤量测"十八字原则进行隧道的设计和施工。图 1-5 是采用"浅埋暗挖法"修建的北京地铁复兴门折返线。

图 1-4　钻爆法施工的工作面

图 1-5　采用"浅埋暗挖法"修建的北京地铁复兴门折返线

(4)盾构法

通俗讲盾构法就是一条可以实时平衡工作面水土压力的隧道自动化生产线。盾构法的工作原理是一个钢结构组件沿隧道轴线向前推进对土体进行掘进。这个钢结构组件的壳体称为“盾壳”，对挖掘出的还未衬砌的隧道段起着临时支护的作用，承受周围土层的土压、地下水的水压，并将地下水土阻挡在盾壳外面。掘进、排土、衬砌等作业在盾壳的掩护下进行。图 1-6 是我国大陆截至 2019 年直径最大（ϕ15.8m）的“中铁春风号”盾构机。

（5）TBM 法

TBM 法是利用隧道掘进机在岩石地层挖掘隧道的一种施工方法。TBM 是一种集掘进、出渣、支护和通风、防尘等多功能为一体的高效隧道施工机械，其英文名称是 Full Rock Tunnel Boring Machine，简称为 TBM。图 1-7 是用于高黎贡山隧道施工的国产彩云号 TBM。

图 1-6　用于深圳春风隧道的“中铁春风号”盾构机

图 1-7　用于高黎贡山隧道的彩云号 TBM

3)沉管法

该工法是指将预制好的管节通过浮运沉放，并在水下对接成一整体的隧道修建方法。沉管隧道通常由岸上段（或人工岛）和沉管段组成，一般用于建造道路、轨道交通水下隧道。该工法是将在预制场中预制好的钢筋混凝土结构管节两端用临时的封板封闭，然后向坞内灌水使管节起浮出坞，分节把处于正浮力的管节浮运至隧道轴线沉放位置，然后向管节内灌水至一定的负浮力，借助水面船舶组成的吊挂系统，将管节按定线要求准确沉放于预先挖好并经过处理的水下基槽内，管节之间、管节与岸上段之间的接头设置特制的吉娜（GINA）橡胶止水带止水，通过水力压接原理完成管节对接，形成沉管隧道。图 1-8 是南昌红谷隧道管节浮运近距离穿越南昌大桥的现场情况。

图 1-8　南昌红谷沉管隧道管节浮运近距离穿越南昌大桥

1.2 盾构发展历程

1)国外盾构发展历程

1818 年,法国工程师布鲁内尔(M.I.Brunel)从蛀虫钻孔得到启示,最早提出了用盾构法建设隧道的设想,并在英国取得了专利(图 1-9)。布鲁内尔构想的盾构机内部结构由不同的单元格组成,每一个单元格可容纳一个工人独立工作并对工人起到保护作用,所有的单元格牢靠地装在盾壳上。当时工程师设计了两种方法,一种是当一段隧道挖完后,整个盾壳由液压千斤顶借助后靠向前推进;另一种方法是每一个单元格能单独地向前推进。第一种方法后来被采用,并得到了推广应用,演变为成熟的盾构法。

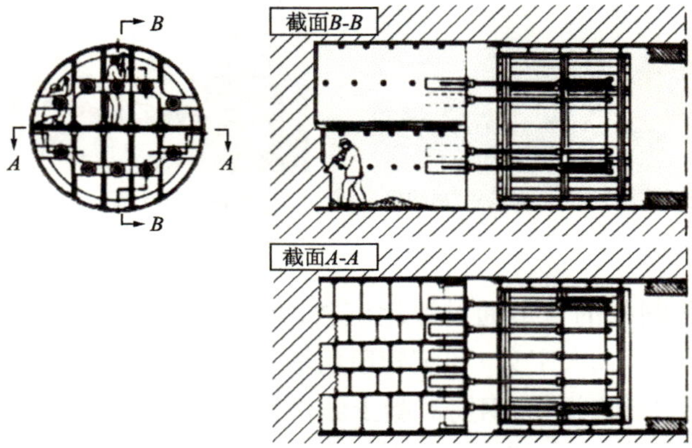

图 1-9 布鲁内尔取得的盾构专利

此后,布鲁内尔逐步完善了盾构机结构的机械系统,设计成用全断面螺旋式开挖的封闭式盾壳,衬砌紧随其后的形式(图 1-10)。

图 1-10 布鲁内尔设计的螺旋式盾构机

1825 年,他第一次在伦敦泰晤士河下开始用一个断面高 6.8m、宽 11.4m,并由 12 个邻接的框架组成的矩形盾构修建隧道。每一个框架分成 3 个仓,每个仓里有 1 个工人,共有 36 个工人,如图 1-11 所示。此系统按照以下模式工作:首先,借助螺杆将鞍形框架压入前方的土中,从上部撤除隧道工作面上的木料并掘土 6in(1in=2.54cm);然后,隧道工作面重新用木料覆盖并用螺杆支撑;紧接着盾构后部砌砖,把它作为整个机架的支座。

泰晤士河隧道工程在施工期间遇到了许多困难,经历过 5 次以上的特大洪水,如图 1-12 所示。直到 1843 年,经过 18 年施工,完成了全长 458m 的第一条盾构法施工隧道。

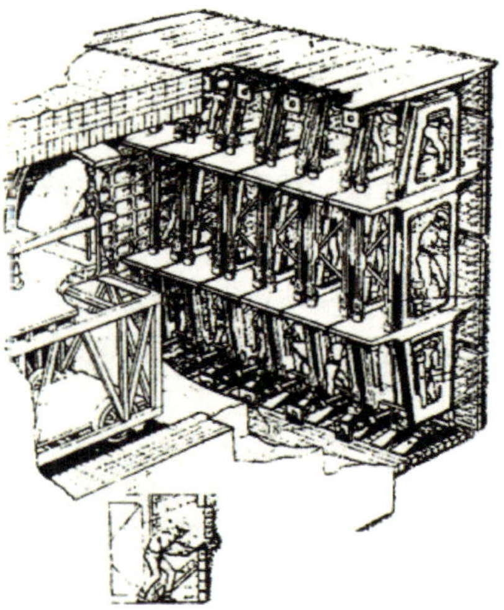

图 1-11 第一台用于隧道施工的盾构机

图 1-12 1828 年 1 月 12 日泰晤士河水涌入盾构机

1830 年，英国的罗德发明“气压法”辅助解决隧道涌水。1866 年，莫尔顿申请“盾构”专利。盾构机最初称为小筒（cell）或圆筒（cylinder），在莫尔顿专利中第一次使用了“盾构”（shield）这一术语。1865 年，英国的布朗首次采用圆形盾构机和铸铁管片，1869 年用圆形盾构机在泰晤士河下修建外径 2.2m 的隧道。

1874 年，工程师格瑞海德发现在强渗水性的地层中很难用压缩空气支撑隧道工作面，因此开发了用液体支撑隧道工作面的盾构机，通过液体流，以泥浆的形式出土。1886 年，格瑞海德在伦敦地下施工中将压缩空气方法与盾构掘进组合，在压缩空气条件下施工，标志着在承压水地层中掘进隧道的一个重大进步。20 世纪初，大多数隧道都是采用格瑞海德盾构法修建。

到了 20 世纪中叶，盾构法施工逐渐普及到美国、法国、日本、德国等一些发达国家，加速了盾构技术的发展，在加气压施工方法和盾尾注浆技术、衬砌等方面有了突破性进展。20 世纪 70 年代，日本和英国分别开发了密闭式可平衡开挖面水土压力的两种新型掘进机——土压平衡盾构机和泥水加压平衡盾构机，使盾构掘进技术发生了一次新的飞跃。20 世纪 80 年代以来，随着盾构法施工技术的革新，盾构进出洞技术、管片拼装、壁后注浆以及盾尾油脂密封等技术都得到了不同程度的改进和创新。

2）我国盾构技术发展历程

我国盾构技术的研究从 20 世纪 50 年代开始，由于受到各种因素的制约，未能取得明显的进展，长期以来盾构掘进装备几乎全部依赖进口，其中德国和日本的盾构机在中国市场的占有率达到了 90% 以上。直至 20 世纪 90 年代我国盾构技术才取得了一些进展，自主研发了挤压式盾构机、气压式盾构机，重点开展了土压平衡盾构机和泥水平衡盾构机的研究工作。

为了满足国内盾构市场的大量需求，创造具有自主知识产权的国产盾构机，2002 年科技部将盾构机国产化列入国家“863”计划，盾构技术的发展也因此得到了国家的政策性保障。2004 年，中铁隧道局集团有限公司（简称“中铁隧道局”）和上海隧道工程股份有限公司（简称：“上海隧道股份”）设计制造了我国第 1 台具有自主知识产权的适用于软土地层的土压平衡盾构机——先行号（图 1-13），其综合性能达到了国际先进水平。

2008 年 4 月，依托国家“863”计划，由中铁隧道集团隧道设备制造有限公司（中铁工程装备集团有限公司的前身）牵头，浙江大学、华中科技大学、天津大学参与研制的复合盾构机——中国中铁 1 号，成为我国首台具有自主知识产权的复合盾构机（图 1-14），实现了从关键技术向整机制造的跨越，填补了国内相关领域的空白，打破了国外企业长期以来在盾构机制造方面的技术垄断。

图 1-13　我国首台具有自主知识产权盾构机——先行号

图 1-14　我国首台复合盾构机——中国中铁 1 号

同年 12 月，上海隧道工程股份有限公司研制的具有自主知识产权的“大直径泥水平衡盾构机及复合型盾构机”直径达 11.22m，国产盾构机产业化步伐又成功地迈出一步。2009 年 8 月，中国铁建股份有限公司（简称“中国铁建”）完成第一台复合式土压平衡盾构机的调研、设计、制造和组装调试，在长沙打造了国际上最完备的 1 条盾构机生产线，使盾构机国产化率达到 80% 以上，实现了盾构机“中国制造”的梦想。2010 年 7 月，上海市基础工程集团有限公司自主研发制造的 2 台直径 7.26m 的盾构机在奉贤基地应用，这两台盾构机全部装上了“中国心”，整机包括驱动机构全部是自主设计加工制作，标志着国产盾构机在核心部件制造上实现了新突破，实现了完全国产化。

近几年我国盾构技术发展较为迅速，尤其在盾构机设计制造的关键技术、管片拼装、泡沫添加剂以及壁后注浆等方面取得了突破性进展，这也加快了我国盾构机本土化、产业化的进程。

3）特殊盾构机

为了适应不同工程的需要，一些新型的特殊盾构机应运而生，解决了一些工程问题，拓展了盾构机的应用范围。

（1）马蹄形盾构机

马蹄形盾构机因其开挖断面呈“U”形而得名，相对于圆形盾构机的一个大刀盘旋转、一套控制系统的施工方式，马蹄形盾构机可以针对不同土质层进行最大面积、最大角度的精细开挖。图 1-15 是应用于蒙华铁路（现更名为“浩吉铁路”）白城隧道的马蹄形盾构机。

（2）竖向椭圆盾构机

该类型盾构机采用主刀盘和外侧设置的若干个小行星刀盘相结合的刀盘形式，如图 1-16 所示。通过行星刀盘扇动臂的调节而开挖各种非圆形断面的隧道。

图 1-15 用于蒙华铁路的马蹄形盾构机

图 1-16 竖向椭圆盾构机

（3）球体盾构机

球体盾构机是由大、小盾构以及一个球体构成。球体藏于大盾构中，用于盾构转向；而小盾构则藏于球体内。由于内含球体，所以掘进方向可以任意角度变化。纵横式球体子母盾构机如图 1-17 所示。

图 1-17 纵横式球体子母盾构机

（4）H&V 连接式四心圆盾构机（Horizontal Variation & Vertical Variation）

该类型盾构机是将几台单圆盾构机根据不同的工程需要在竖直和水平方向任意叠合，以构建多样化断面的隧道，如图 1-18 所示。其原理是采用了一种叉式铰接改向装置，该装置可使盾体前端沿着相反方向旋转，以改变盾构掘进方向。

（5）子母盾构机

该类型盾构机是将一个小盾构机（子盾构机）安装在一个直径比它大的大盾构机（母盾构机）内，在施工过程中，子盾构机会根据工程需要从母盾构机中分离出来继续前进，这样就可以根据工程的具体要求构建一条直径由大变小的变径隧道，如图 1-19 所示。

图 1-18 H&V 连接式四心圆盾构机

图 1-19 日本的子母盾构机

1.3 盾构施工存在的主要问题

盾构施工具有作业安全、高效、绿色环保、自动化程度高、工人劳动强度低等优点。随着盾构法在我国市政与轨道交通建设中的广泛应用，盾构法作为隧道建造方法之一其“社会知名度”越来越高。盾构施工因工程技术问题处置不当引发的工程事故备受关注。本书立足工程实践，结合大量工程案例分析，将盾构工程技术问题归纳为以下几类，在后续的章节中进行逐一分析介绍。

（1）特殊施工阶段带来的工程技术问题

盾构施工中的特殊阶段主要是指始发、到达、空推等阶段，处于这些阶段的盾构不同于正常掘进状态，更容易出现一系列工程问题，如始发和到达阶段常见的加固区坍塌及突涌水问题，空推阶段容易发生的管片上浮下沉、渗漏水问题等。

（2）特殊地层带来的盾构施工问题

盾构在施工中会遇到工程特性差异显著的各类地层，常见的特殊地层有软硬不均地层、全断面硬岩地层、富水黏粉粒类易结泥饼地层、含有害气体地层等。这类特殊地层不仅影响盾构机的掘进效率，还给施工带来不同程度的风险。

（3）特殊工况带来的盾构法施工问题

在盾构法施工过程中常常要应对一些特殊的工况，比如盾构机遭遇不明桩基或障碍物、通过小半径曲线段、带压进仓作业、盾体及管片发生过量旋转以及涌水涌泥等特殊情况。这些特殊工况的处置给盾构法施工带来额外的难度和风险。

第 2 章

盾构始发主要风险、对策与案例

Primary Problems and Case Analysis of Shield Construction

面向挑战的
隧道及地下工程

Primary Problems and Case Analysis of Shield Construction

盾构始发是指使用安装在竖井内的临时负环管片、反力架、始发架等设备或设施，使盾构机沿着设计轴线推进，从洞门贯入围岩，沿着设计路线开始掘进的一系列作业。盾构在始发前，应采用合适的始发方法，制订洞门围护结构拆除方案，采取合适的洞门密封措施，多方面保证始发安全。

盾构法施工作为一种典型的“人－机－环境”构成的系统，始发过程中，盾构机刚刚调试完成，此时的盾构要经历一个由“无压”到“有压”的过程，逐步建立正常掘进所需要的稳定压力，在此过程中容易出现涌水涌砂、掌子面塌陷、盾构姿态失稳以及地表、建（构）筑物及管线沉降等工程问题。本章首先对盾构始发工程风险及原因进行分析，针对常见问题提出对应技术措施，并通过案例介绍具体技术措施的应用。

2.1 盾构始发工程风险及原因分析

2.1.1 始发端头坍塌、突泥涌水

在始发区，盾构处于逐渐建立仓压的过程，掌子面缺乏足够的支撑压力，这一阶段容易发生端头坍塌和突泥涌水的情况。一旦发生这些问题，必然造成地面的过量沉降，甚至塌陷。造成始发阶段端头坍塌、突泥涌水的具体原因如下。

（1）始发区域地层软弱，侧壁不能自稳。

（2）端头的加固设计方案存在缺陷。常见问题有加固体长度不够，加固体接缝过多，不成体系。

（3）地下管线、构筑物、其他障碍物或地下连续墙的塌槽鼓包造成端头加固施工存在盲区。

（4）加固效果检查不到位，造成加固质量不达标。

（5）洞门密封装置盲目简化，导致发生突泥涌水。

2.1.2 盾构机始发姿态失控

姿态失控（如盾构机栽头）是盾构机在始发阶段的另一个主要风险。造成这一问题的主要原因如下。

（1）盾构机的刀盘、仓门隔板、主轴承、驱动电机等集中在盾构主机前部，主机的重心一般位于前 1/3 处，整体是一个头重脚轻的状态。

（2）始发过程中洞门密封失效，掌子面不能建立压力平衡状态。

（3）盾构机开挖轮廓过大，在空间上造成了下栽的可能。

（4）盾构始发的高程预留和趋势预留不够。

（5）始发反力架刚度和强度不足、焊接不牢固，无法提供足够的反力。

2.1.3 泥水平衡盾构机始发堵仓滞排

泥水平衡盾构机刀盘至排浆口距离较长，且中间布置有破碎机、格栅等装置，在始发加固体中的特殊材料比如玻璃纤维筋等添加物，形成的长条状体容易堵仓滞排。

（1）始发端头地下连续墙中大量使用玻璃纤维筋，泥水平衡盾构机对这种材料的切削不到位，容易发生滞排。

（2）加固体内滞留有袖阀管、聚氯乙烯（PVC）管、镀锌钢管等加固过程中的器件。

2.2 盾构始发工程技术对策

2.2.1 防止始发端头坍塌对策

1）注重对地层的加固处理

对于侧壁不能长时间自稳的地层必须进行加固，尤其是松散、富水、软弱透水的地层必须采取综合加固措施。目前常用的地层加固方法主要有降水法、注浆法、深层搅拌桩、高压旋喷法、冻结法、素混凝土连续墙或素混凝土桩结合降水法等。对地下水位较高、透水性较强的地层，应同时采用降水措施。同时，加固体长度宜大于盾构主机长度 2m。

加固后要对加固效果进行认真检查，对于注浆类的加固检查孔要满足不塌孔、不渗水的要求，对于冻结类的加固方法要对冻结厚度、温度进行检查，满足规范和设计要求。

2）选择合适的洞门密封形式

要根据不同类型的盾构机选取合适的洞门密封形式，如土压平衡盾构机多采用帘布橡胶带＋折页钢压板密封装置，泥水平衡盾构机多采用箱体密封装置。同时，对于土压平衡盾构机应采用双道帘布橡胶板，对于泥水平衡盾构机建议在帘布橡胶板内侧增加两至三道密封刷。两种盾构机的洞门密封形式如图 2-1、图 2-2 所示。

3）采用密闭式始发方式

当周边不具备加固条件或端头加固难以确保盾构安全始发时，应采用密闭式始发方式，从多个应用案例来看，该方法有较好的安全性、可靠性和经济性。

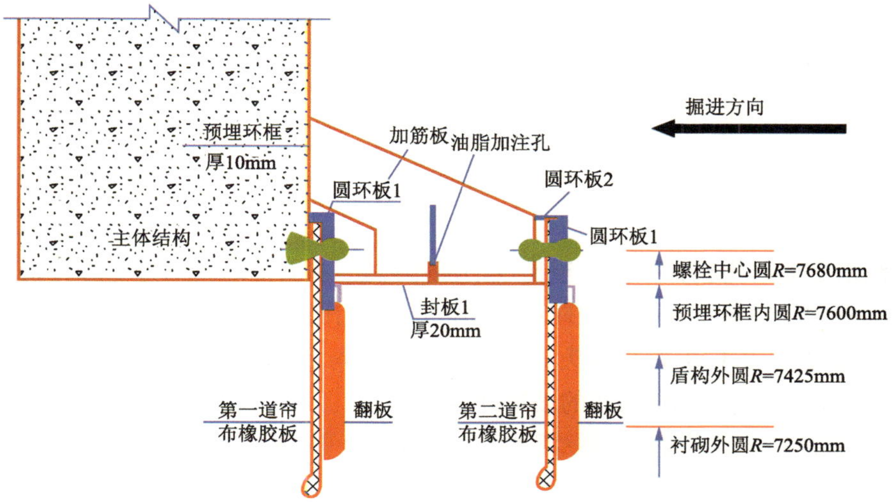

图 2-1　土压平衡盾构机洞门密封装置

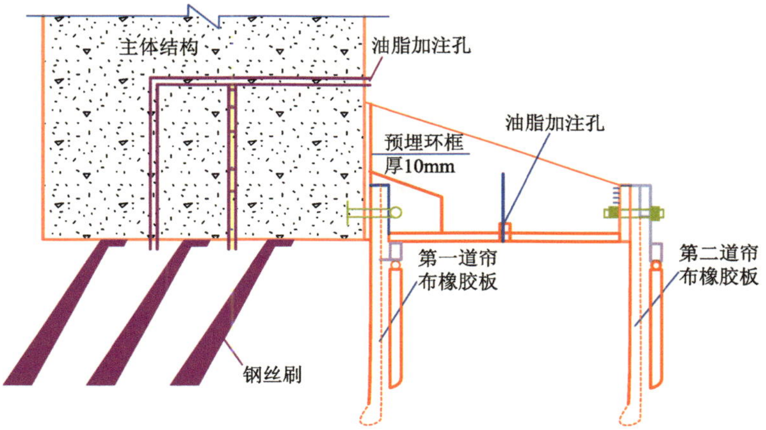

图 2-2　泥水平衡盾构机洞门密封装置

2.2.2　盾构机始发姿态控制对策

针对盾构机始发的常见问题，盾构机始发阶段的姿态控制主要采取如下措施。

（1）施作好洞门的密封装置，对于泥水平衡盾构机还应设置有长尾刷密封装置。

（2）开挖轮廓要适当大于盾体，一般应为 15 ～ 25mm。

（3）始发阶段要尽早建立压力平衡。

（4）盾构机始发姿态与趋势要适当预留，高程一般预留 30mm，趋势根据情况适当预留。

（5）盾构始发反力架必须进行强度、刚度与抗倾覆受力检算，满足始发阶段的受力需求。

（6）始发前导轨设置对防止盾构机始发栽头具有积极作用。

（7）始发区掘进过程中要合理控制推进液压缸的分区压力差。

（8）在始发段要避免剧烈纠偏操作。

（9）始发台设置防盾体扭转装置，避免盾体自转。

（10）做好始发阶段常见问题的应急预案与演练。

2.2.3 泥水平衡盾构机始发滞排防控

对于泥水平衡盾构机在始发阶段出现的滞排问题，主要是通过两方面进行处理。一方面是在盾构机的始发端不宜使用玻璃纤维筋，可在洞门圈的位置增设一道素混凝土地下连续墙；另一方面是在盾构机始发端头加固中应慎用袖阀管、PVC 管、镀锌钢管等加固工艺。图 2-3 为造成泥水平衡盾构机滞排的玻璃纤维筋。

a）　　b）

图 2-3　导致泥水平衡盾构机滞排的玻璃纤维筋

2.3 工程案例

2.3.1 某地铁盾构机始发栽头工程案例

1）工程概况

某地铁隧道工程采用单洞双线设计，应用一台 ϕ11.71m 的气垫式泥水平衡盾构机进行施工，区间线路全长 1491.467m；中间风井作为盾构始发井，中间风井为地下三层箱形框架结构，基坑长度为 98m，宽度 19.3 ～ 19.89m，深度 24 ～ 25.7m。

2）盾构始发施工情况

（1）始发姿态设计

盾构始发段平面处于半径为 3000m 的曲线上，竖向处于坡度为 4‰ 的下坡段，为了实现盾构机整机始发，采用割线始发，始发坡度调整为 2‰，并将始发洞门（预埋钢环）抬高

50mm，即盾构轴线坡度 2‰ 下坡，轴线高程较理论轴线高程整体抬高 50mm。

（2）始发台设计及施工

采用钢筋混凝土始发台。根据盾构机长度及反力架与洞门距离，始发台总长为 15.95m，采用 C35 钢筋混凝土，始发台坡度与盾构始发坡度一致为 2‰。始发基座置于结构底板上部，与底板预埋钢筋连接。在始发台外侧施作始发基座斜撑，两侧每隔 2.5m 利用混凝土斜撑加横向的支撑，提高始发台的稳定性，如图 2-4 所示。

a）施工现场

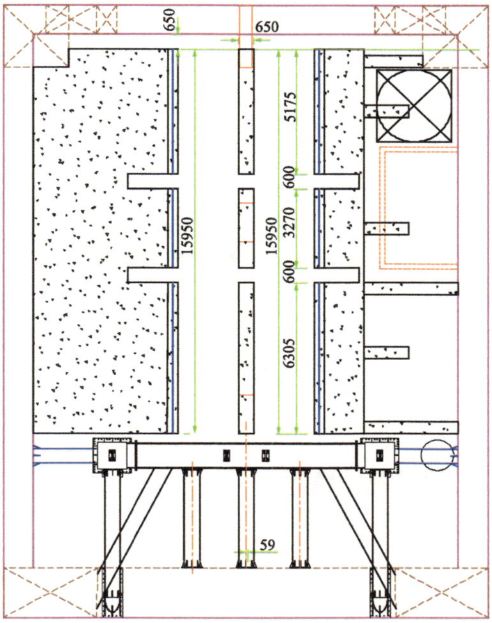

b）设计图

图 2-4　始发台（尺寸单位：mm）

（3）反力架安装

反力架结构如图 2-5 所示。安装时要保证反力架断面与始发轴线相垂直。

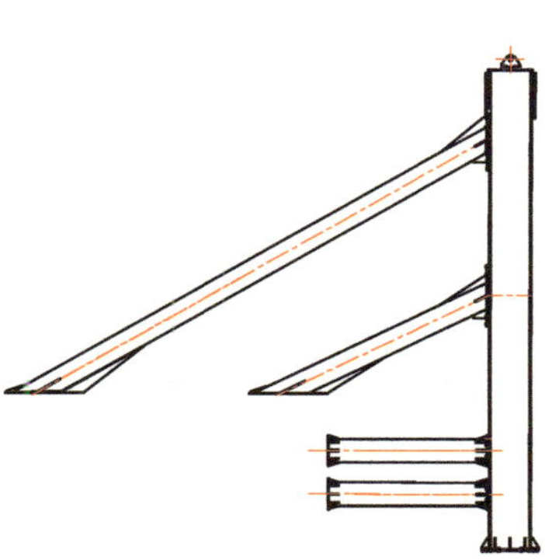

a）侧立面图

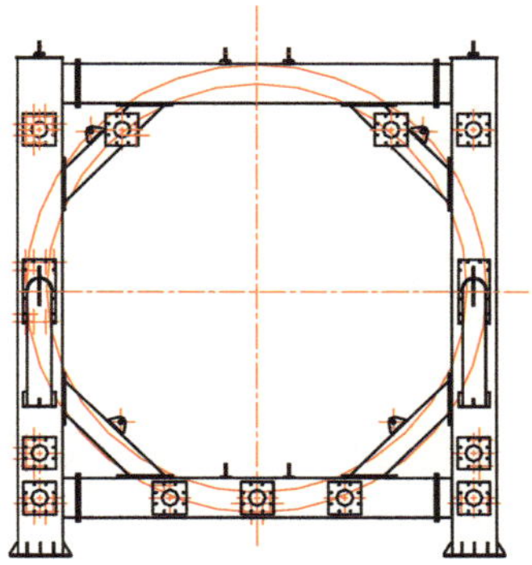

b）正立面图

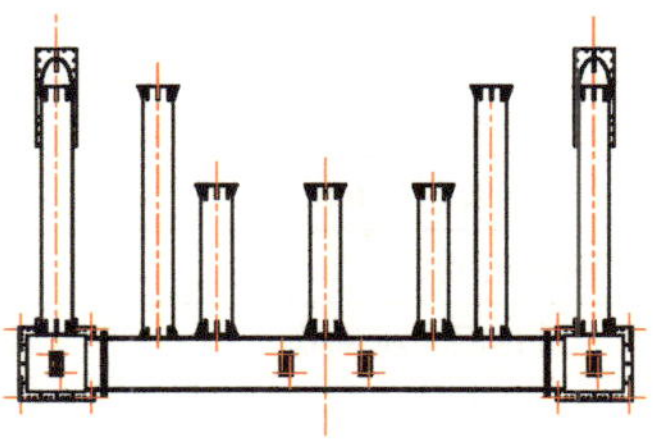

c）俯视图

图 2-5　反力架示意图

(4)洞门密封装置

洞门密封装置采用止水箱形式。由两道帘布橡胶板和折叶压板组成箱形结构，两道密封间隔 500mm，箱体间通过注入油脂等惰性浆液加强密封，如图 2-6 所示。

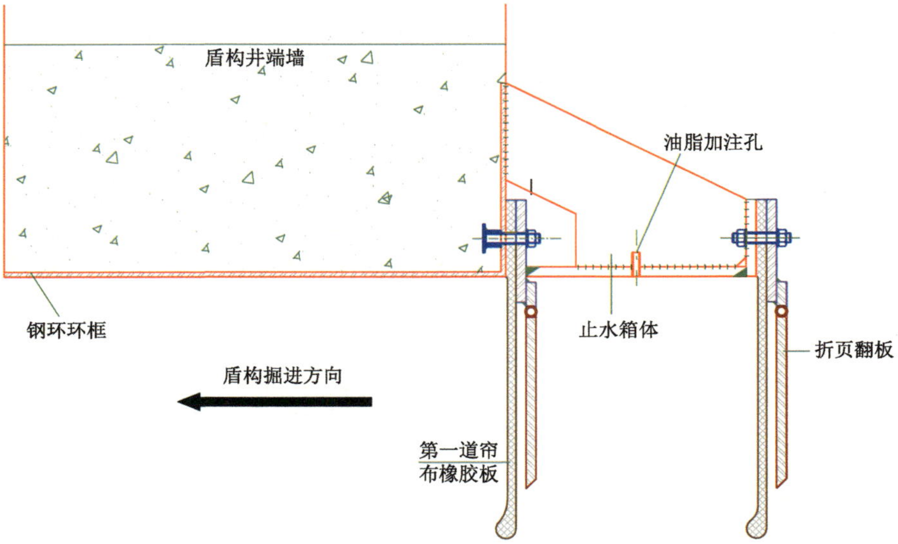

图 2-6　洞门密封示意图

3)始发栽头情况

(1)推段(-8 环～ -4 环)

-6 环管片安装完成后盾构机向前空推。在盾构机推进 -4 环过程中刀盘推离始发台，由于刀盘自重及盾构机重心前移影响，始发台前端 1m 处导轨断裂，双侧导台均出现不同程度破损，盾构机刀盘栽头 56mm。

(2)加固区(-3 环～ +5 环)

盾构机在始发加固区范围(纵向长 18m)掘进的主要掘进参数见表 2-1。

加固区主要掘进参数　　表 2-1

掘进参数	设定值	备注
进浆相对密度	1.08 ～ 1.1	始发段主要穿越地层为淤泥、淤泥质土、粉质黏土、全风化、强风化混合花岗岩地层
进浆黏度(s)	20 ～ 25	
刀盘转速(r/min)	0.6 ～ 1.15	破洞门 0.6 ～ 0.8，加固区 0.8 ～ 1.15
掘进速度(mm/min)	0 ～ 20	最大掘进速度为 20mm，避免泥饼产生
进排泥浆流量差	与掘进速度相匹配	避免大的超挖
总推力	30000kN 以下	为减小对反力架影响，保证推进速度小于 20mm/min

进行 -3 环掘进(破洞门)，掘进过程中受玻璃纤维筋卡扣、刀具破除连续墙振动、刀具更换等影响，陆续施工 13d 共掘进 8 次完成 1m 连续墙和 1m 加固区掘进。进行 -2 环～ +5 环掘进，受泥水仓底部滞排、洞门密封渗漏建压效果差等原因，盾构姿态呈现栽头趋势，并持续发展。

4）盾构机始发栽头原因分析与对策

本掘进施工存在主要问题为盾构进洞后呈现持续栽头趋势，且不可控。分析栽头主要原因及采取措施如下。

（1）洞门密封差

①主要原因：始发推进 -3 环至 +2 环的过程中发现洞门止水箱密封较差，漏浆严重，泥水仓无法建立正常压力，基本处于半仓掘进状态。由于盾构机自重较大，需提供足够下部推力才可避免盾构机出现栽头现象。

②应对措施：加强洞门封堵，主要采用挂网喷浆辅以快速水泥封堵，并根据渗漏情况对止水箱体进行注浆处理，适当开始同步注浆。掌子面建压后可提供盾构机足够反力，进一步平衡掌子面稳定，有利于姿态控制。现场情况见图 2-7。

a）　　　　b）

图 2-7　洞门封堵

+2 环推进 1200mm，盾尾进入止水箱，对洞门环与管片之间采用挂网喷浆初步封堵，封堵完成后对局部渗漏水点采用棉纱和“堵漏王”进行补强封堵。经过洞门外密封后，泥水仓液位基本可达到满仓，切口压力建至 0.2 ～ 0.3bar（1bar=0.1MPa）。

管片与止水箱第一道折页板挂网喷浆完成后，对止水箱体顶部开孔进行灌注惰性水泥砂浆，由于地面与洞门顶部尚有 11m 高差，砂浆灌注主要采用自流的方式，洞门止水箱体 1 点和 11 点位置开孔灌注，累计灌注砂浆 41m³。

从 +3 环开始盾构机全部进入加固区，采用双液浆从止水箱顶部进行注浆封堵（压力 1.0MPa），进一步封堵漏水通道，累计注浆 12m³。在 +3 环和 +4 环推进过程中开始适量同步注浆，填充开挖间隙，分别注入 13m³ 和 9m³。

通过注浆封堵，+4 环开始，泥水仓顶部压力可建至 0.6 ～ 0.8bar，洞门渗漏点较少，且泥水仓压力可基本保持稳定，盾构机总推力由之前的 12000 ～ 18000kN 增大至 24000 ～ 32000kN。

（2）盾构机自重大

①主要原因：刀盘自重 245t，主机重达 1071t，且在盾构机空推过程中造成始发台前端破

损，呈现栽头趋势。

②应对措施：掘进过程中选择合理的掘进参数，掘进过程上下油压差应保持相对稳定，油压差范围控制在 110 ～ 170bar，控制刀盘转速 0.8 ～ 1.2r/min，适当加大刀盘切削贯入度，排浆流量提高至 1200 ～ 1300m³/h，防止滞排。每环掘进收尾阶段，宜加大顶部液压缸压力，防止拼装管片收液压缸时盾构机姿态发生变化。

（3）刀盘超挖量大

①主要原因：刀盘设计开挖直径为 11710mm，之后将边滚刀由 17in 调整为 18in，开挖直径为 11730mm，相对盾体超挖量为 45mm。由于超挖量大，盾体外侧超挖部分无法实现有效填充，是造成盾构机栽头原因之一。

②应对措施：减小盾构机刀盘开挖直径，将开挖直径由 11730mm 改为 11700mm，将原来开挖直径与前盾间隙由 45mm 缩小为 30mm。

（4）泥浆性能差

①主要原因：始发阶段由于洞门尚未密封，漏浆严重，新浆制备速度无法满足性能需求，导致出现滞排现象。

②应对措施：+2 环经过洞门初步封堵后，加大了泥浆储备力度，同时提高泥浆性能，增强了泥浆携渣能力，泥浆指标逐步改善。

2.3.2 南宁地铁密闭式盾构始发

1）工程概况

南宁市轨道交通 1 号线火车站—朝阳广场站区间（简称“火朝区间”），采用中铁 149 号盾构机掘进，从火车站南端头井始发，到达朝阳广场站北端头后吊出，转场至火车站，二次始发。工程范围见图 2-8。

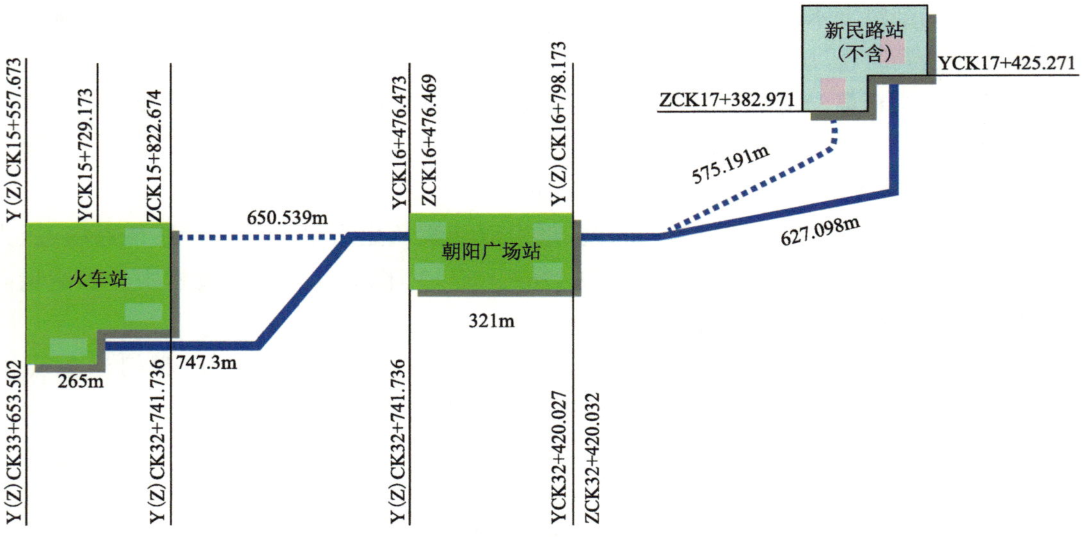

图 2-8 工程范围示意图

2）盾构始发、到达端头加固设计

火朝区间始发设计为常规始发，即提前对始发端头采用外侧三排袖阀管水泥－水玻璃双液浆＋内部袖阀管压注水泥浆＋降水井加固，钻孔施工在地面进行，加固质量检验合格后，破除洞门背水侧混凝土、割除钢筋。盾构直接钻破纤维筋连续墙、加固体连续进行掘进直至完成始发施工任务。

火朝区间始发端头位于火车站西侧（天成一品大楼前），端头加固区域存在建筑物施工时留下的大量锚索，连续墙施工造价高，始发掘进地层主要为圆砾⑤$_{1-1}$，透水系数较大，为确保盾构始发安全，盾构端头井加固设计采用外围3排加密袖阀管压注水泥－水玻璃双液浆作为止水帷幕，进入不透水泥岩层不小于2.0m，内围地面袖阀管注水泥单液浆加固，袖阀管均为梅花形布置。加固范围为上行隧道隧顶以上6m，下行隧道隧底2m。图2-9为加固平面图及加固断面。

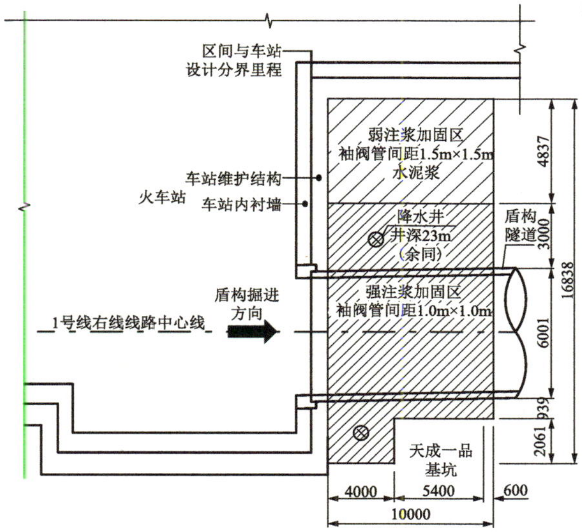

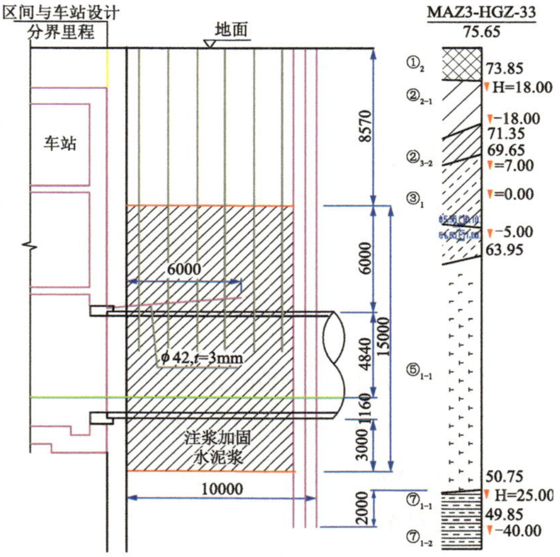

图2-9 火朝区间右线始发端头设计（尺寸单位：mm）

3）火朝区间始发端头场地情况

火朝区间始发设计为常规始发，始发端头加固采用套管钻机在地面进行垂直钻孔施工，然而加固区为火车站连接南北的唯一施工便道，车站主体工期极其紧张，若在此区域加固将无法满足盾构始发场地要求，影响1号线整体施工工期。针对这一情况，考虑采用密闭始发方案。

4）火朝区间密闭始发方案

盾构密闭始发工法是根据平衡原理研发的盾构始发工法，采用密闭始发工法施工是在盾构掘进前，在盾构始发井内安装钢套筒，盾构机安装在钢套筒内，然后在钢套筒内填充回填物，通过钢套筒这个密闭的空间提供平衡掌子面的水土压力，盾构机在钢套筒内实现安全始发掘进，其原理如图 2-10 所示。

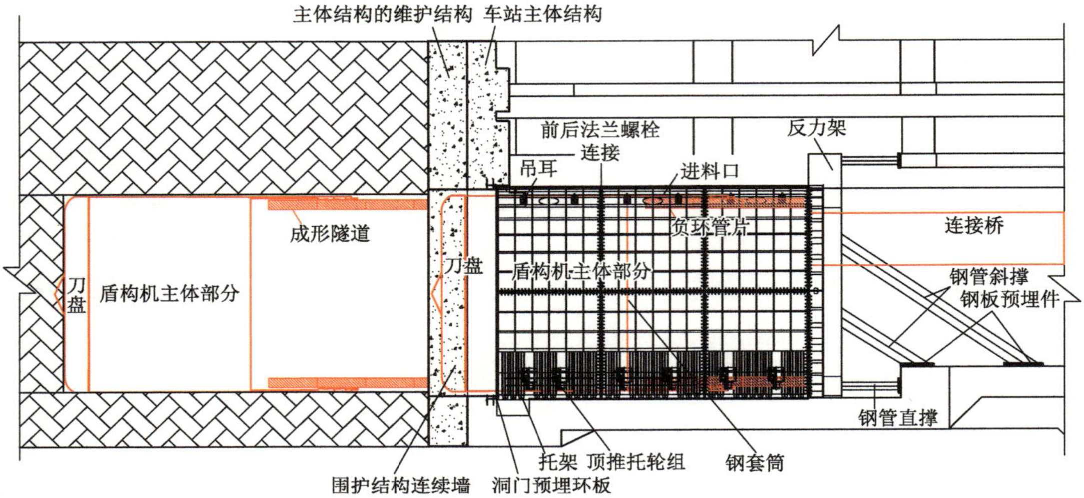

图 2-10　盾构密闭始发工法原理示意图

（1）钢套筒设计

盾构始发时切口水压约为 0.21MPa，钢套筒设计耐压 0.5MPa，满足要求。钢板选择：Q235B，板厚为 16mm。整个钢套筒结构由过渡环、筒体、反力架、橡胶帘板和左右支撑等部分组成。

①筒体。

筒体部分长 10900mm、直径（内径）6500mm，分为三段，每段又分为上下两半圆。筒体材料用 16mm 厚的钢板。每段筒体的外周焊接纵、环向筋板以保证筒体刚度，筋板厚 20mm，高 150mm，间隔约 550 mm×600mm。

②反力架。

盾构始发反力架紧贴钢套筒。反力架上下位均布 4 根 DN250 钢管与洞口墙体顶紧，两侧中的一侧均布 3 根 DN250 钢管与洞口墙体顶紧，另一侧用 2 根直径 500mm 钢管斜支撑（由于没有墙体承力）。反力架拼装如图 2-11 所示。

图 2-11　反力架现场组装

③筒体与洞门的连接。

钢套筒与洞门环板之间设置过渡连接环，洞门环板与过渡连接环采用焊接，钢套筒的法兰端与过渡连接板采用螺栓连接。

④进料口和注排浆管。

每段筒体中部右上角设置 1 个 600mm×600mm 的进料口，如图 2-12 所示。在每段钢套筒底部预留 3 根 DN80 带球阀注排浆管，共 9 根等间距布置（图 2-13），盾构机有栽头趋势时，可在下部注双浆液回顶。

图 2-12 600mm×600mm 进料口

图 2-13 带球阀注排浆管

（2）施工方法

盾构密闭始发施工工艺流程见图 2-14。

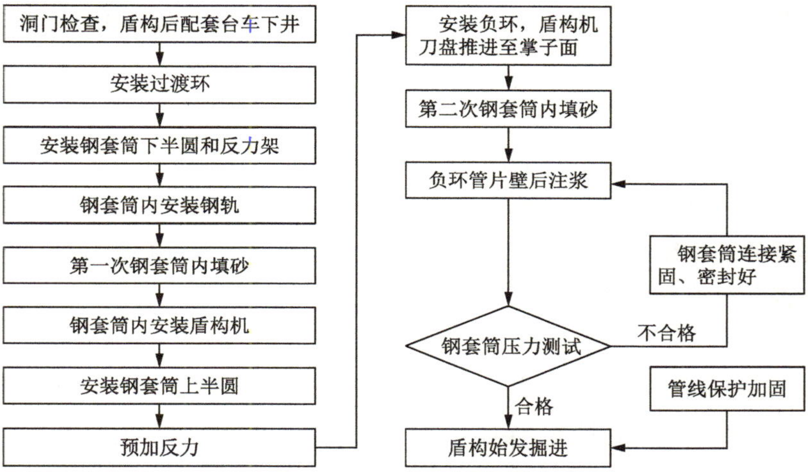

图 2-14 盾构密闭始发施工工艺流程

①洞门检查。

钢套筒安装前需对洞门预埋环板进行检查，必要时须进行植筋加固。为防止盾构始发时刀盘切削到连续墙钢筋或工字钢接头，造成刀盘损坏，要对洞门全圆周凿除连续墙的混凝土保护层，露出玻璃纤维筋，确认洞门范围不存在钢筋。如发现凿除混凝土保护层后有存在钢筋的现象，则应对侵入洞门范围的钢筋进行割除，确保盾构始发的安全、顺利。

②安装过渡环。

根据现场实测洞门上的预埋 A 板实际平整度，量身定做过渡环，过渡环与 A 板通过焊接连接，焊缝沿过渡环一周内外侧全部满焊，焊缝必须饱满。

③安装钢套筒下半圆和反力架。

④钢套筒内安装钢轨。

在钢套筒下方 90° 圆弧内平均分布安装 4 根 38kg/m 钢轨（图 2-15），钢轨从钢套筒后端铺设至跑洞门围护结构 2m 位置，钢轨两侧通长焊接。为保持盾构机在始发时抬头的趋势，靠近洞门端钢轨垫高 20mm，盾尾端钢轨不垫高。38kg/m 钢轨高 134mm，盾尾下方与钢套筒间隙 134mm，盾尾上方与钢套筒间隙 136mm，刀盘下方与钢套筒间隙 154mm，刀盘上方与钢套筒间隙 66mm。

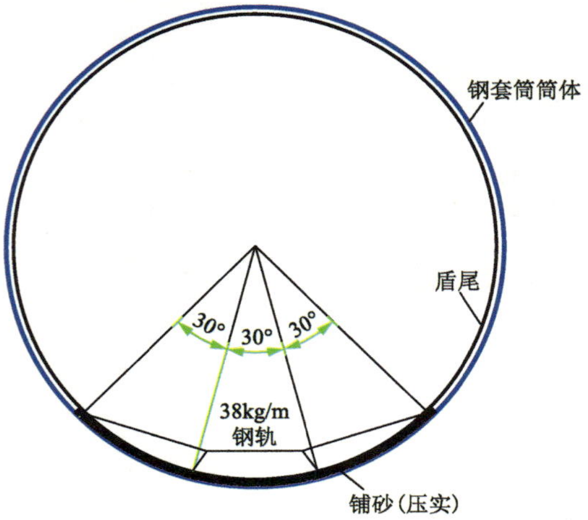

图 2-15　钢套筒内盾体定位示意图

⑤第一次向钢套筒内填砂(钢轨之间铺砂、压实)。

在钢套筒底部 4 根钢轨之间铺砂并压实，每个位置的铺砂高度高出相应钢轨的高度 15mm，待盾构机放上去后，进一步压实，确保底部砂层提供充足的防盾构机扭转的摩擦阻力。

⑥钢套筒内安装盾构机。

在钢套筒内安装盾构机主体，并与连接桥和后配套拖车连接。

⑦安装钢套筒上半圆。

第二次回填砂完成后，安装钢套筒上半圆，安装好以后，需进行压紧螺栓的调整。检查各部连接处，对每一处连接安装的地方均进行检验，确保其连接的完好性，尤其是对于钢套筒的上、下半圆的连接和节与节部分之间的连接检查，还要检查过渡连接板与洞门环板之间的焊接，看是否存在着点焊或虚焊，发现有隐患，要及时处理。

⑧预加反力。

上半圆安装完成后，需进行环梁预加压力螺栓的调整，见图 2-16。分别拧紧环梁上的每个螺栓，上紧时分别采用对角拧紧，保证环梁的均匀受力。每颗螺栓的压紧力为 54000N(总计反力架的预加反力约为 7000kN)，上紧后用锁紧螺母锁住，这样能保证钢套筒在有水压时洞门环板处连接螺栓不受力。在拧紧过程中要注意检查反力架各支撑是否松动，各段法兰连接螺栓是否松动。

⑨安装负环、盾构机刀盘推进至洞门掌子面。

钢套筒、反力架安装完毕，盾构机调试完成后安装负环，盾构机向前推进至刀盘面板贴近洞门掌子面但不切削掌子面。第一环负环在盾尾内拼装成形后，通过千斤顶整体向后顶推至紧贴反力架，管片与反力架之间采用螺栓连续。

⑩第二次向钢套筒内填砂。

盾构机向前推进至刀盘面板贴近洞门掌子面后，向钢套筒内进行第二次填砂，本次填砂将整个钢套筒填充满，见图 2-17。在填充的过程中适当加水，保证填砂密实。

⑪负环管片壁后注浆。

为保证负环管片与钢套筒之前的密封效果，在盾构机刀盘贴近洞门掌子面后，通过靠近反力架两环管片的吊装孔进行壁后注浆，见图 2-18。注浆材料采用惰性浆液，在管片后面形成一道密封防渗环，注浆压力不大于 350kPa。

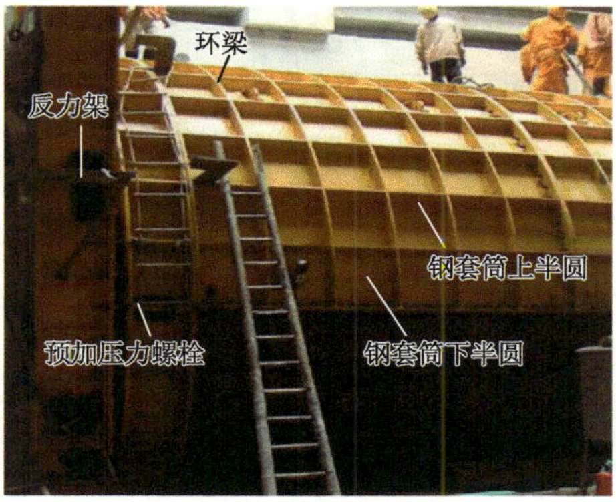

图 2-16　预加反力螺栓调整

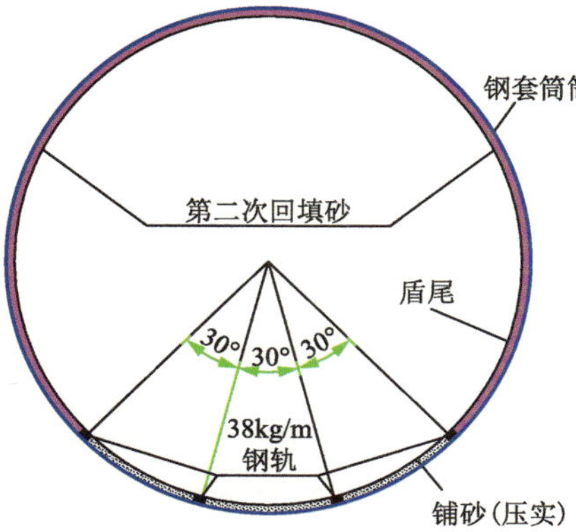

图 2-17　钢套筒内第二次回填砂

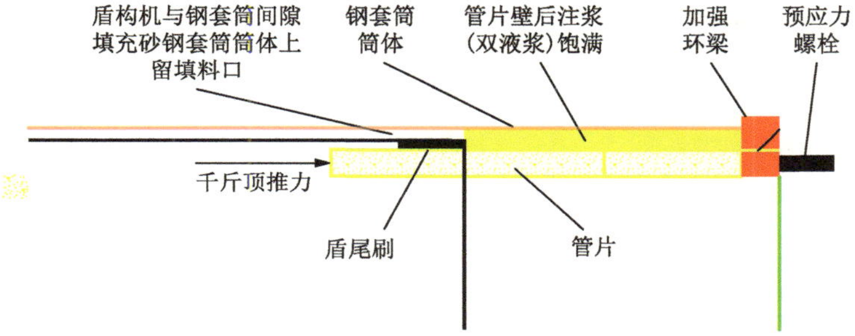

图 2-18　管片壁后注浆结构示意图

⑫钢套筒压力测试。

a. 渗漏检测。从加水孔向钢套筒内加水压力至 3bar，对各个连接部位检查有无漏水现象，包括洞门连接板、钢套筒环向与纵向连接位置、钢套筒与反力架的连接处。

b. 钢套筒位移检测。在盾构机组装过程中要安装各种测量用具，主要是测试钢套筒有无变形，以及钢套筒环向和纵向连接位置的位移等。

⑬管线保护加固。

端头需进行保护加固的管线主要有煤气管、通信管线、雨污合流管线、部队通信管线，加固方法为沿管线两侧各设置 3 排袖阀管进行注浆，注浆孔间距为 1m×1m，深度为管底 4m 范围。袖阀管注浆加固布置见图 2-19。

⑭盾构始发掘进。

洞门连续墙为 800mm 厚的 C30 玻璃纤维筋混凝土连续墙，盾构机在切削连续墙时：推进速度控制在 5 ～ 10mm/min，扭矩不大于 2000kN·m，千斤顶总推力不大于 10000kN。通过洞门后，速度可逐步提升至 20 ～ 25mm/min，千斤顶总推力逐步调整到 15000 ～ 20000kN。

5)密闭始发效果评价与经验总结

(1)采用全套筒密闭始发工艺，解决了施工场地不足的问题，比传统方案节约工期 70d。

(2)工艺成熟，风险可控，具有一定的工程经济优势。

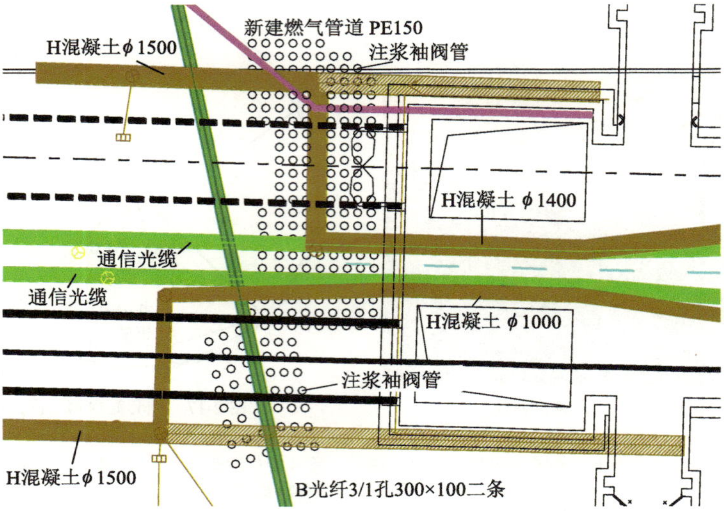

图 2-19 管线保护加固袖阀管注浆平面示意图(单位:mm)

2.4 本章小结

对于盾构法隧道工程,在盾构始发和接收阶段所发生的工程事故占到总事故量的 70% 以上。为避免工程问题的发生,降低工程风险,对始发阶段应采取以下措施。

(1)盾构始发诸多风险可通过管理技术措施得到有效控制。

(2)对侧壁难以自稳的软弱透水地层必须进行端头加固。

(3)注重对地层的加固处理,选择合适的洞门密封形式,在不具备加固条件的地层采用密闭式始发方式是盾构始发防坍塌的关键。

(4)做好洞门密封,控制好开挖轮廓,及早建立压力平衡,设置适当的姿态与趋势,对反力架进行周密检算,注意始发的掘进参数控制等是盾构始发姿态控制的关键。

(5)对于泥水平衡盾构机,始发段不使用玻璃纤维筋,加固时谨慎采用袖阀管等是泥水平衡盾构始发段防滞排的关键。

第3章

盾构到达接收常见问题、对策与案例

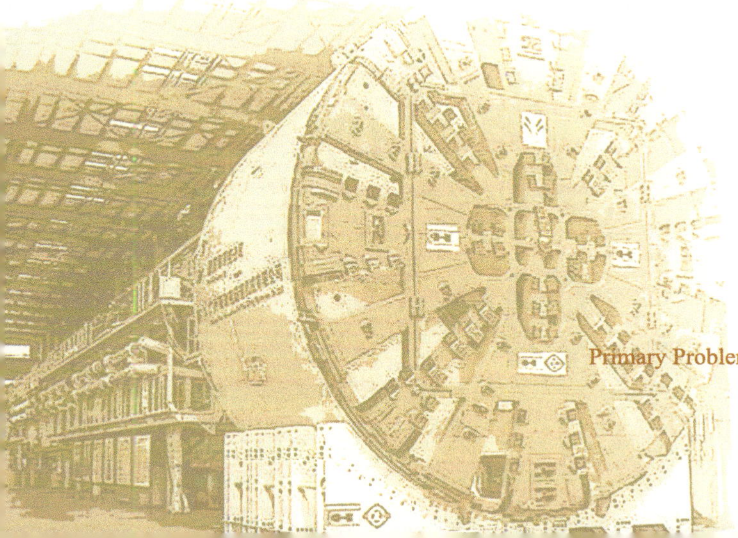

Primary Problems and Case Analysis of Shield Construction

面向挑战的
隧道及地下工程

Primary Problems and Case Analysis of Shield Construction

盾构始发是工作面从无工作压力到建立工作压力的过程，盾构到达是从工作面有工作压力到无工作压力的过程。始发时工作压力是一个主动建立过程，到达时工作压力是一个被动丧失过程。一定程度上讲由此所带来的端头坍塌、突泥涌水、沉降变形、管片欠挤压、错台漏水等风险较盾构始发更为突出。本章对盾构到达接收的常见问题进行分析，提出相应措施，并结合具体工程案例对技术措施的应用进行介绍。

3.1 盾构到达接收常见问题及原因分析

1）到达端头突泥涌水导致端头坍塌

盾构到达端头发生突泥涌水、端头坍塌的原因主要来自三方面：一是地质原因，端头所处的地层为松散、软弱、富水且透水的地层，并且侧壁无法自稳；二是端头未施作洞门密封装置或者因保护不当，在盾构到达时密封装置已经失效或存在缺陷；三是加固方案不合理或端头区域未进行加固或加固体存在盲区未达到要求。

2）到达段止水带欠挤压导致隧道渗漏

盾构机在进入端头区域时要降低掘进的速度，刀盘推力也会相应地减小，从而避免推力过大导致端头墙突然贯穿造成端头界面瞬间失稳。这就使得在靠近端头区域 20 环左右的盾构管片止水带得不到较好的压紧，处于欠压状态，从而容易在管片环间出现漏浆渗水现象。

3.2 盾构到达接收工程对策

3.2.1 防止到达端头坍塌对策

（1）对于侧壁无法长时间自稳的地层应该进行加固，但对于不透水且自稳性能良好的地层只需要在洞门处施作一道素混凝土地下连续墙即可。对于松散透水地层要根据地质情况设计合理的加固措施，加固体的长度应大于盾构主机长度 2m，保证对泥沙和地下水的有效封堵。

（2）加固效果的检查标准与始发阶段的加固体检查方法及标准一致。对于注浆类的加固检查孔要满足不塌孔、不渗水的要求，对于冻结类的加固方法要对冻结厚度、温度进行检查，满足规范和设计要求。

（3）施工阶段对密封装置做好保护，避免洞门密封装置失效或出现缺陷。

（4）无条件进行加固处理的情况应采用密闭钢套筒接收方案。

（5）盾构贯通前后及时进行盾尾二次注浆，并施作封水环，避免地下水沿盾壳前窜。

3.2.2 保证到达段管片防水效果的工程对策

对到达区域管片止水带挤压力不足造成的渗漏问题，主要通过管片的纵向拉紧、管片纵向螺栓多次紧固，提供额外的挤压力，满足接收段止水带的要求，并在贯通前及时进行径向二次注浆等措施进行改善和解决。图 3-1a）为槽钢顶部纵向拉紧装置，图 3-1b）为管片环间预拉紧装置。

a）槽钢顶部纵向拉紧装置

b）管片环间预拉紧装置

图 3-1　提高管片间挤压力的拉紧装置

3.3 工程案例

3.3.1 盾构到达突泥涌水工程案例

1）工程概况

某盾构区间左线盾构隧道到达洞门平面位置距河流仅 10 m。河面宽为 12m，河水水位高程为 1.008m，河床底高程为 -0.76m，地面高程为 4.2m，隧底高程为 -12.7m。河岸堤为 2004 年新建，均为浆砌片石挡墙。经挖槽探测发现，岸堤（盾构到达端）地下 4m 为形状不规则的砌筑体，堆砌杂乱，深浅不一，类似抛填片石和块石。工程地质情况如图 3-2 所示。

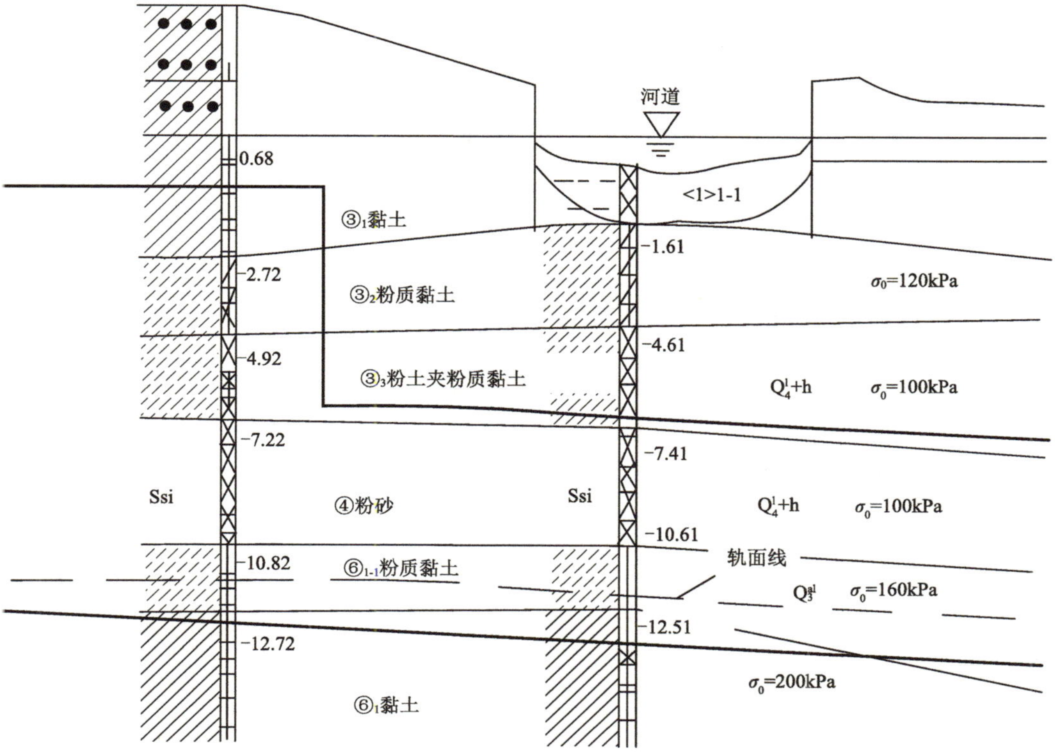

图 3-2　工程地质剖面示意图

盾构到达洞门直径为 6.7m，底部埋深约 17.7m。盾构主机长 8900mm，刀盘直径 6390 mm，盾体直径 6370mm。盾构到达端采用水平冻结法加固地层。水平冻结体长 12m，从车站盾构井向隧道施作。冻结于盾构到达前 1 个月施工完成，并经探孔检测，冻结效果满足要求。

2)盾构到达突发涌水事故及处理措施

盾构刀盘到达车站地下连续墙处，此时已拼装了 1081 环管片，还剩 8 环未拼装，地下连续墙混凝土已破除至迎土侧钢筋。刀盘掘削地下连续墙薄层混凝土，当刀盘全部露出时，发现刀盘左下方有一小股水带泥沙流出，随后下部刀盘面突然涌水，且越涌越大，导致盾构机被淹没，见图 3-3。

图 3-3　盾构涌水现场

涌水发生后，首先向河底回填黏土截断水源，同时紧急抽排车站内积水。当涌水基本截断后，在接收端隧道两侧和隧道中线地表打设竖向深孔，盾构机两侧注浆管深度超过盾构机底 2m，盾构机上部注浆管深度距离盾构机顶 1m，注油溶性聚氨酯进行堵水。同时，在洞内采用棉纱和速凝水泥封堵盾构环周边小股出水。最终，涌水险情得到了有效控制。地面注浆管布置如图 3-4 所示。

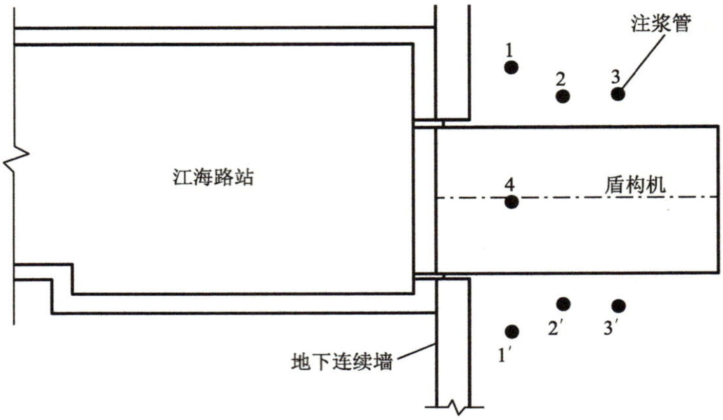

图 3-4　地面注浆管布置示意图

3)原因分析与经验教训总结

(1)造成该项目盾构接收失败的主要原因是接收端的水平加固体存在冻结盲区，无法起到预期的堵水作用，导致盾构在到达阶段出现不可控的涌水。

(2)应在类似的工程中重视各种加固措施的效果检查，各种检查手段的执行必须严格按照规范进行。

3.3.2　大直径盾构水中接收工程案例

1)工程概况

南京市纬三路过江通道采用 2 台气垫式复合泥水平衡盾构机掘进，直径均为 14.93m。盾构沿线穿越黏土层、砂土层、卵石层、粉砂岩层等，其中包含约 500m 的上软下硬复合地层，地质条件复杂，隧道底部最大水压为 0.74 MPa。盾构到达段主要穿越淤泥质粉质黏土和粉质黏土夹粉砂层。到达段地层稳定性差，极易发生地面下沉、坍塌或冒顶事故。盾构到达段先后斜穿南京长江大堤和南京树人学校，地表沉降控制要求严格，施工难度较大。

2)加固措施

纬三路过江通道盾构到达段选用水泥土搅拌桩法进行地层加固。在靠近地下连续墙区域，选用 2 排高压旋喷桩代替搅拌桩进行加固。加固区长度取盾构机长度的 1.2 倍，即 17m。加固区宽度取超过盾构两侧各 5m，即 25m。加固区深度取基底以下 5m，即 32 m。盾构接收时先凿除洞门，考虑到旋喷桩加固在下部可能存在不均匀，为确保洞门凿除的安全，在加固区端头设置 2 排冻结管。冻结管间距 0.8m，深度为 30m，共设置冻结孔 57 个。冻结孔布置如图 3-5 所示。

在洞门凿除前，必须先对冻结交圈现象进行检测，采取在环向和竖向设置测温孔，当测温孔温度均满足小于 -5℃时方可进行洞门凿除。

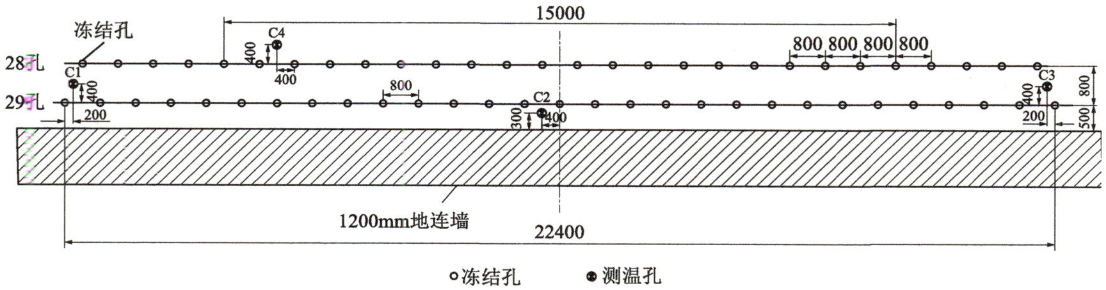

图 3-5 冻结孔布置平面示意图(尺寸单位:mm)

3)洞门临时密封及洞门凿除

(1)洞门临时密封设计

在对端头土体进行加固改良的同时,为了进一步降低盾构进洞风险,在洞门结构的密封措施方面进行了重新设计。本项目的洞门密封结构由底板、8 层 65Mn 弹性钢板束和压板组成,底板分块焊接在洞门钢环上,弹簧钢板层与层交叠安装在底座上,由压板进行固定,洞门密封结构剖面如图 3-6 所示。密封钢板束最内侧 3 层弹簧钢板束长度相等,且其长度能够保证与最终脱出盾尾的管片搭接;后 5 层弹簧钢板束长度逐层减小,为内侧弹簧钢板束提供额外的弹性支撑,洞门密封钢板束平面布置如图 3-7 所示。在盾构机进入洞门钢环之后,此多层弹簧钢板束结构能够包裹住盾体,以阻断地层中的水土进入接收井。

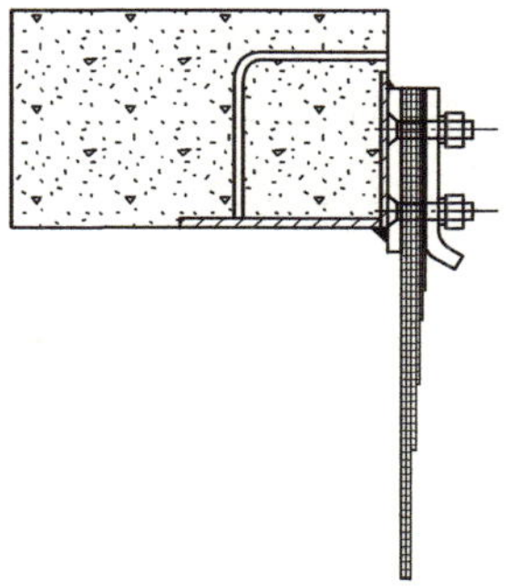

图 3-6 洞门密封结构剖面示意图

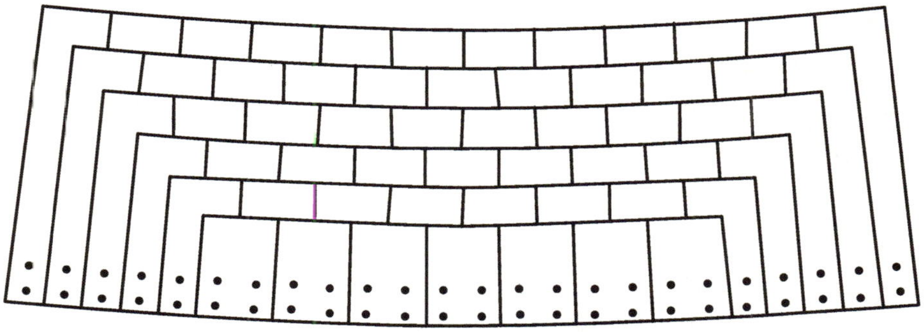

图 3-7 洞门密封钢板束平面布置示意图

(2)洞门凿除、回灌

①洞门凿除。

考虑到洞门凿除后,在盾构机刀盘进入工作井前,还需完成回灌水与拔除冷冻管等工序,为保障后续工序的连续性,防止因盾构加固区推进压力过大而导致加固区的土体坍塌,要求在盾构机进入加固区前完成洞门凿除。洞门凿除前,接收井端头冷冻墙体必须到达设计冷冻强度,并确保盾构已具备接收条件。

②回灌。

洞门凿除后，清理完工作井内碎渣，开始回填土和回灌水。为方便后期降水后渣土的清理，采用黄砂回填。为防止盾构机在井内推进过程中发生旋转与偏转，回填黄砂至盾构机一半的高度。回填黄砂完毕后回灌水，高程至地下水位高程。

4）到达段掘进

（1）贯通测量

盾构到达前，对洞内所有的测量控制点进行一次整体的、系统的控制复核测量，对所有控制点的坐标进行精密、准确的平差计算。同时，对盾构到达洞门进行复核测量，测量项目包括洞门中心位置偏差、洞门全圆半径等。必要时根据测量结果对洞门进行相应的处理。

在 100m 和 50m 处对导向系统进行复核测量。在盾构到站前的最后一次导向系统换站时，充分利用在贯通前线路复测的结果，精确测量测站、后视点的坐标和高程。同时，在贯通前 50m 时，进一步加强盾构姿态和管片测量，根据复测结果及时纠正偏差，并结合实测的竖井洞门位置适当调整隧道贯通时的盾构机姿态，确保盾构按设计线路到达。

（2）掘进参数控制

①泥水压力设定。

刀盘进入加固区前，为了控制地表沉降，切口水压设定为"水土压力＋超压"。刀盘进入工作井后，需与井内水压力相平衡，切口水压设定为井内水压力。因而，在加固区需将切口水压逐步降低，在进入加固区后 2 ～ 3 环开始降低切口水压，在盾构机刀盘到达冷冻管前一环降低切口水压至井内水压力。

②掘进速度。

刀盘进入加固区后，放慢掘进速度至 1.5cm/min，刀盘到达冷冻管前一环将掘进速度降低至 0.5cm/min。

③同步注浆及二次注浆。

为截断加固区外地下水沿管片外壁的渗水通道，采用加大同步注浆水泥用量、加大同步注浆量和二次注浆的方案。刀盘进入加固区后适当增大同步注浆配比中水泥的用量，水泥用量增大至 100kg/m^3，同步注浆填充系数取 1.3，保证在加固区段注浆填充密实。加固区末端 2 环管片进行二次注浆，注浆采用水泥－水玻璃双液浆。

④管片拉紧。

本次接收采用平衡带水接收，因而管片拼装时千斤顶有足够的反力确保密封条的压紧，但为了避免贯通后管片纵向受力减小而引起密封垫回弹，导致环缝间隙变大而产生漏水，在最后 15 环的管片预制过程中设置预埋件，用于管片纵向拉紧。管片拉紧可在盾构抽水前统一完成。

⑤盾构推出。

当盾构机刀盘与洞门钢环之间的距离小于 10cm 时，刀盘停止转动，盾构空推直至钢板吊完全搭在壳体上，此时刀盘刀具正好位于砂浆基座的预留槽中，开始转动刀盘。刀盘一直保持转动，直至盾构到达指定拆机位置。

5)洞门封堵施工

(1)特殊管片设计制作

为加强盾构到达后洞门注浆封堵效果,将盾构隧道最后 5 环管片设计为特殊管片形式,每环管片在原有的二次注浆孔基础上新增加 38 个预留注浆孔(注浆孔在管片上均匀布置),特殊管片预留孔与二次注浆孔孔径、构造相同,且孔口位置与二次注浆孔一样采用螺旋加强筋进行加固,后期封堵加强措施也与二次注浆孔相同。

(2)洞门封堵注浆

盾构到达拆机位置后,洞门钢板束在自身弹力的作用下自动弹回并压在管片上。在抽水之前,向管片与地层(结构)之间注入水泥 - 水玻璃双液浆,浆液注入顺序由下至上,注浆过程严格控制注浆量,注浆量不宜超过 1m³/ 孔。最后一环注浆完成后,依次向后 4 环注浆。

6)效果评价与经验总结

(1)对于大直径盾构机的水下接收有必要对接收端头采取强化加固措施,本工程是在端头搅拌桩及旋喷加固的基础上采用冷冻进行强化加固,确保了洞门破除的安全。

(2)案例中采用了新型的钢板束型洞门密封结构,较常规橡胶板密封结构具有更好的可靠性,在实际应用中取得较好的效果。

3.3.3 无二次衬砌结构密闭套筒接收工程案例

1)工程概况

广州市轨道交通 13 号线首期工程(鱼珠至象颈岭段)施工四标土建工程,位于广州市黄埔区,包含庙头站、夏园站、庙头站—夏园站盾构区间。其中左线长 1882.71m,右线长 1913.11m。区间出庙头站后沿 107 国道黄埔东路向东敷设,期间下穿庙头、南湾、夏园三座快速公交系统(BRT)车站,黄埔发电厂除灰管道立交桥、黄埔跨 107 国道石油管道桥,最后到达夏园站。区间平面最小转弯半径为 650m,纵向最大坡度为 27.7‰,区间隧顶埋深 9.1 ~ 18.8m。工程位置如图 3-8 所示。

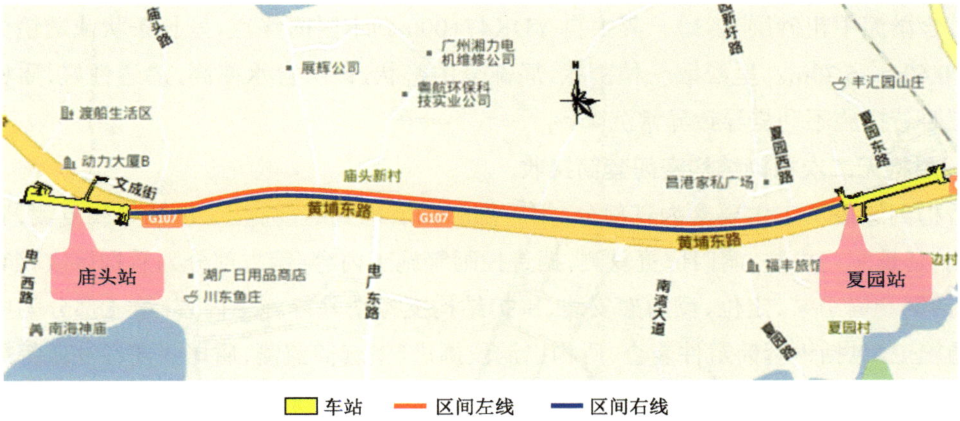

图 3-8 工程位置示意图

混凝土管片采用左、右转弯和标准环组合，环管片内径为5.4m，外径为6.0m，宽度为1.5m。管片采用强度等级为C50，抗渗等级为P12的混凝土预制。

（1）盾构到达段工程概况

庙头站—夏园站盾构区间到达端为夏园站西端头，到达段为100m，该段隧道设计埋深为9.6～9.8m，线路平面为直线到达，线路纵向右线设计坡度为上坡27.72‰、出洞下坡2‰，左线设计坡度为上坡27.66‰、下坡2‰。

在到达站夏园站，因夏园BRT未进行改造，该车站西端头设计为异形结构，地面环境较复杂，可利用场地狭小，施工难度大。区间隧道到达端平面位置如图3-9所示。

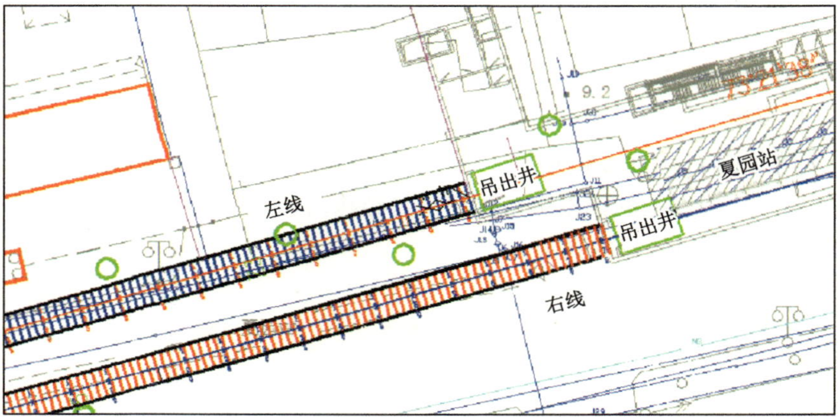

图3-9　到达段隧道平面位置示意图

（2）盾构到达段工程地质

庙夏区间到达段地层分为：人工填土层（主要为素填土、黏土、砂等），海陆交互相沉积层（淤泥层、淤泥质土层、粉细砂层、中粗砂层、粉质黏土层），残积土层（由白垩系碎屑岩和震旦系的混合花岗岩风化而成的砂质黏性土），混合花岗岩全风化带、强风化带、中风化带等。到达段范围存在砂土地震液化的不良地质。揭露的砂层为海陆交互相淤泥粉细砂层〈2-2〉、含淤泥中粗砂层〈2-3〉。其中自YDK47+000到本区间终点，呈长条状或透镜体状分布，厚0.60～6.70m。呈松散～稍密状，局部呈中密状，该层含水率高，渗透性好，盾构机掘进施工时若措施不利将导致异常沉降。

2）盾构无二次衬砌结构密闭套筒接收

盾构到达段施工主要分为三部分，第一部分为盾构到达前施工，包括导线复测、盾构姿态复测、延长洞门安装、洞门位置复测、掘进控制等施工内容；第二部分为盾构接收钢套筒施工，包括钢套筒组装、定位、反力架安装、围护结构支撑切除等施工内容；第三部分为盾构到达贯通施工，包括钢套筒组件复查、盾构出洞段掘进、钢套筒监测、盾尾封闭环注浆等施工内容。本书重点介绍第二部分。

盾构到达段施工的主要施工工艺流程如图3-10所示。

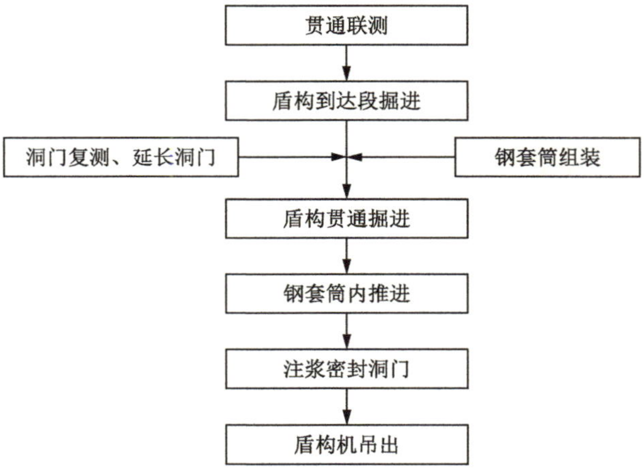

图 3-10　盾构到达段施工工艺流程

3）盾构接收钢套筒安装

（1）钢套筒设计参数

①筒体。

钢套筒筒体部分长 9600mm，内径 6500mm。钢套筒筒体部分分三段，每段由 1 块下半圆和 3 块上半圆构成，共 12 块。筒体材料用 16mm 厚的钢板，托架与下部筒体焊接连成一体，每段筒体的外周焊接纵、环向筋板以保证筒体刚度，筋板厚 20m、高 150mm、间隔 550mm×600mm。每段筒体的端头和上下两半圆接合面均焊接圆形法兰，法兰用 24mm 厚的钢板制成，组件之间均采用 8.8 级 M30 螺栓连接，中间夹 3mm 厚橡胶垫，如图 3-11 所示。

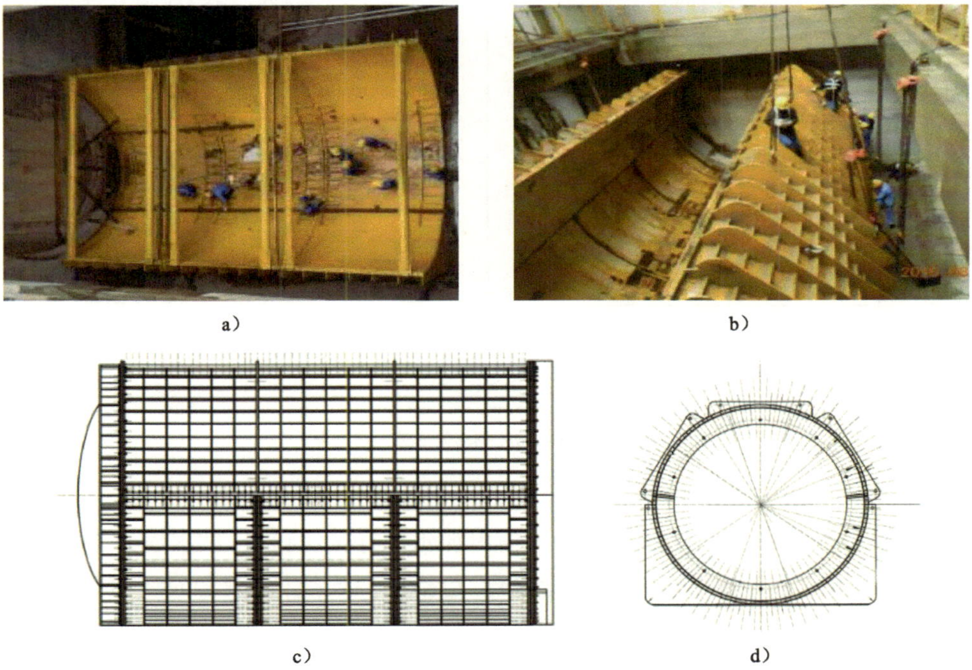
a）　b）　c）　d）

图 3-11　钢套筒筒体上下组件

图 3-12　钢套筒后端盖及平面环板连接

②后端盖。

后端盖由冠球盖和平面环板组成，平面环板加焊 36 个厚 30mm、高 500mm 的钢板筋板，环向均布排列焊接，后盖边缘法兰与钢套筒端头法兰采用 8.8 级 M30 螺栓连接。冠球盖用 30mm 钢板整体冲压焊接成形，后盖平面环板与冠球盖外缘内外焊接成整体，制作完工要在球盖内侧加焊型钢，防止变形，如图 3-12 所示。

③反力架。

反力架采用盾构始发反力架紧贴后盖平面板安装，冠球部分不与反力架接触。反力架定好位置后，采用千斤顶顶住墙体和反力架，消除洞门到后盖板的安装间隙。

④筒体与洞门的连接。

在围护结构地下连续墙上植入 ϕ20mm 钢筋，用于加强洞门钢环焊接并挂网喷浆。钢套筒与洞门环板之间设一过渡连接板，洞门环板与过渡连接板采用焊接连接，钢套筒法兰与过渡连接板采用 8.8 级 M24 螺栓连接。

⑤进料口和注排浆管。

每段筒体顶部设置一个直径 600mm 的进料口，每段钢套筒底部预留 2 个带球阀注排浆管。

（2）钢套筒安装流程

钢套筒安装工艺流程如图 3-13 所示。

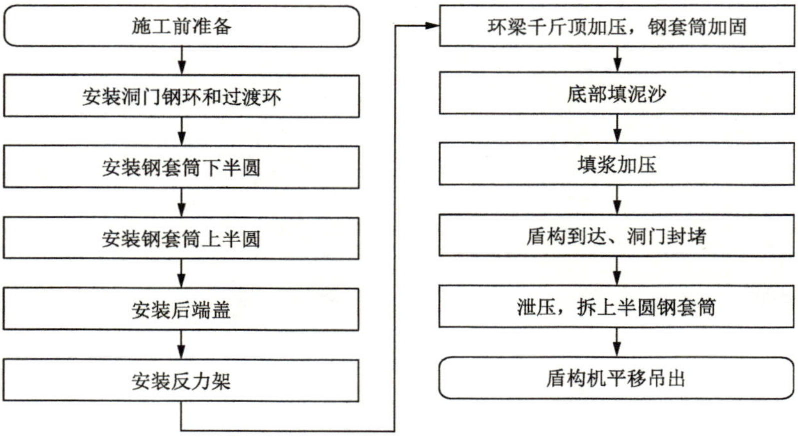

图 3-13　接收密闭钢套筒安装工艺流程

（3）钢套筒试压检查及填料

①钢套筒安装完成后从填料孔向钢套筒内加水进行试压检查，试水压力 2.0bar，维持时间 3h。在压力状态下对各个连接分进行检查，包括洞门连接板、钢套筒环向与纵向连接位置、后端盖板的连接处有无漏水现象，检查反力架支撑的各个焊缝位置有无脱焊情况。加水试压检查如图 3-14 所示。

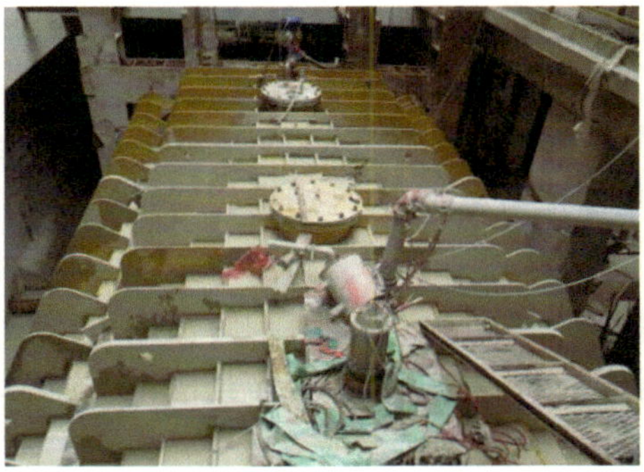
a）

b）

图 3-14 钢套筒加水试压检查

②当钢套筒试压检查合格后，向钢套筒内填料，主要材料为渣土，并加入 5% 的膨润土。向钢套筒内填充泥沙总量在 420m³ 左右，在填充的过程中加膨润土和水，保证填料的和易性，从钢套筒顶部三个填料孔分别进行填料，直至完全充满钢套筒，如图 3-15 所示。

图 3-15 钢套筒填充

4 ）盾构接收施工

（1）到达段掘进施工

①根据贯通前 100m 隧道的埋深及地质条件情况，修正后的盾构姿态，以及已施工段总结的经验，盾构到达段掘进施工参数见表 3-1。

盾构到达段掘进参数表 表 3-1

编 号	参 数	控制范围	备 注
1	土仓压力（bar）	1.2 ～ 1.5	根据地表监测及出渣量调整
2	刀盘转速（r/min）	1.5 ～ 1.7	
3	推力（kN）	12000 ～ 15000	根据掘进速度及刀盘扭矩调整
4	盾构水平姿态（mm）	前 +5、后 5	按照测量成果及时调整
5	盾构垂直姿态（mm）	前 -10、后 -20	
6	盾构姿态垂直趋势（mm/m）	+3	
7	推进速度（mm/min）	30 ～ 40	
8	每环出土量（m³）	60 ～ 65	
9	注浆量（m³）	6 ～ 6.5	根据掘进及监测情况实时调整

到达段掘进过程中，盾构主司机应注意观察盾构总推力、刀盘扭矩和渣土的变化情况，做好相关变化的事实记录工作。土木值班技术员每环进行渣样分析，确定掌子面地质情况，及时调整掘进模式，控制出土量。

②盾构贯通前 30m 时，需派人 24h 在夏园站西端头对钢套筒、围护结构及地面进行巡

察，及时反馈观察信息（包括地下连续墙和地面情况，硬化地面路面有无异常变化，钢套筒、反力架受力松动变形等）。

③盾构进入贯通前20m段掘进时，在加强地面监测的同时需对车站围护结构进行监测，监测频率每天两次。并及时将监测结果反馈至掘进施工现场，指导现场施工。

（2）贯通前盾构机刀具确认

夏园站围护结构地下连续墙采用玻璃纤维筋结构，盾构贯通时需由盾构机刀具直接切削破碎地下连续墙混凝土结构，因此，在盾构贯通前需确保刀具可切削地下连续墙混凝土。

（3）盾构贯通掘进施工

①到达地下连续墙前3m施工。

在盾构掘进到达地下连续墙前3m，推力不得大于10000kN，速度小于20mm/min，采用全土压模式掘进。盾构贯通段（3m）主要掘进参数见表3-2。

盾构贯通段掘进参数表 表3-2

编号	参　　数	控制范围	备　　注
1	土仓压力（bar）	1.0～1.2	
2	刀盘转速（r/min）	1.0～1.2	
3	推力（kN）	≤10000	根据切削地下连续墙参数变化调整
4	扭矩波动（bar）	15～20	异常时及时分析判断
5	盾构水平姿态（mm）	前0、后0	按照钢套筒安装测量成果及时调整
6	盾构垂直姿态（mm）	前20、后10	
7	盾构姿态垂直趋势（mm/m）	+3	
8	推进速度（mm/min）	≤20	
9	每环出土量（m^3）	60～65	
10	注浆量（m^3）	6～6.5	根据密封和监测情况实时调整

②封闭环施工。

盾构到达地下连续墙后，停机对后部5环全环交错注浆封闭盾尾后部来水。

③地下连续墙段掘进施工。

为确保出洞安全，掘进地下连续墙采用小推力，低转速掘进，掘进参数见表3-3。

盾构地下连续墙掘进参数表 表3-3

编号	参　　数	控制范围	备　　注
1	土仓压力（bar）	1.0～1.2	
2	刀盘转速（r/min）	1.0～1.2	
3	推力（kN）	≤8000	根据切削地下连续墙参数变化调整
4	扭矩波动（bar）	15～20	异常时及时分析判断
5	盾构水平姿态（mm）	前0、后0	按照钢套筒安装测量成果及时调整
6	盾构垂直姿态（mm）	前20、后10	

续上表

编号	参　　数	控制范围	备　　注
7	盾构姿态垂直趋势（mm/m）	+3	
8	推进速度（mm/min）	≤ 10	
9	每环出土量（m^3）	60 ～ 65	
10	注浆量（m^3）	6 ～ 6.5	根据密封和监测情况实时调整

④盾构机进钢套筒掘进。

盾构机进入钢套筒后，进一步减小推力，控制扭矩，匀速进入钢套筒内。盾构机进入钢套筒时必须以实际测量的钢套筒安装中心线为准控制盾构姿态，要求中心线偏差控制在±5mm 以内。盾构机在进入钢套筒内之后，要注意姿态控制，趋势为 3mm/m，保持盾构机为抬头推进，并根据测量数据进行适当调整，确保盾体不出现栽头。

到达段安装管片时，管片螺栓要进行三次紧固：第一次在管片安装时，第二次在下一环掘进 1000mm 时，第三次在掘进完成收推进液压缸前。

⑤钢套筒泄压。

盾构机全部进入钢套筒后，钢套筒内泄压分四步：第一步，待浆液凝固后，打开钢套筒上预留的卸压口，观察有无水涌出；第二步，如无异常，则将盾构机土仓内渣土排至人舱门以下，将“压力”钮旋至 0 位，观察土仓压力变化情况；第三步，如无变化则继续将仓内渣土排至一半，再观察土仓压力变化情况；第四步，若无变化则继续将土仓内渣土排空。若土仓压力无变化，则打开土仓门，确认无渗漏水后，可准备将盾构机平移或吊出。

5）效果评价与经验总结

（1）钢套筒接收技术能够很好地解决端头加固有效长度不足的问题，适用于富水承压透水地层的盾构接收施工。

（2）钢套筒盾构接收方法取代了常规接收的橡胶帘布、洞门折页压板、扇形压板等防水装置，提高了盾构到达接收时的洞门密封质量及管片拼装质量。

（3）建议在接收套筒端盖处设置减压阀，套筒内填料禁用黏性填料。

3.4 本章小结

盾构到达接收是整个盾构施工过程中受力状态转化最为复杂的一个工序，同时也是盾构隧道施工的事故多发阶段。盾构出洞施工应确保地层的自稳性，保证盾构机能按照设计路线出洞，同时避免管片移位、到达段管片渗水甚至坍塌等严重问题的发生。

（1）盾构到达阶段的多种风险可通过管理技术措施进行有效控制。

（2）对富水软弱侧壁无法长时间自稳的地层必须进行加固处理。

（3）加强对加固效果的检查，在施工阶段对密封装置做好保护，避免洞门密封装置失效或出现缺陷。

（4）在盾构到达阶段因刀盘前方反力不足造成管片的渗漏问题，通过施作长槽钢纵向拉杆或在两环管片施作可预加力纵向拉紧装置可有效解决。

（5）对于地层情况复杂，常规加固措施效果难以保证安全的情况，可采用钢套筒接收技术。

第4章

软硬不均地层常见问题与对策

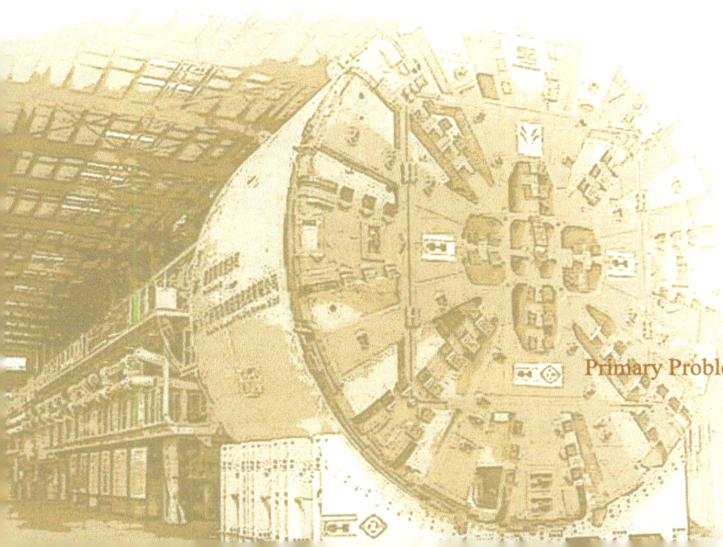

面向挑战的
隧道及地下工程

Primary Problems and Case Analysis of Shield Construction

盾构机发明后相当长的时间仅适用于均一的软弱地层，随着盾构技术普及推广，盾构常常需应对的开挖断面范围内多种物理力学性质和岩土特征差异明显的不同地层，由此带来的风险逐渐成为盾构技术面临的突出挑战。隧道工程行业一般将隧道所穿越的多种物理力学性质和岩土特征相差悬殊的地层称之为复合地层。本章所论述的软硬不均地层是一种典型的复合地层。

4.1 软硬不均地层概述

4.1.1 软硬不均地层的概念

软硬不均地层是指在隧道开挖范围内存在两种及以上物理力学性质、岩土特征差异较大的地层。通俗讲就是掌子面上同时存在“软”“硬”两种地层，软的地层不能满足常压开仓，硬的地层需要滚刀破岩。

当然软硬不均是相对而言，软硬不均的地层组合模式主要为两种：第一种为土层和岩层的组合地层，表现形态为土岩组合，该形态为典型软硬不均；第二种为软、硬岩组合或破碎、完整岩层组合。

工程经验中岩石软硬程度定性划分时，一般认为中风化～微风化岩层可判断为“硬”，全强风化岩层可判断为“软”。

根据《工程岩体分级标准》(GB/T 50218—2014)，岩石坚硬程度定量指标采用岩石饱和单轴抗压强度 f_r，该指标和岩石组成的矿物成分、结构、致密程度、风化程度以及受水软化程度有关，代表性强，使用最广，同时又能反映出岩石受水软化的性质，通常以 30MPa 作为硬质岩与软质岩的划分界限，见表 4-1。

岩石坚硬程度分类 表 4-1

坚硬程度	坚硬岩	较硬岩	较软岩	软岩	极软岩
饱和单轴抗压强度 f_r(MPa)	$f_r > 60$	$30 < f_r \leq 60$	$15 < f_r \leq 30$	$5 < f_r \leq 15$	$f_r < 5$

裂隙发育程度是岩体十分重要的特性，裂隙发育程度决定了岩体的完整程度，裂隙发育的破碎岩石的稳定性和强度较完整岩石大大降低，岩体完整程度划分参照表 4-2。

岩体完整程度分类 表 4-2

完整程度	完整	较完整	较破碎	破碎	极破碎
完整性指数	> 0.75	0.75 ～ 0.55	0.55 ～ 0.35	0.35 ～ 0.15	< 0.15

根据上述指标，极软岩和极破碎岩对盾构机施工来说往往意味着不能满足常压开仓，因此可划分至“软”的范畴。

4.1.2 软硬不均地层的表现形式

（1）上软下硬

上软下硬为最典型且最常见的软硬不均表现形式，上部主要为第四系土层，下部为岩层，或者上部为软岩下部为硬岩。地层中的岩土分界面以及包裹在土层中的花岗岩球状风化是典型的上软下硬的情况，如图4-1所示。以广州地区复合地层为例，由上至下多为第四纪软土层（杂填土、淤泥、砂层、黏土）、残积层（黏土和砂质黏土层）、不同风化程度的白垩纪砾岩、砂岩、粉砂岩及泥岩等。

图4-1 路堑边坡所揭示的典型软硬不均地层

（2）上硬下软

上硬下软比较少见，主要为软土地层的城市，如郑州市、西安市等，隧道断面顶部为非常密实的粉质黏土层或黏土钙质结合层，下部为粉细砂层。其次为喀斯特地貌，大型溶洞溶腔存在于隧道断面内造成。另外受到地下障碍物的影响，端头加固或区间软弱地层加固效果不良，人为因素造成的上硬下软形式。

（3）左软右硬 / 左硬右软

在同一施工断面中，可能分布着不同时代、不同岩性或不同风化程度地层，尤其随着盾构机直径的不断加大，复合地层在水平方向上的变化表现的愈加突出。

（4）离散分布

其表现形式为坚硬岩石在隧道断面内无规律分布，离散度高，是对盾构掘进影响最大的一种表现形式，常称之为孤石，相对于周边介质独立的存在。一般有三种情况：第一种为沿海地区人工抛填块石；第二种为漂石；第三种为花岗岩的球状风化体，是最常见的。图4-2a）为暗挖隧道中揭露的球状风化体，图4-2b）为明挖基坑中揭露的球状风化体。

a）　　　　b）

图4-2 暗挖隧道和明挖基坑所揭示的典型软硬不均地层

软硬不均地层广泛存在于沿海沿江城市如广州市、深圳市、东莞市、福州市、厦门市、青岛市等。

4.2 软硬不均地层主要工程问题及原因分析

4.2.1 软硬不均地层盾构掘进难度大

软硬不均地层由于工作面地层岩石力学指标及地质特征差异大，在盾构掘进过程中容易出现掌子面坍塌、土压平衡盾构机喷涌、泥水平衡盾构机环流异常、超量出渣、地表沉降超限、刀盘结泥饼、刀具偏磨损坏、盾构机姿态难以控制等现象。出现上述现象的原因主要如下。

（1）软硬不均地层中工作面平衡难以建立

盾构施工的核心之一就是要建立和维持工作面的水土压力平衡，从而达到减少地层扰动、控制沉降和保护环境的目的。软土地层中盾构可以建立起理想的水土压力平衡模式；软硬不均地层中，掌子面上部需要平衡水、土压力，下部仅需要平衡水压力，如图4-3所示。若考虑掌子面上部平衡，则下部可能出现超压；若仅考虑掌子面下部平衡，则掌子面上部出现欠压。

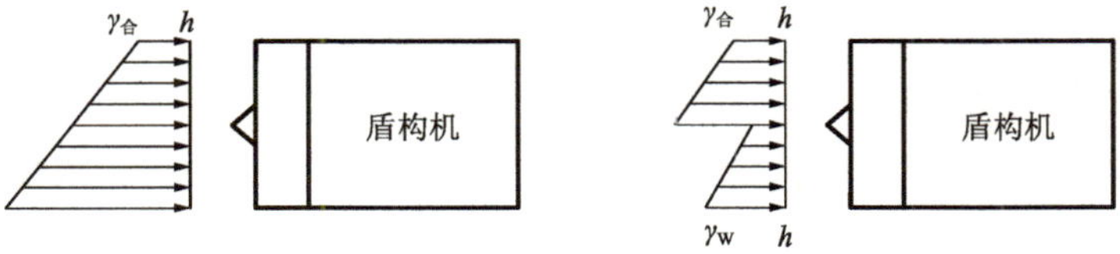

a）全断面软土　　b）上软下硬地层

图 4-3　全断面软土、上软下硬地层掌子面水土压力分布示意图

掌子面超压在富含黏粒、粉粒地层中，极易出现结泥饼、糊刀盘和刀具异常磨损现象；掌子面欠压则会发生上部软弱地层坍塌、超量出渣和沉降超限等情况。

（2）软硬不均地层中盾构机工作状态不佳

盾构机在软硬不均地层掘进时，刀盘受力复杂，刀具在掌子面上下部位贯入度相差很大。刀盘旋转过程中刀具接触岩土分界面产生的撞击易造成刀圈崩刃、开裂、脱落，刀体损坏。

（3）软硬不均地层中滚刀容易过载

软硬不均地层中盾构机总推力克服盾壳摩擦力、土仓堆渣反力和后配套拖车牵引反力后，剩余的净推力全部作用在接触掌子面硬岩的部分滚刀上面。推力控制稍有不慎，即可造成滚刀过载损坏，引起刀具损坏的多米诺骨牌效应。

（4）软硬不均地层中渣土改良难度大

软硬不均地层中掌子面围岩物理力学性状差异大，从松散、流塑、软塑到坚硬石同时存在。一方面渣土改良的客观难度增加，另一方面掌子面水土平衡对渣土改良的要求更高。

4.2.2 软硬不均地层中具体工程问题分析

1)刀盘、刀具异常磨损

(1)问题描述

软硬不均地层掘进过程中遇到强度较高岩层，将会导致刀具、刀座变形，刀具更换困难，刀圈崩裂等严重问题。若对磨损和变形的刀具发现不及时，将进一步磨损刀盘面板，进而导致刀盘强度和刚度降低，主轴承受损，甚至出现卡盾的灾难性问题。

(2)原因分析

一般来说，刀盘和刀具异常磨损主要原因有以下几个方面。

①刀具频繁受到岩土分界面的冲击和撞击。

以刀盘中心为圆心，刀位越高，刀具线速度越大，刀具冲击轨迹越长，磨损越严重。尤其对大直径盾构机来说，更容易出现刀具异常损坏的现象。

②软硬不均地层中滚刀容易过载。

软硬不均地层中盾构总推力克服盾壳摩擦力、土仓堆渣反力和后配套拖车牵引力与管片的摩擦力后，剩余的有效推力全部作用在接触掌子面硬岩的部分滚刀上面，推力控制稍有不慎，即可造成滚刀过载损坏，引起刀具损坏的多米诺骨牌效应。

③岩层裂隙发育。

当岩层裂隙较发育时，破碎岩体从开挖面脱落崩塌从而导致下部刀具被砸伤损坏。

2)地层扰动大、易坍塌

软硬不均地层，由于岩面起伏较大，局部基岩侵入隧道且强度高，致使盾构机掘进姿态控制困难，隧道线形难以保证。由于掘进速度受限，刀盘对软弱土层扰动频繁，切口压力波动较大，易造成软弱层液化，导致掌子面失稳，可能造成较大的地表沉降，甚至出现地面塌陷。

3)刀盘结泥饼

软硬不均地层掘进速度慢，渣土温度高，刀盘刀具切削下来的细小颗粒、碎屑在密封仓内和刀盘区重新聚集而成半固结或固结的块状体。当盾构机穿越地层为泥岩、粉黏土等地层时，盾构机掘进容易产生泥饼，造成刀具失效从而发生磨损。尤其是滚刀容易被“糊死”，无法有效自转，发生滚刀偏磨现象，这种磨损多发生在靠近刀盘中心的部位。刀盘结泥饼后掘进速度进一步减慢，刀盘扭矩上升，使开挖效率大大降低，甚至导致无法掘进或引起地表变形等次生灾害。

4)掘进参数异常

盾构机在均匀土层中掘进的正常速度可达到 30 ～ 60mm/min，但在上软下硬地层中掘进速度严重减慢，只能达到 10mm/min，甚至更低，同时带来的参数变化有推力增大、扭矩波动幅度变大、切口压力波动增大。

5)土压平衡盾构机喷涌

当下部岩层为花岗岩、板岩等地层，而上部软土为含水量丰富且渗透系数大的砂土、卵石地层时，岩体易发生片状剥离，造成渣土级配出现细颗粒含量少、黏聚力低、止水性弱，流动性差、无法在螺旋输送机中形成土塞效应，易引发喷涌。

6)泥水平衡盾构机滞排

由于整个开挖断面围岩均一性较差，泥浆指标调整不及时容易造成岩体滞排。刀盘滚刀在岩面上进行碾压，破裂面会在岩层裂隙处产生，不均匀的岩块崩落进入土仓，土仓内很多体积较大的岩石块，导致泥浆不易形成良好携渣能力，常常在土仓排泥口、排泥管的弯管处以及排泥泵造成堵塞，严重影响了环流系统的稳定。图 4-4 为块石崩落引起的泥水平衡盾构机仓内滞排的情况。

图 4-4　岩块崩落造成泥水平衡盾构机仓内滞排

7)盾构机姿态控制困难

在均一土层施工时，由于盾构机刀盘较重，盾构机在掘进过程中存在“头重脚轻”现象，可通过加大盾构机下部的推力来保证盾构机在掘进过程中维持平稳掘进。但是盾构机在上软下硬的地层中进行掘进时，盾构机刀盘与下部岩体不断发生碰撞，推力和扭矩变化幅度很大，盾构机有着向软土层偏移的惯性，使得掘进方向很容易出现偏差，出现“抬头线形”，进而导致盾构机姿态控制困难，地面沉降难以控制，引起千斤顶受力不均、管片错台等一系列问题。

8)管片破损

盾构姿态控制不理想造成盾构趋势与隧道理论轴线出现偏差，盾尾间隙严重不均，管片脱出盾尾过程中会发生边角破损。脱出盾尾后受浮力影响发生错台和渗漏。

9)带压进仓困难

由于软硬不均地层掘进刀具消耗量大，出现频繁换刀情况。而掌子面位于岩土分界处，通常软弱土层自稳性差、含水率高、渗透系数大，气密性差，不具备常压换刀条件。而往往很多地表不具备加固条件，需采用带压开仓换刀作业，存在较大安全风险。

4.3 软硬不均地层技术对策与注意事项

4.3.1 隧道设计方面

从隧道设计角度，在平纵断面设计选择上，尽量避免长距离穿越岩土分界面，减少软硬不均地层长度。若顶部软弱土层埋深较浅，而隧道线路较长时，可将纵断面下压进行避让，通过调整纵坡减小软硬不均地层长度，尽可能使绝大部分区段位于较均一地层中。

4.3.2 盾构机选型

在盾构机选型设计阶段，应充分对隧道穿越地层岩土性质、线形特征进行研究，合理进行盾构机设计。

（1）在软硬不均地层掘进，需采用复合式盾构机，刀盘宜采用即可掘进硬岩有可掘进软土的复合式刀盘。合理配置刀具，对滚刀、刮刀等刀具进行合理选型，优化刀具在刀盘上的布置。对刀盘、刀具进行抗冲击、耐磨设计。

相同贯入度条件下，刀具间距越小，破岩能力越高，当刀间距相同时，贯入度越大破岩能力越强。刀具间距与贯入度的关系见图4-5。

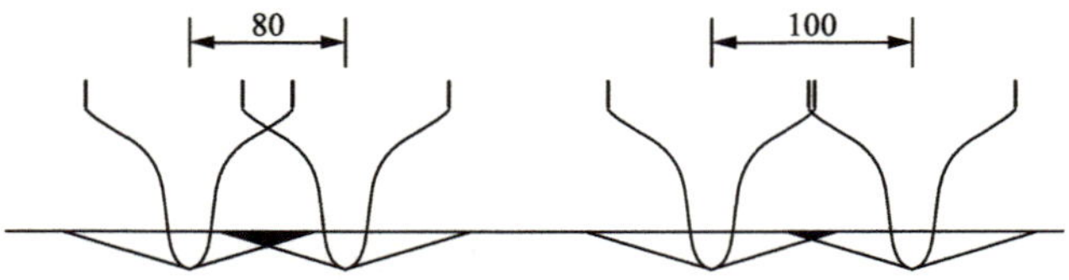

图4-5　刀间距与贯入度关系示意图（尺寸单位：mm）

（2）刀盘的开口率应满足切削下来的渣土能顺利进入土仓的要求。对于黏粒含量较高的地层，刀盘中心开口率应较大，对防止结饼有利。但泥水平衡盾构机在岩层裂隙较发育的地层掘进时，开口率较大会导致过大的岩块进入土仓从而堵塞排泥口，此时可通过调整刀盘开口限径板设计，仓内配备碎石机，来减小进入仓内的岩块粒径，增加仓内破碎效果，提高环流系统的输送效率。

（3）泥水平衡盾构机应在刀盘处增设高压冲刷系统（足够大功率），一方面利用冲刷压力冲下刀盘及刀具附着物，加大渣土流动性，另一方面可降低刀盘温度，减少刀盘泥饼烧结。

（4）土压平衡盾构机必须配置泡沫和膨润土注入系统，向刀盘前面、土仓和螺旋输送机处注入泡沫，改善渣土流塑性。同时合理设计螺旋输送机，必要时可增加螺旋输送机长度，防止喷涌。

（5）应用于软硬不均地层的盾构机主驱动功率较常规盾构机适当加大。同时重视主轴承密封与耐磨性能设计，确保设备在复杂情况下的工作能力，防止盾构机刀盘发生卡死现象。

（6）盾体上预留超前钻孔空位设计。在设备布置上要考虑超前钻机所需要的空间与装置要求。

（7）对直径12m以上的盾构机，建议选用常压换刀刀盘。软硬不均地层需要开仓换刀在所难免，往往需要带压作业，风险较高，常压刀盘形式可有效降低换刀风险。

4.3.3 地质补充勘察

1）物探方法

软硬不均地层盾构施工前，要对区间软硬不均界面及潜在孤石进行充分勘察，以便采取针对性处理措施。常规探测原则为物探先行，钻探验证。为多方面探明特殊地段基岩分布情况，主要采用浅层地震反射法、跨孔电阻率法、探地雷达法等多种手段进行探测，查找区间存在的孤石或基岩凸起。对物探探测区域可采用地质取芯进一步验证，确保充分掌握地质情况。常用的物探方法有以下三种。

（1）浅层地震反射法

浅层地震反射法是根据弹性波在地层中传播的研究来推断地下介质的结构和岩石的性质，从而达到勘探的目的，如图 4-6 所示。由于地震波在介质中传播时，其路径和波形将随所通过介质的弹性性质及集合形态的不同而变化，根据地震波场理论分析接收到的地震波信息，就可以推断地下介质的结构和岩石性质。该方法适用范围较广，不需要地面钻孔辅助。

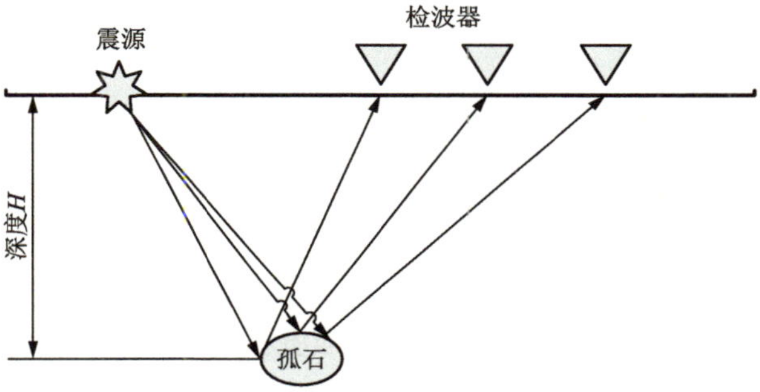

图 4-6　浅层地震反射法

（2）跨孔电阻率法

跨孔电阻率法是在两钻孔中分别放入一定数量的电极，观测两孔间电流、电压数据，通过反演获得两井间电阻率分布断面图，分析不同岩土介质与电阻率之间的对应关系，进行地质信息解译，进而达到工程勘探的目的，见图 4-7。

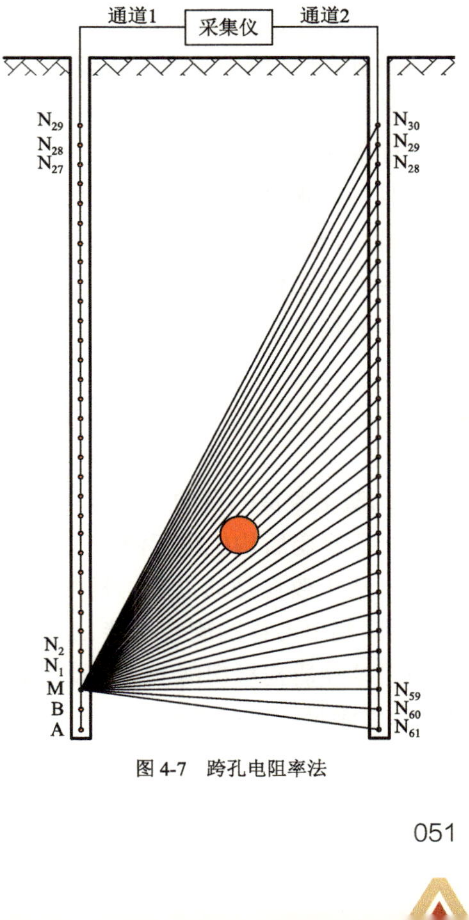

图 4-7　跨孔电阻率法

（3）探地雷达法

探地雷达法是一种运用电磁波传播理论来进行勘探的物探方法。通过发射天线向地下介质发射光谱、高频电磁波，当电磁波遇到电性（介电常数、电导率、磁导率）差异界面时发生折射和反射现象，同时介质对传播的电磁波也会产生吸收滤波和散射作用，接收天线接收并记录来自地下的电磁波信号，经过响应的数据处理，根据处理后的数据图像结合工程地质对介质情况进行推断解译。该方法广泛应用于城市超浅层地质勘查任务，但富水复杂地层情况下探测深度无法达到隧道埋深范围，而孔中地质雷达法则不受深度限制，与钻孔周边介质及成孔环境有关，可作为盾构法隧道不良地质体超前探测的一个有效方法。

2）结论

（1）上述三种物探方法对于孤石探测都具一定的效果，但受空间、环境、气候、设备及操作者的判识水平等因素影响，物探的准确率还有待提升。

（2）地震法应用范围较广，无须钻孔，效率较高，成本低但受到传统震源频率及数据分析解译技术制约，探测分辨率较低，可作为不良地质的初步判断。适用于沿线孤石群的探测，探测效率高，尤其对水域等不具备钻孔条件的地区探测比较适合。

（3）跨孔电阻率法、孔中雷达法针对孤石地层探测精度相对较好，单种物探方法可探测到 1m 以上直径孤石。但该方法作为地质勘探的一种延伸，需要钻孔辅助，效率低，成本高。

（4）采用单一物探探测难以满足工程需要，尤其对孤石探测需采用多种物探手法综合探测。

4.3.4 提前预处理

随着盾构技术的进步，对于基岩凸起也就是岩土分界面，目前技术上已经可以实现盾构机直接掘进通过。以汕头苏埃通道工程海底高强度基岩凸起段的成功攻克为标志，软硬不均的岩土分界面盾构掘进技术已经取得突破。需要在掘进中严格控制参数、关注姿态、分析渣样、监测刀具、动态应对。

但对于花岗岩球状风化体或孤石群，应坚持提前预处理。常规做法为深孔微差爆破法，地表打孔，孔内爆破将岩石炸裂成直径小于 30cm 的碎块，满足通过螺旋输送机或泥浆管路的条件，块度满足盾构掘进要求。爆破处理后需对地表钻孔进行封堵以避免地面冒浆，达到掌子面保压效果。

受爆破振动影响，隧道顶部地层松散，尤其是隧道上方存在淤泥层、填石层。在盾构掘进过程中，泡沫剂和膨润土泥浆沿松散孔隙流失甚至到冒出地面，造成污染和浪费；同时松散地层亦无法保持土仓压力。为确保安全，在爆破处理后对隧道周边松动围岩应注浆加固，以提高盾构机在掘进时周边围岩密实度和自稳力。

4.3.5 渣土改良

1）渣土改良的目的

土压平衡盾构机进行渣土改良是保证盾构施工安全、顺利、快速的一项不可缺少的技术手段。渣土改良是通过盾构机配置的专用装置向刀盘面、土仓或螺旋输送机内注入泡沫或膨润土，利用刀盘的旋转搅拌、土仓搅拌或螺旋输送机旋转搅拌使添加剂与渣土混合，其目的就是要使盾构机切削下来的渣土具有好的流塑性、合适的稠度、较低的透水性和较小的摩阻力，以满足在不同地质条件下采用不同模式掘进时都可达到理想的工作状态。其具体目的如下。

(1)使渣土具有良好的和易性,利于其稳定开挖面,控制地表沉降。

(2)提高渣土的不透水性,使渣土具有良好的止水性,从而控制地下水的流失。

(3)提高渣土的流动性,利于螺旋输送机输送。

(4)防止掌子面处高温状况下,开挖渣土黏结刀盘而产生泥饼。

(5)防止螺旋输送机排土时出现喷涌现象。

(6)降低刀盘扭矩和螺旋输送机的扭矩,同时减少对刀具和螺旋输送机的磨损,从而提高盾构掘进效率。

2)渣土改良剂类型

土压平衡盾构机渣土改良剂主要包括膨润土、泡沫剂、聚合物等。

(1)膨润土:注入膨润土泥浆,能增加渣土的黏滞性、和易性,提高止水性,便于形成土塞效应,改善刀盘、刀具、螺旋输送机的工作环境,改善土仓和螺旋输送机内渣土的性能,便于渣土的流动与运输。

(2)泡沫剂:改善土仓和螺旋输送机内的渣土性能,便于渣土的流动与运输,透水性强的地层使用泡沫剂进行渣土改良的效果优于膨润土泥浆。

(3)高分子聚合物:高分子聚合物具有良好的絮凝性,可以降低液体之间的摩擦阻力,经管道输送到土仓内,从而增加渣土的黏滞性,改善刀盘的工作环境,增加土仓的密封和便于渣土的运输。

3)渣土改良材料选择

渣土改良的选择需结合隧道穿越地层进行,施工前应提前进行改良试验,通过试验效果选择相适应的改良方式。渣土改良适用范围见表 4-3。

渣土改良适用范围　　表 4-3

材料	膨润土	泡沫剂	高分子聚合物
适用范围	砂~砂(卵)砾石地层	黏土~砂(卵)砾石地层	砂砾、岩层
特征	提高渣土止水性及和易性,制浆和输送设备需较大的空间	最常用,输送和使用便捷,消泡后渣土能恢复原来状态	提高渣土絮凝性,提高黏滞性

4.3.6 掘进参数

软硬不均地层掘进应遵循"低转速、小贯入、稳掘进"的原则,时刻提高对掘进参数的敏感性。盾构通过软硬不均、孤石段需拟定掘进参数,对盾构掘进的参数实现超前管理,保证盾构能科学、合理的通过不良地层,确定严格的参数预警值,当盾构掘进的各项参数出现偏差时,要及时调整,必要时开仓检查刀盘刀具磨损情况,防止刀盘、刀具出现非正常磨损现象。

(1)刀盘转速

软硬不均地层中,刀盘刀具受力不均,刀盘转速越快,孤石对刀具的冲击撞击越大。因此转速不宜过快,同时控制贯入度,减小刀具受到的瞬间冲击力,低转速还可减小对上部软弱土层扰动。建议刀盘转速控制在 1.0r/min 以内。

（2）贯入度

软硬不均地层中岩石强度较高，应减小推力，降低贯入度和掘进速度，减小刀具单位时间冲击力。建议贯入度不大于 10mm/r。

（3）刀盘扭矩

软硬不均地层掘进，尤其在岩土分界面处刀盘受力复杂，掘进过程中应密切关注刀盘扭矩情况，实现平稳推进。掘进时以减小总推力、速度及做好渣土改良来降低刀盘扭矩，同时应重点关注扭矩波动幅度，将其控制在一定范围内，减少刀具所受的冲击力。

（4）总推力

软硬不均地层中推力不宜过大，盾构机的有效推力主要由直接接触硬岩部分刀具承受，应充分考虑单刀极限承载力，避免过载。软硬不均地层刀盘及刀具受力不均，推力过大会使滚刀承受较大的压力，导致轴承受挤压变形，继而影响滚刀自转，最终造成刀圈偏磨或断裂，甚至刀座变形、刀盘受损。

（5）土仓压力

盾构工作压力根据埋深设定，取值介于主动土压与被动土压力之间。软硬不均地层应适当提高至略大于静止土压力，避免地表出现较大沉降。盾构司机在操作过程中需精心操作，严格控制土仓压力，掘进速度、出渣量、加气量等参数需匹配，压力波动控制在 ±0.05bar 范围内。

4.3.7 刀具管理

软硬不均地层刀具管理遵循原则：随时可实现带压换刀，可更换，切忌蛮干，安全第一，不牺牲设备抢进度，不盲目掘进。统一现场操作人员思想，提高对盾构施工过程中设备方面的风险管控意识。加强对主要管理人员的技术培训，了解各项异常参数继续掘进会带来的严重后果，尤其是盾构司机和土木值班人员应提高对盾构参数变化的敏感性。掘进如有异常立即停机分析，不得抱有侥幸心理盲目推进。刀具更换标准：边滚刀最大磨损量＜ 10mm，中心刀最大磨损量＜ 25mm，达到该指标必须更换。

4.3.8 防喷涌措施

土压平衡盾构机在软硬不均地层防喷涌的核心是控制土仓来水，应保障同步注浆效果及隧道后方止水环箍质量。其次从源头上改善渣土性状，提高渣土和易性及黏滞性。盾构操作人员要加强螺旋输送机双闸门管理，控制单位时间的渣土流量，降低喷涌发生的概率。螺旋输送机下方可增设渣土防洒落及物料收集装置，减少清理难度。必要时可在盾构机设备选型阶段考虑采用双螺旋输送机设计，进一步控制喷涌。图 4-8 为螺旋输送机喷涌情况。

图 4-8　螺旋输送机喷涌情况

4.4 工程案例

4.4.1 深圳某盾构区间

深圳某盾构区间，隧道穿越地质主要为砾质黏性土、全风化粗粒花岗岩，在里程 DK7+480.5 ～ DK7+764.7 总计 284m 存在微风化基岩凸起，平面位置及剖面示意见图 4-9、图 4-10。

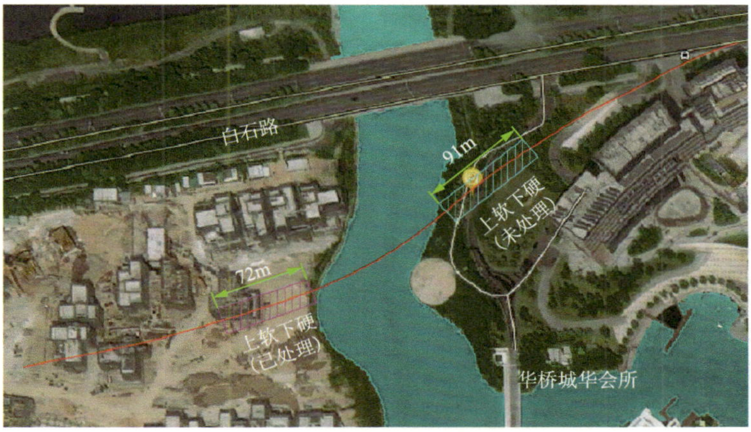

图 4-9 特殊地层段平面示意图

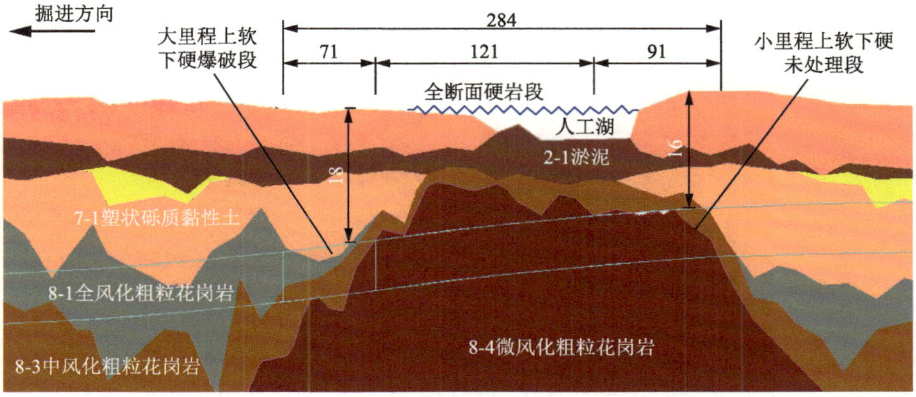

图 4-10 右线硬岩段地质剖面示意图（尺寸单位：m）

1）直接掘进段

小里程段位于欢乐海岸酒店绿化带，前期未能在该段对上软下硬地层进行预处理。该段岩层裂隙水较发育，处在南北走向的断层破碎带中。地下水含量丰富，地下水头较高，水位 0.3 ～ 8m。毗邻欢乐海岸人工湖，地下水补给迅速。

（1）掘进参数

小里程段上软下硬地层中实际刀盘转速1.5r/min，掘进速度8mm/min，贯入度4～6mm/r，上部土仓压力1.0～1.3bar。

（2）存在的问题及处理措施

①局部塌陷。

左线掘进至里程YK7+550处时，刀盘距离湖边10m，脱出盾尾部位的地表绿化带出现一处沉陷区，沉陷深度30～40cm。未处理段塌陷位置见图4-11。

原因分析如下：

a. 欢乐海岸人工湖岸边绿化带素填土未压实且比较松散。

b. 掘进过程中，由于加入循环土泥浆，出渣量无法精确计算，掘进过程中渣土多出后并未及时察觉。

c. 脱出盾尾部位同步注浆效果不理想，无法有效填充管片外空隙。

处理方法：

a. 采用地质雷达对该段50m范围内地下空洞情况进行扫描，结果显示土层受轻微扰动，较松散但无空洞。

b. 对塌陷部位采用袖阀管注浆加固地层，种植土回填，路面沥青破除后重新铺设。

②参数异常，卡盾。

原因分析如下：

右线在掘进至湖边时，突然推力变大，从20000kN增至25000kN，掘进速度低于6mm/min。现场果断下达停止掘进指令，造成的原因是边滚刀磨损，隧道开挖呈“锥形”，导致盾壳卡死。卡盾位置现场情况见图4-12，卡盾位置地质情况见图4-13。

图4-11　未处理段局部塌陷

图4-12　出现问题时刀盘位置

由于地质资料显示该段已经进入全断面地层，理论上可以常压带进仓检查，但由于地表为人工湖，为了安全起见，采用带压方式，进仓检查。进仓后发现左上时钟10点至12点以上为全风化地层，且存在空洞，其余部分为微风化岩层。受条件限制，进仓人员并未检查到边滚刀和中心刀的磨损情况，正面滚刀磨损仅不到5mm。

处理方法：

经过各项风险分析，结合实际地质情况，最终采用填仓方式进行常压换刀，填仓采用非胶凝材料。

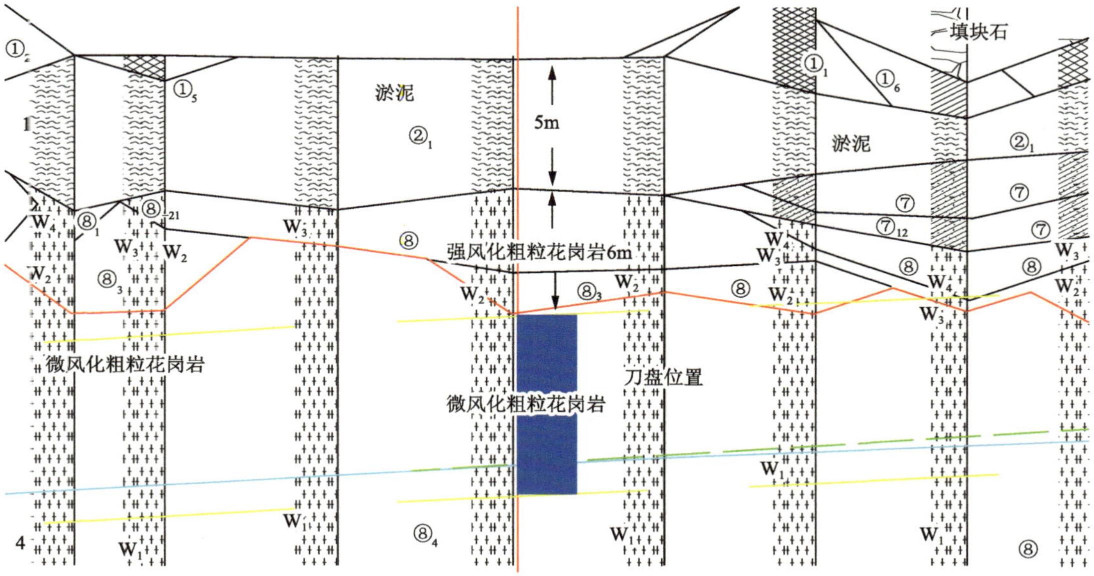

图 4-13 停机位置地质情况

a. 洞内措施。

（a）盾壳、盾尾注入盾尾油脂，避免加固过程中，盾构被包裹，导致无法脱困。

（b）收铰接液压缸，将盾构机后退 20 ～ 50mm，确保盾构机铰接密封位置不卡死，同时，方便刀具更换。

（c）填仓。

填仓料采用膨润土 + 砂 + 增黏剂混合物。填仓前，先由试验部门做出配比，确保混合物能通过盾构机膨润土系统注入土仓。

填仓前先放出土仓内膨润土泥浆，边放边注入填仓料。最终达到填仓料完全置换现在保压所用膨润土泥浆。

控制标准：当打开盾构机土仓上部检查阀，观察有渣土流出时即停止加注填仓料，开始地表注浆工作。

b. 地表加固注浆措施。

地表加固采用深孔袖阀管注浆工艺，注浆采取双液注浆系统。注浆前土仓内需填充完全，避免双液浆损坏主轴承，抱死刀盘，袖阀管注浆加固范围见图 4-14。

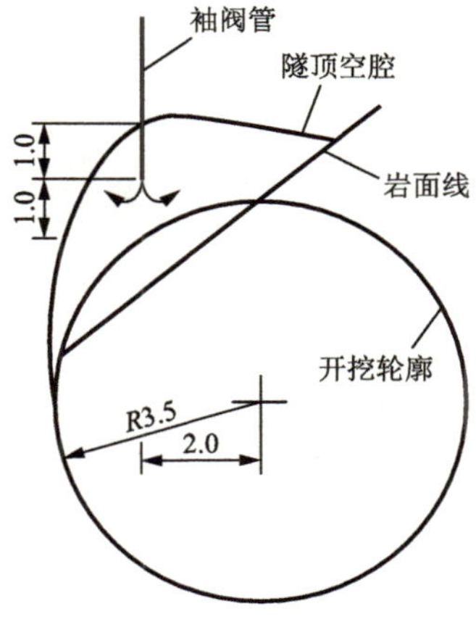

图 4-14 地表袖阀管加固范围（尺寸单位：m）

（3）小里程段上软下硬地层施工总结

①进入在上软下硬地层后，土石交界面涌水量大，加之隧道下坡，管片外部水体流向掌子面稀释浆液，从管片吊装孔打开情况看，同步注浆效果不佳。因此，二次注浆必须及时、常态化，注浆材料选用双液浆以达到快速固化

止水的作用。

②双液浆堵漏效果好，凝结时间可控，但二次注浆时容易向前窜入盾壳和刀盘。为保证管片外部包裹的同时浆液又不进入盾体，需要在注浆前通过盾壳上的膨润土孔注入高浓度膨润土泥浆，使盾壳先包裹一层泥膜，并在土仓内建立压力。进入硬岩后，将同步注浆浆液中的水泥由原来的普通硅酸盐水泥调整为早强水泥，来达到预期效果。

③采用每5环停机并进行二次注浆封止水环的措施，有效防止了后部水体前串，螺机喷涌情况大有改善。同时在全断面硬岩中采用该方法，可保证土仓内无渗水，每5环停机并进行常压开仓检查刀具。

④通过加入改良泥浆，有效地防止了螺机喷涌，缩短了单个循环掘进时间，每环由原来的8h缩短到4h。

⑤填仓的方式虽然比较安全地解决了在危险地段常压开仓换刀的问题，但是周期比较长，整个工序耗时1个月时间，盾构机安全风险较大；该工艺适应性好，尤其在地表无条件加固又必须停机的地段，以及遇孤石需立即换刀等特殊情况。

2）预处理后掘进段

大里程段在欢乐海岸别墅区内，隧道施工前别墅区尚未动工，为保证该部位盾构顺利掘进，在该段上软下硬地层有预裂爆破及注浆处理，受爆破影响，地层原有隔水层被破坏。地下水主要为基岩裂隙水，略具承压性。

（1）基岩预处理

根据地质详勘资料及现场钻机钻孔取芯情况选择爆点，从基岩厚度相对较小的位置开始爆破，逐渐向基岩厚度大方向推进，现场操作时，选择多个点作为最初起爆点，创造多个工作面，如图4-15所示。

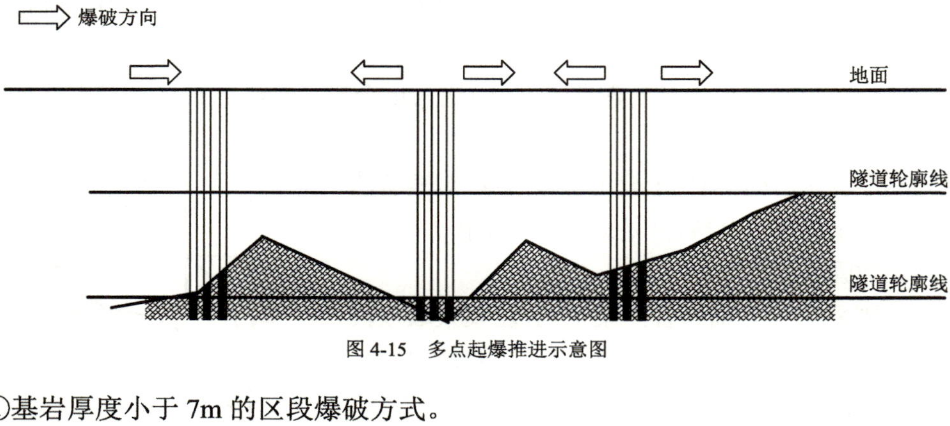

图4-15　多点起爆推进示意图

①基岩厚度小于7m的区段爆破方式。

先对前排孔进行爆破，利用前排孔爆破挤压前方及上方的软弱土层以及自身炮孔的空间，为后排孔创造了爆破自由面，如图4-16所示。

②对基岩厚度大于7m的区段爆破方式。

由于隧道轮廓线上方还有岩层，爆破时只能利用前排孔创造的自由面和自身炮孔空间，减少了上方的自由面。

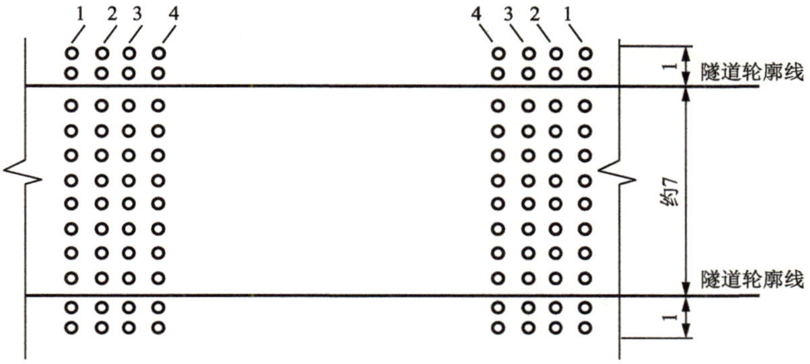

图 4-16 基岩厚度小于 7m 起爆顺序示意图(尺寸单位:m)

1 ～ 4- 起爆排顺序号

将每排孔分为先爆孔和后爆孔,利用爆破的高温及高压气体在自身炮孔位形成空腔并向前方挤压,炮孔除前方以外,左右也有先爆孔产生的自由面,并且岩石在来回运动中再次挤压,保证了破碎质量。每次起爆炮孔的排数不超过二排,如图 4-17 ～图 4-20 所示。

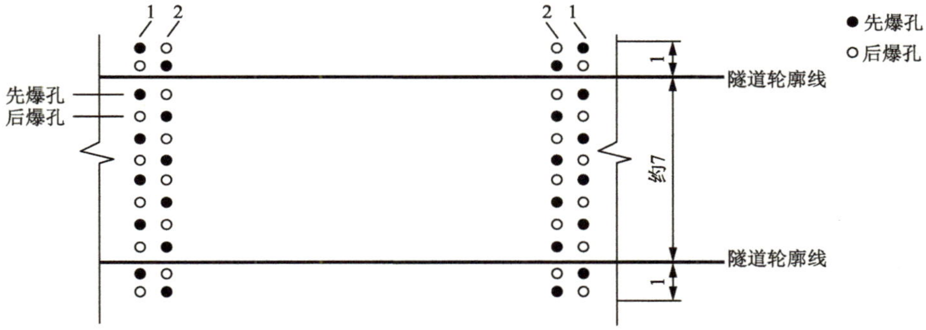

图 4-17 基岩厚度大于 7m 起爆顺序示意图(尺寸单位:m)

1、2- 起爆排顺序号

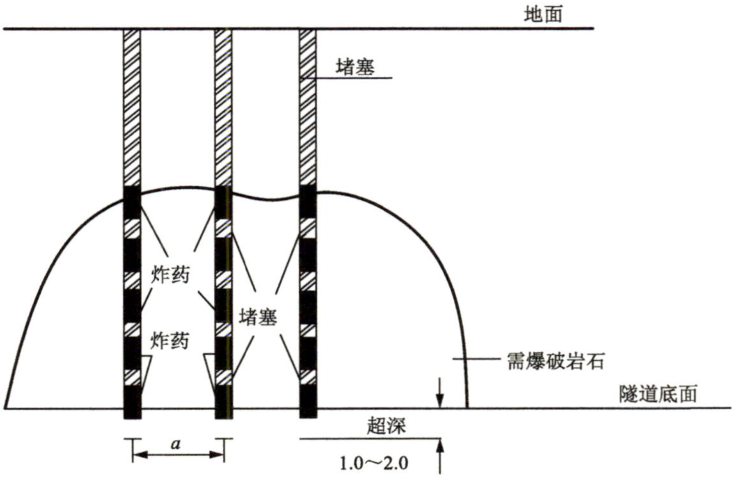

图 4-18 基岩装药结构示意图(尺寸单位:m)

图 4-19　分段药包现场安装

图 4-20　隧道内爆破效果取芯

（2）地层加固注浆施工

受爆破振动影响，隧道顶部地层松散，尤其是隧道上方存在淤泥层、填石层，盾构掘进过程中无法保持土仓压力。为确保安全，在爆破处理后对隧道周边松动围岩采用袖阀管注浆工艺进行充填加固，以提高盾构在掘进时周边围岩密实度和自稳力。加固深度从地面至隧道结构底板下 1m，加固宽度隧道中线左右开挖轮廓线外各 1m 范围全部进行注浆加固。为了更好控制注浆浆液扩散范围，隧道范围内选用单液浆，隧道外排选用水泥 - 水玻璃双液浆加固地层。

（3）掘进参数

大里程段上软下硬地层中实际刀盘转速 1.5r/min，掘进速度 8mm/min，贯入度 4 ～ 6mm/r，扭矩＜ 2300kN·m，推力＜ 22000kN。

（4）遇到的问题及处理措施

①保压困难。

爆破处理以后，围岩裂隙发育，掘进过程中，保压非常困难。

处理措施：

由于保气压比较困难，因此采用保液位的方法进行保压。观察土仓中顶部压力和刀盘中部压力差，来判断液位高度。

改进措施：

a. 施工前，排查详勘孔，并检查封闭情况，逐个封闭，未封堵详勘孔见图 4-21。

b. 对硬岩处理后的钻孔、注浆孔等必须逐个封闭。

②渣土中有钻杆。

硬岩处理容易卡钻，在盾构掘进过程中，从螺旋输送机输送出来的有钻杆和钻头，所幸未发生机械事故，图 4-22 为从螺旋输送机输送出来的钻杆。

改进措施：

在预处理过程中，钻孔必须按放样坐标进行布置，并做好记录，如有卡钻，钻杆拔不出且钻杆在正洞范围内的，必须进行处理，处理可采用冲锤、冲砸的方式，然后回灌低强度等级的水下混凝土。

图 4-21　未封堵详勘孔

图 4-22　硬岩处理段未取出的钻杆

（5）大里程段上软下硬地层施工总结

①一盘新刀在上软下硬大里程段可掘进 70m，在小里程段掘进不超过 22.5m 即需更换。小里程段刀具消耗量为大里程段的 3 倍。

②由于炸药残留，掘进过程中，洞内硝氨味道比较浓，应加强通风和有害气体的检查。

③螺旋输送机双闸门设计非常有效，爆破所用的 PVC 管容易卡在螺旋输送机的出渣口，一旦卡住，单闸门设计的螺旋输送机疏通时无法保压。

④爆破处理后无条件更换刀具，施工风险较大，长距离的上软下硬地层如果采取深孔爆破，中间必须设置换刀点（换刀点不能爆破），否则一盘刀无法顺利通过。

4.4.2　汕头苏埃通道

1)工程概况

苏埃通道盾构隧道为双线圆形隧道，盾构隧道由南岸围堰始发井（里程 EK6+837.5）始发掘进，向北下穿海湾至北岸工作井（里程 EK3+790）接收，东线长 3047.5m，西线长 3045.75m。隧道覆土 8.0 ～ 17.1m，海水 3.0 ～ 13.5m；线路平面基本为直线，纵向最大坡度为 3.0%；隧道内径 13.3m，外径 14.5m，管片壁厚 600mm，环宽 2m，楔形量 48mm，采用“7+2+1”分块错缝拼装。盾构隧道下穿苏埃海湾主航道段存在三段基岩凸起侵入隧道范围。工程投入两台泥水平衡盾构机，东线使用德国海瑞克公司制造的盾构机（开挖直径 15.01m）、西线使用中铁装备制造有限公司（简称“中铁装备”）制造的盾构机（开挖直径 15.03m）。

2)基岩凸起与隧道位置关系

根据勘察资料，汕头港主航道下方有三段硬岩凸起侵入东、西线隧道，硬岩长度约 182m，最大高度 6.6m，且隧道顶部为海运主航道，隧道覆土最小 12.6m，不足一倍洞径。基岩凸起段位置如图 4-23 所示。

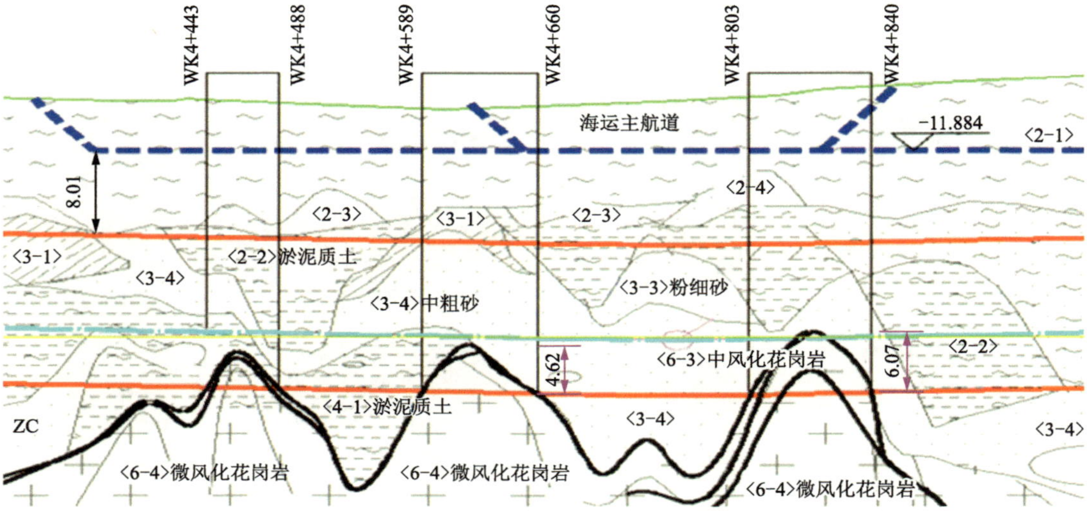

图 4-23　基岩凸起段位置示意图（尺寸单位：m，高程单位：m）

3）工程地质情况

（1）详勘情况

地质详勘报告显示，盾构隧道东、西线均存在 3 段中风化花岗岩、微风化花岗岩基岩凸起侵入隧道掘进范围，侵入高度 3.0 ～ 6.6m，侵入长度 44 ～ 70m。凸起基岩段岩石抗压强度为 52.8 ～ 128.7MPa，基岩凸起段主要为中风化岩侵入隧道，局部微风化花岗岩侵入隧道。基岩上部洞身土体为淤泥质土、粉细砂、中粗砂、淤泥质土。详勘情况统计见表 4-4。

苏埃通道基岩凸起详勘情况统计表　　表 4-4

部位		里程范围	长度（m）	侵入隧道高度（m）	最大强度（MPa）
东线	第一段	EK4+790.326 ～ EK4+857.620	67.294	6.6	81.2
	第二段	EK4+586.214 ～ EK4+656	69.786	5	128.7
	第三段	EK4+455.094 ～ EK4+500	44.906	3	104
西线	第一段	WK4+790.326 ～ WK4+857.620	67.294	6.6	81.2
	第二段	WK4+586.214 ～ WK4+656	69.786	5	114.6
	第三段	WK4+455.094 ～ WK4+500	44.906	3	121.8

（2）补勘情况

为更进一步明确东、西线基岩凸起状况，进行了补充勘察。钻孔沿隧道线路两侧边线约 1.5m，东西两侧纵向间距约 12m（双线间间距约 24m）的原则布置，共钻孔 50 个，其中第一段基岩凸起段布置 22 个、第二段基岩凸起段布置 14 个、第三段基岩凸起段布置 14 个，详见图 4-24。

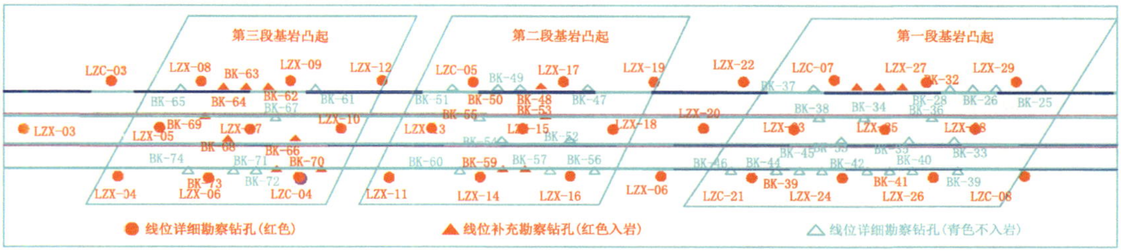

图 4-24　详勘及补勘钻孔平面布置图

补勘孔主要对详勘揭露的基岩凸起进行进一步说明，再根据详勘及补勘孔细化基岩凸起情况，结合详勘及补勘的基岩凸起情况，基岩凸起较详勘凸起岩峰数量增加，岩面高度变高，凸起范围变短的规律。补勘情况统计见表 4-5。

苏埃通道基岩凸起补勘情况统计表　　表 4-5

部位		每段基岩凸起中各岩峰侵入隧道情况		侵入隧道高度(m)	最大岩石强度(MPa)
		里程范围	长度(m)		
东线	第一段	EK4+846.8 ～ EK4+812.7	53.3	7.1	141.6
		EK4+808.6 ～ EK4+789.4			
	第二段	EK4+646.8 ～ EK4+621.4	36.7	5.6	161
		EK4+597.8 ～ EK4+586.5			
	第三段	EK4+507.1 ～ EK4+493.4	51.9	5.1	104
		EK4+484.3 ～ EK4+446.1			
西线	第一段	WK4+825.8 ～ WK4+813.9	11.9	7.2	81.2
	第二段	WK4+652.1 ～ WK4+644.3	39.8	4.7	134
		WK4+637.4 ～ WK4+611.5			
		WK4+600.2 ～ WK4+594.1			
	第三段	WK4+510.6 ～ WK4+504.9	48.5	5.4	163
		WK4+494.9 ～ WK4+481.3			
		WK4+471.4 ～ WK4+461.0			
		WK4+457.6 ～ WK4+438.8			

4)原设计预处理方案

本工程三段基岩凸起位于海底，上方海面为主航道，基岩岩石强度较大，基岩上部土体主要为淤泥、淤泥质土及部分砂层，自稳性较差。原设计提前对基岩凸起段采用爆破预处理，然后掘进通过。

①优势：基岩爆破处理后，可增加掘进效率，减少刀盘磨损及换刀数量；爆破后岩石节理数增加，可降低刀具破岩的难度。

②存在的问题：

a. 拱顶软弱土层的扰动、增加了许多大粒径的块石和次生孤石。虽然采取了注浆加固处理，海上注浆制浆控制难度大，注浆加固质量存不可控。造成爆破处理后的基岩产生的不规则的块石和“人造孤石”对刀具和刀盘的损伤不可忽视。这种大粒径的块(砾)石冲击刀具导致其脱落，脱落的滚刀和块石使刀盘受到了致命性损伤。较大孤石会造成堵仓，泥浆循环滞排，进仓进行孤石打捞处理风险大。

b. 爆破施工占用水域范围包括钻孔、爆破施工范围、施工船舶及航标占用水域、与其他船舶安全距离等内容，船加上抛锚影响航道范围为半径 350 ～ 400m，为了减少钻孔爆破施工对航运的影响，需要开辟临时航道，解决施工期的通航问题。

5）实际采用直接掘进方案

盾构机具备直接掘进通过基岩凸起段的能力，通过对国内类似工程项目盾构基岩段掘进技术调研学习，多次组织召开专家会研究分析，结合盾构及掘进技术国家重点实验室试验结果，基岩凸起段采取盾构掘进通过的方式施工。

海上基岩凸起段盾构掘进管理重点为控制开挖面及盾构上方土体稳定，做好刀具管理，掘进过程中控制好刀具切削基岩的贯入度及刀具线速度（刀盘转速）。以低扭矩、低转速、小贯入度为控制原则，保障盾构机刀具对下部基岩的有效破碎；过程中需加强泥浆环流，避免石块堆积于仓底造成滞排，以稳定气垫仓液位，更好地控制仓内压力波动，减少对地层的扰动；基岩凸起段盾构施工易产生管片上浮，过程中应该严格控制好同步注浆作业工序，必要时及时进行二次注浆，尽早稳定洞内衬砌管片。

在盾构机刀盘进入基岩凸起段前 50 环时，对盾构机各系统进行全面检修，保障盾构基岩凸起掘进过程中各系统正常运行，保证盾构通过基岩凸起段时能连续施工。根据基岩分部范围及切削基岩刀具数量确定基岩凸起段各段掘进参数。

该地域基岩凸起变化剧烈，受地勘钻孔局限性影响，三段基岩凸起之间可能存在孤石、基岩凸起的未被揭露。掘进控制如下。

①正常地层掘进，每 20 环抽检一次刀具（根据掘进情况可适当调整）。

②正常地层掘进，若在掘进速度大于 8mm/min 时遇到岩石，立刻停止掘进、抽检刀具。恢复掘进时按刀盘转速 0.8r/min、掘进速度 2 ～ 3mm/min 控制，同步密切关注温度、旋转检测情况，必要时每 5 环抽检一次刀具。

③正常地层掘进，在掘进至距离基岩凸起 20m 时，提前降低掘进速度至 10mm/min，刀盘转速 1.0r/min，同步密切关注温度、旋转检测情况，遇基岩后调整掘进参数，按刀盘转速 0.8r/min、掘进速度 2 ～ 3mm/min 控制。

6）东线 118 环～ 140 环掘进案例

东线盾构隧道 118 环～ 140 环掘进过程中遇地质勘探未揭露的基岩，在 124 环停机对滚刀进行检查发现部分滚刀出现崩刃现象，更换刀具并调整掘进参数后顺利通过。

（1）掘进渣样情况

东线盾构掘进至 119 环过程中，泥水处理设备预筛筛板上开始间断性的出现岩块，数量较少，呈粒径在 5 ～ 10cm 块状，目测石英含量高，且还有部分石英石。119 环～ 120 环岩块量均较少；掘进至 122 环岩块量明显增多，粒径最大 18cm；123 环时岩块量达到最大，粒径最大 23cm；124 环以后岩块量逐渐减少至 139 环基本消失。119 环～ 140 环掘进渣样情况见图 4-25。

a）119 环　b）120 环

c）122 环　d）123 环

e）124 环　f）125 环

g）127 环　h）132 环

图 4-25　118 环～ 140 环掘进渣样情况

（2）地质分析

根据掘进过程中中心锥内刀具磨岩声音、出石量等判断，118 环～ 140 环遇地质勘探未揭露的岩体，主要分布在开挖面 5 ～ 7 点钟（钟表点位）范围；结合刀具旋转检测情况最大岩体的岩石高度最高约 3m，横向宽度约 3m。掘进过程中磨岩声音来源位置发生变化，部分掘进时间段声音来源位置稳定，判断该段不均匀风化岩体孤石与基岩并存的复杂情况。118 环～ 140 环基岩凸起情况见图 4-26。

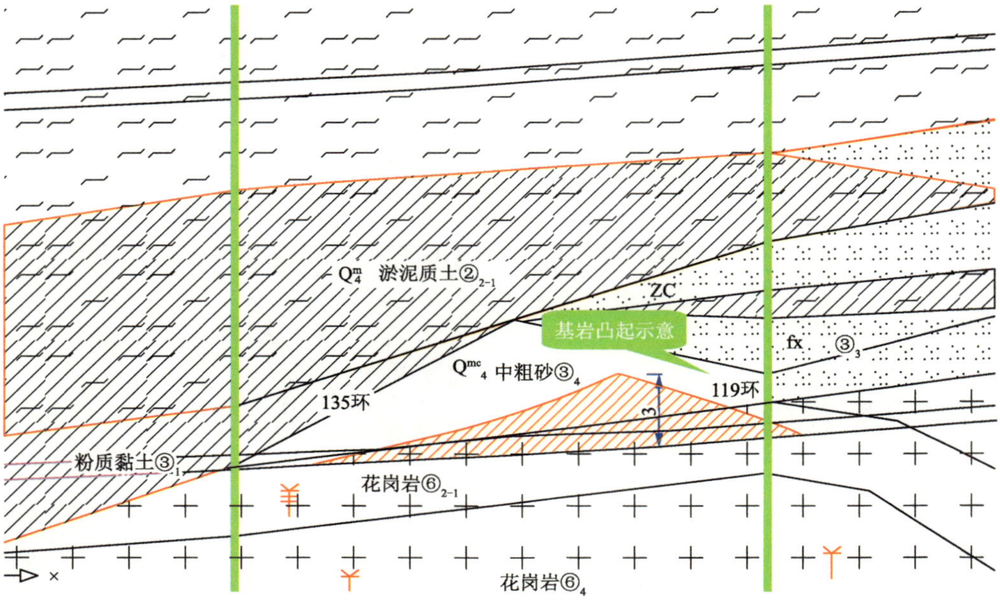

图 4-26　118 环～ 140 环基岩凸起示意

根据分离出的岩块分析判断，119 环～ 123 环岩样存在部分石英石、且花岗岩岩块石英含量较高；124 环～ 127 环岩样主要为强风化花岗岩；128 环～ 134 环岩样存在部分石英石、且花岗岩岩块石英含量较高。根据岩样分析判断该段存在基岩凸起，且该段基岩凸起有存在石英岩脉或石英夹层的可能。

（3）刀具检修情况

东线盾构隧道 124 环停机刀具检查共检查常压滚刀 19 把（按单把刀具计数），其中边滚刀 11 把（全部边滚刀），正滚刀 8 把。检查详细情况如下。

刀具磨损：15 ～ 19mm。

刀圈断裂掉落：6 把，其中 4 把刀圈全部脱落。

刀圈开裂：2 把。

刀刃偏磨：2 把。

刀具螺栓断裂：7 把。

在对磨损刀具进行更换后，在后续 124 环～ 140 环基岩掘进过程中刀具旋转检测、刀具温度未发生异常情况。

（4）掘进参数分析

118 环～ 124 环刀盘主驱动总挤压力最大值呈现逐渐增大的趋势（基本与泥水分离筛分出的岩体量对应），由 118 环的挤压力最大值 12690kN 增大到 123 环的 17500kN。刀盘扭矩在 122 环开始出现较大波动，扭矩范围 2000 ～ 5700kN·m；123 环扭矩最大波动至 17890kN·m，124 环扭矩波动至 15166kN·m。

124 环～ 140 环采取“低扭矩、低贯入度”的主动控制原则，控制掘进速度 3 ～ 5mm/min，刀盘转速 0.6r/min，刀盘主驱动总挤压力及刀盘扭矩未出现较大波动。

7)东线 280 环～ 334 环掘进案例

（1）详勘地质情况

详勘地质报告显示在东线盾构隧道 280 环～ 332 环段开挖面底部为③$_7$ 卵石土地层，该地层坐落于⑥$_{2-1}$ 强风化花岗岩层上，可能存在花岗岩孤石及基岩，见图 4-27。

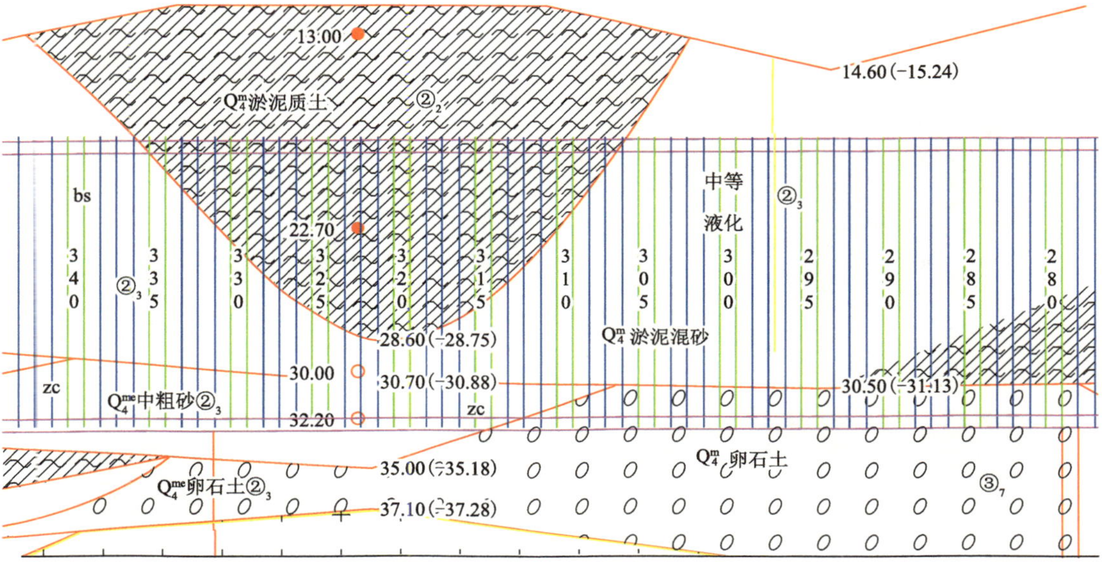

图 4-27　280 环～ 332 环详勘地质情况（单位：m）

（2）掘进渣样情况

东线盾构掘进 321 环过程中泥水处理处理设备预筛筛板上开始出现岩块，粒径为 5 ～ 15cm，岩块主要为中风化花岗岩及辉绿玢岩，花岗岩石英含量高，且还有部分石英石。321 环～ 323 环岩块量均较少，掘进至 326 环岩块量明显增多，330 环以后岩块量逐渐减少至 334 环基本消失。321 环～ 334 环掘进渣样情况见图 4-28。

a）321 环　　b）322 环

图　4-28

c)324 环

d)326 环

e)327 环

f)329 环

g)330 环

h)331 环

i)332 环

图 4-28　321 环～334 环掘进渣样情况

(3)刀具检修情况

东线盾构隧道 331 环停机刀具检查情况:共检查常压滚刀 15 把(按单把刀具计数),其中边滚刀 3 把，正滚刀 12 把。（检查原则：从外向内，直到检查至无异常损坏，正常磨损刀具为止）。详细情况如下。

刀具磨损：2 ～ 7mm；

刀圈断裂：4 把；

刀桶磨损：5 个；

刀具螺栓断裂：2 把。

（4）掘进参数分析

326 环～ 331 环刀具检查前，刀盘主驱动总挤压力、扭矩、推力呈现逐渐增大的趋势，330 环、331 环达到最大值。刀具检查更换后，刀盘主驱动总挤压力、扭矩、推力参数逐渐减小。

330 环～ 334 环采取"低扭矩、低贯入度"的主动控制原则，控制掘进速度 3 ～ 5mm/min，刀盘转速 0.8 ～ 1.0r/min，刀盘主驱动总挤压力及刀盘扭矩未出现较大波动。

8）直接掘进小结

通过东线两段基岩地层的掘进，仔细分析掘进参数、刀具破坏、出渣等情况，确定了基岩段掘进采用"低扭矩、低贯入度"的主动控制原则，以掘进速度 3 ～ 5mm/min、刀盘转速 0.8 ～ 1.0r/min，成功通过该基岩凸起段。在掘进过程中主要控制扭矩波动，以刀具温度检测、旋转检测及磨损检测数据为依据，判断掘进状态。出现以下异常情况时需抽检刀具。

（1）刀盘扭矩波动值超出当环扭矩平均值的 30% 时；

（2）刀具温度以 28℃为上限，上升幅度超出 1℃ / 环时；

（3）刀具不连续旋转时；

（4）各种检测装置无信号时。

同时对地质进行分析，对隧底临近全、强风化花岗岩层的区段做重点标识，提前 20 环降低掘进速度至 8 ～ 10mm/min，刀盘转速 0.8 ～ 1.0r/min，遇岩时再次降速至 3 ～ 5mm/min。基岩段掘进时，严格执行温度、旋转检测分析，每 5 环抽检一次刀具，确保刀具以最优状态切削岩石。

4.5 本章小结

软硬不均地层给盾构掘进带来的危害是显而易见的，隧道建设前期应充分掌握软硬不均地质情况，设计阶段应尽可能减少软硬不均段占比，同时应细化盾构设备选型及功能设计的针对性；施工过程中采取合适的掘进参数，通过科学组织施工，顺利完成软硬不均地层掘进。

(1)盾构施工前应进行必要的补充地质勘察,确保充分掌握地质情况。

(2)盾构设备选型及功能设计十分关键,应根据具体地质条件进行针对性研究,合理进行盾构设备选型和功能设计,满足软硬不均地层掘进需求。

(3)目前技术上已经可以实现盾构机直接掘进通过基岩凸起的软硬不均地层。只是要在掘进中控制参数、关注姿态、分析渣样、监测刀具、动态应对。对于花岗岩地层球状风化体和孤石群,应进行预处理。

(4)土压平衡盾构机在软硬不均地层掘进时,渣土改良至关重要,应选择合适的改良方案使渣土具有好的流塑性、合适的稠度、较低的透水性和较小的摩阻力,使盾构达到理想的工作状态。

(5)软硬不均地层掘进应遵循"低转速、小贯入、稳掘进"的原则,时刻提高对掘进参数的敏感性,对盾构掘进参数要超前管理,严格制定参数预警值,出现偏差要及时调整。

第5章

全断面硬岩地层常见问题与对策

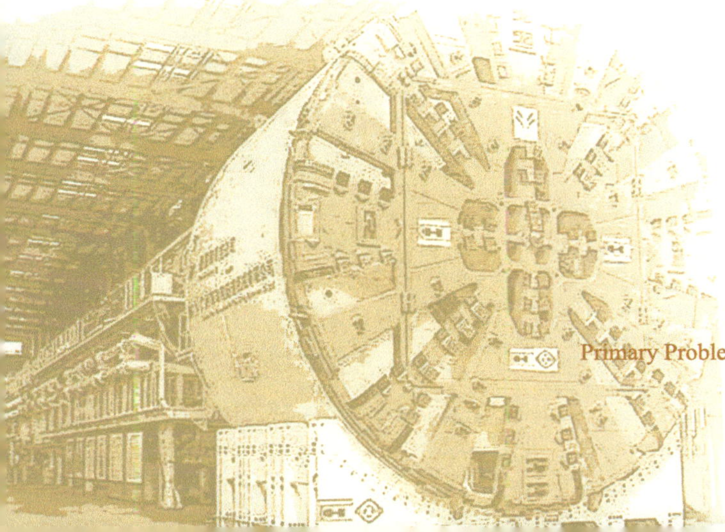

面向挑战的隧道及地下工程

Primary Problems and Case Analysis of Shield Construction

随着盾构法的普及，盾构掘进全断面硬岩的情况越来越多。受设备功能的限制，盾构掘进中常常会遇到诸多工程问题，比如掘进速度缓慢、出渣不畅、盾体旋转、盾壳被卡、管片上浮等。本章将上述问题进行详细分析。

5.1 全断面硬岩地层主要问题及原因分析

5.1.1 掘进速度缓慢

（1）在进行盾构机刀盘设计时，需要同时考虑刀盘的开口率和滚刀安装数量，刀具数量设置受限，刀间距较 TBM 要大一些。盾构机在全断面硬岩中掘进时速度缓慢，效率较 TBM 低。图 5-1 为平衡式盾构刀盘，图 5-2 是 TBM 刀盘。

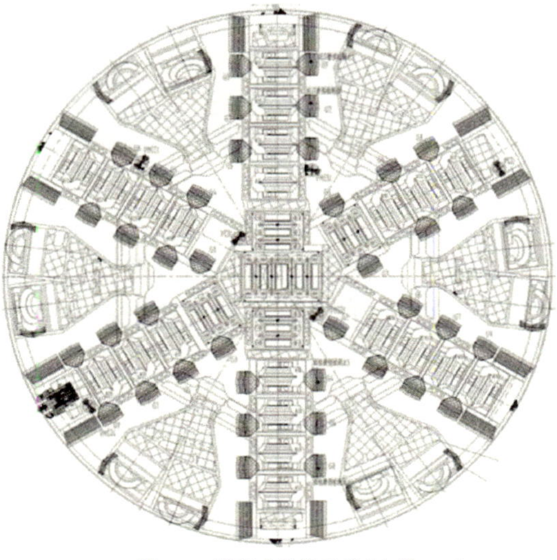

图 5-1 平衡式盾构刀盘（中铁 116）

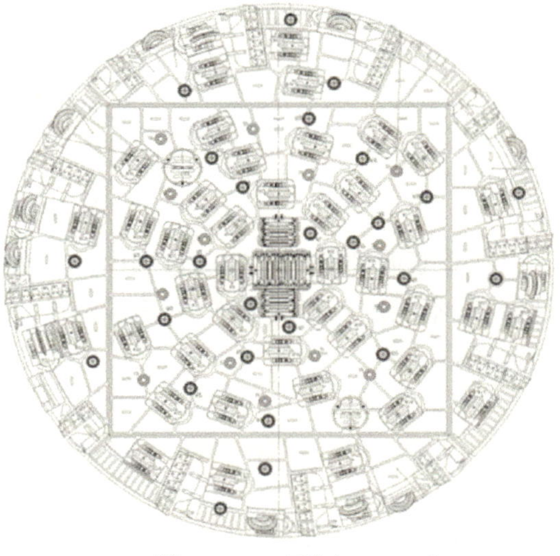

图 5-2 TBM 刀盘（CREC305）

（2）盾构机刀盘设计转速一般在 0 ～ 4r/min，最高达到 6r/min，但在施工过程中受保压或仓内堆积影响，能够使用的转速有限；而 TBM 转速设置可达到 10.5r/min，在高强度硬岩中掘进时转速可用到 8.5 ～ 9r/min，在相同的贯入度下盾构掘进效率较低。

（3）在全断面硬岩地层掘进过程中，盾构机受设计和掘进模式限制，土仓内需要（保压）或不得已堆积（螺旋输送机）部分渣土，随着刀盘的转动，堆积在仓内的渣土对刀盘及刀具造成二次甚至多次磨损和非正常损坏，加速了刀具的磨耗。随着岩石强度增加、节理裂隙发育情况、地层含水情况等的变化，盾构掘进速度缓慢、渣温升高、刀具磨损严重、螺旋输送机喷涌等现象较为突出，由此引发的换刀频率增加、盾尾清理时间加长，整体掘进效率大幅度降低。当岩石饱和单轴抗压强度大于 80MPa 时，盾构机刀具在有效的挤压力作用下贯入度减小，造成掘进速度缓慢。

总而言之，在全断面硬岩地层掘进过程中，应对刀具勤检查，适当提高刀盘转速，减少仓内堆渣，以高转速低贯入度的方式提高掘进速度。

5.1.2 出渣不畅

盾构机在块状强风化、中风化地层掘进时，受基岩裂隙的影响，部分渣块并不是滚刀切削的规则岩块，而是刀盘转动过程中扰动掌子面，岩块沿裂隙破裂掉落到土仓中，尺寸规格大小不一，此类岩块传输至螺旋输送机中后在螺旋叶片和筒壁之间或轴与筒壁之间卡住，导致仓内渣土排出不畅，如图 5-3 所示。

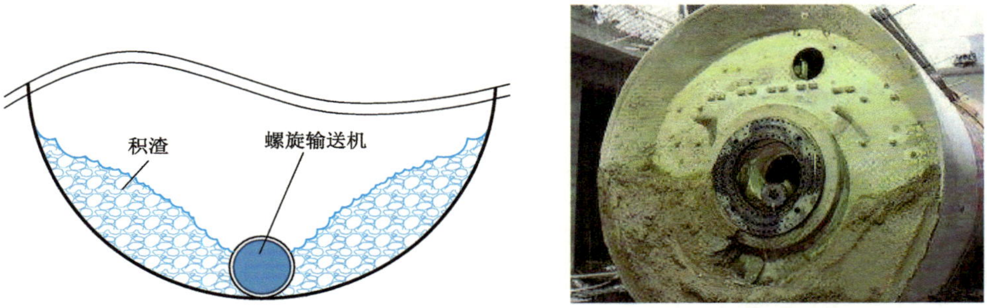

a）　　b）

图 5-3　土仓底部积渣示意图

在全断面硬岩地层掘进过程中，渣土进入土仓后，由于没有黏性颗粒参与，渣土的流动性降低，不能进入螺旋输送机，造成渣土堆积在螺旋输送机进口两侧，使螺旋输送机不能正常输送。

5.1.3 盾体滚动角大

（1）盾构旋转受力分析

在全断面硬岩中掘进时，盾构机仓压较小或不建压，盾构推力不足，而开挖轮廓与盾壳之间摩擦力小，掘进过程中有大块岩石卡住刀盘，导致刀盘扭矩突然增加，盾体瞬间扭转甚至车架扭转。在正常掘进中，刀盘旋转破岩，盾壳与岩壁之间的摩擦力不足以提供足够反力导致盾壳旋转，盾壳带动推进液压缸、液压缸撑靴附着在管片端面上带动管片有不同程度的旋转，累加后导致走道板位置发生变化、轨道发生变化等造成车架倾斜、蓄电池与拖车干扰、双梁吊机不能平稳工作等现象。

盾构机刀盘旋转分正反转两种（顺时针、逆时针），当电机带动刀盘旋转切削岩土时，岩土对刀盘产生反方向的力矩 $M_{岩}$，此时盾壳与土体之间的摩擦力对盾构机产生反向力矩 $M_{盾}$，以维持盾壳平衡。

如图 5-4 所示，当 $M_{岩} > M_{盾} + M_{管}$ 时，盾构机体及管片均会发生顺时针方向扭转。

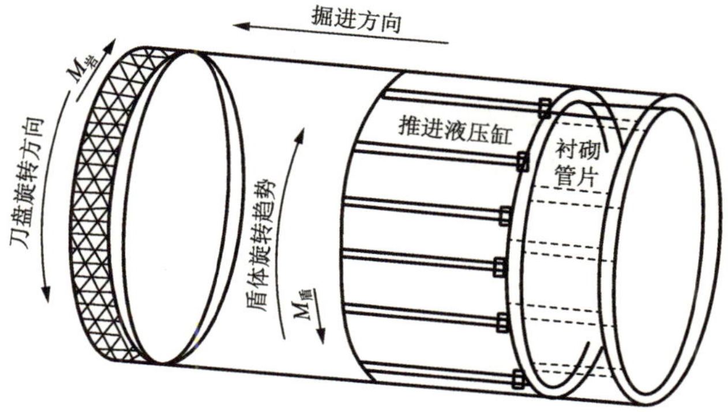

图 5-4　盾构掘进受扭转示意图

受力分析可知造成盾构机滚动及管片旋转最主要的原因是围岩未能提供足够的摩阻力来阻止盾构机滚动的趋势而带动管片旋转。

（2）盾构机及管片旋转影响因素

盾构体及管片旋转主要影响因素为：盾构机内设备布置重量不平衡、盾构机刀盘左右旋转方向不均衡、同步注浆效果不理想、管片螺栓未足够紧固等，具体如下所述。

①盾构机内设备布置重量不平衡，盾构机的重心不在垂直的中心线上而产生旋转力矩，导致盾体发生旋转。

②盾构机所处的土层不均匀，两侧的阻力不一致，造成推进过程中受到附加的旋转力矩，导致盾体发生旋转。

③盾构机安装时千斤顶轴线与盾构机轴线不平行导致盾体旋转。

④刀盘顺逆旋转的不平衡造成管片向某个方向的旋转大于另一个方向的旋转，造成成型管片的旋转积累。

⑤在基岩裂隙发育，地下水丰富地段，管片背填注浆长时间未能有效凝固，或注浆量严重不足导致管片未能充分接触周围岩体，围岩无法产生足够的摩阻力阻止因盾体旋转而导致犳管片转动。

⑥在管片拼装时，由于工人对管片连接螺栓未能足够紧固，故无法加强环间的有效连接和提高环间的摩擦力，造成管片之间未能有效传递盾构机滚动产生的力矩，成形管环整体性较差，也是造成管片旋转的原因之一。

5.1.4　盾壳被卡

首先，由于盾构在硬岩中掘进时刀具磨损较快，非正常磨损频率增加，在边缘刀（保径刀)磨损量超过滚刀磨损限值时,开挖轮廓随之缩小,盾壳与开挖轮廓之间的间隙变小,直至盾壳与岩壁紧贴,造成盾壳被卡。

其次,由于硬岩地层开挖轮廓比较稳定,地层在盾构机姿态较差时不会因推力挤压而发生形变,故盾构纠偏稍有不慎会发生隧道开挖轮廓轴线成“V”形或者“S”形,卡盾的概率增大。

另外,硬岩掘进时石粉、石渣进入盾壳与开挖轮廓之间的空隙,减小了盾体的活动空间,增大盾构主机前进的摩擦力,导致盾构机被卡。

卡盾具体表现为掘进速度缓慢、刀盘扭矩小等。采取相关脱困措施又会导致管片破损量增加,隧道次生灾害逐步显现。

5.1.5 管片上浮

盾构在下坡掘进或地下水非常发育时,胶凝材料流失或浆液被稀释,不能及时稳定管片,当地下水蓄积在开挖轮廓与管片外弧面之间空间时,管片受浮力影响上浮,现以ϕ6980mm 盾构为例进行计算。

$$F_{浮}=\rho_{水}gV_{排}=\rho_{水}g\frac{\pi D^2\cdot B}{4}=1\times9.8\times\frac{3.14\times6.7^2\times1.5}{4}=1\times9.8\times52.86=518\text{kN} \quad (5\text{-}1)$$

$$G_{管片}=\rho Vg\ \rho g\frac{\pi\left(D^2-d^2\right)\cdot B}{4}=2.55\times9.8\times\frac{\pi\times\left(6.7^2-6^2\right)\times1.5}{4}=262.395\text{kN} \quad (5\text{-}2)$$

式中:$\rho_{水}$——水的密度,$\rho_{水}=1\text{g/cm}^3$;

B——管片环宽,B=1.5m;

D——管片外径,D=6.7m;

d——管片内径,d=6m;

ρ——混凝土密度,$\rho=2.55\text{g/cm}^3$。

由计算可知,管片自重远小于管片体积在水中所产生的浮力,理论上讲,地下水位上升至管环腰部时即可造成管环处于悬浮状态,如图 5-5 所示。

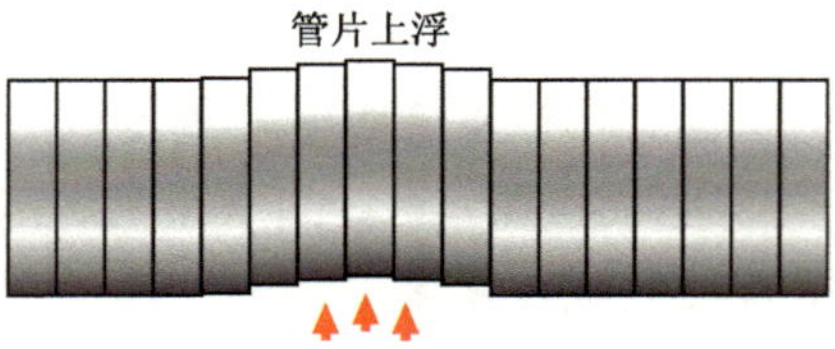

图 5-5　管片上浮示意图

5.2 全断面硬岩地层技术对策与注意事项

盾构在全断面硬岩地层掘进,根据地层特性、岩石强度、裂隙发育情况、地层含水及透水情况调整掘进参数,如在岩石强度高、裂隙发育、富水、透水、水压大花岗岩地层中掘进,建议采用带压掘进的模式组织施工；而在裂隙不发育、透水性差的沉积岩地层，建议采用常压掘进的模式组织施工。

5.2.1 掘进速度缓慢技术对策与注意事项

（1）刀盘转速控制

全断面硬岩地层中掘进应遵循刀盘高转速、低贯入度、小推力、低扭矩的原则，在盾构选型时选择刀盘转速较高的盾构机。刀盘转速是影响刀具磨损的一大因素，过高的转速在硬岩地层掘进会造成盾构机振动，加剧刀具磨损，一般较硬岩层中刀盘转速选择 2 ～ 2.5r/min 较为合适，条件允许的情况下尽可能敞开式掘进，根据实际情况适当调整掘进参数。

（2）推力控制

盾构推力直接影响刀盘和刀具磨损，推力过大可能会造成短期的快速掘进，但刀盘和刀具长时间承受较大载荷，滚刀轴承受挤压产生变形、刀圈偏磨或断裂。故选择合适的有效破岩推力，保证有效的破岩能力。全断面硬岩地层中掘进时要严格控制最大挤压力，保证每把滚刀承受的力不超过刀具轴承的允许范围。

（3）刀具管理

加强刀具进场管理，在盾构始发之初，要制订刀具配置计划，进场刀具必须经过严格检查方可入库。在刀具下井前，对刀具外观、漏油情况、启动扭矩进行仔细检查，合格才能下井使用。刀具安装前，必须对刀箱、楔块和螺栓孔等进行仔细检查，刀具安装到位后再次检查安装质量、螺栓拧紧度，确保刀具在使用过程中正常工作。

（4）参数管理

在掘进过程中，若地层未出现变化，刀盘扭矩波动没有发生变化，需要增大推力保持正常掘进速度时：要考虑保径刀的磨损量，及时开仓检查边缘滚刀的磨损程度和检查边缘滚刀是否偏磨。若磨损超量或偏磨要及时更换或调换（磨损超量的边刀可更换到正面刀位继续使用），避免出现推进欠挖盾构机卡壳的严重后果。

当推力未见明显变化，而刀盘扭矩持续增大时：要考虑正面滚刀的磨损情况，及时开仓检查正面滚刀是否磨损超量或偏磨。若有异常要及时更换，避免盲推硬推，致使刀盘刀具磨损至刀毂甚至磨损到正面刀盘，损坏刀具刀箱的情况发生，将会给更换刀具带来极大的困难，严重影响施工效率。

条件允许的情况下宜每环检查一次刀具有无偏磨、是否断裂、崩断、螺栓是否松动、刀座有无裂缝，一旦发现立即采取措施。

（5）工序管理

盾构在全断面硬岩地层施工中合理化施工管理，增加团队的合作意识，实行合理化的交接班制度。定期对盾构机进行维护保养，设备出现故障时有专人及时地进行维修，保证在最短的时间内解决盾构机故障，恢复盾构掘进。

5.2.2 出渣不畅技术对策与注意事项

（1）控制掘进参数，降低推力、降低滚刀贯入度，尽量减小岩块体积，降低螺旋输送机被卡的概率。

（2）在掘进过程中要做好渣土改良工作，增加渣土的流动性、和易性，避免渣土在仓内沉淀堆积，使渣土能够顺利连续地排出。

（3）当螺旋输送机被岩块卡死时，要立即停止掘进，启动螺旋输送机进行低速正反交替旋转和伸缩，直至将岩块挤碎螺旋输送机扭矩恢复正常参数后再恢复掘进。

（4）在全断面硬岩地层掘进中可采用保压掘进，使渣土在受压工况下能够顺利排出；且螺旋输送机轴也可悬浮在筒壁内，减小螺旋输送机轴及筒壁的磨损。

5.2.3 盾体机滚动角大技术对策与注意事项

（1）控制刀盘扭矩，尤其刀盘扭矩波动或持续过大时要及时停机进仓检查，找出问题并彻底处理后再行掘进，杜绝盲目增大掘进扭矩导致盾体发生扭转造成设备损坏。

（2）在盾构掘进过程中要注意盾构机滚动角的变化，合理设置盾体滚动角报警程序，调整刀盘转动方向并对盾体机环向姿态进行调整，盾构隧道直径的不同滚动角控制也不同，盾构直径6m隧道一般不超过4°。

（3）安装于盾构机内的设备做合理布置，并对各设备的重量和重心位置进行验算，尽量保证盾构机重心位于中心线上。

（4）每一块管片拼装时，应将管片上的每个螺栓全部初步扭紧，在盾构掘进过程中确保管片3次复紧。

（5）根据盾构姿态，合理分配各推进液压缸的分区油压。避免产生较大分区压力差使管片出现漂浮现象，提高管片的整体自稳性。

（6）尽量缩短单个方向的旋转时间，使正反转时间和扭矩趋于均衡。

（7）尽量缩短同步注浆液的初凝时间，以增强管片的自稳性并及时给管片提供足够的摩阻力。当发现管片有位移时，应及时对管片进行衬背注浆，或对管片进行有效的填充，以防止管片产生过大的扭转。

（8）在发现管片产生扭转时，可将刀盘与管片扭转方向同向旋转，并控制刀盘旋转一定的时间，以防止管片继续扭转，这样使得管片恢复正常位置。

（9）在管片扭转过大时，可合理地利用管片螺栓孔与螺栓间的间隙进行调整，管片拼装时将管片向扭转的反方向进行拼装。

（10）采用小推力、高转速、低扭矩的掘进模式，密切关注贯入度，贯入度应控制在10mm/r。

5.2.4 盾壳机被卡技术对策与注意事项

（1）加强边刀管理，勤检查周边刀具磨损情况，当发现边缘刀磨损达到 10mm 时，立即更换新刀，确保开挖轮廓满足掘进要求。

（2）在盾构始发前安装刀具的过程中，适当增加边缘刀具垫块高度，使保径刀高于前盾切口 25 ～ 30mm，使边刀的磨损极限达到 10 ～ 15mm 为宜。为增加边刀的磨损量，延长盾构机有效掘进时间，盾构机在全断面硬岩地层掘进时的常用做法是增加边刀的伸出量，一般有使用大直径刀圈和加高垫块两种方法，见图 5-6、图 5-7。

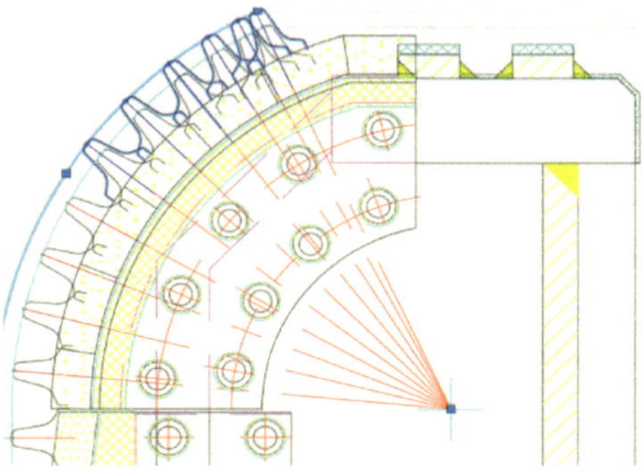

图 5-6 边刀增加伸出量示意图

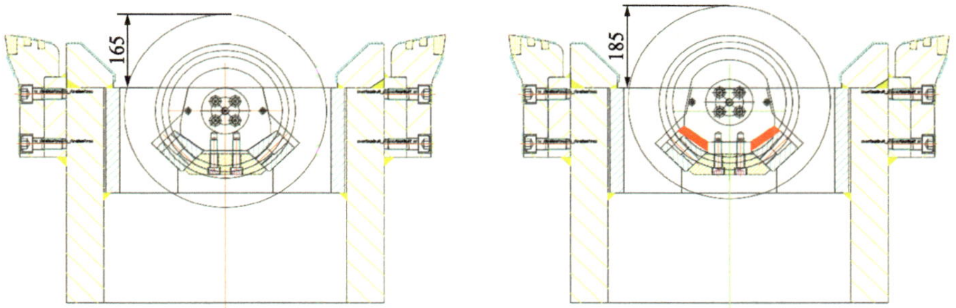

图 5-7 端盖式滚刀加高垫块（尺寸单位：mm）

（3）在进入全断面硬岩地层后，每环要进仓检查一次刀具，发现磨损量超标或异常损坏要立即更换；在施工一段时间后，可根据前期检查数据总结该地层下刀具磨损系数，确定换刀频率。

（4）在全断面硬岩地层掘进中，由于地层是实时变化的，根据经验数据总结出的换刀频率并不能完全代表刀具损坏的规律，还需要操作人员实时监控各项掘进参数，发现参数异常立即停机检查。

5.2.5 管片上浮技术对策与注意事项

（1）盾构机在富水硬岩地层掘进时，需有效控制地层来水，盾体范围内地层来水可通过带压回顶的方式解决；后方管片周围地层来水可通过双液浆的注入形成环箍来控制，如图 5-8 所示。盾尾后 5 环～ 10 环采用双液浆注浆，分段施工止水环（分段截水），阻止后方来水稀释同步注浆浆液。

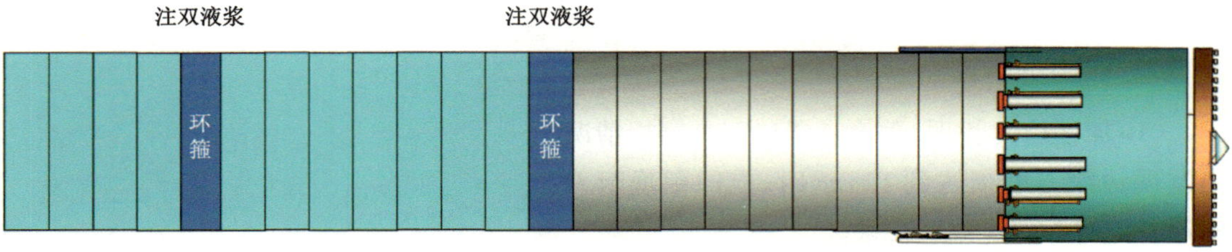

图 5-8 盾构主机后方环箍止水示意图

(2)选择合适的同步注浆浆液,适当加大同步注浆水泥用量,缩短砂浆初凝时间,使浆液尽快固结稳定管片。

(3)掘进过程中使用盾尾上部两路注浆管进行同步注浆,使浆液从上至下填充管片与开挖轮廓之间的间隙,避免浆液在未凝固前由于流动性产生浮力。

(4)在进入全断面硬岩地层前要充分考虑盾构姿态和管片姿态预留,一般情况下向下压 30 ~ 40mm,若其他措施失效造成管片上浮,成形隧道轴线也在规范允许偏差之内。图 5-9 为某地铁隧道限界示意图。

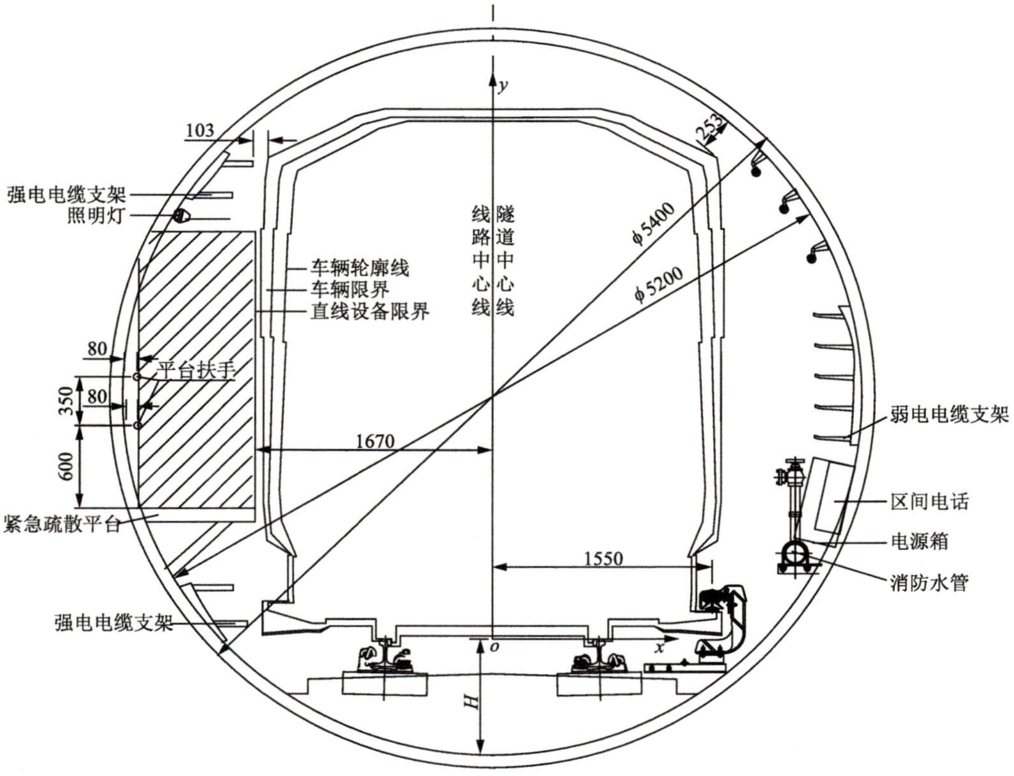

图 5-9 某地铁盾构隧道限界示意图(尺寸单位:mm)

5.3 工程案例

5.3.1 全断面硬岩中卡盾

1)工程概况

深圳地铁某区间，左线全长 1621.54m，右线全长 1626.285m，区间线路最小曲线半径 350m，线间距 4.7 ～ 15.2m；梅林关始发井至书香小学为下坡，最大纵坡 28‰；书香小学至 U 形槽接收井为上坡，最大纵坡为 29.8‰。隧道埋深 5 ～ 35m，内径 5.4m，外径 6m，管片厚度 30cm。区间平面布置见图 5-10。

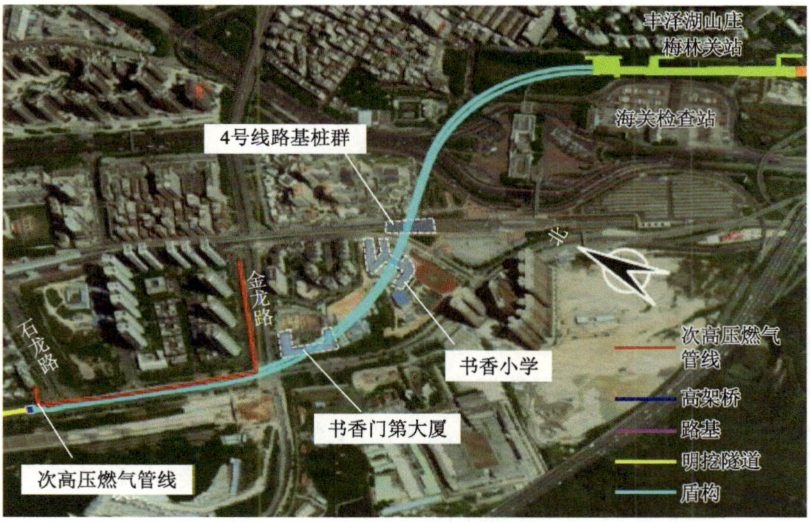

图 5-10　区间平面布置示意图

2)区间地质情况

盾构段隧道洞底板以强～微风化岩层为主，隧道侧壁为全～微风化岩为主，隧道洞顶为残积土层～强风化岩层为主。盾构区间从始发井至金龙路口段存在基岩凸起及球状风化体，金龙路口至梅观路段存在长约 600m 范围全断面硬岩掘进，岩层最大强度约 90MPa，最小强度 21.5MPa，标准值 67MPa。

3)事件经过

在推进 392 环时开始出现推力大、扭矩基本不变、掘进速度缓慢，392 环～ 404 环推力从 12000kN 逐渐增至 27000kN，扭矩基本维持在 1500 ～ 2000kN·m，速度 2 ～ 8mm/min，渣温 30 ～ 35℃，土压 1.9 ～ 2.1bar，推进参数进线见图 5-11。推至 399 环时进仓检查刀具，边刀基本没有磨损，为保险起见更换了 3 把保径刀，换刀结束后继续推进，各项参数没有改善，反而有加剧的趋势。掘进405环时总推力达到31000kN，速度2mm/min，渣温也未见明显升高，此种情况持续34min，参数未见好转，停机研究对策。从以上情况来看，基本判定盾壳被卡。

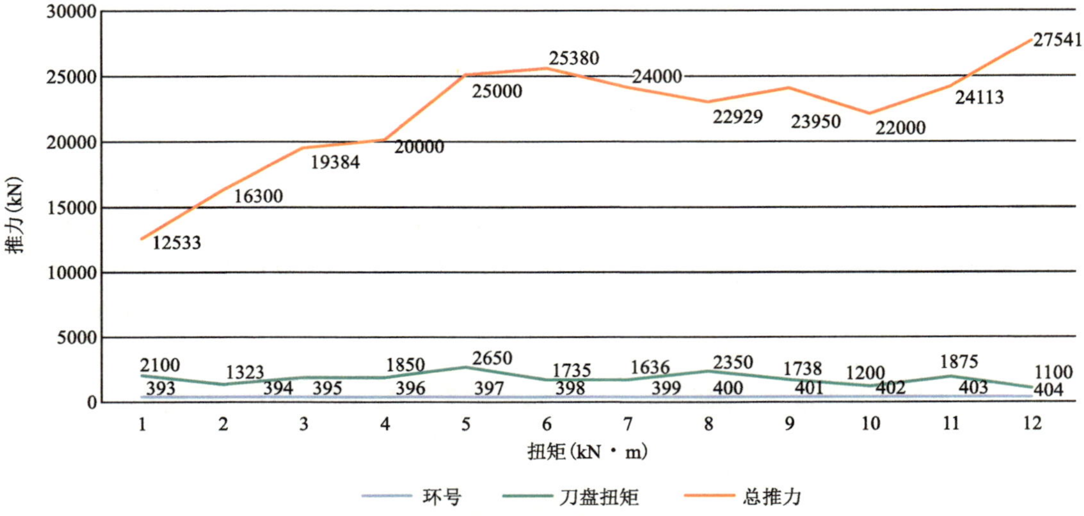

图5-11　392环～404环推进参数曲线

4)原因分析

(1)经过进仓检查，刀具磨损正常，边刀磨损未超限，开挖轮廓与盾壳之间的间隙在允许范围内，排除由于边刀磨损严重引起的卡盾。

(2)对推进系统的每个推进液压缸采用测力计校对推力，液压缸推力实际值与上位机限制值相同，没有发现异常，也排除了数据失真引起的盾构姿态偏差造成的卡盾。

(3)经过检查前期掘进姿态和每环姿态变化，上位机显示数据没有出现"V"形或"S"形掘进。但对铰接液压缸进行检查时发现铰接液压缸(主动铰接)位移传感器损坏，数据失真，上位机显示与实测数据相差较大，盾构机实际是以"S"形前进，造成盾构机卡盾。

5.3.2　全断面硬岩中敞开式掘进致管片上浮开裂渗漏

1)工程概况

某区间全长2.71km，包括高架段、U形槽、明挖隧道，盾构区间1632.2m。

2)事件经过

区间右线盾构从339环带压进仓更换刀具、清理泥饼以来，掘进至355环盾构进入全断面硬岩，在硬岩段掘进过程中由于刀具磨损大，非正常损坏频率高，为保证能及时进仓检查更换刀具，故在硬岩段采取常压掘进，同步注浆为6m³/环(设计量4.5m³/环)。图5-12为管片上浮地质纵剖面图。

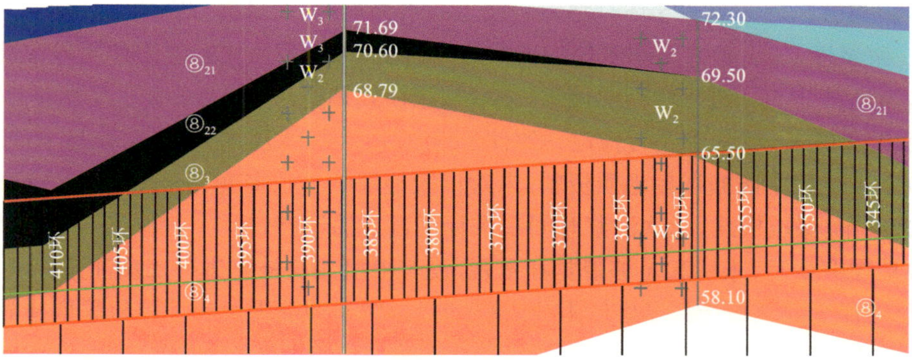

图 5-12 管片上浮段地质纵剖面图(单位:m)

(1)根据地质纵剖面显示，刀盘 400 环处顶部才接触中风化花岗岩，但在掘进至 381 环时发现渣样中含泥量增加。进仓检查掌子面时，发现左侧有局部土层，即刻关闭仓门掘进，在仓内蓄土实现带压推进。

(2)盾构掘进至 385 环时，土仓压力突然升高，且渣样中含水率急剧增加，与此同时，后方 382 环、383 环管片出现剥落、掉块现象，项目部立即要求测量组对管片进行监测，发现管片在不断上浮，上浮量最大处达到 72mm，施工队伍在管片吊装孔处打孔放水，发现有大量清水流出，测得单孔水流量为 5.47m^3/h，见图 5-13。

a)　　b)

图 5-13 管片上浮造成的破损及开孔排水情况

3)原因分析

该区间右线盾构累计掘进 392 环，测量发现 351 环～388 环管片出现不同程度的上浮，上浮量最大为 383 环 161mm，同时 387 环～389 环管片出现不同程度的破损及错台。经过分析认为管片上浮是由以下几方面原因造成的。

(1)同步注浆虽一直按要求施作(从后期二次注浆打穿管片吊装孔可以看出浆液的存在)，但浆液配比未根据地层情况进行合理调整，在地层变化掘进模式调整后，浆液还没有凝固，管片处于液态的浆液中，没有得到及时的稳定。

(2)由于该施工过程中，盾构机处于下坡掘进且仓内没有带压，造成管片顶部的同步注浆浆液前窜，顶部有部分空间没有填充。

（3）盾构机在掘进至 385 环时将斜岩面上的水囊推破，大量清水在压力作用下稀释前期的同步注浆浆液，加上管片周围液位的再次升高，使管片受到巨大的浮力作用导致其上浮。

（4）隧道从 355 环进入全断面硬岩，采取常压模式掘进，为防止二次注浆浆液前窜，二次注浆滞后距离过长，管片未及时稳定。致使当地质突变时，水压增大，引起管片上浮。

（5）施工过程中照搬详勘地质资料，未对该段地层的复杂多变充分理解，进入硬岩后，为便于掘进操作，保压模式、二次注浆时间都进行了盲目的调整。

（6）地层突变后，未引起足够警觉和重视，没有停机加快补充进行二次注浆并泄水，但现场在调整为保压模式后选择了继续掘进，直至管片破损、明显上浮后才停机采取措施。

（7）技术管理的超前预判性不足，未对硬岩段掘进以及遇地层变化时注浆等相关技术要求形成制度性交底材料，现场管理人员无实质性方案、交底资料可寻。

（8）现场管理强调进度、强调尽快恢复掘进，现场的技术、质量管理漏洞多，二次注浆长距离滞后未引起重视，现场技术管理薄弱。

5.3.3 不建压掘进

1）工程概况

广州地铁某项目，该标段盾构区间隧道从中间风井开始，沿线主要穿越外环西路、广东工业大学校园空地、广东工业大学西教学楼连廊、到达中环东路后，沿中环路向东前进，止于大学城南站。平面布置见图 5-14。

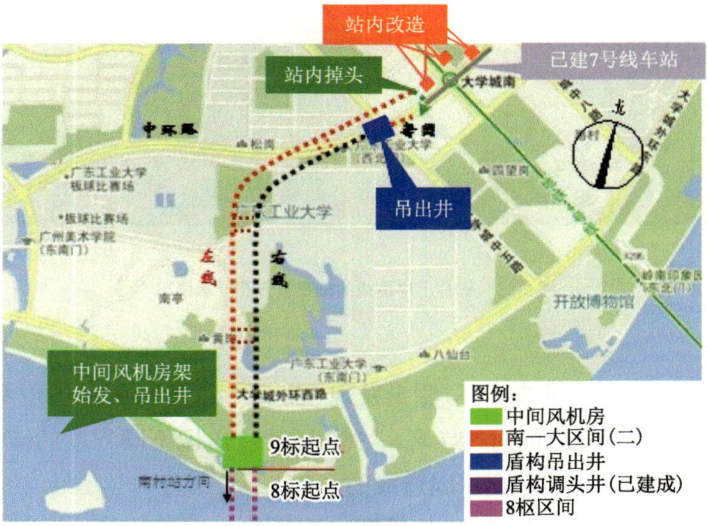

图 5-14　区间平面布置图

全长 1700m（双延米），其中前 600m 为全断面硬岩，岩性主要为〈9Z〉微风化混合花岗岩、〈8Z〉中风化混合花岗岩、〈7Z〉强风化混合花岗岩、〈6Z〉全风化混合花岗岩、〈5Z〉硬塑状残积土层、〈5N〉可塑状残积土层，见图 5-15。

a)　　b)　　c)

图 5-15　全断面硬岩段芯样

2）常压掘进

由于本区间岩石强度高，刀具检查更换频率高，每环掘进结束都要进仓检查一次刀具，故采用常压掘进，但地下水非常丰富且具承压性，同步注浆浆液被稀释、前窜，随着渣土一起排出，导致成形管片不稳定，上浮量达到 14cm，开孔放水后管片回落，见图 5-16。

a)　　b)

图 5-16　管片开孔放水情况

5.4 本章小结

盾构机在全断面硬岩中掘进，出现诸如卡盾、管片上浮、掘进困难、出渣不畅、刀具损耗大等不良现象，给工程增加了很大的难度。

（1）采取刀具勤检常换、控制掘进姿态、合理管片选型等措施可降低卡盾风险。

（2）选择合适的注浆材料、建压掘进、预留上浮量、加强姿态管理等，可以有效地控制硬岩地层中管片上浮的问题。

（3）做好渣土改良，遵循“高转速、低贯入”的掘进参数选取原则，勤检查勤换刀可提高硬岩掘进速度。

（4）加强渣土改良、适当建压掘进、管片环箍止水、合理配置刀具等对出解决渣不畅和减少刀具消耗，延长有效掘进时间具有明显效果。

（5）对于长距离全断面硬岩也可采用 TBM 或具备 TBM 功能的双模盾构机进行施工，提高施工效率，降低施工风险。

总之，在全断面硬岩中盾构掘进，应该有硬岩施工理念。加强刀具管理，勤检常换，确保开挖直径；选择合适的掘进参数；注意适当降低螺旋输送机转速，合理进行渣土改良保护刀具、降低螺旋输送机磨损，提高掘进效率。

第 6 章

盾构隧道管片开裂、渗漏原因分析与对策

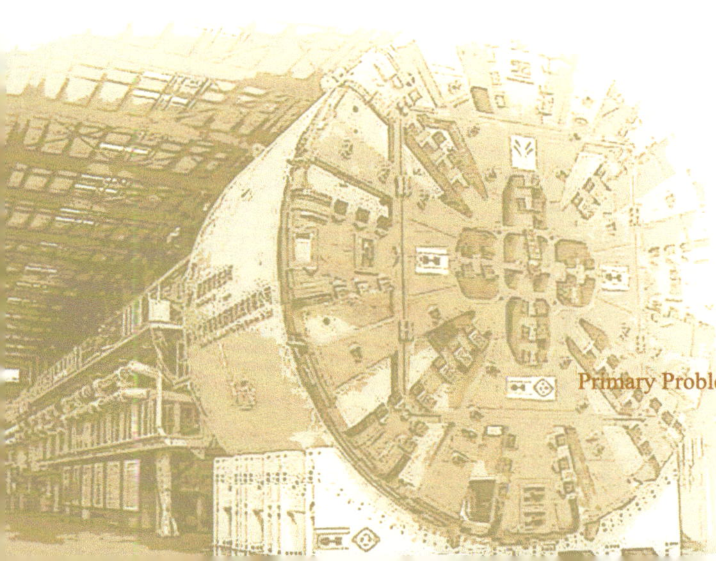

Primary Problems and Case Analysis of Shield Construction

面向挑战的
隧道及地下工程

Primary Problems and Case Analysis of Shield Construction

盾构隧道的结构是由管片拼装而成，结构的环缝与纵缝是采用橡胶止水带实现密封止水作用的。施工过程中造成管片开裂、隧道渗漏的原因很多。主要包括管片边角破损、止水带脱落起鼓、管片贯穿缝、管片错台等，本章将就主要问题进行深入分析。

6.1 盾构隧道防水要求与管片开裂、渗漏水现状

6.1.1 盾构隧道防水要求

根据《地下防水工程质量验收规范》（GB 50208—2011）规定，地下工程设计防水分为四级防水，一般盾构隧道段为二级防水，特殊盾构隧道段设计为一级防水，见表 6-1。

地下工程防水等级　　表 6-1

防水等级	防水标准
一级	不允许渗水，结构表面无湿渍
二级	不允许漏水，结构表面可有少量湿渍，总湿渍面积不应大于总防水面积的 2/1000；每 $100m^2$ 防水面积上的湿渍不超过 3 处，单个湿渍面积不大于 $0.2m^2$，要求隧道工程平均渗水量不大于 0.05L/（m^2·d），任意 $100m^2$ 防水面积上的渗水量不大于 0.15L/（m^2·d）
三级	有少量漏水点，不得有线流和漏泥沙；任意 $100m^2$ 防水面积上的漏水或湿渍点数不超过 7 处，单个漏水点的最大漏水量不大于 2.5L/d，单个湿渍的最大面积不大于 $0.3m^2$
四级	有漏水点，不得有线流和漏泥沙。整个工程平均漏水量不大于 2L/（m^2·d），任意 $100m^2$ 防水面积上的平均漏水量不大于 4L/（m^2·d）

6.1.2 盾构隧道防水组成

隧道防水分为管片混凝土自防水、接缝防水、节点防水、注浆防水。防水原则为以防为主，多道设防，综合治理。

1）管片自防水

管片自防水是指管片混凝土自身防水含管片外弧面涂刷水泥基结晶型防水涂料的防水形式。

2）接缝防水

管片接缝防水材料包括弹性密封垫防水、遇水膨胀橡胶止水条、最外侧的海绵橡胶条等，见图 6-1。

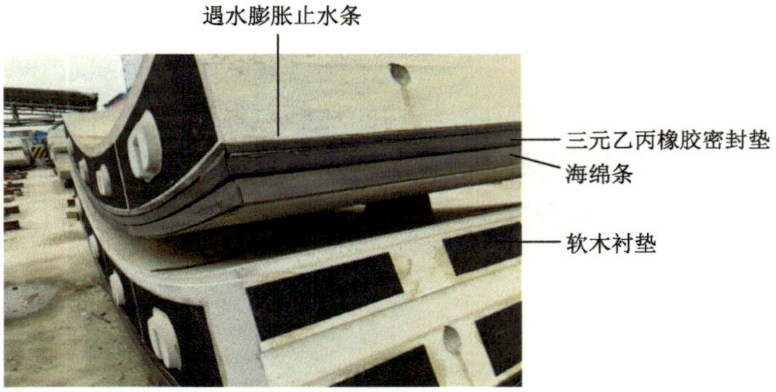

图 6-1　管片防水材料

（1）弹性密封垫：材质一般为三元乙丙橡胶，通过弹性密封垫的压缩来保证防水效果，所以需要足够的承压能力和弹性复原能力，能承受均布在盾构机上的千斤顶推力，并在千斤顶推压力 22±5kPa 的往复作用下［参照规范《高分子防水材料第 4 部分：盾构法隧道管片用橡胶密封垫》（GB/T 18173.4—2010）］，压缩永久变形量≤ 25%，见图 6-2。

（2）环、纵缝遇水膨胀橡胶止水条：材质一般为聚醚型聚氨酯，通过自身遇水膨胀填充密闭空间实现防水效果，遇水膨胀橡胶条膨胀率一般不小于 300%，见图 6-3。

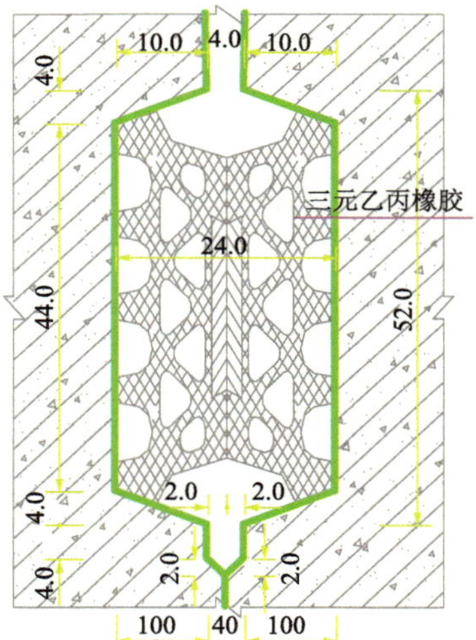

图 6-2　三元乙丙橡胶密封垫（尺寸单位：mm）

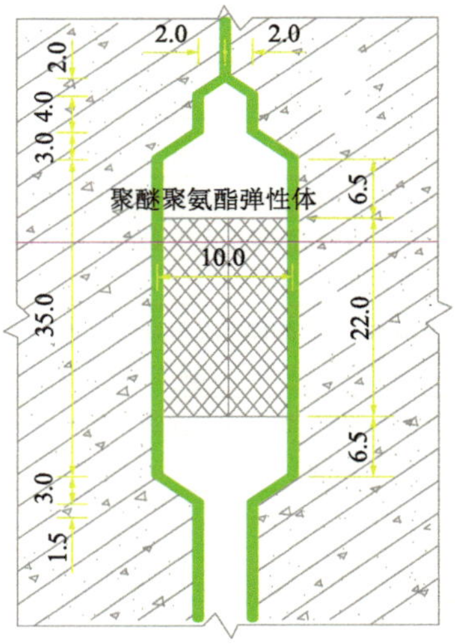

图 6-3　遇水膨胀止水条（尺寸单位：mm）

（3）海绵橡胶条：设于环纵缝外侧，材质为氯丁海绵橡胶，施工中起到防止泥沙进入弹性密封沟槽、防止同步注浆浆液沿管片接缝窜流以及节约盾尾密封油脂的多重作用。

3）节点防水

（1）管片角部加强防水：在密封垫外角部覆贴自黏性橡胶薄板，材质为未硫化丁基橡胶薄板。

（2）螺栓孔防水：采用遇水膨胀橡胶密封圈作为螺栓密封圈，利用其压密和膨胀的双重作用加强螺栓孔防水，见图 6-4。

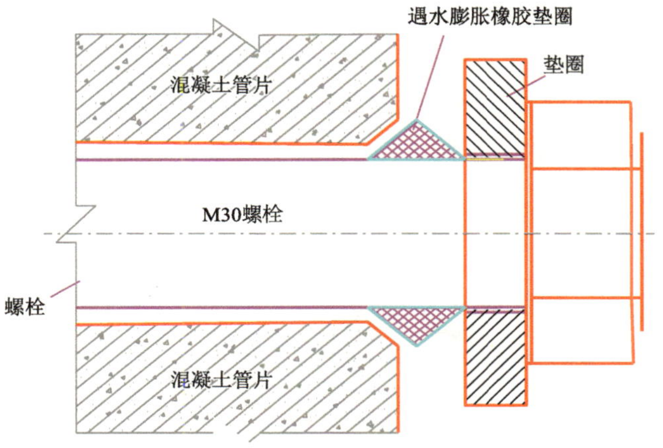

图 6-4 螺栓孔防水

4)注浆防水

注浆防水分为同步注浆防水和二次注浆防水，注浆填充管片壁后建筑间隙，以达到隔绝地下水的目的，见图 6-5。

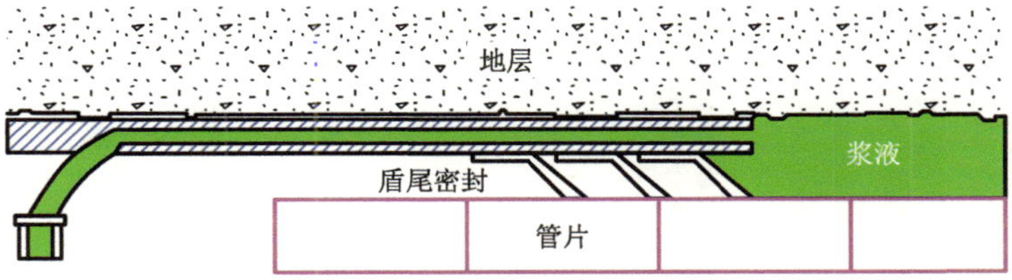

图 6-5 管片注浆防水示意图

6.1.3 盾构隧道管片开裂、渗漏水现状

在近年来针对典型盾构工程的隧道管片开裂、渗漏研究中，主要根据表 6-2 的项目分类对管片的开裂与渗漏水情况进行了统计。

管片开裂、渗漏水类型统计表 表 6-2

序 号	项 目	分 类
1	管片裂缝	迎千斤顶侧向背千斤顶侧的裂缝
2		管片中间无规律的裂缝
3		从管片背千斤顶侧向迎千斤顶侧的裂缝
4		环向和纵向裂缝
5	管片渗水	管片环缝、纵缝渗漏
6		注浆孔及吊装孔渗漏
7		管片的裂缝处渗漏
8		管片破损出现渗漏

据不完全统计，国内盾构隧道常见质量通病为管片纵、环缝渗水、纵向裂缝与环向裂缝，如图 6-6 所示。其中占比最大的是管片渗漏水，且随着盾构隧道直径的增大和水土压力的增大，渗漏水呈上升趋势。不仅对隧道外观存在影响，且对隧道结构造成影响，为隧道运营期的安全埋下隐患。图 6-7、图 6-8 为某盾构隧道裂缝与渗水情况。

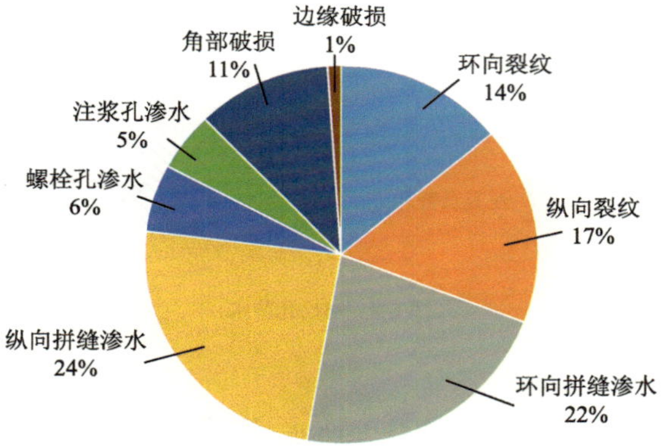

图 6-6　国内隧道裂缝渗漏水占比

a）角部破损　　b）管片安装时纵向裂缝　　c）推进时纵向裂缝

图 6-7　某盾构隧道裂缝情况

a）　　b）　　c）

图 6-8　管片裂缝渗水

6.2 盾构隧道管片产生开裂、渗漏主要原因分析

管片裂缝主要包括管片生产、倒运时产生的裂缝和施工时产生的裂缝。渗漏水主要原因为裂缝、边角破碎、防水材料失效等。具体原因分析如下。

6.2.1 管片生产和吊装原因

（1）管片制作时混凝土配合比不合理、水灰比过大、振捣不充分、养护不到位、制作工艺不合格出现气孔和微裂缝。

（2）管片的单块总量、混凝土体积较大，在蒸养和水养时工艺不合格，导致混凝土中心温度和表面形成温差，造成温度裂缝，如图 6-9 所示。管片在制作和养护过程中出现细微裂缝，投入使用后造成管片渗水。

图 6-9 管片自身裂缝

（3）在管片脱模、倒运和存放过程中，因吊装方式不当，造成管片螺栓孔附近和管片中间位置（弯矩最大处）出现局部应力裂缝，如图 6-10 所示。

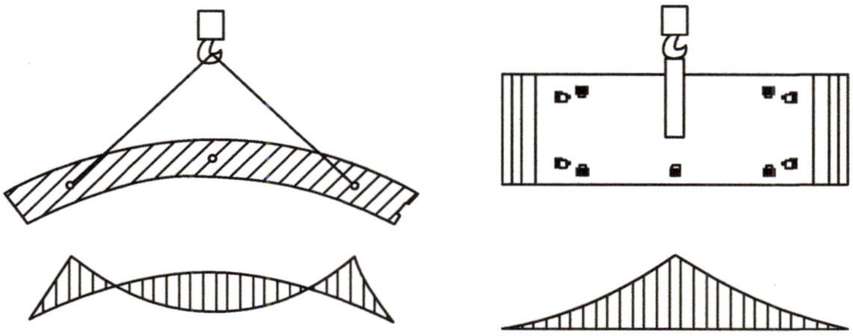

图 6-10 管片吊装受力示意图

（4）在管片生产过程中，设置密封垫的沟槽部位混凝土不平整和不密实，存在水泡、气泡等缺陷，管片拼装完成后，水绕过密封垫，从水泡、气泡孔处渗漏，如图 6-11 所示。

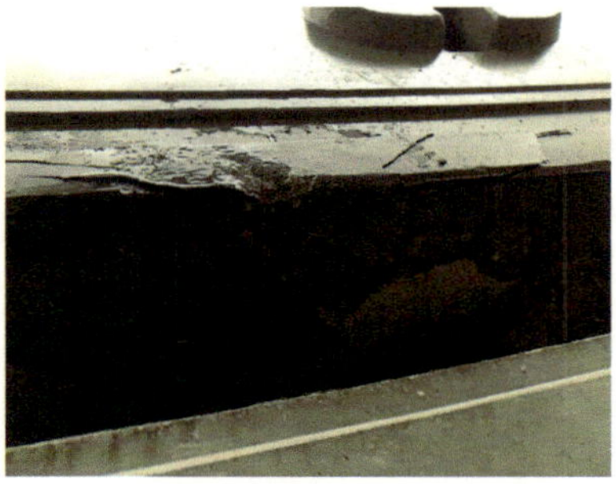

图 6-11 密封垫沟槽不平整和不密实

6.2.2 管片上浮导致的纵向螺栓附近应力集中管片开裂

（1）管片受力不平衡引起的上浮

管片脱出盾尾时管片受力处于不平衡状态，管片有发

生运动的趋势。管片脱出盾尾时受到的浮力大于地层作用，当地层向上作用力的合力与管片自重的差值大于地层对管片的摩擦力时管片将发生上浮，如图 6-12 所示。

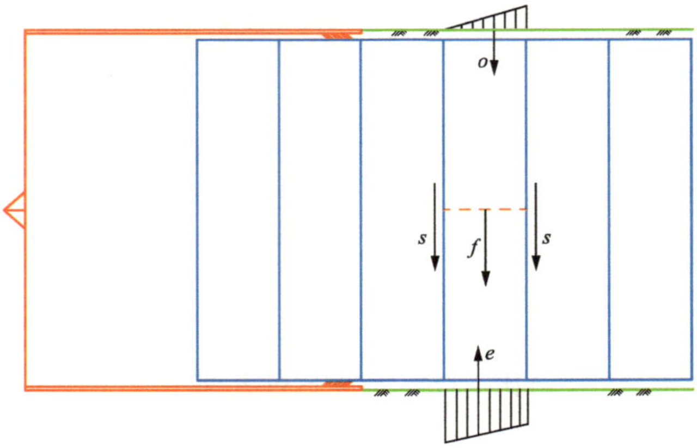

图 6-12　管片脱出盾尾受力示意图

o- 地层应力；f- 管片自重；s- 注浆压力；e- 浮力

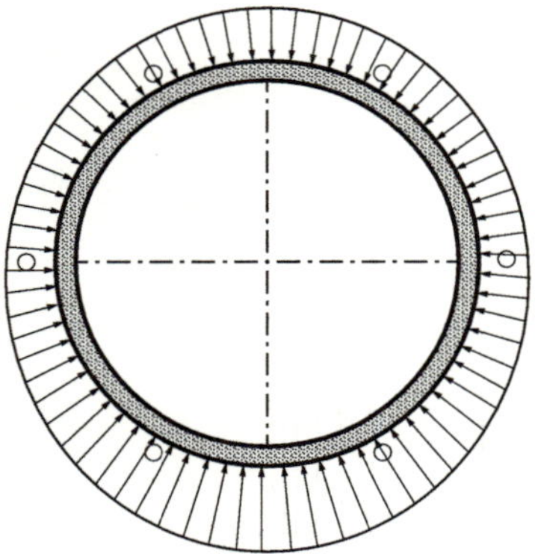

图 6-13　管片上浮受力示意图

（2）同步注浆不合格引起的上浮

同步注浆完成后，隧道结构理论上受力是均匀的，仅下部压力大于上部压力（平衡管片整环自重所致）。但实际施工中管片壁后同步注浆质量差、充填不密实、注浆量不足，不能有效隔离外部水源，且不能使围岩和管片整体协调受力，造成受力不均，螺栓附近应力集中，引起管片开裂。

当同步注浆浆液质量不合格，注入管片后很快被地下水稀释，不能及时包裹住管片，管片悬浮在注浆浆液中（或者是水、泥浆等）上浮无法控制，管片之间的纵向螺栓附近应力集中，造成上管片出现裂缝且伴随着渗漏水，如图 6-13 所示。

6.2.3　管片安装原因

（1）不当碰撞

管片安装时调整速度过快，导致管片和已拼装块之间发生不当碰撞，如图 6-14 所示。这种不当操作常常是管片角部破损的主要原因。

图 6-14　不当碰撞

（2）管片错台

管片安装时产生错台也是施工中常见的现象，但较大的错台（规范要求错台量不大于 17mm）使两块管片间的受力厚度减小，并会产生应力集中，是管片产生裂缝的最常见现象，如图 6-15 所示。

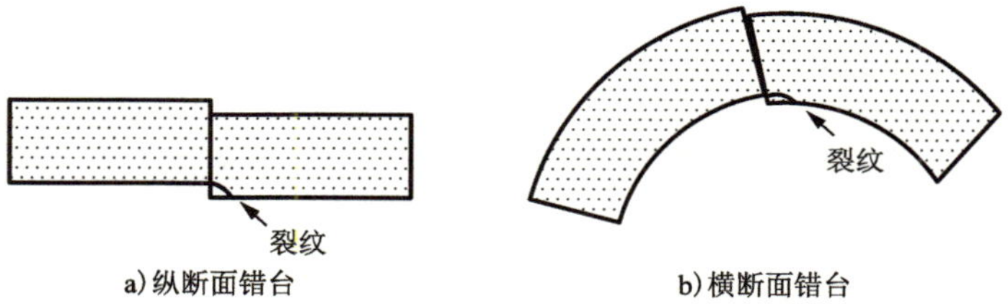

图 6-15　常见的错台导致裂缝形式

（3）拼装间隙

每环管片间设计有软木衬垫，可以在管片安装时起到缓冲作用，但软木衬垫的厚度选择及软木衬垫的压缩回弹质量可能会对管片间隙造成影响，一般情况下管片凹凸榫处的软木衬垫为3mm压缩成2mm，其他部位的软木衬垫为2mm压缩成1mm。在管片拼装时，由于液压缸的收缩，管片间会发生局部位移，出现间隙，导致管片环面不平整。在液压缸顶回时管片局部受力较大，造成管片出现裂缝，如图6-16所示。同时管片生产时精度不足，也会造成环面不平整。

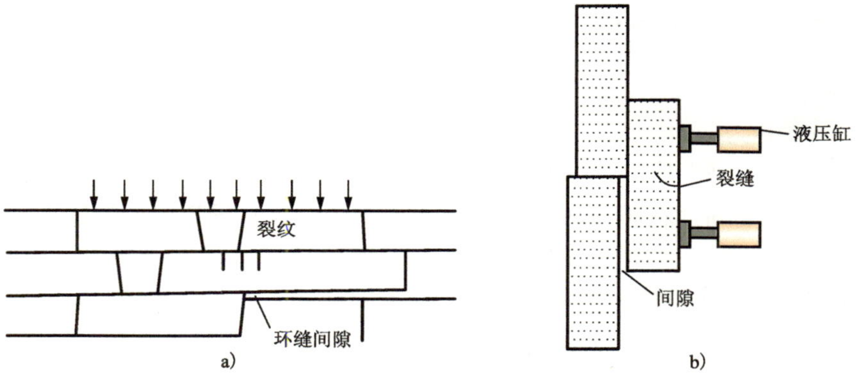

图 6-16　管片环面不平整

6.2.4　止水条损坏或接触面小及挤压不够

（1）止水条异常损坏

①止水条未粘贴牢固，在存放、吊装、运输、拼装过程中出现脱落、破损现场，拼装时表面杂物未清理干净，造成管片拼缝渗漏。

②掘进中千斤顶撑靴摆放位置不对，致使止水条损坏，也是管片渗漏的潜在因素。

③在盾构隧道施工过程中，管片间的错位（错台）会使得相邻管片的止水条不能正常吻合，导致管片渗漏水。连接螺栓未拧紧会使得管片在停止掘进后呈松弛状态，造成接缝张开，让止水条无法紧密结合，也是造成管片渗漏的原因。由于盾尾间隙不均匀，管片选型点位选择不当，造成间隙过小，使得在掘进过程中造成管片外壁被损坏导致止水条漏水，如图6-17所示。

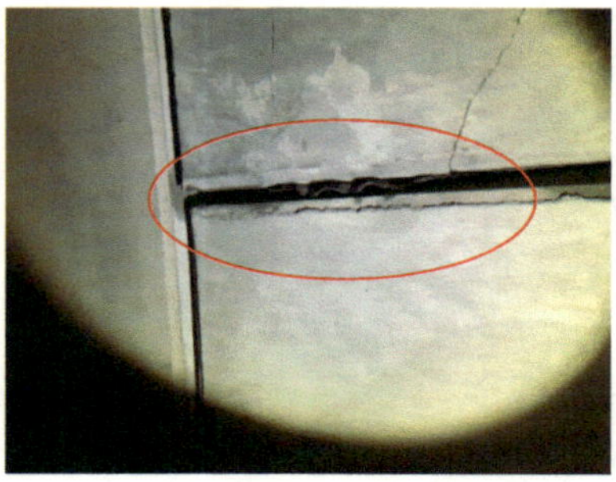

a)

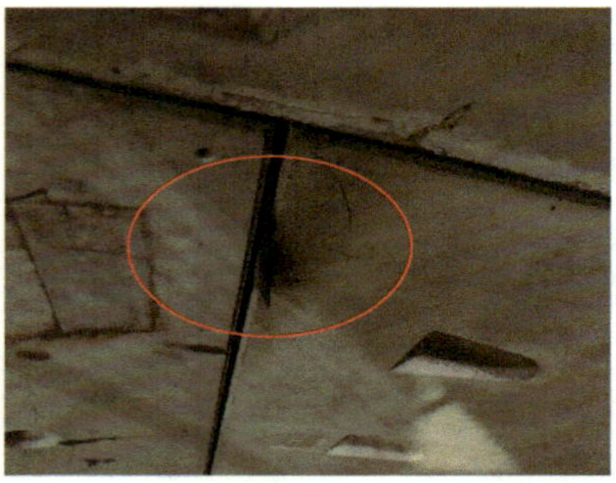

b)

图 6-17　管片防水材料挤出

④密封垫在完全闭合(即压缩量分别达到 14mm)的情况下防水压力将达到 5.4MPa 以上。但在实际工程中,管片接缝处会存在一定的张开量。对国内已经建成的盾构隧道的调研也发现,管片接缝处张开是普遍存在的,个别接缝处甚至可以达到 10mm,如图 6-18 所示。过大的接缝张开量是造成隧道渗漏的原因之一。

图 6-18　管片拼装张开角度过大

(2)挤压不够

采用挤压式密封垫时,由于推力不足,造成管片挤压力不够,接触应力与水压 P_W 不满足 $P_W \leqslant mP=m(P_0+P_1)$(其中 m 是与密封材料的材质、耦合面表面状况有关的系数),导致密封垫处发生渗漏。

将密封垫的压缩问题简化为平面应变问题,同时采用刚体模拟密封垫沟槽对于密封垫的侧限作用。以国内某隧道的密封垫作为研究对象建立有限元模型,该隧道设计张开量 4mm,错缝量为 6mm,压缩量 13.5mm。为了研究不同接缝位移情况下接触面上接触应力的分布规律,考虑在张开量 4mm,错缝量 6mm 情况下的整个压缩过程,见图 6-19 ~图 6-21。以未压缩状态下两密封垫接触面最边缘的接触点作为接触面位置的原点。

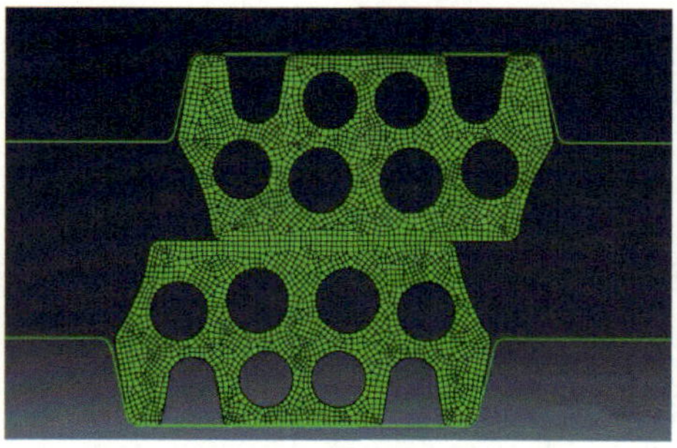

图 6-19　压缩量 6mm

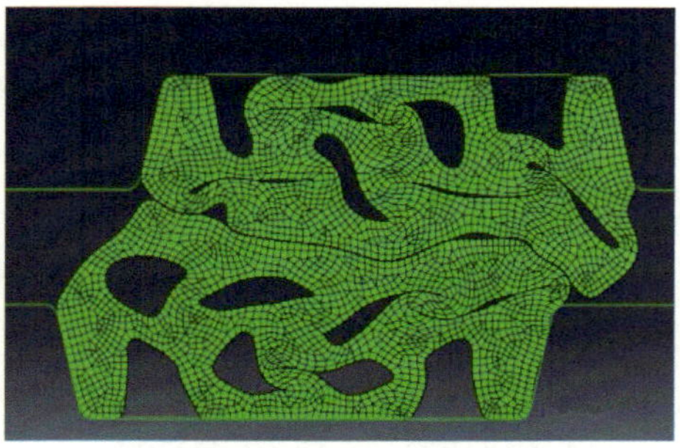

图 6-20　压缩量 10mm

由于断面孔洞的存在,密封垫之间的接触应力分布曲线是凹凸不平的。在接缝压缩量较小的情况下,接触应力在中部位置较小,应力最大位置出现在两侧;当压缩量接近或达到完全闭合时,在接触面中心的接触应力迅速增大,两侧位置的应力振荡明显。

密封垫的压缩过程一般表现为三个阶段：弹性压缩阶段、孔壁失稳阶段和压密阶段。密封垫的孔壁失稳阶段发生在压缩量为 6 ~ 10mm。在压缩量较大时，由于密封垫之间的相互挤压，接触应力出现急增的趋势，如图 6-22 所示。

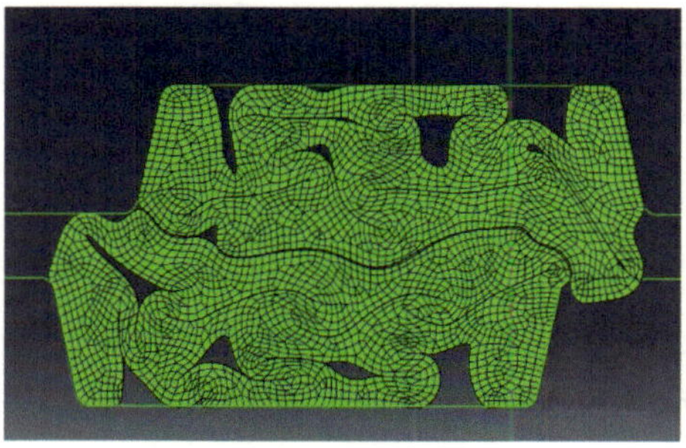

图 6-21　压缩量 14mm

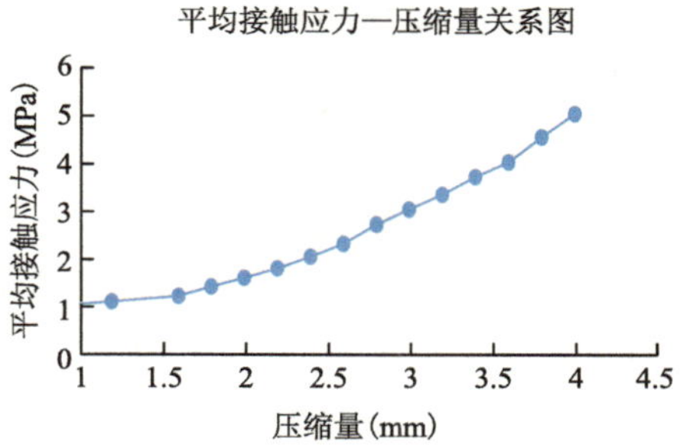

图 6-22　平均接触应力—压缩量关系图

6.2.5　管片选型与盾构姿态冲突导致的破损开裂

盾构掘进过程中最为理想的状态是管片与盾构机中心轴线重合，而实际掘进过程中两轴线往往存在偏差。从某种程度上讲，管片的选型和盾构掘进的过程也是盾构机和管片轴线不断调整的过程。因为两轴线的冲突，常常造成千斤顶的中心没有作用在管片环的中心线上，造成管片偏心受压，产生轴向弯矩，当此弯矩过大时会引起管片开裂，如图 6-23 所示；在推进时盾构姿态和管片姿态出现冲突还会挤压到止水条，造成止水条被挤压变形或粘接不牢，从而造成渗漏；在液压缸伸出的过程中，在重力作用下靴板发生旋转，导致靴板轴线与管片轴线接触时不重合，局部受压过大；盾构在推进过程中姿态和管片姿态出现冲突时会造成一侧间隙过小，导致盾壳对管片造成挤压荷载从而影响管片的拼装质量，造成破损和渗水，如图 6-24 所示。

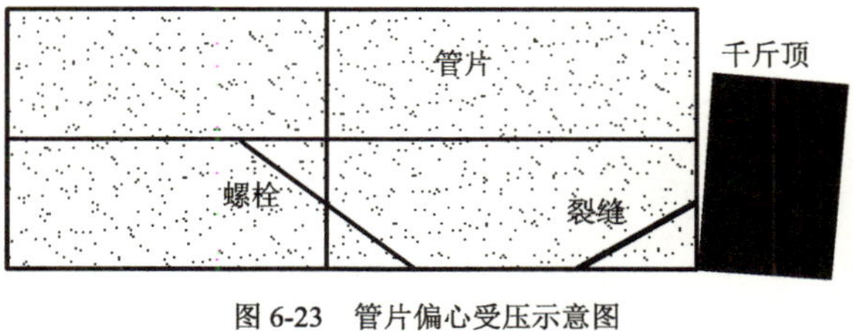

图 6-23　管片偏心受压示意图

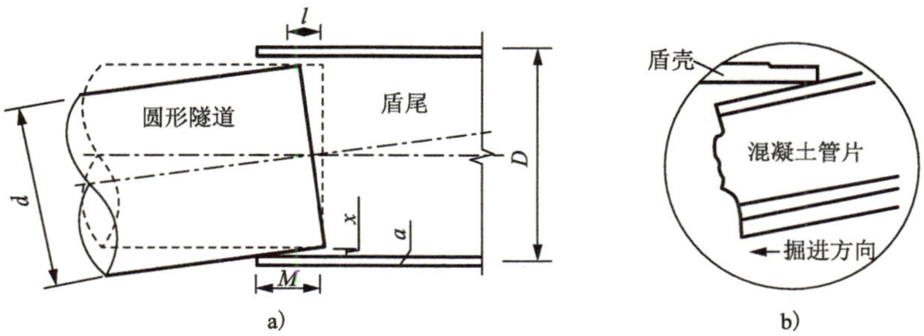

图 6-24　盾尾刷挤压管片示意图

6.2.6 其他

1)注浆压力

拼装好的管片脱离盾尾后,在管片环背面与实际开挖洞壁间存在盾尾间隙,对该间隙的填充采用壁后注浆。壁后注浆在填充盾尾间隙、加固土体的同时,对管片也产生了一定压力,该压力过大时,会引起管片局部或整体上浮、错台、开裂、压碎或其他形式的破坏。

2)注浆不饱满地层损失过大

同步注浆的目的是为了尽快填充环形间隙,防止地层变形过大,同时作为管片外防水。管片壁后同步注浆质量差,同步浆液凝结时间长,浆液不能及时凝固;浆液遇水离析,同步注浆浆液流失,不饱满,填充不密实,不能有效隔断外部水源;管片处于悬浮状态,充盈系数偏小或压力不足,拱顶未填充密实,存在过水通道,导致管片出现渗漏水。

6.3 预防盾构隧道管片开裂、渗漏水技术措施

6.3.1 管片生产和吊装

(1)优化配合比,降低混凝土水化热,提高混凝土初凝至终凝阶段强度增长速率。

(2)改进蒸养工艺,对手孔进行封堵,避免手孔直接受热减小膨胀量。蒸养出炉后采用温水淋养,控制温度下降速率。

(3)管片脱模、调运采用真空吸盘(图6-25);当强度达到100%之后的倒运采用吊带吊装(图6-26),且采用海绵等进行防护;避免碰撞。

图6-25 真空吸盘吊装

图6-26 吊带吊装

(4)管片浇筑过程中严格控制振捣质量,当出现大量气泡、水泡时及时进行修补。

(5)管片运输过程中,使用弹性的保护衬垫将管片与管片之间隔离开,以免发生碰撞而损坏管片。在起吊过程中要小心轻放,防止磕坏管片的边角。

6.3.2 管片上浮导致的纵向螺栓附近应力集中管片开裂

防止成型管片开裂、渗漏的核心是管片上浮的控制，而管片上浮控制的关键技术是同步注浆的浆液选择。

（1）浆液的性能选择

经过不断优化，试验同步注浆浆液必须满足以下条件，可以控制管片上浮，即可有效解决管片开裂、渗漏水问题。

①具有良好的充填性能。

②浆液在地下水环境中，保水性较强，不易产生稀释现象。

③浆液固结后体积收缩小，泌水率小。

④大密度、低稠度、高抗剪性。

（2）新型高抗剪惰性浆液注浆方式

经过实践证明，采用顶部 + 中上部 + 中下部之后占总方量的 90%，且泵击次数相同；底部占总方量的 10%，且两路保证泵击次数相同的注入方式对保护管片最有效。但在实际应用中，采取该类型的注浆浆液，还应根据地质、埋深、隧道长度等条件，灵活调整注浆方案，以达到最佳匹配。

图 6-27 为新型高抗剪惰性浆液坍落度检测。

（3）注浆压力的控制

注浆压力是施工过程中管片所受到的主要施工荷载。若该压力过大，经常会造成管片的变形和错台，严重时甚至会剪断连接螺栓，尤其是封顶块，注浆压力经常会使得封顶块有向隧道内部空间发生位移的趋势。所以，施工过程中对注浆压力的控制显得尤为重要。在施工过程中，可通过动态调整砂浆的泵击次数来防止管片开裂。

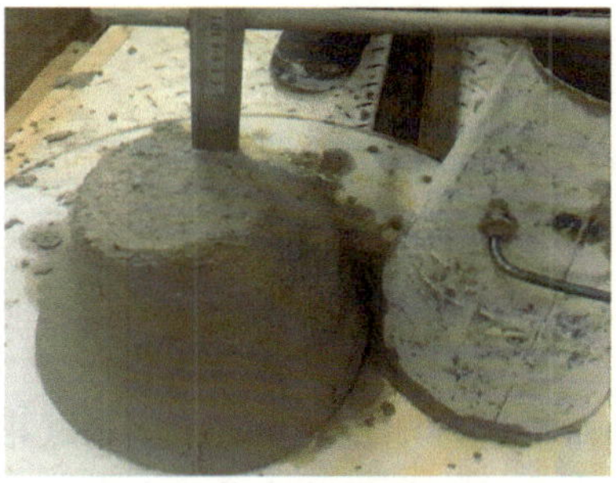

图 6-27 新型高抗剪惰性浆液坍落度检测

6.3.3 管片安装原因

管片安装时应严格按照管片安装技术要求进行施工，对管片错台、间隙及环面平整度等进行严格控制。也可以对管片点位选择进行考虑，尽量避免 F（封顶块）块等小块管片集中的情况。

①拼装前做好盾壳与管片各面的清理工作，防止杂物夹入管片之间。

②推进时勤纠偏，使盾构机的中心线与隧道的设计轴线的偏差尽量减少，保证管片能够居中拼装，管片周围要有足够的建筑空隙使管片能拼装成正圆。

③环面的偏差及时进行纠正，使拼装完成的管片中心线与设计轴线误差减少，管片始终能够在盾尾内居中拼装，及时纠正环面不平整、环面与隧道设计轴线不垂直、纵缝偏差等质量问题。

④拼装前检测前一环管片的环面情况、盾尾间隙、液压缸行程差、盾构姿态决定本环拼装时纠偏量及纠偏措施。

⑤检查止水条的粘贴情况，保证止水条粘贴可靠。

⑥管片拼装时要小心谨慎，动作平稳，减少管片的撞击。

⑦拼装时将封顶块管片的纵缝涂刷润滑剂，使封顶块能顺利地插入。

6.3.4 止水条损坏或接触面小及挤压不够

（1）根据工程施工情况动态调整软木衬垫材质及粘贴厚度，选择合适的材料进行施工。在管片拼装前，提前对管片防水材料进行检查，对管片上一环环面进行检查，及时清理杂物，必要时可对软木衬垫进行润滑，减小管片安装时的摩擦力。

（2）根据实验选择较为合理的拼装压力，确保挤压密实、并有足够的接触面积，达到设计挤压值。

（3）施工过程中注意管片拼装精度，控制止水条张开量和错缝量，达到设计防水要求。

6.3.5 管片选型与盾构姿态冲突导致的破损开裂

1）合理管片选型

良好的管片选型是控制盾构管片裂缝、渗漏水最经济的手段。在管片选型的过程中主要需要考虑以下三方面的因素。

（1）盾尾间隙

盾尾间隙是管片选型的一个重要依据。每次安装管片之前，对管片的上、下、左、右四个方位进行测量。间隙过小时（根据开挖直径、当前盾构姿态和盾构机长度计算是否能通过）应及时调整拼装点位，对盾尾间隙调节。

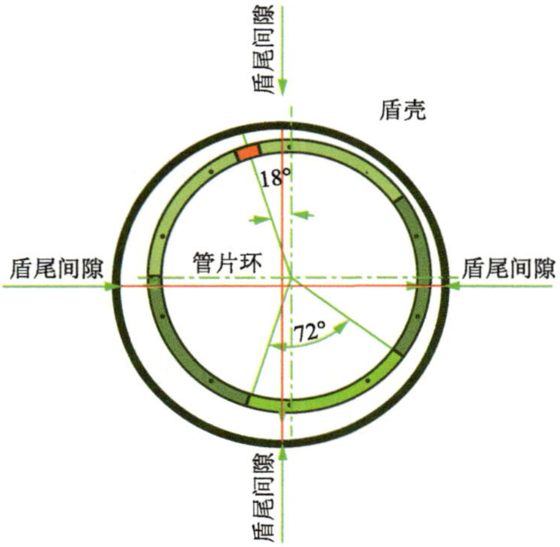

图 6-28 盾尾间隙示意图

若盾尾间隙过小，盾壳上的力直接作用在管片上，则盾构机在掘进过程中盾尾将会与管片发生摩擦、碰撞。轻则增加盾构机向前掘进的阻力、降低掘进速度，重则造成管片错台、开裂。如图 6-28 所示，盾尾一边间隙过小，另一边相应变大，这时盾尾尾刷密封效果降低，在注浆压力作用下，水泥浆容易渗漏，破坏盾尾的密封效果。

（2）盾构姿态与管片拼装

盾构姿态控制与管片拼装是相互影响，相互制约的两个因素。盾构姿态控制与管片拼装应以隧道设计轴线控制为目标，同时两者相互协调，保证管片拼装质量，避免管片产生破损。

在施工过程中遇到复杂工况时，调整盾构姿态应综合多方面因素考虑掘进方向、避免损坏管片，管片选型应考虑隧道设计轴线且与盾构姿态相适应，逐步调整盾构掘进方向（图 6-29）。

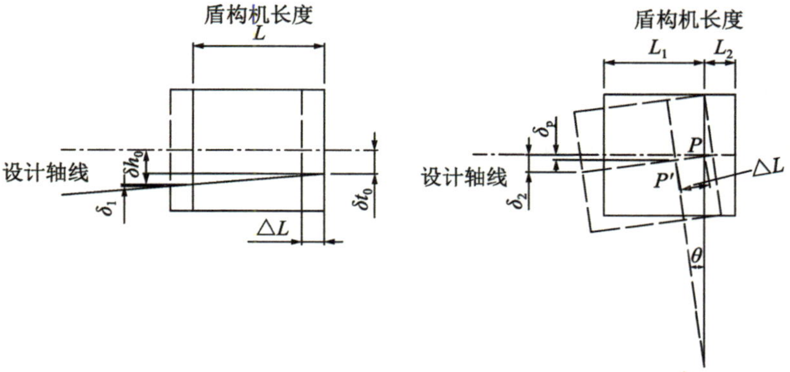

图 6-29　盾构和管片姿态示意图

（3）推进液压缸行程差

盾构机是依靠推进液压缸顶推在管片上所产生的反力向前掘进。将推进液压缸按上、下、左、右 4 个方向分成 4 个区域，每一个掘进循环这 4 个区域液压缸行程的差值反应了盾构机与管片平面之间的空间关系，可以推断下一掘进循环盾尾间隙的变化趋势。当管片平面不垂直于盾构机轴线时，各组推进液压缸的行程就会有差异，当差值过大时，推进液压缸的推力会在管片环的径向产生较大的分力，从而影响已拼装好的隧道管片以及掘进姿态。

2）盾构机姿态的合理纠偏

盾构机姿态是指盾构机在掘进过程中盾构机与隧道理论轴线的相对关系。管片姿态是指在掘进过程中，所拼装的管片与隧道理论轴线的相对关系。二者主要表现为左右偏移和上下偏移 4 种形态，具体表现在盾尾间隙、盾构掘进时液压缸行程差、管片错位以及盾构机轴线偏移等。纠偏时，纠偏半径一定要大于偏移半径，即 $R_{纠} > R_{偏}$，如图 6-30 所示。即盾构机的纠偏角必须小于已偏移的角度。

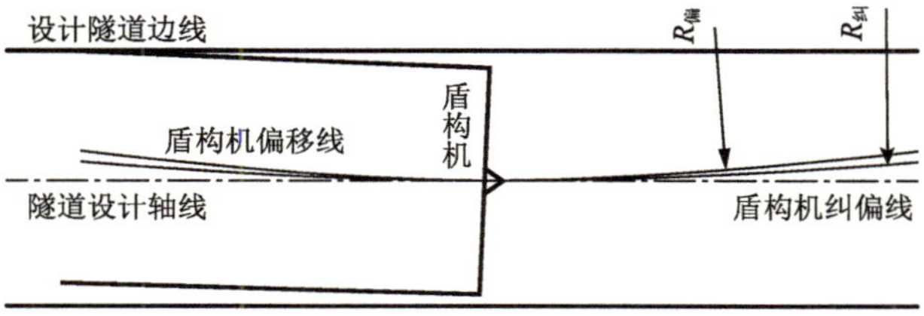

图 6-30　盾构机纠偏示意图

盾构机纠偏不能很快地把盾构机调整到正确的姿态上去，一般要通过数环管片的渐进性修正。纠偏时，先将盾构机偏角缓慢变小，但盾构机仍为偏离状态，控制盾尾间隙为微小变化，经过一段距离后，盾构机姿态才能纠偏完成。切忌一次性纠偏到位，如果采用一次性纠偏到位，首先管片可能无法拼装，即使能够拼装，一定会造成管片上应力集中，从而使管片推出盾尾后产生爆裂；其次，若急剧纠偏，盾构机将立即出现另一个姿态偏移。而且，在盾构机掘进过程中，当盾尾间隙和行程器出现偏差时，应先及时测量监控，确定是管片姿态出现问题还是盾构机姿态出现问题，然后再考虑纠偏。

盾构机纠偏时为防止纠偏过急及产生内裂，应采取如下措施。

①盾构机偏移方向使用较多液压缸的同时，在纠偏方向使用适当数量的液压缸，用以防止纠偏角度过大，减小应力集中。

②适当调节油压，形成合适的油压差以防止应力过于集中。

6.3.6 其他预防措施

(1)合理设定注浆压力

同步注浆压力值选取应综合考虑地层条件、管片性能、浆液特征、设备性能等因素，同步注浆压入口的压力大于该点的静止水压及土压力之和。

(2)合理设定注入量

同步注浆是填充土体与管片圆环间的建筑间隙和减少后期沉降的主要手段，也是盾构推进施工中的一道重要工序。同步注浆，选择具有和易性好、泌水率小，且具有一定强度的浆液进行及时、均匀、足量压注，确保及时和足量的充填。

注浆量：浆液材料不同，同一地层的注浆量不同。以惰性浆液为例：黏土、粉砂、硬岩为主的小渗透系数地层，注浆系数为 1.1 ～ 1.3，以砂、砾石为主的大渗透系数地层，注浆系数为 1.3 ～ 1.5。

$$Q = V \cdot \lambda \tag{6-1}$$

式中：Q ——理论注浆量；

V——填充间隙，$V = \frac{\pi}{4}(D^2 - d^2) \cdot L$（$D$ 为开挖直径，d 为管片外径，L 为管片长度）；

λ——注浆系数，一般取值为 1.1 ～ 1.5，在掘进过程中可做适当调整。

6.4 工程案例

以大直径盾构隧道规律性开裂渗漏为例。

某大直径盾构隧道在掘进淤泥、淤泥质土，粉质黏土，全、强、中风化粉砂岩地层时，前 100 拼装成形的环管片在掘进过程中出现不同程度的存在一些破损、裂缝及渗漏水等质量情况，特别是异常的裂缝情况及接缝的渗漏水尤为突出。项目地质情况及管片开裂、渗漏情况见图 6-31、图 6-32。各类缺陷所占比例见表 6-3 和图 6-33。

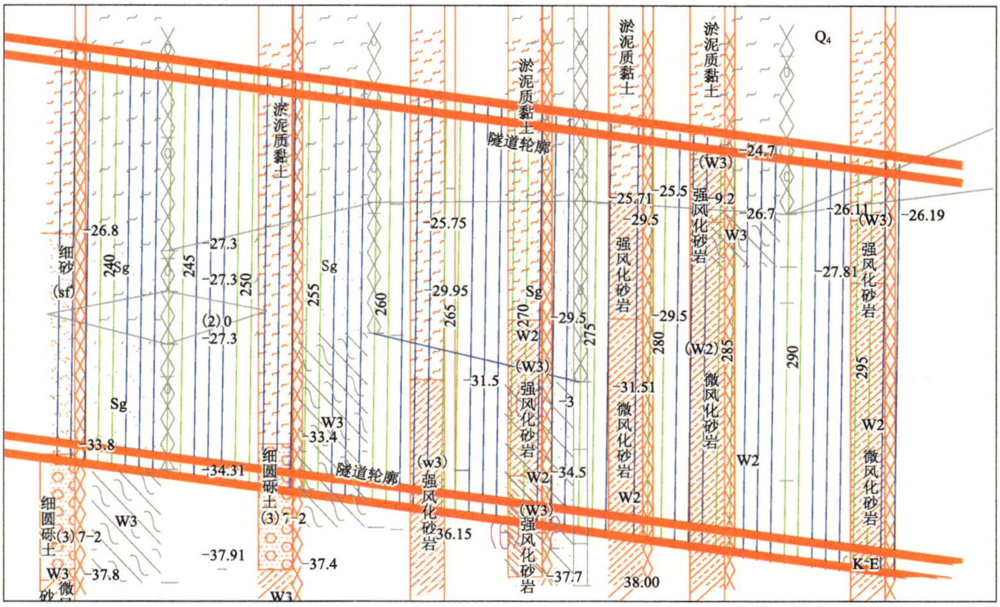

图 6-31　某项目地质纵断面示意图

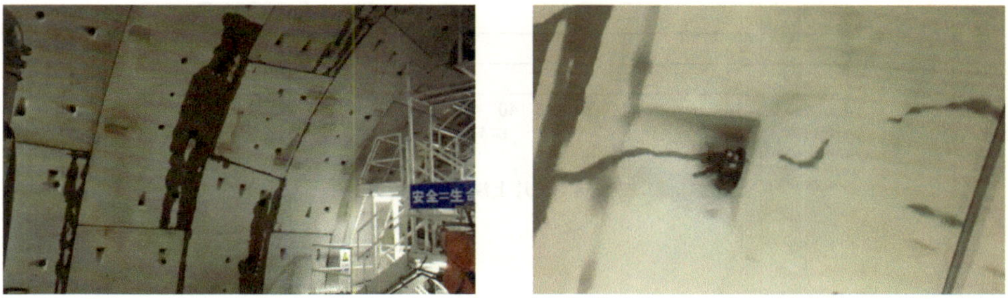

a)　　b)

图 6-32　某项目管片开裂、渗漏

各类缺陷所占比例（单位：个）　　表 6-3

环数	环向裂缝	纵向裂缝	环向拼缝渗水	纵向拼缝渗水	螺栓孔渗水	注浆孔渗水	角部破损	边缘破损	问题总数
-8 ～ 80	250	324	126	38	22	21	213	19	1011

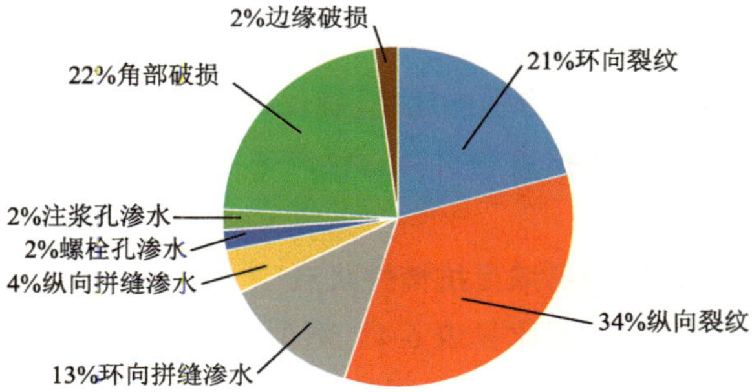

图 6-33　管片质量缺陷占比

6.4.1 管片开裂、渗漏原因分析

前期盾构在浅覆土和软弱土层中掘进，管片上浮情况尤为严重，根据计算每环承受的净浮力约 2280kN（浮力 3360kN，管片自重力 1080kN），脱出盾构 10 环～15 环后，累计最大上浮量达到 13cm，导致局部应力集中，管片开裂、渗水。通过分析主要原因是：浆液初凝时间过长，受地下水影响较大，管片上浮严重；管片环间设计软木衬垫和凹凸榫，在安装过程中很容易相对滑动，而凹凸榫和螺栓又对其变形存在约束，导致管片在螺栓孔（凹凸榫）位置发生裂缝；盾构在始发时，因考虑到软弱地层盾构会载头采用水平始发，而实际掘进过程中盾构还存在上漂，导致姿态偏差，盾壳对管片的作用力造成管片开裂。管片上浮数据曲线见图 6-34。

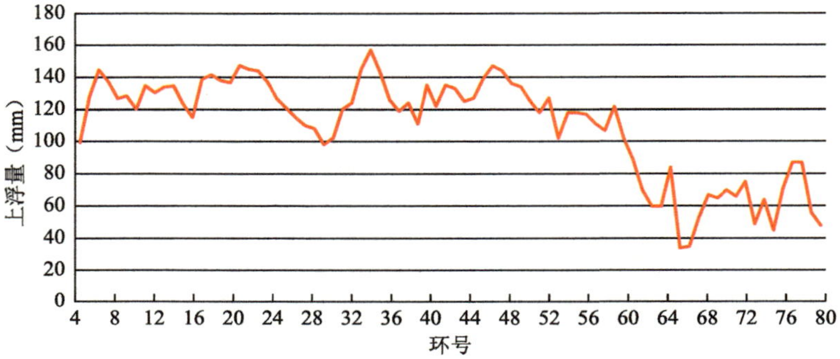

图 6-34　管片上浮数据曲线图

6.4.2 处理措施

1）加强管片生产过程质量控制

采用气动式和插入式振捣相结合，采用气动振捣 15min，强振 10min，弱振 5min。

管片蒸养完成后冷却速度极快，内部继续反应，生成水化热，致使内外温度相差过大，从而产生温度裂缝，针对温度裂缝，经专家建议入池温度控制在 20° 以内并延长停放时间，在降温过程中采用有温度的水定期喷淋，减少内外温度差。

调整脱模剂的稀释比例，选择合适的比例，确保良好的脱模效果。

灵活控制混凝土配合比，根据进场材料适时调整出满足混凝土工作性能的水灰比以及含砂率。

2）调整砂浆原材，采用新型高浓度抗惰性浆液

采用新型高抗剪惰性浆液，配比见表 6-4。新型高浓度抗惰性浆液中添加石灰、砂等非活性材料，虽然强度较低，但稳定性极好。同时在浆液中增加添加剂使浆液具有较好的吸水性和保水性，浆液注入地层后，不易被稀释，在管片周围形成一圈隔水层，并且由于其流塑状

态和土层相似，易和土层形成整体，利于管片的稳定。后继续考虑浆液强度，继续优化在配比中加入水泥。

同步注浆配合比 表 6-4

材料	水	砂	粉煤灰	膨润土	石灰	水泥	添加剂
用量（kg/m^3）	238	1325	290	60	80	60	—

3)注浆过程控制

严格控制坍落度，每环注浆量根据地层按理论注浆量（$21.4m^3$）的 1.1 ～ 1.6 倍之间进行控制，根据地层情况适当调整。

由于每环掘进时间较长，考虑浆液坍落度损失，技术人员每环多次对砂浆坍落度进行量测，及时调整。

注浆过程中根据掘进速度，调整注浆速率，并左右均衡注浆；严格控制每个注浆泵注浆量。管片注浆分布见图 6-35。

注浆管路	注浆量占比（%）
A1、A8	35
A2、A7	30
A3、A6	25
A4、A5	10

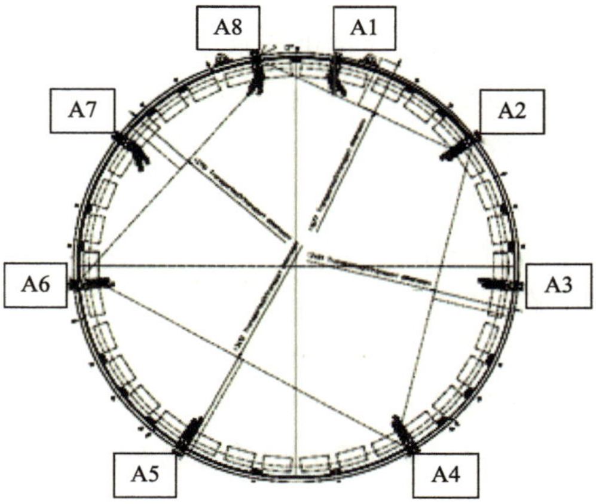

图 6-35 管片注浆分布示意图

A1 ～ A8- 注浆管路编号

4)管片拼装控制

管片下井前止水条粘贴必须经过检查合格后，每环管片拼装前再次检查止水粘贴质量，发现失效立即更换；每环掘进前后，要及时量取盾尾间隙，合理选择拼装点位；并对每环管片的上浮情况进行监测，直至管片上浮稳定，根据量测结果适当调整注浆参数。

6.4.3 处理效果

自 120 环左右，该高浓度浆液的使用已进入常态化管理，管片在脱出盾尾后累计上浮量可控制在 2 ～ 3cm，裂缝和接缝渗漏水问题得到较大缓解，加大注浆量后，管片上浮量控制在 3cm 以内。

6.5 本章小结

施工实践证明，盾构隧道管片开裂、渗漏水问题对隧道质量及后期运营都存在较大影响。盾构隧道管片的开裂、渗水是由多方面原因综合造成的，且在不同阶段管片开裂、渗水的机理不同。在管片预制过程中主要由管片内外温差形成的温度裂缝和吊装时受力不均产生的裂缝；在施工过程中主要由管片上浮引起管片受力不均、管片选型不当和盾构姿态冲突、止水条和管片接触面积较小以及管片安装精度不足造成开裂、渗漏水；在拖出盾尾后主要由注浆浆液不饱满，地层变形导致管片开裂、渗漏水。所以应采取以下针对性措施确保成形隧道质量。

（1）管片混凝土体积较大，浇筑过程中温度裂缝及吊装产生的受力不均裂缝会严重影响管片质量情况，为此在管片生产过程中，应控制拆模时间、养护温度及降温速率。

（2）盾构隧道在掘进富水地层时，同步注浆浆液被地下水稀释，无法遏制管片上浮的力，导致管片脱出盾尾后上浮引起开裂、渗漏较为普遍。可采用新型高抗剪砂浆形成缓冲层，控制管片上浮，减少管片裂缝的出现。

（3）在盾构施工过程中当管片选型不当、盾构姿态控制不当时，会导致管片偏心受力，同样会造成管片出现裂缝。为此施工过程中应合理控制盾构姿态和管片选型，即有效的控制盾构姿态，对降低施工荷载造成的开裂、渗漏水有明显作用。

（4）对于岩层自稳性较差的地层，须尽早对开挖面和管片壁后产生的环向间隙及时进行填充，避免盾尾下沉，增加掘进摩擦阻力，保证管片对止水条挤压力，确保止水条充分挤压。

（5）防水材料对管片的渗漏具有决定性作用，施工过程中，注意对防水材料进行保护，且控制管片安装精度。

（6）施工过程中，做好监测工作及时反馈信息，增加监测频率，根据地表沉降和监测数据，结合现场实际情况，及时调整注浆量、开挖仓压力、推力等施工参数。

（7）盾构隧道施工中采用先进的科学管理模式，确保施工中每步骤动作到位，避免因操作不当造成的管片开裂、渗漏水。

第7章

盾构机结泥饼原因与对策

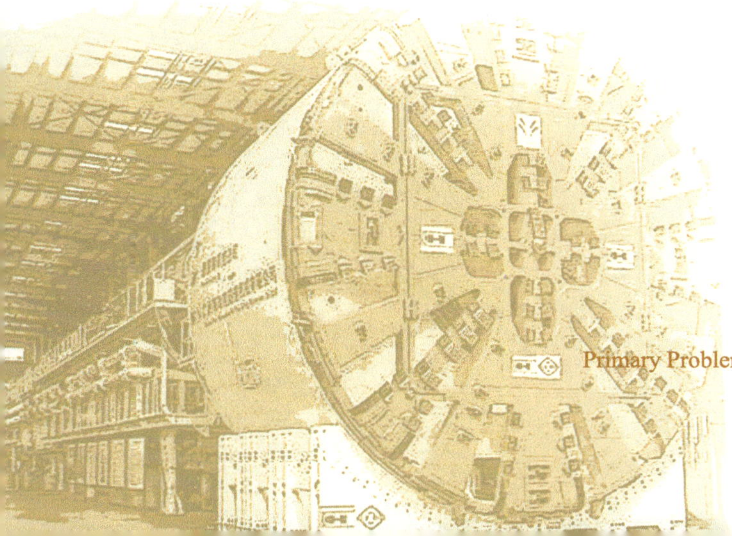

面向挑战的
隧道及地下工程

Primary Problems and Case Analysis of Shield Construction

泥饼是刀盘切削下来的渣土碎屑滞留在刀盘前方和土仓，经刀盘作用形成固体或半固体块状物，可以黏附阻塞刀盘和土仓。当盾构刀盘结泥饼时，刀具会逐渐被固结黏土糊住，导致切削地层时刀具贯入度降低，盾构开挖效率下降。若盾构刀盘结泥饼没有得到妥当处置，盾构继续推进，刀盘泥饼会越压越密，造成掘进参数波动大，渣温过高等情况，使得盾构掘进风险增大，同时对设备安全造成极大威胁。

结泥饼是盾构在黏土地层中经常遇到的工程难题，也可以说是工程技术顽疾。到目前为止这个问题依然深深困扰着广大的技术人员，往往对施工效率造成极大影响。泥饼的存在，不仅会增大盾构机刀盘扭矩，降低施工效率，还会堵塞土压平衡盾构机螺旋输送机进渣口或泥水平衡盾构机的排浆管吸浆口，严重影响施工进度和施工安全。本章重点对盾构机结泥饼形成机理和产生原因进行分析，总结出泥饼处理的有效措施，为类似地质情况下的盾构掘进提出一定的参考和借鉴。

7.1 盾构机结泥饼原因分析

目前，普遍认为限制盾构掘进效率的因素包括地质因素、设备因素、施工人员因素，三者在盾构施工中的作用占比约为 4 : 3 : 3。通过大量的工程案例调研和总结发现，盾构机出现“结泥饼”现象，主要由工程地质因素、盾构设计因素和施工控制因素构成。当地层中的黏土矿物含量超过一定量时，易发生“结泥饼”现象；盾构刀盘中心区域的开口率不足和泥水环流系统中泥浆冲刷流量不足，特别是对刀盘中心区域的冲刷量不足或者土压平衡盾构机渣土改良不到位；施工控制过程中对掘进参数变化不敏感或刀具检查更换不及时；上述情况累加起来容易结泥饼，产生不良影响。

7.1.1 地质因素

根据泥水平衡盾构机施工经验的总结可知，盾构机在可塑、硬塑状的黏土地层、粉质黏土层、黏土质砂土层、泥岩、泥岩粉砂岩、母岩为花岗岩的残积土、全风化岩层和强风化岩层掘进过程中容易出现泥饼现象。容易形成泥饼现象的地层既有土层也有强风化、全风化的岩石地层，以上几类土层和岩石地层在力学性质上差别很大，但在成分上均富含黏土矿物颗粒，黏土颗粒是形成泥饼的物质基础。根据工程经验，一般情况下当地层中黏土矿物颗粒含量超过25%时，刀盘会出现结泥饼的现象，并且随着黏土矿物含量的增加，刀盘结泥饼的概率不断上升。

黏土矿物是泥饼形成的物质基础，黏土矿物是一种复合铝—硅酸盐晶体，由铝片和硅片组成的片状颗粒，黏土矿物依硅片和铝片的组叠形式不同，主要成分为高岭石、伊利石、蒙脱石，其特性参数见表7-1。

三种黏土矿物的特性　　表7-1

项目	高岭石	伊利石	蒙脱石
分子式	$(OH)_8Si_4Al_4O_{10}$	$(K, H_2O)_2Si_8(Al, Mg, Fe)_{4, 6}O_{20}(OH)_4$	$(OH)_4Si_8Al_4O_{20}$
液限 W_L(%)	50～62	95～120	150～900
塑限 W_P(%)	33	45-60	55
塑性指数 I_P	20～29	32～67	100～650

黏性土最重要的物理状态特征是其稠度，稠度是衡量土的软硬程度和土对外力引起变形或破坏的抵抗能力。稠度很重要的指标是特征含水率，称为稠度界限。

(1)黏性土中含水率很低时，土粒之间存在强结合水，土体宏观表现固态或半固态。

(2)随着含水率的增加，含水率超过塑性界限 W_P，土粒周围除强结合水外还有弱结合水，弱结合水呈黏滞状态，不会由于水自身的重力而流动，但受力时可变形，能从水膜较厚处向水膜较薄处迁移，土体表现出塑性，受外力而变形，外力消除后仍保持住形状，弱结合水是土体表现塑性的原因。

(3)含水率达到液限界限 W_L，土中除了结合水以外，已有相当处于电场以外的自由水，这些自由水将土粒与土粒隔开，土体不能承受剪力，呈现出流动状态。

以泥水平衡盾构机为例说明结泥饼的过程。泥水平衡盾构机正常掘进时，将开挖下来的土体与液体充分混合形成能够流动的流体，通过排浆泵、管道输出。盾构施工中，开挖的土体或强风化、全风化岩层中黏土颗粒遇水胶结力变弱，黏土矿物遇水膨胀，可溶盐溶解，致使发生崩解。水灌入颗粒集合的孔隙中，颗粒的吸附水膜会增厚，引起土体的膨胀，体积的不均匀性膨胀，使得土体产生不均匀的应力，另外土颗粒间的胶结物质会被水稀释、软化、溶解。实际遇到的地层，由于标贯值和塑性指数大，黏土颗粒细小(粒径 $d \leqslant 0.075$mm)，孔隙比小，液限值(液限含水率)高，导致盾构开挖下来的土体在短时间内，只有少量的黏土颗粒能够溶解在泥浆中形成流体(图7-1)，剩余土体表面遇水膨胀处于可塑状态，内部由于含水量较少仍然是处于稳定的固态或半固态。盾构机在掘进时，由于短时间内黏土颗粒无法和浆液完全融合形成流体状态，所以塑性或半固体状态的大块黏土会形成泥饼。

通过对试验土体的塑性指数 I_P，稠度指数 I_C 以及土体的软硬程度的分析，结合实际工程中盾构施工刀盘面板发生结泥饼现象的地质情况调查，Thewes提出了适用于泥水平衡盾构机的施工刀盘结泥饼风险的预测图(图7-2)。

$$I_P = W_L - W_P \tag{7-1}$$

$$I_C = \frac{W_L - W_N}{W_L - W_P} \tag{7-2}$$

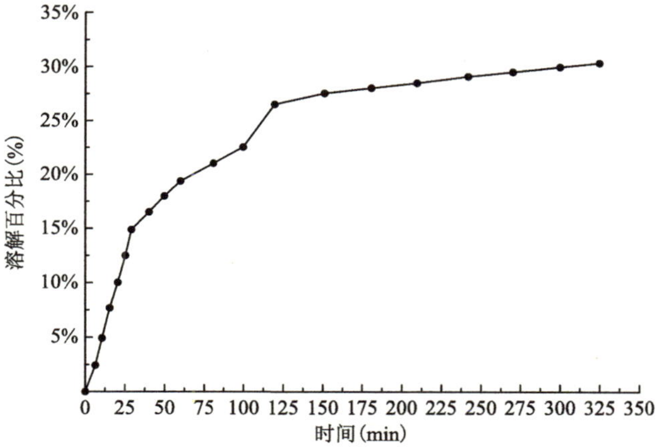

图 7-1 静水中黏土块遇水分解量随时间的变化

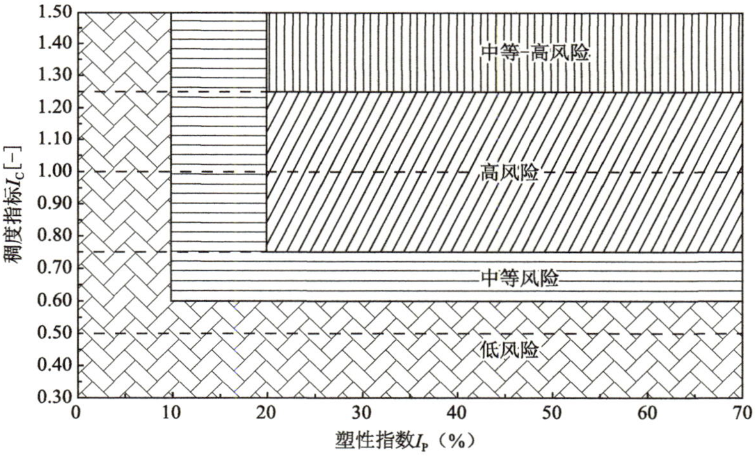

图 7-2 适用于泥水平衡盾构机结泥饼风险预测图

如图 7-2 所示，根据黏土塑性指数、稠度指数和软硬程度的不同，Thewes 将盾构施工发生设备结泥饼的情况分为三个等级：高结泥饼风险、中等结泥饼风险和低结泥饼风险。

（1）高结泥饼风险。该类地层中掘进，遇到结泥饼情况较为严重，需进行日常清理方可施工，采取辅助措施后能够缓解施工风险但不能完全消除风险。

（2）中等结泥饼风险。盾构在该类地层中掘进会遇到结泥饼问题，可以通过盾构设备改造和增加泥水循环消除影响的地层。

（3）低结泥饼风险。盾构机在该类地层中掘进，掘进速度会降低，同时增加了冲洗时间，但不需要进行盾构设备改造的地层。

盾构机在不同软硬程度的地层中施工，均有发生结泥饼的可能性。当土体的塑性指数在 20% ～ 70%，稠度系数为 0.75 ～ 1.25，且地层性质为硬塑状态时，盾构施工有高结泥饼风险；土体的塑性指数为 10% ～ 70%，稠度系数为 0.625 ～ 1.50，且地层性质为中度硬塑状态以上时，盾构施工有中等结泥饼风险；其余情况盾构施工有低结泥饼风险。

综上所述，根据工程经验和试验可知，富含黏土矿物颗粒的可塑、硬塑状的黏土地层、粉质黏土层、黏土质砂土层、泥岩、粉砂质泥岩、母岩为花岗岩的残积土、全风化岩层和强风化岩层均有可能结泥饼，当地层中黏土矿物颗粒含量超过 25% 时，刀盘结泥饼的概率不断上升。

7.1.2 盾构设计因素

盾构机刀盘和刀具设计的合理性是影响盾构产生泥饼的重要因素。刀盘开口率（特别是中心区域开口率）和刀盘的布置形式直接影响泥饼产生的概率。工程实践表明，一般情况下当盾构机刀盘开口率＞ 33% 时，可降低结泥饼风险。

对于土压平衡盾构机，其刀盘开口率整体相对较大，但是若局部区域开口率较低、搅拌棒设置不当、存在不利于渣土流动的角落，牛腿结构设计不合理，也同样增加施工过程结泥饼的概率。

对于泥水平衡盾构机，其刀盘开口率整体相对较小，尤其是采用常压刀盘的大直径盾构机，刀盘开口率一般不超过 30%，刀盘中心有直径 4m 甚至更大的无开口区域，当刀盘面板、导渣口处的冲刷压力和流量不足，泥水仓主、被动搅拌设置不当时，易造成刀盘结泥饼。

无论是土压平衡盾构机还是泥水平衡盾构机，当刀盘上刀具刀高差层级设置过多，刀具之间高差不明显时，均会导致渣土流动不畅，也将会造成结泥饼。

7.1.3 施工控制因素

（1）土仓压力过高

盾构机在含有较多黏性土体的地层中掘进时，螺旋输送机排土较慢，渣土在土仓内堆积挤压，使土仓内土压、渣土温度升高，渣土容易附着在刀盘上形成泥饼。随着盾构机掘进，已形成的泥饼在土压力作用下密实度、硬度逐渐增大，使刀盘逐渐失去切削土体的能力。

（2）渣土改良效果差

为提高渣土的和易性、流塑性，常用的添加剂有水、膨润土、泡沫剂、高分子聚合物等添加剂，根据不同的地层选用不同的添加剂，在掘进中根据需要调整其配合比。在实际施工过程中因施工经验不足、实际盾构掘进参数欠佳以及对地质与排出渣土性状的判断不准确等因素，导致对加入的改良剂选型有误，浓度配合比、注入量控制不准确，渣土得不到很好改良，渣土的流塑性不足，导致产生泥饼。

（3）土仓饱满情况下长期停机

盾构施工过程中长时间停机难以避免，当土压平衡模式下掘进的盾构机刚停机时，其土仓饱满并且土体的温度往往超过 50℃，压力超过 0.1MPa。随着停机时间的推延，仓内的土体会收缩凝结而形成泥饼。

（4）泥浆质量不合理

泥水平衡盾构机在中、强风化岩和黏土地层的掘进过程中，泥浆会因渣土的溶解，引起泥浆黏度和密度的快速上升，若不及时将高黏度和高密度的泥浆循环出去，将会使泥水仓中泥浆渣土携带能力严重下降，容易造成黏土团滞留在刀盘及土仓内。

（5）冲刷及搅拌能力弱

泥水平衡盾构机刀盘一般为面板式，开口率较低，切削下的黏性土流动性差，若刀盘面板冲刷压力、流量不足、搅拌能力低，容易造成黏性土体难以完全溶解在泥浆中而黏结在刀盘面板上形成泥饼。

（6）对掘进参数变化不敏感

泥饼形成过程是一个连续渐进的过程，不具有突变性，若未及时察觉掘进参数（掘进速度降低，总推力、扭矩持续增大）的变化趋势，将会造成泥饼程度加剧，给后期的处理造成困难。

7.2 盾构机结泥饼判识及处治

7.2.1 泥饼判识经验

通过调研和研究分析，结合实际工程结泥饼表现，若出现以下情况，则极可能是因为盾构已结泥饼。

（1）盾构在黏性土地层或含黏粒地层中掘进。

（2）盾构掘进速度明显降低，小于 10mm/min，大部分时间只有 1 ～ 2mm/min。

（3）盾构机总推力、扭矩持续增大，ϕ6.3m 盾构机推力大于 25000kN，扭矩持续大于 2000kN·m；大直径盾构推力和扭矩超过额定能力的 80%。

（4）出渣不畅，泥水平衡盾构机渣样中出现较大泥球。

（5）刀盘中心温度高，渣温异常，土压平衡盾构机渣温高于 35℃，循环水温高于 40℃；泥水平衡盾构机刀盘温度高于环境温度 10℃。

7.2.2 泥饼形成的理化过程

（1）泥饼形成的理化过程

泥饼形成的理化过程包括以下三个阶段。

①比表面积增大。盾构掘进，土体及岩体受刀具的冲击作用破裂、细化，比表面积第一次增大；刀具贯入地层后，刀盘转动切削地层，进一步破碎和细化岩土体，比表面积进一步增大；滞留在刀盘面板和开挖面之间的土体，将受到面板与开挖面的挤压揉搓作用，比表面积进一步加大，同时渣土固结度提高。该过程中，岩土体中矿物晶体的结晶程度衰退，晶体结构中晶格产生缺陷并发生滑移，晶体自由能增大，系统温度升高。

②聚集阶段。该阶段切削渣土比表面积与刀盘粉磨时间呈指数函数关系。当岩土体被切削下来的颗粒因研磨作用变得足够小时，粒子间的范德华力作用增强，比表面积不会进一步增大，此时会出现团聚现象。

③第三阶段为团聚再结晶阶段。该阶段颗粒的粒径已经足够小，比表面积也已经足够大，随着刀盘与土之间摩擦作用时间的持续，黏土矿物颗粒的自由能减小，体系化学势能减小，晶体颗粒再结晶。

盾构施工过程中的机械力化学作用在物质变化上表现为使开挖面土体颗粒化，同时细小颗粒又会再结晶团聚为大颗粒，阻塞刀盘，逐步形成泥饼。

当刀盘结泥饼后，作用在刀盘上的机械功大部分转化为热，面板泥饼将承受高温高压作用。同时，土仓内的水涌向开挖面后，促进了晶体双电层的形成，增加了矿物晶体排列的不规则性。高压研磨增加了黏土颗粒发生物理化学反应的概率，对于矿物晶体，高温高压作用使得晶体内部发生捶焊，致使其形成高黏、致密、稳定的体系。

（2）高岭土受热脱水分解过程

研究发现高岭土受热脱水分解包括两个阶段：脱水阶段和转化阶段。

①脱水阶段。当泥饼温度为 100 ～ 110℃时，高岭土内游离水被排出；温度升高至 110 ～ 140℃时，由其他矿物杂质带入的水也一起被排出；温度达到 400 ～ 450℃时，矿物晶格内的水开始缓慢排出；450 ～ 550℃时，晶格水快速排出；500 ～ 800℃，脱水缓慢进行；800 ～ 1000℃，残余水全部排出。

②转化阶段。脱水过程中，自 550℃开始，生成偏高岭石，偏高岭石是接近高岭石结构的产物。偏高岭土的分子排列具有不规则性，呈现热力学稳态，在适当激发条件下表现与水泥类似的胶结性；有些结晶好的仍有少量轻基水存在，称变水高岭石。脱水后产物继续转化的起始温度是 925℃，构成铝硅尖晶石结构。尖晶石为硅氧四面体和铝氧八面体按 2 : 1 的比例堆积形成立方结构，密度大，矿物含量高，晶粒发育好，结构均匀，质量稳定。铝硅尖晶石具有良好的抗侵蚀、抗腐蚀及抗剥落能力，抗渣性能好，抗磨蚀能力，热震稳定性好等特点。温度在 1050 ～ 1000℃时开始转化为似莫来石，1200 ～ 1400℃则完全莫来石化。莫来石具有高温耐火、膨胀均匀、荷重软化点高、高温蠕变值小、硬度大、抗化学腐蚀性好等特点，对于通过烧结形成的莫来石，还具有优良的抗震性能。

综上所述，刀盘对地层的粉碎扰动，以及地层水条件的改变，促使切削渣土在刀盘上形成泥饼。刀盘泥饼形成后若继续掘进，高温高压作用使泥饼发生机械力化学变化，促使黏土矿物发生物理化学反应，生成了新矿物，固结和捶焊使得泥饼进一步硬化，形成致密、稳定、坚硬、耐高温的岩体结构，并与刀盘成为一体。

7.2.3 泥饼受力模型及破坏形式分析

图 7-3 为刀盘结泥饼图，将刀盘结泥饼区域划分为若干同心圆环后，相邻两个金属板之间的圆弧代表了泥饼微元体，对每个微元体进行受力分析。

图 7-4 为泥饼微元体受力示意图，每一个泥饼微元受力包括开挖面正面水土压力 P，背面土仓压力 F，靠近刀盘中心泥饼微元的剪切作用力 T_L，外侧泥饼单元剪力 T_s，两侧刀盘肋板的发现挤压力 N 和切向力 T。这些力在掘进过程中受多种因素影响，一直动态变化。

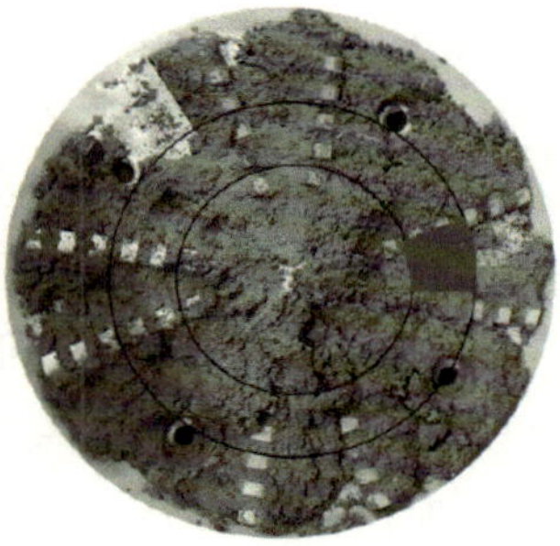
图 7-3　刀盘结泥饼

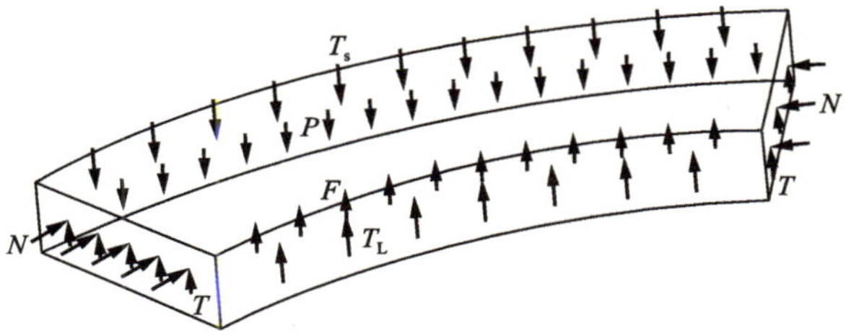

图 7-4　泥饼微元体受力示意图

发生泥饼阻塞，说明泥饼微元处于动态平衡状体。邓如勇提出了一种如图 7-5 所示的“梁桥”模型对泥饼阻塞现象进行了描述。在该模型中，将通过刀盘开口进入仓内的渣土看作是桥上的梁，梁的强度为泥饼微元组成块体的抗折强度，刀盘开口四周的肋板与渣土之间的摩擦充当了梁桥的支墩，土仓压力的作用相当于柔性弹簧，起到增加梁桥支墩数量和减小跨度作用，开挖面水土压力代表梁桥上的荷载。

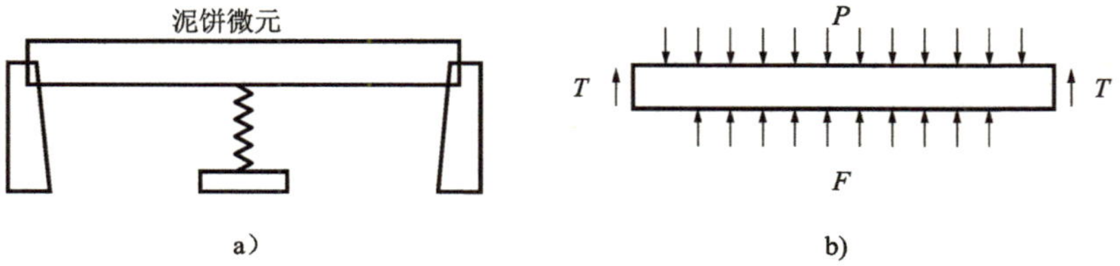

图 7-5　梁桥模型

当泥饼微元厚度很小时，可忽略内外侧泥饼微元对中间微元体内外向力 T_L 和 T_S 的作用，则每个微元受到的作用力包括正面开挖水土压力 P，背面仓内压力 F 及微元体两端的支持力 T。

$$P = \lambda(\gamma_0 H_0 + \gamma' H) + \gamma_W H_W \tag{7-3}$$

$$F = \lambda' \gamma H + A_0 \tag{7-4}$$

$$T = A_S \tau \tag{7-5}$$

式中：λ——隧道开挖面所处地层侧压力系数；

$\gamma_0 H_0$——采用太沙基土压力计算水位以上地层应力；

$\gamma' H$——水下地层有效应力；

$\gamma_W h_W$——开挖面水压力；

λ'——渣土侧压力系数；

γH——液位以下渣土自重应力；

A_0——土仓上部气压；

A_S——泥饼微元与肋板开口的接触面积；

τ——切削渣土与刀盘开口肋板的滑移强度和渣土剪切强度的较小值。

泥饼微元由 P、T、F 三者的平衡或弯曲作用下产生的力矩大小确定。泥饼某处的合力矩 $M(x)$ 可表示为 $f(x,P,T,F)$，其作用下产生的最大内应力为 σ_{in}。 σ_{in} 大于泥饼微元的抗拉强度或抗剪强度，泥饼会破坏；否则，生成泥饼。

微元的强度是泥饼问题的重要因素，具体是剪切强度还是抗拉强度与破坏模式相关。研究表明：地层中黏土矿物的成分、黏粒含量、颗粒级配、地层含水率等都影响泥饼微元的强度。金属与泥饼的黏附力影响支持力 T 的大小；膨胀性黏土颗粒吸水膨胀产生的压力至数百大气压，刀盘开口被渣土堵塞时，吸水膨胀的过程在泥饼微元间产生预应力，既增加了支持力 T，也增加了泥饼微元的强度。

泥饼的破坏形式主要有：滑移破坏、剪切破坏和折断破坏三种形式，如图 7-6 所示。

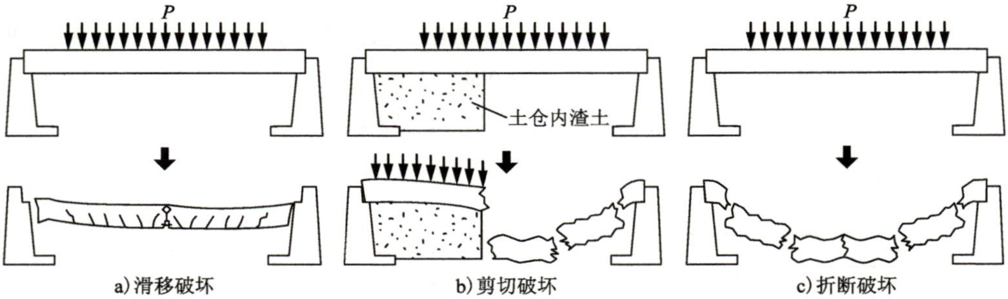

图 7-6　泥饼的三种破坏形式

(1)滑移破坏。支墩作用力小于开挖面水土压力，泥饼整体滑移进仓的情况，切削正常，进土顺畅，为理想掘进。

(2)剪切破坏。开挖面渣土处于不同位置高度时，其受力状态有明显区别。有渣土支撑的部分泥饼微元不容易破坏，支撑力小的部分容易破坏，则整体发生剪切破坏。

(3)折断破坏。仓内能够提供均匀支撑，但是正面土压和背面压力相互抵消后以较为均匀的压力形式作用在“梁”上，泥饼微承受均为载荷的梁，发生弯曲破坏。

由上述分析可知，梁桥模型中，梁的承载能力是与梁桥的跨度相关。在梁的强度一定，且支墩支持力一定的情况下，梁的跨度越大，泥饼微元体破坏越强烈，反之，泥饼微元体就很难破坏。故对于辐板式的刀盘，中心开口率小处总是率先结泥饼，而边缘区域不易结泥饼，一个主要的原因就是中间区域泥饼微元跨度小，而边缘区域泥饼微元跨度大，泥饼结构容易被破坏。

当渣土通过刀盘时，若刀盘上刀具布置过密、刀具高差小，则刀具之间容易形成梁桥，渣土会率先填满刀具之间的间隙，导致刀具贯入度下降，刀具切削能力降低。因此，软土地层中配置盾构刀具时应该注意刀间距及刀高差，优化刀盘开口处的形状，可使其带有一定弧度或内倾，以便于泥饼破碎。

7.2.4 泥饼处理措施

（1）盾构机设计

对于土压平衡盾构机，刀盘背面开口和刀盘支撑臂应设计的尽量圆滑，刀盘背面开口向内倾斜有利于导入切削渣土；在泥岩地层中施工，尽量避免使用滚刀，宜采用大尺寸齿刀；增加各类刀具的高差，给切削渣土的出渣和导渣留足时间。刀盘面板应避免设置焊接撕裂刀。

对于泥水平衡盾构机，应在泥水仓中心布置大功率、大流量冲刷系统，增大刀盘冲刷轨迹和力度；增加泥浆管直径，对排浆管口前面的碎石机等进行保护，适当降低工作压力和开合频率。

（2）掘进建议

在易结泥饼地层中掘进，要遵循小贯入、低扭矩、多冲刷（洗）、勤检查，降低刀盘对掌子面的挤压力，给切削下来的黏土留下足够进入刀盘后部开挖仓空间时间。可采用较高的刀盘转速，减小大块黏土数量；同时加强气垫仓底部冲刷压力和流量，以较大的泥浆环流量进行掘进；掘进时切勿只顾速度，应重点加强仓内泥水循环，待渣土排干净后再推进；使用刀盘冲洗系统，增加对刀盘中心的冲洗力度。

（3）泥浆管理

严格控制泥浆的性能参数，使用低黏度、低密度和低失水性的泥浆；在易结泥饼地层控制泥浆密度在 1.02 ～ 1.05g/cm^3 之间，困难地段加大泥浆分离处理能力。

（4）分散剂

使用分散剂（六偏磷酸钠、聚丙烯酸钠）及过氧化氢等对不同液塑限、含水量黏土地层进行改良，使泥饼溶解，降低盾构掘进的扭矩。

（5）施工管理

重视地质详勘和补堪工作，施工前组织专家对盾构机的适应性进行评估，提前做好盾构机的改造工作；如盾构掘进参数出现异常，及时停机分析，及早发现问题并处理。

7.3 工程案例

表 7-2 列举一些典型的盾构机结泥饼案例，涉及土压平衡盾构机和泥水平衡盾构机，产生泥饼的地层以黏土层、淤泥、泥岩、粉质黏土为主，同时受装备设计及掘进参数影响，泥饼

产生后造成掘进效率低、掘进参数异常、施工可控性降低，泥饼处理不当造成设备受损（大量生热后盾构主驱动密封失效），引起地层坍塌、地表隆起等事故。

盾构机结泥饼案例　表 7-2

工程实例	地层特征	盾构机类型	现象描述	原因分析
广州地铁 1 号线西段	富水砂层、残积黏土层和强风化泥质粉砂岩地层	泥水平衡	掘进参数异常，忽高忽低。盾构导致 126 ～ 136 环上方地面的 6 栋楼房出现倒塌或严重损坏	刀盘及密封仓中心区域存在大体积泥饼，对地层扰动较大
广州地铁 1 号线东段	杂填土层、砂质淤泥层和残积黏土层（主要地层）	土压平衡	为控制地表沉降，盈压平衡模式掘进。在掘进至第 51 环后，掘进速度下降，出土困难，地表出现大面积隆起	黏土地层且设定土压力过高，产生泥饼诱发地面隆起
广州地铁 2 号线穿越珠江段	（强、中风化）粉质泥岩为主，上覆松散砂层	土压平衡（泥水平衡改造）	泥饼频繁阻塞刀盘、螺旋输送机喷涌，管片拼装困难，江底塌方	刀具布置不合理，泥饼产生
深圳地铁首期	素填土、粉质黏土、砂土、全风化花岗岩	土压平衡	严重的刀盘结泥饼问题，多次造成主轴承密封损坏及塌方事故	结泥饼初期处置不当，继续掘进，泥饼出现烧结，高温使主驱动密封损坏
武汉地铁 3 号线	粉细砂、粉质黏土、全断面泥岩	泥水平衡	泥浆门和气垫仓底部积渣严重，出渣不畅，出现严重的糊刀盘现象	刀盘设计不合理，冲刷系统设置能力不足

下面以国内某地铁工程泥水平衡盾构机掘进过程中出现结泥饼现象对泥饼产生的原因及处置措施进行详细的阐述。

1）工程概况

工程区间左线长 1162 m（959 m 盾构段加 203 m 空推段），右线长 1163 m（979 m 盾构段加 184m 空推段）。区间最小曲率半径 350 m，最大纵坡 2.8%，隧顶最大埋深 37.2 m。

根据地勘报告，区间右线隧道 1 环～ 429 环穿越地层为粉细砂、粉质黏土等软土地层；430 环～ 500 环为“上软下硬”地层（上：粉细砂、软土，中下：强风化泥岩）；501 环以后全为全断面泥岩地层（泥岩向泥质砂岩过渡），如图 7-7 所示。详勘资料显示，中风化泥岩强度最高为 25.4 MPa，平均强度为 6.4 MPa。

区间右线采用泥水平衡盾构机施工，最大开挖直径 6.52 m，最大推进速度 62mm/min，最大推力 40000 kN，额定扭矩 4346 kN·m，脱困扭矩 5215 kN·m。刀盘形式如图 7-8 所示，刀盘开口率为 32%，转速为 0 ～ 2.56r/min，总质量 56t，搭载刀具包括组合式鱼尾刀、双刃滚刀、撕裂刀、刮刀等。

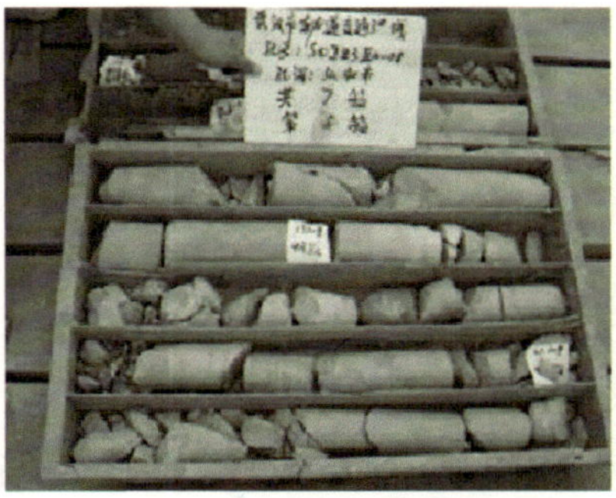

图 7-7　盾构机穿越泥岩地层情况

图 7-8　泥水平衡盾构机刀盘

掘进记录显示，右线掘进至 448 环（由粉细砂层开始进入含有强风化泥岩的地层）后，泥浆门和气垫仓底部积渣严重，出渣不畅，同时出现严重的糊刀盘情况，掘进速度只有 5mm/min，平均每个班组只能掘进一环，5 ～ 6h/ 环，掘进进度整体滞后。施工记录的刀盘结泥饼前后施工参数变化如表 7-3 所示。

施工过程中掘进参数变化表 表 7-3

环　　号	推进速度（mm/min）	推力（kN）	扭矩（kN·m）
400 ～ 429	66 ～ 55	15000 ～ 15500	1600
430 ～ 450	30 ～ 15	15000 ～ 20000	1700 ～ 3200
451 ～ 462	15 ～ 5	20000 ～ 23000	3200 ～ 3500
463 ～ 465	5 ～ 2	24000 ～ 28000	3200 ～ 3500

2 ）结泥饼原因分析

（1）地质因素

本区域强风化泥岩地层富含黏土矿物颗粒，具有遇水软化的特点（图 7-9）。成分分析指出，中风化泥岩地层含有大量蒙脱土，该类土具有强大的离子交换能力和亲水性，遇水膨胀，极易集聚抱团。现场将出渣黏土团在分散剂溶液中浸泡 24 h，发现黏土团几乎没有任何分散变化。

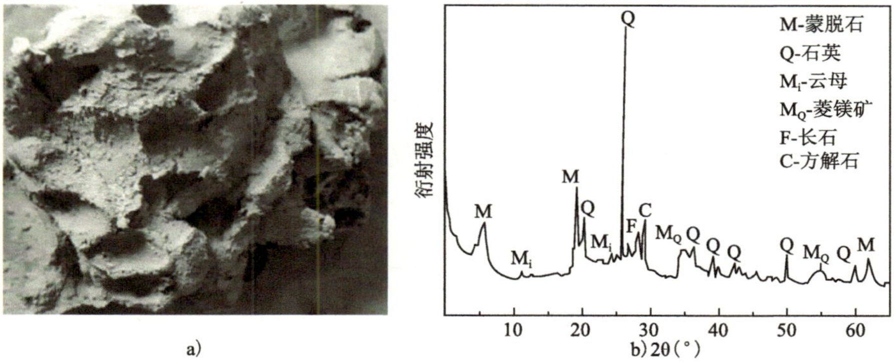

图 7-9　中风化泥岩渣土及其成分分析

（2）设备原因

该泥水平衡盾构机刀盘中心开口率较小，一开始在粉细砂地层中掘进，粉细砂没有黏性故不容易堆积，原有冲洗管路能够满足掘进冲洗要求。而盾构进入泥岩地层中掘进时由于原有冲洗管路冲刷能力不足，经常阻塞，故堵仓，出渣不畅和扭矩过大现象频繁。

（3）泥水分离原因

在砂层中掘进，现场采用密度 1.05t/m³ 的泥浆，具有很好的携渣能力；在泥岩地层中掘进，泥浆相对密度上升很快，1.05 t/m³ 的泥浆相对密度在掘进一两环后很快就上升到 1.1 t/m³，携渣能力下降，造成掘进效率下降。

（4）盾构机掘进操作原因

在从砂层过渡到泥岩地层掘进过程中，盾构机保持着较高的推进速度（50 mm/min 以上）。刚进入江底上软下硬地层时，覆土 14.6m，水位 24.8m，为了保持开挖面稳定，气垫仓压力达到3.2bar，高压导致掘进阻力、扭矩相应增大。在泥浆循环不变的条件下，泥浆门、刀盘仓和气垫仓出渣口很快被阻塞，造成循环不畅，刀盘扭矩过大（额定扭矩80%以上），最终导致刀盘泵卡死。

3）泥饼处置措施

通过上述分析，采取了如下处置措施：

（1）带压进仓清理泥饼

在掘进至464环，进仓检查发现刀盘结泥饼严重，立即组织人员对刀具、刀盘进行带压清理，仓内气压3.4 bar，如图7-10所示。经过12d、共43次进仓作业，刀盘辐条间泥饼清理完成。

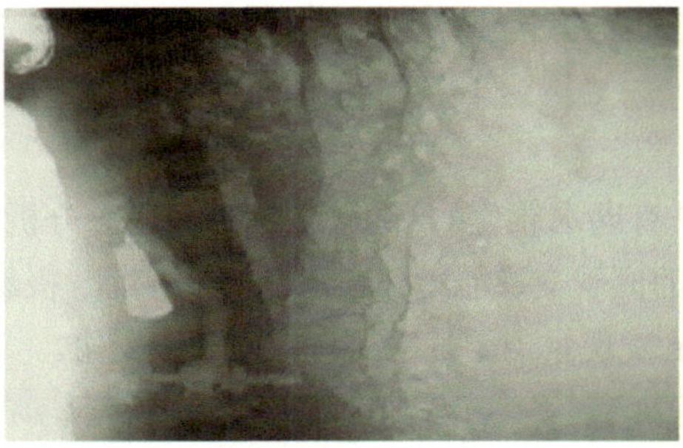

a）

b）

图7-10　带压进仓清理泥饼

处置效果：清理完成后，盾构恢复掘进，但仅仅顺利掘进1环，掘进速度又明显降低，扭矩增大，刀盘再一次结泥饼。掘进参数变化见表7-4。

施工过程中掘进参数变化表　　表7-4

环号	掘进进尺（mm）	推进速度（mm/min）	推力（kN）	扭矩（kN·m）	刀盘转速（r/min）	土仓压力（bar）
465	300	27	18251	2270	1.30	3.14
	600	28	19549	2760	1.30	3.15
	900	27	19496	2810	1.30	3.24
	1200	5	19272	2740	1.30	3.34
	1500	5	19074	2960	1.30	3.45
466	300	4	23854	2870	1.30	3.05
	600	3	24407	2940	1.30	3.04
	900	6	23648	3640	1.30	3.14
	1200	7	23613	3370	1.30	3.12
	1500	5	23446	3440	1.30	3.13
467	300	6	21889	3170	1.30	3.28
	600	7	25001	3660	1.30	3.38
	900	7	24858	3650	1.28	3.45
	1200	6	24067	4360	1.27	3.27
	1500	7	25847	3750	1.28	3.34

（2）技术改进

通过对现场施工情况进行分析，进行了如下改进。

①严控泥浆相对密度，确保过泥岩段循环泥浆相对密度＜ 1.05，黏度在 20s 左右。

②泥水循环管路改造。利用泥水仓上预留孔，增加冲洗管路，安装增压泵，保证射流喷口流速＞ 13m/s，确保新增冲刷点能够冲刷刀盘。

③严控掘进参数。控制掘进速度＜ 20mm/min，当掘进速度＜ 4mm/min 时，停止掘进，分散剂浸泡，缓慢恢复掘进；泥水循环量保持在 700m^3/h 以上。

④及时跟进二次注浆，在保证地层稳定的条件下采用“半土半气”模式进行掘进，确保开挖仓液位在刀盘中心以下。

处置效果：泥浆相对密度降低后掘进效果不好，对带压进舱工作造成不利影响；注入高分子浆液后，泥膜质量难以保证，江面冒泡，后提高泥浆相对密度掘进两环，漏气量减小，具备带压进仓条件。新增冲洗管路在掘进中一直使用，但现场反馈效果并不明显；掘进参数控制效果亦不明显；采用半土仓模式掘进，速度可达到 15 ～ 20mm/min，但半仓模式掘进有岩块掉落现象，造成阻塞泥浆门，无法排浆。

4）改进建议

（1）盾构设计

根据实践经验，刀盘背面开口和刀盘支撑臂应设计的尽量圆滑，刀盘背面开口向内倾斜有利于导入切削渣土；在泥岩地层中施工，尽量避免使用滚刀，宜采用大尺寸齿刀；增加各类刀具的高差，给切削渣土的出渣和导渣留足时间；土仓中部适当增加搅拌棒，增加渣土流动性；在土仓中心布置强大冲刷系统，增大刀盘冲刷轨迹和力度；增加出渣管直径，对出渣管口前面的碎石机等进行保护，适当降低工作压力和开合频率。

（2）掘进建议

在泥岩地层中掘进，可采用较高的刀盘转速，降低贯入度，减小大块黏土数量，同时加强气垫仓底部搅拌；以较大的泥浆环流量进行掘进；掘进时切勿只顾速度，应重点加强仓内泥水循环，待渣土排干净后再推进；使用新加装的刀盘冲洗系统，增加对刀盘中心的冲洗力度；在保证开挖面稳定的情况下，使用半敞开模式掘进。

（3）泥浆管理

使用离心机提升泥浆降相对密度的能力；适量加入分散剂，减轻渣土黏附性；严格控制环流泥水的性能参数，尽量使用低黏度、低密度和低失水性的泥浆；控制泥浆密度在 1.02 ～ 1.05g/cm^3 之间，困难地段加大弃浆量。

（4）施工管理

重视地质，详勘和补勘不能走过场；施工前组织专家对盾构的适应性进行分析，提前做好改造工作；始发验收要严格；掘进参数异常时，及时停机分析，尽早发现和解决潜在问题。

7.4 本章小结

盾构机结泥饼是影响掘进效率的关键因素，通过对工程案例及相关研究成果分析，得出主要结论如下：

（1）盾构机结泥饼将对设备和施工进度、安全带来不利的影响，盾构机结泥饼后破岩能力下降，严重时会引起被迫停机；掘进负荷增加，设备运行状况恶劣；盾构机结泥饼后往往导致地层变形失控，严重时引发盾构设备严重损坏。泥饼防治应“治未病，不治已病”，退而求其次做到“防微杜渐”。

（2）盾构机在颗粒极细（一般小于 10μm）、富含黏土矿物（包括高岭石族、伊利石族、蒙脱石族、蛭石族以及海泡石族等）的地层中掘进时，如设备选型或施工参数选择不当容易出现结泥饼现象。

（3）当盾构机刀盘中心开口率太小，开口分布不合理；刀具类型、数量、布置形式不合理，刀具安装高度不合理；渣土通道设计不当；刀盘支撑臂的形状为方形；刀盘背板上搅拌棒的数量少、高度和排布方式不适宜；土仓容积太小；刀盘上高压冲洗管路分布不合理，压力太小；螺旋输送机伸入土仓内的长度太小，主动出土能力弱等情况下，盾构设备容易结泥饼。

（4）当盾构机在黏性土地层或富含黏粒地层中掘进，出现掘进速度明显降低，总推力、扭矩持续增大，出渣不畅，刀盘中心温度高，渣温异常等情况时，应及时停机检查是否出现结泥饼现象，如出现结泥饼现象要及时采取措施。

（5）为更好地防止盾构机结泥饼现象发生，在地质勘察阶段应该摸清地质情况；在盾构机选型阶段，应选择合适的刀盘开口率、适当增大刀盘中心开口率、刀间距布置合理、刀高差适当，泥水平衡盾构机配备合理配置冲刷系统，土压平衡盾构机做好仓内的渣土搅拌设计；在施工掘进阶段，应密切关注掘进参数及地层变化，土压平衡盾构机掘进时要避免工作压力过高，泥水平衡盾构机要控制好泥浆的性能指标，发现问题及时处理。

第 8 章

盾构切桩主要问题与案例分析

Primary Problems and Case Analysis of Shield Construction

面向挑战的
隧道及地下工程

Primary Problems and Case Analysis of Shield Construction

据了解，国外在盾构穿越既有桩基工程时较多采用地基加固和托换施工的方法，未见有直接切削穿越桩基的案例。近年来，我国由于盾构施工工法的广泛应用，已有多个盾构直接切削桩基的成功案例。盾构切桩是一项系统工程，涉及盾构、上部结构、管片衬砌、地层和周边环境等多个系统主体，由于切桩施工需同时确保这多个主体的安全控制，无疑大大增加了工程的复杂性和难度，稍有不慎，就容易造成工程事故。盾构切桩施工的主要问题在于刀盘刀具能否有效切削和螺旋输送机能否顺畅排出。对于桩身的掘削过程，主要问题在于刀盘刀具配置和掘进参数选择。国内虽然已有盾构直接切桩实施案例，但尚无一套成熟的经验，仍处于不断探索完善阶段。

室内试验或现场试验作为一种基于实测的数据来源手段，可为工程实践提供直接借鉴。由于盾构刀具切削桩基，尤其是钢筋，需要较大的切削力，一般情况下难以在室内模拟开展切桩试验。2016 年 2 ～ 4 月，中铁隧道局集团有限公司盾构及掘进技术国家重点实验室利用研发的 TBM 掘进模态综合试验台，依托以色列红线地铁项目，设计并开展了国内外首次盾构刀具直接切削 C30、C50 钢筋混凝土桩基室内试验研究工作，对比了相同条件下滚刀和切刀切削桩基的效果，积累了盾构直接切桩的试验数据，可为后续工程提供参考。

8.1 盾构刀具直接切削钢筋混凝土桩基室内试验

8.1.1 试验目的

（1）检验和测试不同刀具（滚刀、切刀）对圆桩和方桩的切削效果。

（2）测试钢筋的破坏形式及破坏时的受力状况。

（3）测试不同刀具配置情况下的盾构掘进参数（推力、扭矩）变化情况。

（4）测取滚刀和切刀切桩过程中盾构刀盘振动的加速度变化情况。

（5）测试不同刀具配置情况下的切桩过程盾构机刀盘的振动情况。

（6）测试混凝土破坏状态及刀具损坏情况。

8.1.2 试验仪器

试验采用自主研发的 TBM 掘进模态综合试验台，具体如图 8-1 所示。TBM 掘进模态综合试验台主要有机械结构、液压泵站、掘进装置、旋转装置、皮带输送装置及其控制系统等构成，可实现垂直和水平方向以不同材质刀具、刀间距布置、破岩切削速度、进给量对不同岩样进行破岩试验，统计分析出不同刀具参数导致的破岩效率和刀具寿命，为相应的工程配置不同材质的刀具及布置，满足实际施工的需要。

图 8-1　TBM 掘进模态综合试验台

TBM 掘进模态综合试验台试验参数见表 8-1。

TBM 掘进模态试验台参数表　　表 8-1

序　　号	项　　目	主要参数
1	整机尺寸(mm)	6880×4050×5176
2	整机质量(t)	120
3	最大切削直径(mm)	2280
4	岩(土)箱尺寸(mm)	ϕ2500×1000
5	最大扭矩(kN·m)	250
6	最高转速(r/min)	6
7	最大推力(kN)	4000
8	装备功率(kW)	250
9	测试滚刀尺寸(in)	17
10	正滚刀刀间距的调整范围(mm)	80 ～ 100
11	测试滚刀数量(把)	3(中心滚刀)+6(单刃滚刀)
12	边滚刀倾角调整范围(°)	−5 ～ +5
13	测试边滚刀数量(把)	6

注：1in=25.4mm。

8.1.3　试验方案

1)滚刀切桩试验方案

为验证盾构滚刀直接切削方桩和圆桩的性能，同时考虑不同强度等级混凝土对切桩效果的影响，在岩盘内对称布置了方桩和圆桩，分两种工况进行试验：第一种工况桩基采用

C30 等级混凝土，第二种工况桩基采用 C50 等级混凝土；方桩和圆桩之间填充 M5 等级水泥砂浆，为保证强度等级与施工现场一致，混凝土及水泥砂浆均采用商用混凝土供应商直接供应，现场浇筑、标准条件下养护。

（1）刀具配置

本组试验的两种工况刀盘均配置 17in 常截面滚刀，共 11 把（其中 1 号～ 6 号为双刃滚刀，7 号～ 14 号为单刃滚刀），如图 8-2 所示。第一种工况刀盘布置及刀间距如图 8-3 所示，第二种工况刀盘布置及刀间距如图 8-4 所示。

a）　　b）

图 8-2　试验用的双刃及单刃滚刀

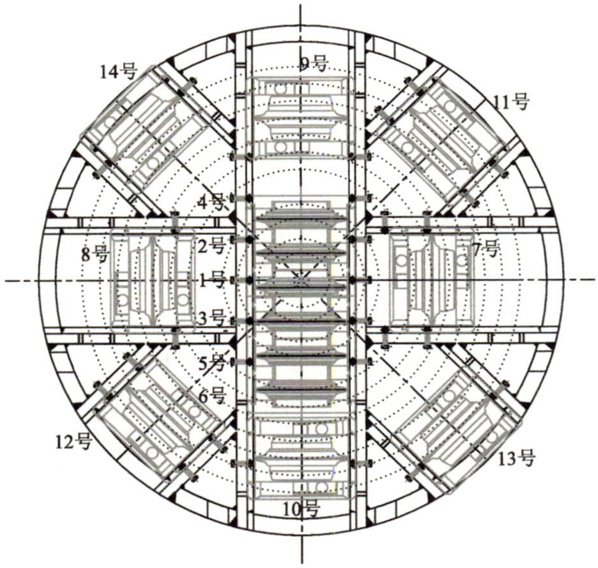

刀号	半径（mm）	刀间距（mm）
1	35	
2	133	98
3	203	70
4	301	98
5	371	70
6	539	168
7	623	84
8	707	84
9	791	84
10	875	84
11	959	84
12	959	0
13	1043	84
14	1119	0

图 8-3　第一种工况刀盘刀具布置示意图

（2）桩基布置

TBM 掘进模态综合试验台的设计岩盘直径为 2280mm，可模拟岩层厚度为 500mm。本次试验按 1 : 1 比例将方桩和圆桩平行布置于同一岩盘内，一侧圆桩直径 1200mm，另一侧方桩尺寸 450mm×400mm，岩盘内对称布设方桩和圆桩，间距 280mm。圆桩和方桩内主筋采用 $\phi25$ 螺纹钢，箍筋采用 $\phi10$mm 光圆钢筋，设计如图 8-5 所示。

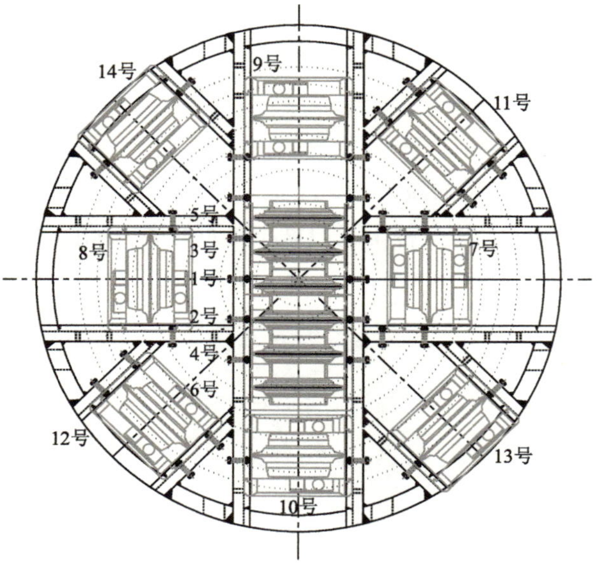

刀号	半径(mm)	刀间距(mm)
1	42	84
2	126	84
3	210	84
4	294	84
5	378	84
6	462	84
7	546	84
8	630	84
9	714	84
10	798	84
11	882	84
12	966	84
13	1050	84
14	1050	0

图 8-4　第二种工况刀盘刀具布置示意图

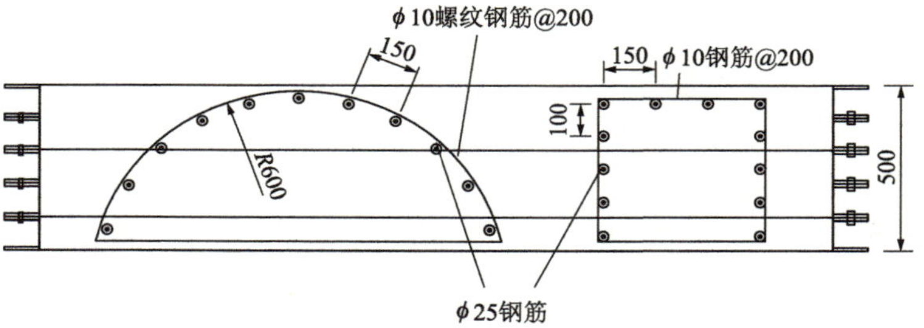

图 8-5　方桩和圆桩横向剖面布置示意图(尺寸单位:mm)

(3)边界条件设置

现场实际桩基埋深较大,可按固定端考虑,为模拟现场实际工况,本次试验过程中将桩基主筋直接与钢圈进行焊接方式固定,箍筋与主筋电焊固定;圆桩及方桩外侧平面上覆盖高50mm作为试掘进层。岩盘内圆桩与方桩钢筋笼的实际布置情况如图8-6所示。

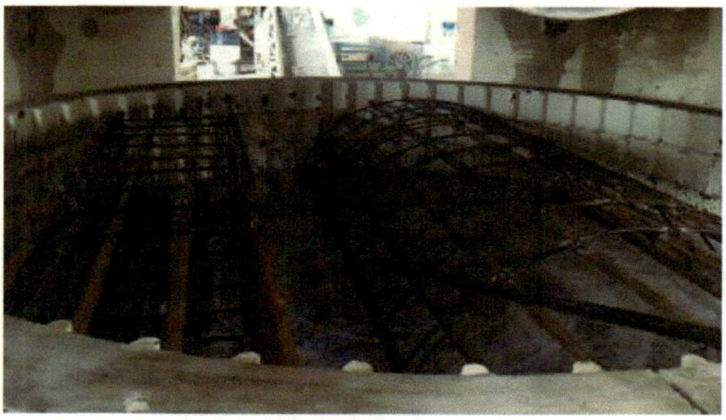

图 8-6　岩盘内圆桩与方桩钢筋布置

（4）传感器设置及选择

为获取刀具切削桩基时岩层应力及钢筋受力情况，分别在第一种工况和第二种工况设置不同类型的混凝土压力计和钢筋计。

①第一种工况。

为测得刀具切削桩基过程中桩基中的应力分布，在模型底面以上 150mm 平面沿 10 号刀轨迹及两桩之间布设了 5 只混凝土压力计，具体布设位置如图 8-7 所示。其中，1 ～ 2 号压力计测试盾构掘进过程中圆桩内应力变化，3 号压力计测试桩基间水泥砂浆在盾构掘进过程中应力变化，4 ～ 5 号压力计测试方桩内应力变化。混凝土压力传感器采用振弦式应变计，如图 8-8 所示。

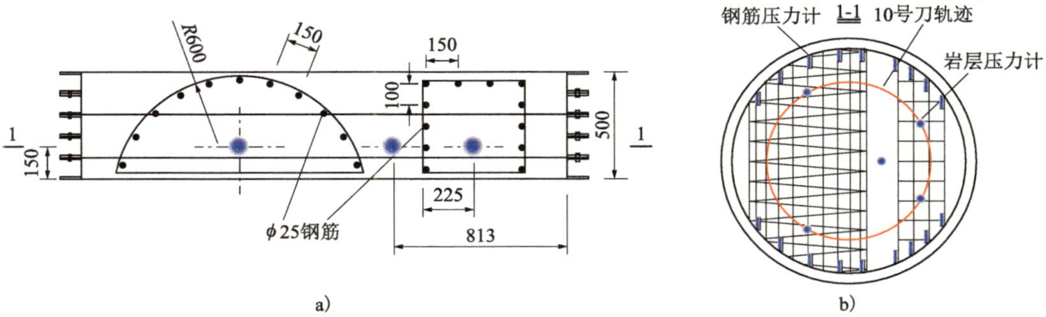

图 8-7　混凝土压力计及钢筋应力计的布置示意图（尺寸单位：mm）

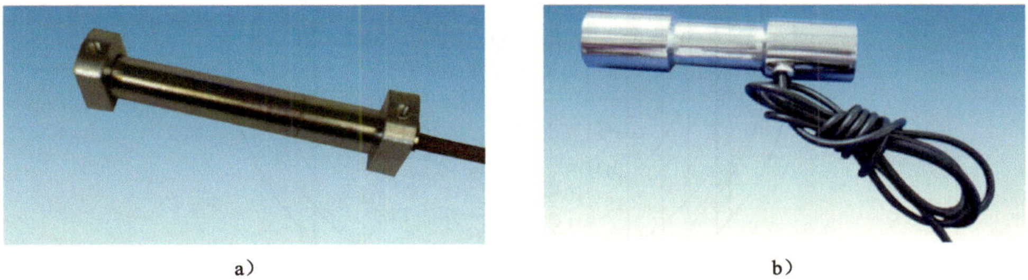

图 8-8　混凝土压力计及钢筋计

钢筋应力计依据桩基进行布置，每间隔 1 根主筋布设 1 个应力计，其中圆桩共 5 根主筋布设应力计，方桩在第 1、2、4 层主筋一端设置应力计 3 个（图 8-7）。传感器布置及模板浇筑情况如图 8-9 所示。

图 8-9　混凝土压力计及钢筋计实际布置及模板浇筑

②第二种工况。

在模型底面以上 150mm 平面，方桩和圆桩的中心位置分别布设 1 个垂向振弦式土压力计；为测得不同埋深钢筋的受力情况，在圆桩和方桩的一端主筋分层粘贴应变片，布设位置如图 8-10 所示，实际布设如图 8 -11 所示。

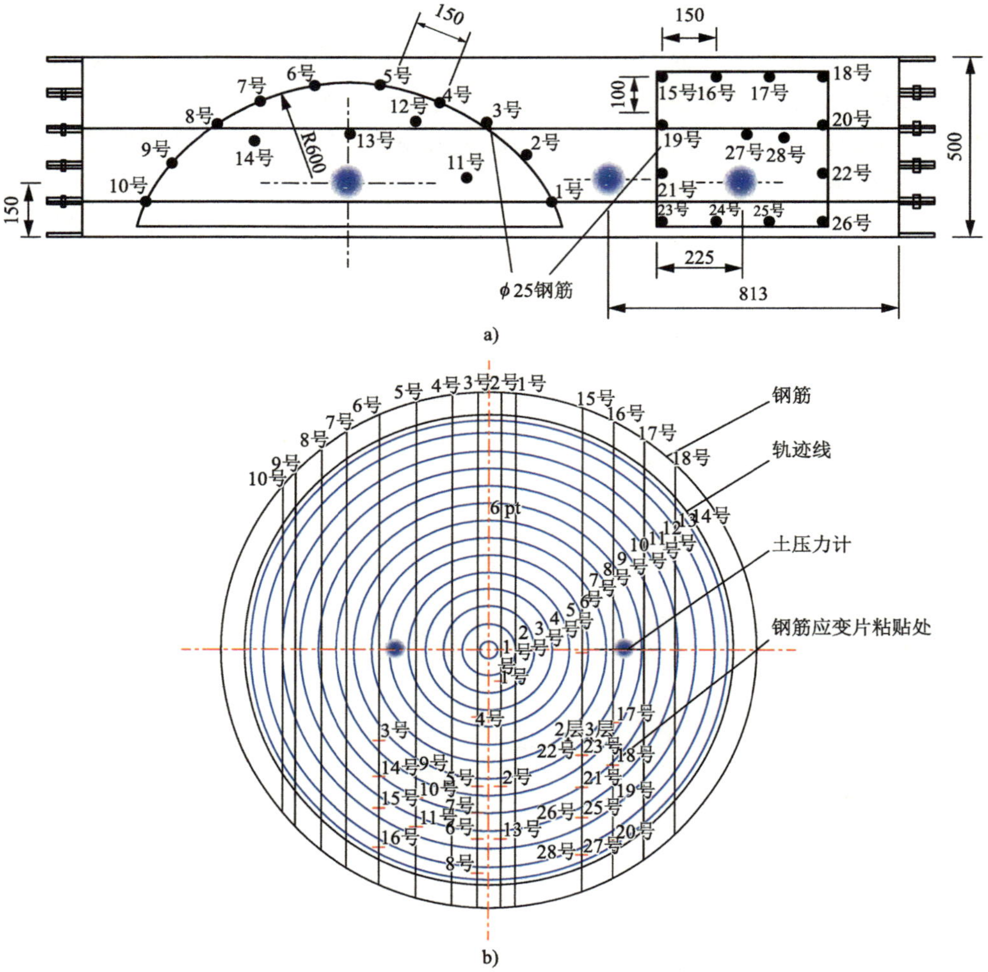

图 8-10 土压力计布置示意图(尺寸单位：mm)

图 8-11 圆桩钢筋应变片粘贴效果图

2)切刀切桩试验方案

(1)刀具布置

将试验刀盘上原来安装滚刀的位置均更换为镶合金块的切刀,共 11 把(其中 1 ～ 6 号为双刃切刀,7 ～ 14 号为单刃切刀),刀盘布置、刀间距及实际切刀如图 8-12 所示。

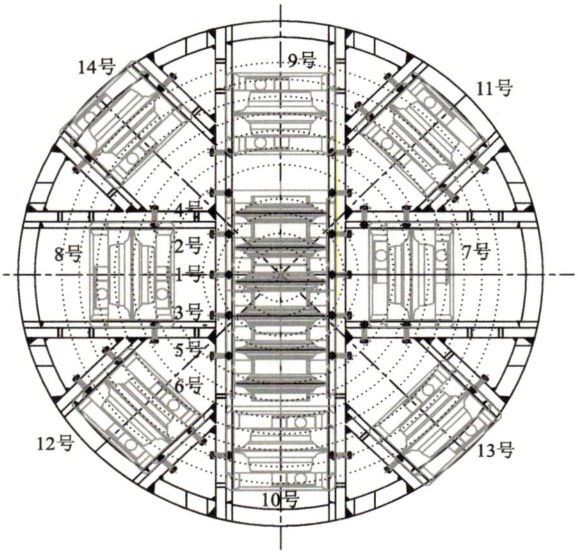

刀号	半径(mm)	刀间距(mm)
1	35	
2	133	98
3	203	70
4	301	98
5	371	70
6	539	168
7	623	84
8	707	84
9	791	84
10	875	84
11	959	84
12	959	0
13	1043	84
14	1119	0

a)

b)

图 8-12　全盘切刀布置及切刀示意图

(2)桩基布置

为更好地对比试验效果,本次试验采用模型尺寸及钢筋混凝土桩的布置与滚刀切桩试验相同(图 8-5)。需要说明的是,切刀切桩试验与滚刀切桩试验第二种工况采用同一岩盘,试验过程中首先采用全盘滚刀切削岩盘 150mm,然后刀盘更换纯切刀切削 350mm。

(3)边界条件设置

现场实际桩基埋深较大,可按固定端考虑,为模拟现场实际工况,本次试验过程中将桩基主筋直接与钢圈进行焊接方式固定,箍筋与主筋焊接固定;圆桩及方桩外侧平面上覆盖高 50mm 作为试掘进层。岩盘内圆桩与方桩钢筋笼的实际布置情况与滚刀切桩第二种工况一致。

（4）传感器设置及选择

在岩层底面以上150mm平面，方桩和圆桩的中心位置分别布设1个垂向振弦式土压力计；为测得不同埋深钢筋的受力情况，在圆桩和方桩的一端主筋分层粘贴应变片，布设位置与滚刀切桩第二种工况一致。

8.1.4 试验结果

1）滚刀切削C30混凝土桩

（1）掘进参数变化情况

在设定刀盘推进速度9.47mm/min、刀盘转速0.61r/min的情况下，滚刀切削混凝土层时总推力及刀盘扭矩如图8-13所示。由图可知，刀盘在恒定的推进速度和转速下，总推力和刀盘扭矩逐渐增大，且两参数的相关性较强。

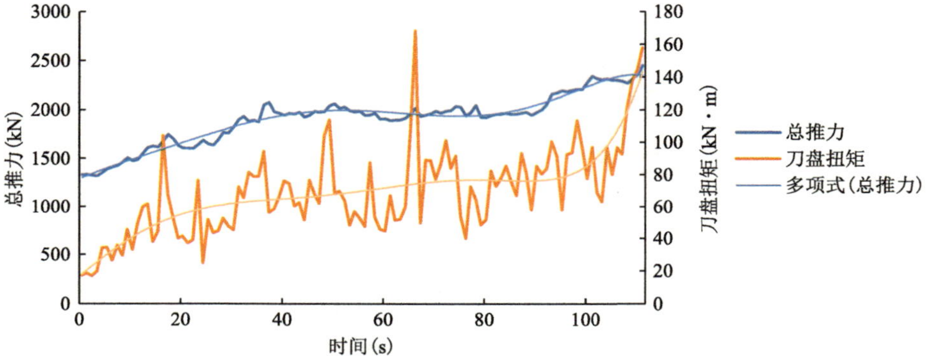

图8-13 总推力和刀盘扭矩随时间变化曲线图

在设定刀盘推进速度9.47mm/min、刀盘转速提高到1.03r/min的情况下，滚刀切削混凝土层时总推力和刀盘扭矩随时间变化曲线如图8-14所示。由图可知，提高刀盘转速时，总推力和刀盘扭矩先迅速增加后逐渐降低，说明相对于刀盘转速，推进速度设置较低，能量有效利用率低。

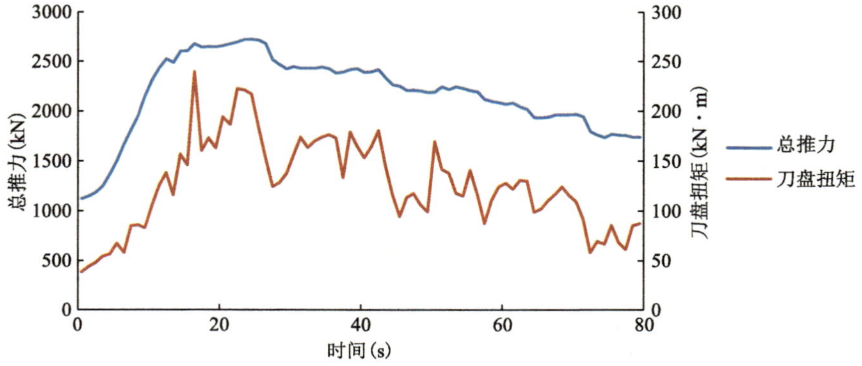

图8-14 总推力和刀盘扭矩随时间变化曲线图

随着试验的推进，滚刀切削完成桩基表面的混凝土保护层从而进入到切削钢筋混凝土层时，当刀盘推进速度由8.36mm/min逐渐增大到13.30mm/min、刀盘转速保持在0.51～0.57r/min时，总推力和刀盘扭矩随时间变化曲线如图8-15所示。由图可知，滚刀切削钢筋混凝土层时，刀盘总推力和刀盘扭矩在前期掘进速度条件下先逐渐降低、后逐渐增大；瞬时最大总推力达到4051.9kN，刀盘瞬时最大扭矩达到380.72kN·m；最后刀盘因扭矩过大而出现卡机现象。由此可见，刀盘推进速度13.30m/min，转速为0.51～0.57r/min是掘进效率最高的一组匹配参数。

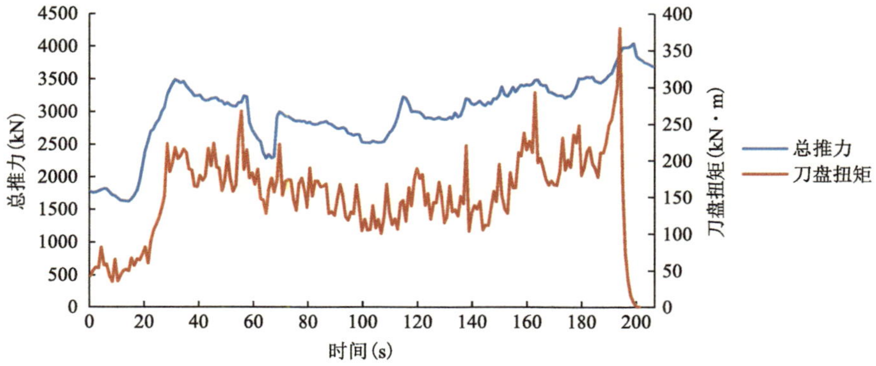

图8-15 刀盘总推力和扭矩随时间变化图

对比滚刀切削混凝土层和钢筋混凝土层的刀盘推力和刀盘扭矩（表8-2），切削混凝土层所需的推力和扭矩明显小于切削钢筋层所需的推力和扭矩。从试验过程观察（声音、振动等）及监测参数，基于不出现卡机事故及高效掘进的目的，分析得出滚刀切削C30混凝土层的最优推进速度大于9.47mm/min，小于17.25mm/min，同时转速不得小于0.61r/min；滚刀切削C30钢筋混凝土层时，推进速度取8.36 mm/min左右，但不得大于13.30 mm/min。当然，提高转速可以相对提高推进速度，但对周围影响增大，因此建议转速不宜大于1.00r/min。

滚刀切削C30钢筋混凝土层（第一种工况）掘进参数概况　　表8-2

项　目		推进速度（mm/min）	转速（r/min）	总推力（kN）		扭矩（kN·m）		响　应	结果
				均值	最大值	均值	最大值		
工况一	切削混凝土层	9.47	0.61	1942	—	72	—	增大、未卡机	效率低
		17.25	0.61	—	3862	—	387	卡机明显	事故
		6.47	1.03	—	2500	—	200	减小、未卡机	效率低
	切削钢筋层	8.36	0.57	2980	3512	206	275	缓慢减小	稳定
		13.30	0.51	3200	4052	200	381	缓慢增大、卡机	事故

（2）钢筋破坏形式

滚刀切削钢筋混凝土桩的部分钢筋如图8-16所示。由图可知，切断钢筋中存在大量尺寸较长的钢筋，且部分钢筋弯曲程度较大。主要原因有：①钢筋端头焊接不牢，滚刀切削钢筋过程钢筋受拉力作用导致端头焊接部位断裂；②混凝土强度偏小，导致滚刀滚压钢筋作用力传递至混凝土，使钢筋正下方混凝土破碎，而钢筋挤压变形较大但截面损失较小；③钢筋端头断裂后，钢筋在刀盘旋转作用下不断扭曲变形。

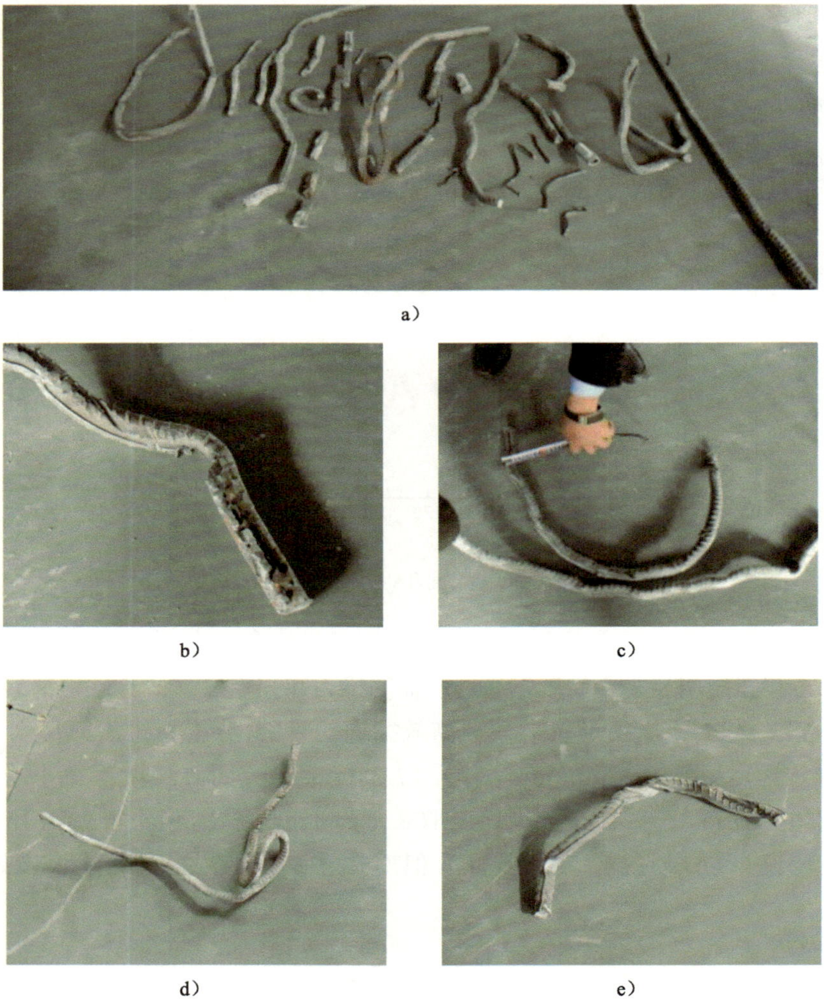

图 8-16　滚刀切断钢筋展示

滚刀切削钢筋的断面形式主要包括剪切断面、拉剪断面、拉压断面、弯折断面，各类断面形式如图 8-17 所示。其中，钢筋剪切断面是由于滚刀挤压钢筋导致正下方钢筋与侧面钢筋发生相对错动，钢筋断面呈明显的单向错动痕迹，且断面光滑、反光，该类断面占有效断面总数量的 20%；钢筋拉剪断面是由于钢筋受拉应力和滚刀剪切应力的共同作用，钢筋断面呈单向错动痕迹，但断面不光滑，呈颗粒状，该类断面占有效断面总数量的 30%；钢筋拉压断面是由于钢筋受滚刀挤压和拉应力共同作用，明显特点为钢筋横截面变小，断面呈颗粒状，该类断面占有效断面总量的 10%；钢筋弯折断面是由于钢筋受刀盘的旋转作用，钢筋弯曲致使存在裂隙等弱面产生脆断，该类断面占有效断面总数量的 40%。

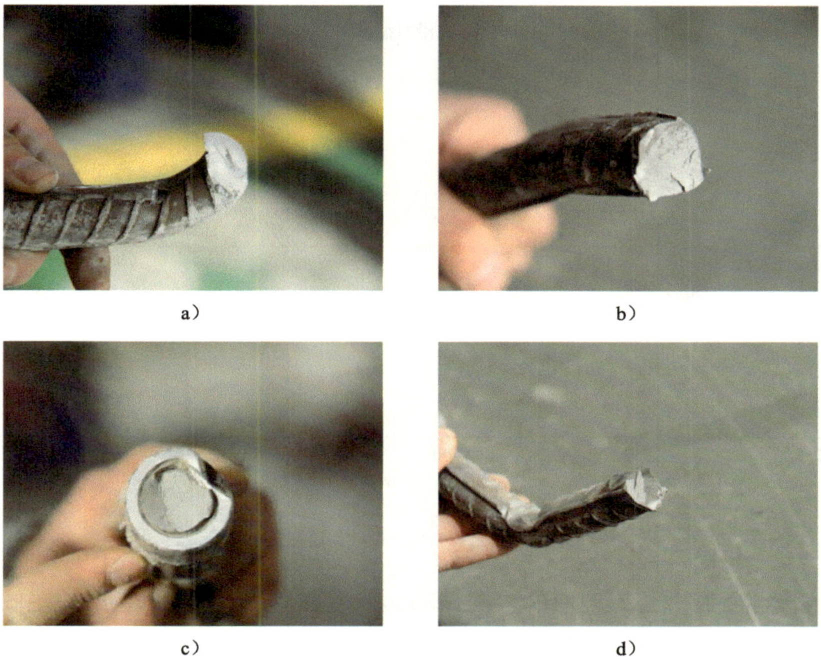

图 8-17　钢筋剪切断面形式

滚刀切削 C30 钢筋混凝土桩实验得到的断筋统计如图 8-18 所示，其中断筋总数为所有断筋总数（包括：两端均为滚刀破坏断头；一端为滚刀破坏断头，另一端为钢筋与钢圈焊接断头）；有效断筋指断筋两端均为滚刀破坏作用（不包括钢筋与钢筋焊接端头）。由图可知，有效断筋长度为 0 ～ 600mm 占总数的 76.92%；长度大于 1000mm 的有效断筋占总数的 14.29%，其原因是钢筋一端先切断后应力释放，滚刀对钢筋的破坏作用变弱，钢筋不断在掌子面内弯曲但断面损失小，不宜切断。

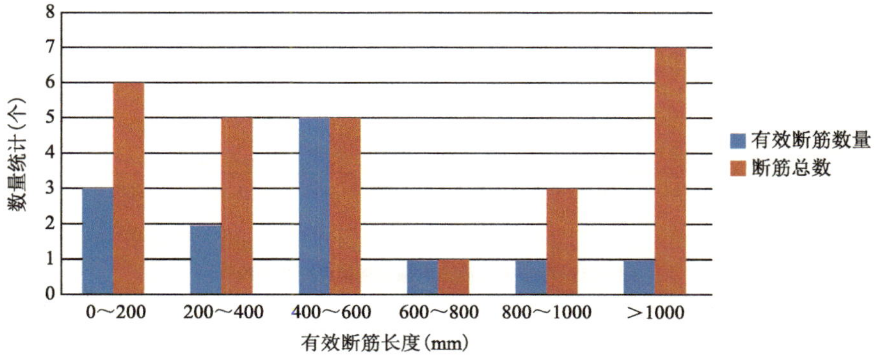

图 8-18　滚刀切削 C30 钢筋混凝土桩钢筋长度统计

（3）刀盘振动变化

滚刀未与混凝土接触前，刀盘空转时中心刀刀座的三向振动加速度如图 8-19 所示。由图可知，空载条件下，刀盘运行平稳，无明显振动现象。

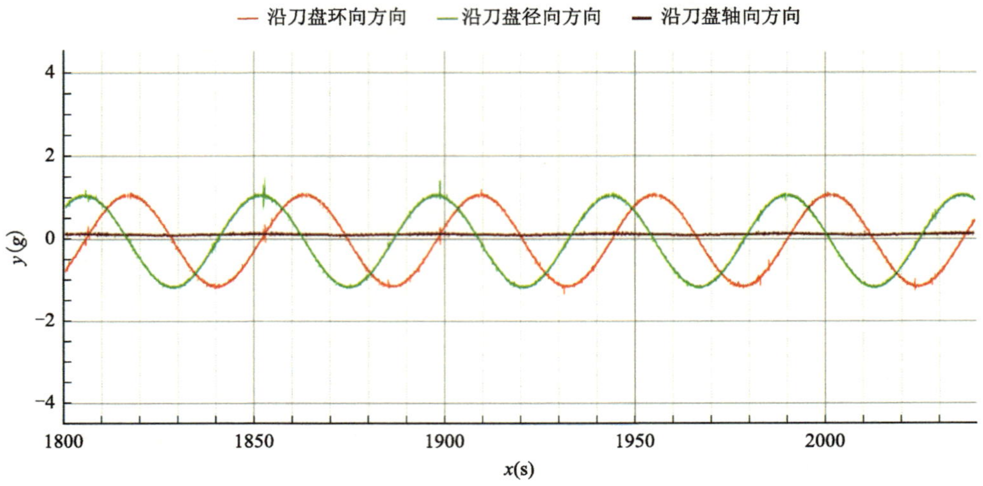

图 8-19　刀盘空载条件下振动加速度变化曲线

滚刀与岩盘接触，中心刀刀座的三向振动加速度如图 8-20。由图可知，在低掘进速度和低转速条件下，中心刀刀座在刀盘轴向方向的振动加速度为 $-0.563g \sim 0.495g$，刀盘径向方向振动加速度 $-0.929g \sim 1.077g$。

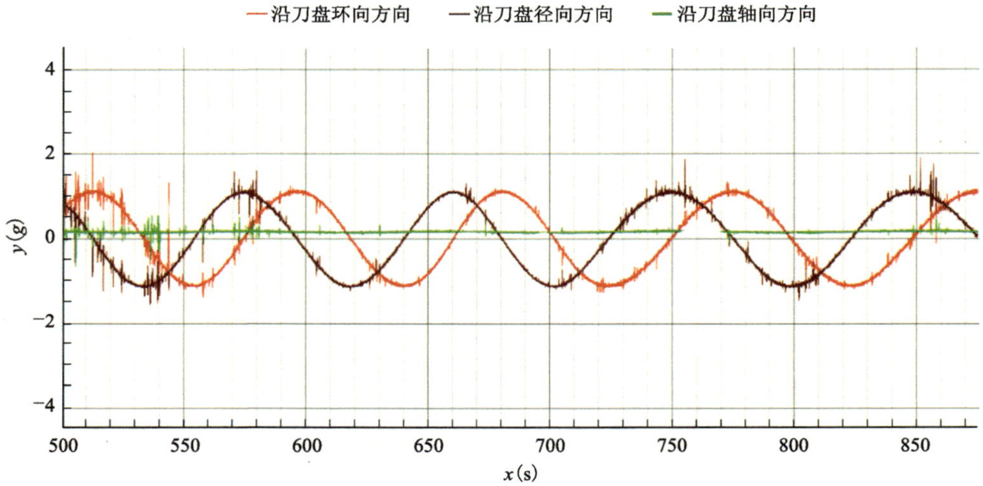

图 8-20　中心刀刀座三向振动加速度变化曲线

滚刀与混凝土钢筋层接触，分别在中心刀刀座、7 号刀刀座、刀盘最外侧面、9 号刀刀座安置三向振动加速度节点，4 个位置的三向振动加速度如图 8-21 所示。由图可知，中心刀刀座在刀盘环向振动剧烈，加速度为 $-3.714g \sim 3.084g$，刀盘轴向振动加速度为 $-0.952g \sim 1.272g$；其次是 9 号刀刀座，在刀盘环向振动加速度为 $-2.188g \sim 1.556g$。因此，滚刀切削钢筋混凝土层时，中心刀的振动最为明显，向外振动逐渐减弱。

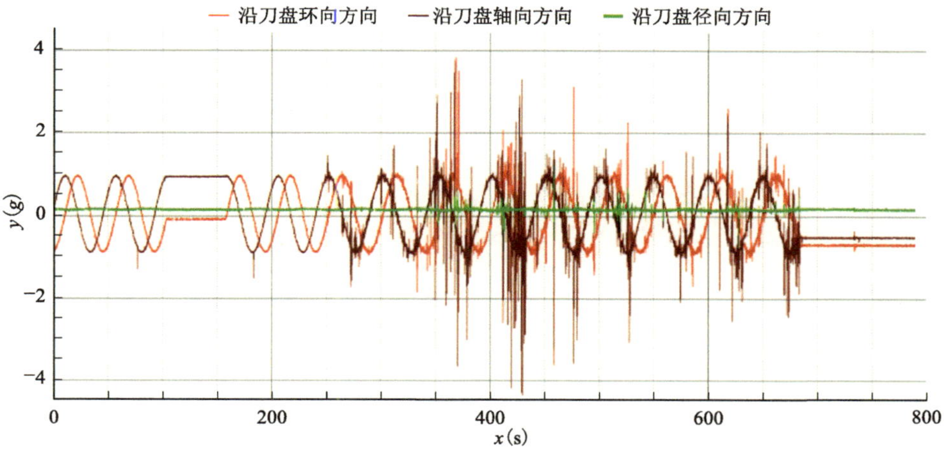

a）中心刀背面

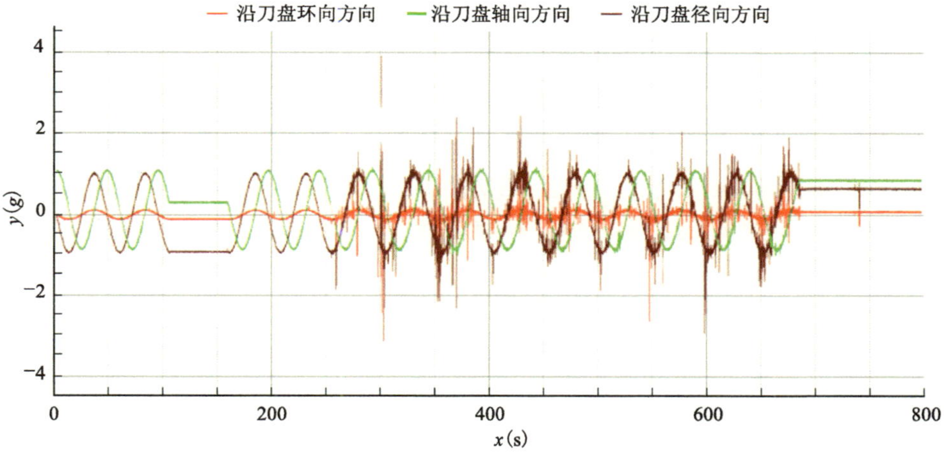

b）9 号刀座侧面

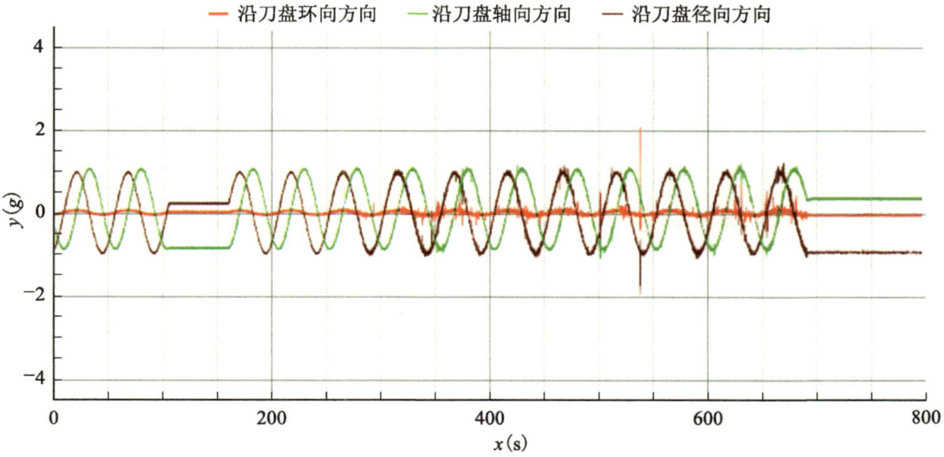

c）刀盘最外侧面

图　8-21

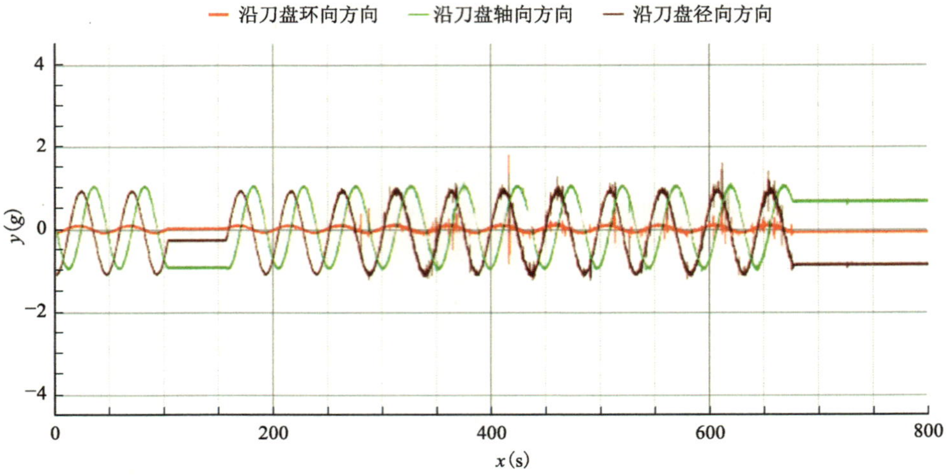

d)7 号刀座侧面

图 8-21　滚刀切削同一层面岩样时刀盘振动加速度变化曲线

试验过程中，利用高精度无线振动加速度传感器测试刀盘及刀座不同部位的三向振动加速度，从测试结果分析可知，中心刀刀座沿刀盘环向方向振动比外侧刀座沿刀盘环向方向振动强烈，9 号刀座环向振动剧烈。考虑 TBM 掘进模态综合实验台刀盘的结构设计、尺寸等因素，不建议直接将上述刀盘刀座振动加速度值以一定比例（根据相似模型试验缩尺原理）推算至实际刀盘的振动情况。

（4）滚刀磨损情况

由于滚刀切削 C30 钢筋混凝土桩直径只有 500mm，滚刀的磨损量小，基本没有变化。图 8-22 为切削 C30 钢筋混凝土桩及 C50 钢筋混凝土桩（完成第一种工况和第二种工况）磨损后的滚刀。

图 8-22　滚刀切削 C30 和 C50 钢筋混凝土桩的磨损情况对比

综上所述，全滚刀刀盘切削 C30 混凝土与 C30 钢筋混凝土桩过程中应设置不同的刀盘推进速度和刀盘转速；切削 C30 钢筋混凝土桩的刀盘最优推进速度和刀盘转速宜小于切削 C30 混凝土，适当提高刀盘转速可减小刀盘扭矩，提高切削效率。同时，滚刀以挤压破碎的方式破除混凝土，以剪压、剪拉、弯折破坏方式作用于主筋，钢筋的断裂方式和长度与钢筋尺寸、混凝土强度、掘进参数等密切相关。全滚刀刀盘切削 C30 钢筋混凝土桩过程中，相比于刀盘轴向方向，滚刀在刀盘径向方向的振动更加剧烈。

2）滚刀切削 C50 混凝土桩

（1）掘进参数变化情况

在设定刀盘推进速度 6.89mm/min、刀盘转速 0.59r/min 的情况下，总推力和刀盘扭矩随时间变化曲线如图 8-23 所示。由图可知，刀盘稳定推进时总推力为 2299.8 ～ 2587.3kN，瞬时最大总推力达到 2930.8kN；刀盘稳定推进扭矩为 98.6 ~ 128.3kN·m，瞬时最大扭矩达到 195.9kN·m。由于岩盘中浇筑圆形柱和方柱，自上而下层面内混凝土面积逐渐增加，因此，数据分析中应充分考虑混凝土横截面的变化对滚刀切削岩盘所需总推力和刀盘扭矩的影响。

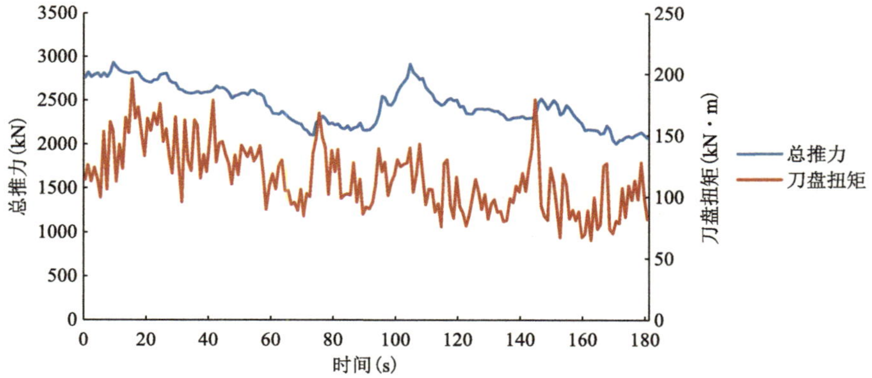

图 8-23　总推力和刀盘扭矩随时间变化曲线

以相同的推进速度继续掘进至钢筋层，总推力和刀盘扭矩随时间变化如图 8-24 所示。由图可知，稳定推进时总推力为 2203.2 ~ 3267.0kN，瞬时最大总推力达到 3556.3kN；刀盘稳定推进扭矩为 88.9 ~ 235.7kN·m，瞬时最大扭矩达到 295.8kN·m。比较图 8-23 和图 8-24 可知，相比滚刀切削混凝土时所需总推力及扭矩，滚刀掘进钢筋混凝土层所需总推力稍大，瞬时总推力更大；刀盘扭矩稍大且振幅变大，瞬时总推力变得更大。

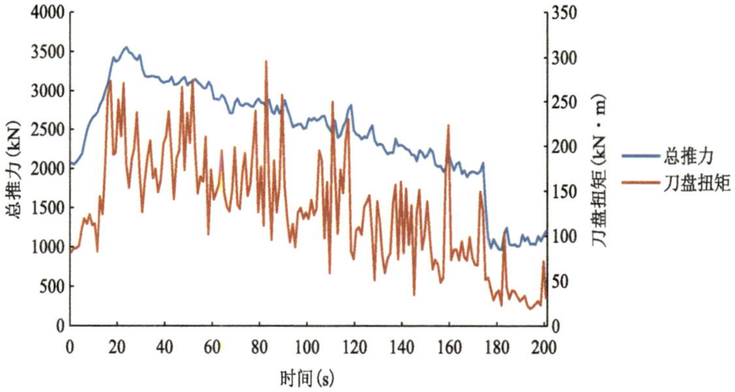

图 8-24　总推力和刀盘扭矩随时间变化曲线

由于滚刀切削 C50 钢筋混凝土层只有 150mm，因此获取的有效参数相对较少，具体掘进参数见表 8-3。

滚刀切削 C50 混凝土层所取掘进速度和转速能够保持滚刀高效掘进，同时考虑到实验掘进混凝土面积较小，因此建议滚刀取推进速度 6.89mm/min，转速 0.59r/min。如遇大面积混凝土层，可适当减小推进速度，或增大转速；相同的推进速度和转速下，滚刀切削 C50 钢筋混凝土层需要更大的推力和扭矩，但仍处于稳定状态，最佳掘进参数可取推进速度

6.89mm/min，转速 0.59r/min。同时分析可知，混凝土强度等级越高，即强度越高，钢筋对切削的影响越小。

滚刀切削 C50 钢筋混凝土层（第二种工况）掘进参数　　表 8-3

项　目		推进速度（mm/min）	转速（r/min）	总推力（kN）		扭矩（kN·m）		响　应	结果
				均值	最大值	均值	最大值		
工况二	切削混凝土层	6.89	0.59	2443	2931	114	196	缓慢减小、未卡机	稳定
	切削钢筋层	6.89	0.59	2735	3556	162	296	缓慢减小、未卡机	稳定

（2）刀盘振动变化

滚刀与岩盘接触，中心刀刀座及 9 号刀刀座的三向振动加速度如图 8-25 所示。由图可知，在低掘进速度和低转速条件下，中心刀刀座及 9 号刀刀座振动加速度很小。

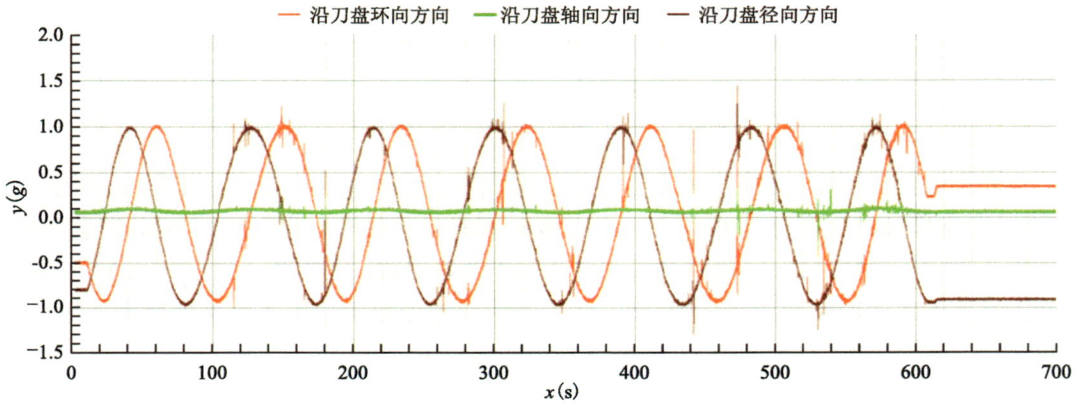

a）中心刀背面

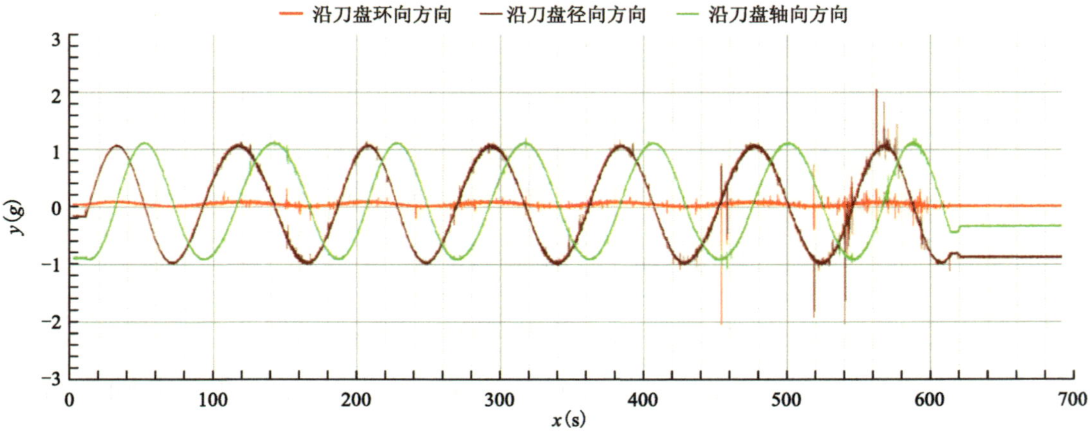

b）9 号刀座侧面

图 8-25　中心刀刀座及 9 号刀刀座振动加速度变化曲线图

滚刀切削钢筋混凝土层时，中心刀及 9 号刀刀座的三向振动加速度如图 8-26 所示。由图可知，低推进速度和低转速条件下，刀盘振动加速度较小；7 号刀的振动加速度值存在瞬间较大突变,变化幅度大。主要原因:掘进钢筋混凝土层浅,混凝土横截面积小;钢筋数量少,干扰少;刀盘推进速度和转速均较低。

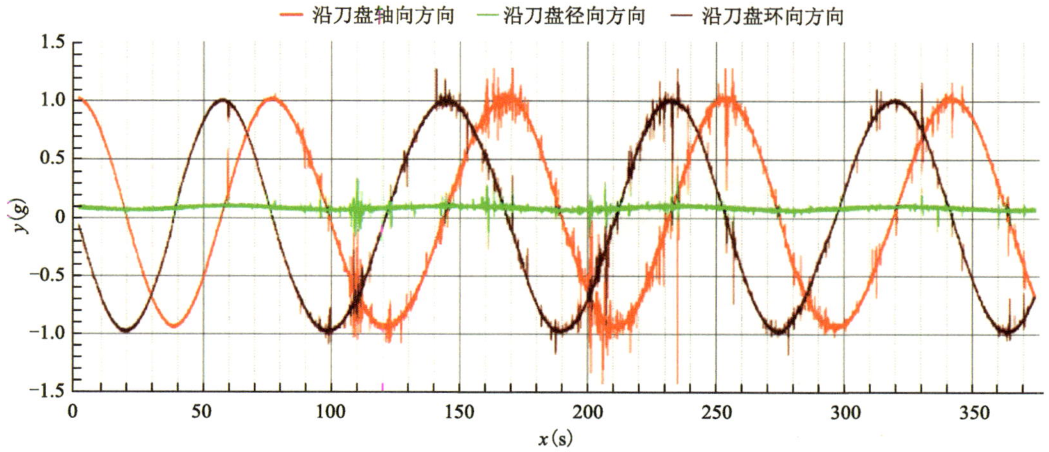

a)中心刀背面

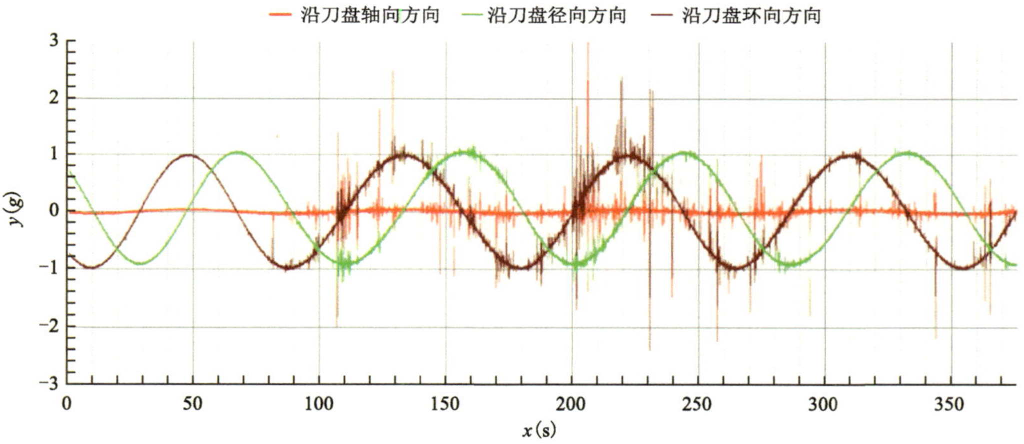

b)7 号刀座侧面

图 8-26　中心刀刀座及 7 号刀刀座振动加速度变化曲线

第二种工况滚刀切削 C50 钢筋混凝土层,一方面由于切削深度小,与滚刀切削 C30 钢筋混凝土(第一种工况)可比性差;另一方面 TBM 掘进模态综合实验台与实际 TBM 刀盘的差异,因此不建议直接采用上述数据来反映实际掘进情况。

(3)断筋长度统计

滚刀切削 C50 钢筋混凝土桩(第二种工况)实验得到的断筋统计如图 8-27 所示,统计原则同滚刀切削 C30 钢筋混凝土桩。由图可知,有效断筋长度为 0 ~ 600mm 占总数的 50%;有效断筋数量与断筋总数在各长度范围内相差不大,具体原因为混凝土强度高,对钢筋的握裹力高,滚刀滚压作用力对钢筋的作用明显,可见混凝土强度越高对滚刀切筋越有利。

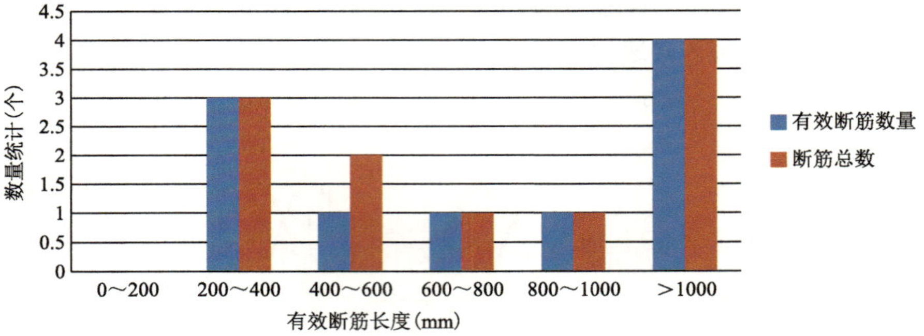

图 8-27 滚刀切削 C50 钢筋混凝土桩钢筋长度统计

综上所述，相比于全盘滚刀切削 C30 钢筋混凝土桩，切削 C50 钢筋混凝土桩应要求刀盘推进速度与转速匹配程度更高，以实现更大掘进效率。与此同时，C50 混凝土对钢筋的握裹力更强，导致有效断筋数量占比增大，且平均截断长度变短。

3)切刀切削 C50 混凝土桩

（1）掘进参数变化情况

将滚刀全部更换为切刀，刀盘以最大推进速度 59.7mm/min 稳定空推时，总推力为 1041.2kN；设定刀盘以恒定转速 0.672r/min 空转时，刀盘扭矩为 12.388kN·m。

在设定刀盘推进速度 2.38mm/min、刀盘转速 0.53r/min 的情况下，刀盘总推力和扭矩随时间变化如图 8-28 所示。由图可知，切刀低速切削钢筋层时，刀盘总推力主要为 244.3 ～ 522.7kN，瞬时最大总推力 681.2kN；刀盘扭矩为 37.3 ～ 76.4kN·m，瞬时最大扭矩达到 232.2kN·m，远远大于平稳状态值，刀盘扭矩值振动幅度大，且频率高。

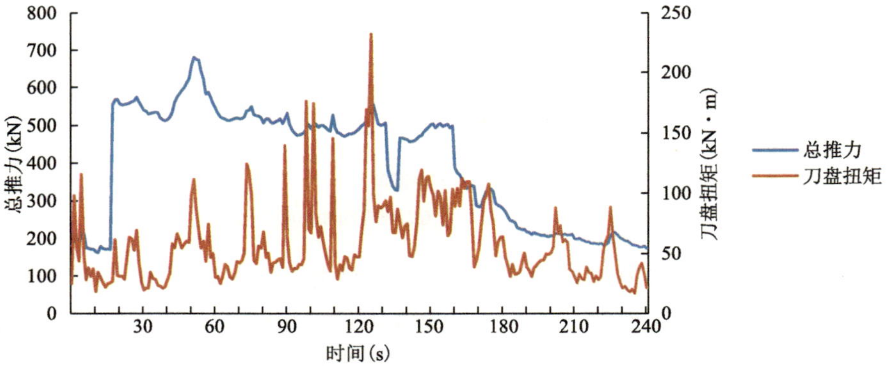

图 8-28 总推力和刀盘扭矩随时间变化曲线

提高刀盘推进速度至 3.90mm/min，刀盘转速不变，总推力和刀盘扭矩随时间变化曲线如图 8-29 所示。从图可知，提高刀盘推进速度后，刀盘推力增加，刀盘扭矩增加至 113.2 ～ 287.5kN·m，切刀切削掘进维持较短时间后出现刀盘转速降低现象，降低推进速度，继续推进刀盘。分析来看，当刀盘扭矩超过 330kN·m 时，刀盘转速会逐渐降低。

提高刀盘转速至 1.31r/min，刀盘推进速度为 4.53mm/min，总推力和刀盘扭矩随时间变化曲线如图 8-30 所示。由图可知，提高刀盘转速后，刀盘扭矩振动频率增大，但未出现卡机现象，因此提高刀盘转速对切刀切削钢筋混凝土桩是有利的，低转速下容易导致卡机现象发生。

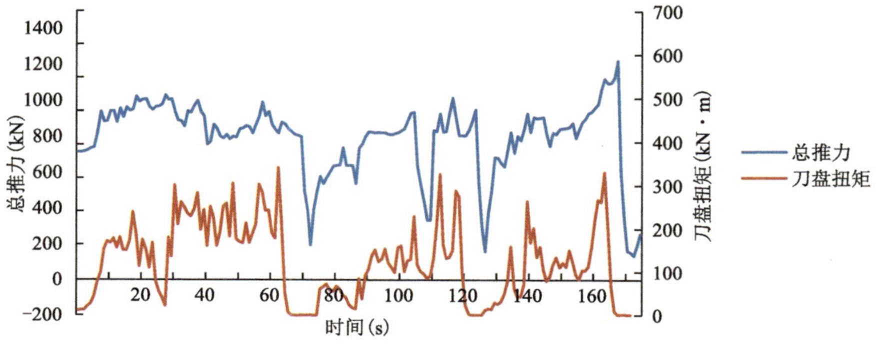

图 8-29 总推力和刀盘扭矩随时间变化曲线

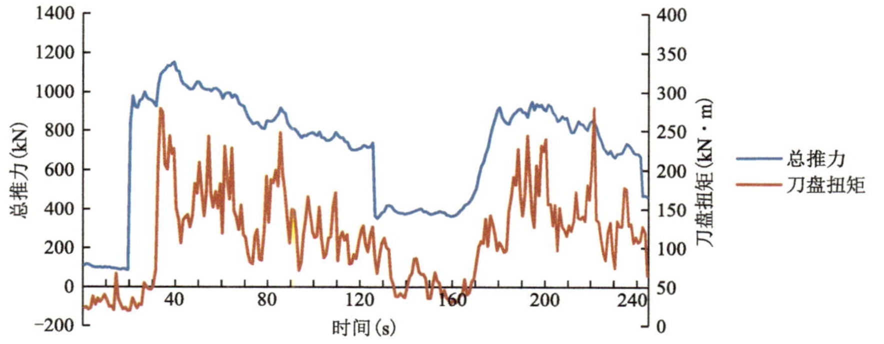

图 8-30 总推力和刀盘扭矩随时间变化曲线

设定刀盘推进速度为 3.46mm/min，刀盘转速为 0.58r/min，总推力和刀盘扭矩随时间变化曲线如图 8-31 所示。由图可知，刀盘总推力范围在 533.5 ～ 626.8kN，瞬时最大总推力为 878.1kN；刀盘扭矩主要为 81.3 ～ 125.8kN·m，瞬时最大扭矩 242.7kN·m。比较图 8-28 和图 8-29，相比切刀低速切削钢筋混凝土层，切刀低速切削混凝土层时刀盘扭矩振动幅度小，频率低，相对较稳定。

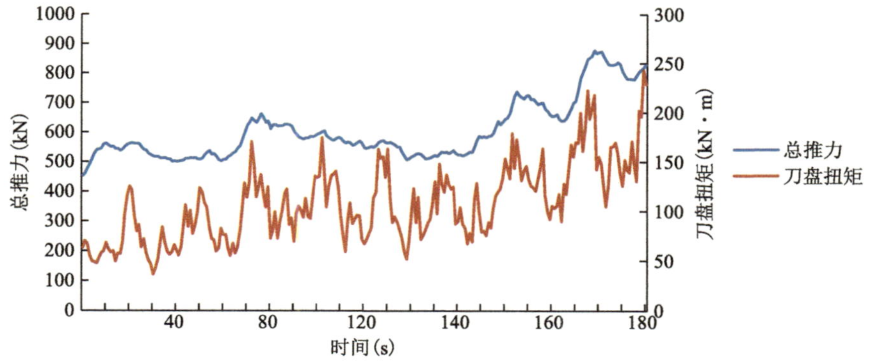

图 8-31 总推力和刀盘扭矩随时间变化曲线

提高刀盘推进速度至5.47mm/min，刀盘转速不变，总推力和扭矩随时间变化曲线如图8-32所示。由图可知，刀盘推力和扭矩可以较长时间平稳掘进，总推力稳定在603.4～786.7kN，瞬时总推力为984.7kN；刀盘扭矩稳定在123.17～191.6kN·m，瞬时最大扭矩为339.3kN·m。比较图8-31和图8-32，提高刀盘推进速度，刀盘总推力和扭矩明显变大，但并没有出现卡机现象，因此切刀切削混凝土可以适当提高推进速度至5.47mm/min，有效提高切削效率。

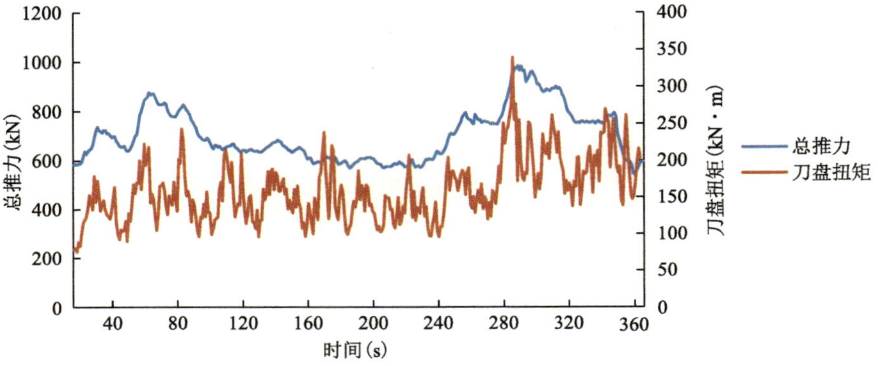

图8-32　总推力和刀盘扭矩随时间变化曲线

持续掘进至岩盘底层(岩盘层面内混凝土面积比上层内混凝土面积大)，刀盘推进速度5.53mm/min，刀盘转速0.55r/min，刀盘总推力和扭矩如图8-33所示。由图可知，比较图8-32发现刀盘总推力稍有增大，刀盘扭矩增加量稍有增加，扭矩值主要为121.2～214.5kN·m，因此盾构切削桩基时应根据掌子面内混凝土面积实时调整掘进参数。同时，尝试增加推进速度时，总推力迅速增加，刀盘转速逐渐降低。

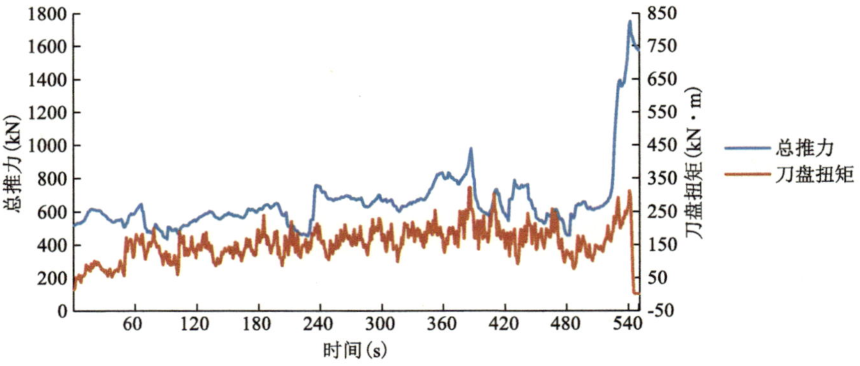

图8-33　总推力和刀盘扭矩随时间变化曲线

设置刀盘较低推进速度为2.22mm/min，提高刀盘转速至1.03r/min，总推力和刀盘转速随时间变化曲线如图8-34所示。由图可知，在较低的推进速度下，刀盘扭矩稳定在94.7～133.6kN·m。增大推进速度至4.822mm/min，总推力和刀盘扭矩迅速增大，刀盘扭矩增大至133.5～280.3kN·m，未出现卡机现象。

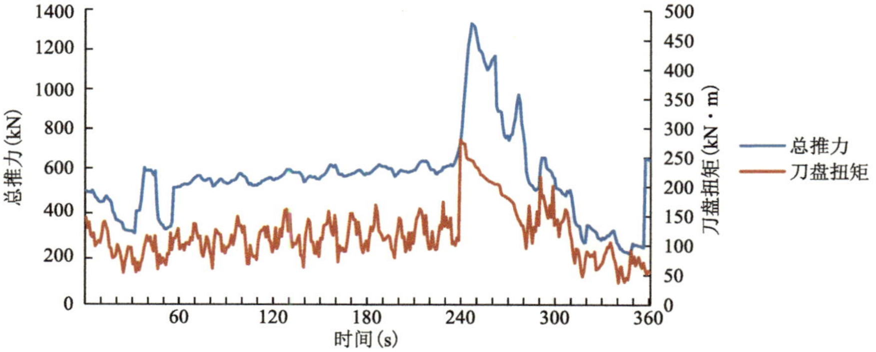

图 8-34 总推力和刀盘扭矩随时间变化曲线

设定刀盘推进速度为 5.61mm/min，提高刀盘转速为 1.44r/min，总推力和刀盘扭矩随时间变化如图 8-35 所示。由图可知，提高刀盘转速后，刀盘扭矩振动频率稍有增加，但变化不大。

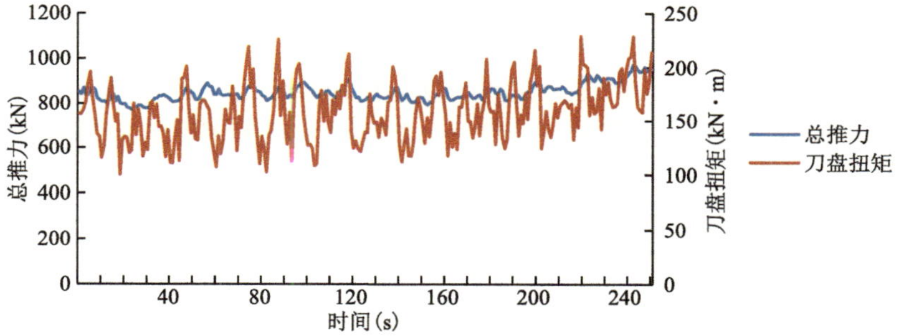

图 8-35 总推力和刀盘扭矩随时间变化曲线

相对于滚刀切削桩基，切刀切削 C50 钢筋混凝土层时刀盘扭矩值变化幅度和频率明显增大。切刀切削 C50 混凝土层最优推进速度宜取 5.466mm/min，对应转速宜取 0.575r/min，同时增大转速可以提高推进速度达到高效切桩目的，但不宜超过 1.444r/min。相比于切刀切削 C50 混凝土，切刀切削 C50 钢筋混凝土层过程中，刀盘扭矩值变化幅度明显增大，基于刀盘扭矩值变化幅度（径向冲击）及高效掘进的目的，最优推进速度宜取 3.896mm/min，对应转速为 0.531r/min，虽然增大转速可以提高推进速度而达到高效切桩目的，但扭矩值变化幅度过大，建议不可盲目提高转速，掘进参数见表 8-4。

切刀切削 C50 钢筋混凝土层（第三种工况）掘进参数 表 8-4

项目		推进速度（mm/min）	转速（r/min）	总推力（kN）		扭矩（kN·m）		响应	结果
				均值	最大值	均值	最大值		
工况三	切削混凝土层	3.356	0.575	580	878	103	243	增大、未卡机	效率低
		5.466	0.575	695	985	157	339	平稳	高效
		2.217	1.028	578	—	114	—	平稳	低效
		4.822	1.208	800	1210	156	259	平稳	稳定
		5.612	1.444	804	830	150	200	平稳	稳定
	切削钢筋层	2.377	0.531	384	681	57	232	缓慢减小	效率低
		3.896	0.531	200	1050	200	310	平稳	稳定高效
		4.532	1.312	816	1170	150	908	减小	冲击严重

（2）钢筋破坏形式

切刀切削钢筋混凝土的部分钢筋如图 8-36 所示。由图可知，切断钢筋中短钢筋较多，长钢筋和弯曲钢筋较少。说明切刀对桩基中钢筋具有很好的切割作用。

图 8-36 切刀切断钢筋展示

切刀切削钢筋时，钢筋截面损失及变形情况如图 8-37 所示。由图可知，切刀对钢筋的切削作用明显，横截面积损失率高。从切断钢筋的断面来看，主要分为剪拉断面 / 剪弯断面和剪切断面。其中，剪拉断面 / 剪弯断面是由于切刀刀刃对钢筋的切割作用使钢筋横截面积变小，同时钢筋在刀盘旋转、拉伸等作用下，钢筋在切割部位拉断或折断；剪切断面由于混凝土对钢筋具有足够的握裹力，切刀对钢筋一直存在切割作用，直至钢筋断裂。

a）

b）

图 8-37 剪拉 / 剪切断面展示

切刀切削 C50 钢筋混凝土（第三种工况）实验得到的断筋统计如图 8-38 所示，统计原则同上。由图可知，有效断筋长度为 0 ～ 600mm 占总数的 70.39%，且呈正态分布，处于理想状态；比较有效断筋与断筋总数统计，每个长度区间内均有焊接端头的钢筋，可以理解为切刀对钢筋的“搅拌作用”明显，使一端先断的钢筋弯曲变形，甚至剥离混凝土。

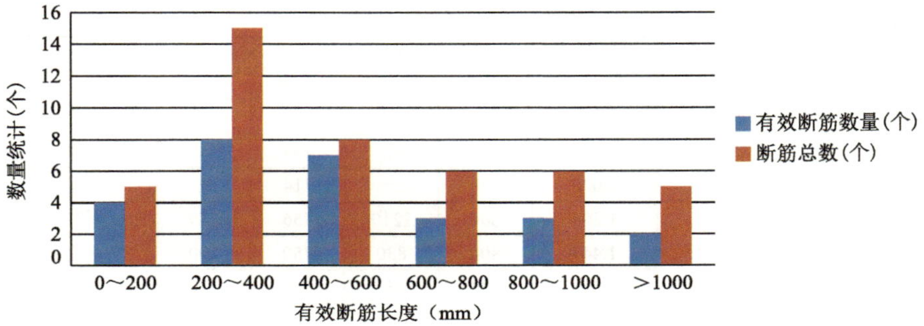

图 8-38 切刀切削 C50 钢筋混凝土桩钢筋长度统计

（3）刀盘振动变化

切刀切削钢筋混凝土层时，中心刀、7 号刀刀座、9 号刀刀座和刀盘最外侧面的三向振动加速度如图 8-39 所示。由图可知，低推进速度和低转速条件下，切刀切削钢筋混凝土桩基使得刀盘各部位均产生较大的振动，中心刀刀座在刀盘轴向方向的振动加速度为 $-1.193g \sim 1.260g$，在刀盘径向方向的振动加速度为 $-2.126g \sim 2.608g$，径向振动加速度远远大于轴向振动加速度；7 号刀刀座和 9 号刀刀座在刀盘环向方向的振动加速度大于在刀盘径向方向的振动加速度，说明切刀切削钢筋混凝土基桩导致刀盘环向振动强烈。

从上述内容可以看出，切刀切削 C50 混凝土层过程中刀盘刀具沿刀盘环向振动特别明显，振幅大，振动频率高。

增大刀盘推进速度后，总推力和刀盘扭矩均增大。中心刀刀座和 7 号刀刀座振动加速度随时间的变化如图 8-40 所示。由图可知，增大刀盘推进速度后，刀盘转动不稳定，卡机现象明显。

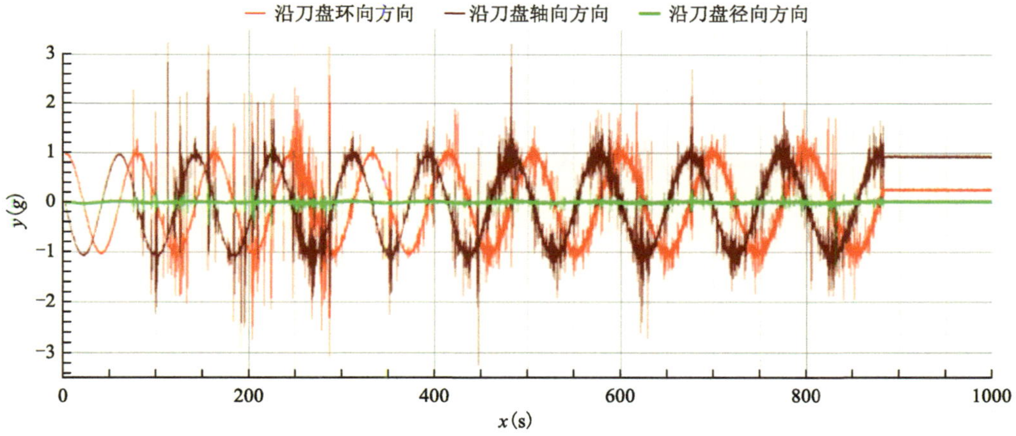

a）中心刀背面

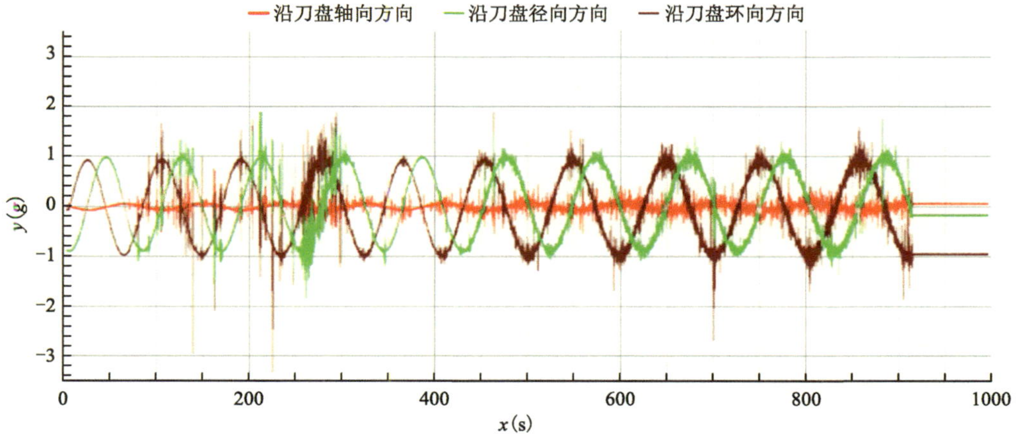

b）7 号刀座侧面

图 8-39

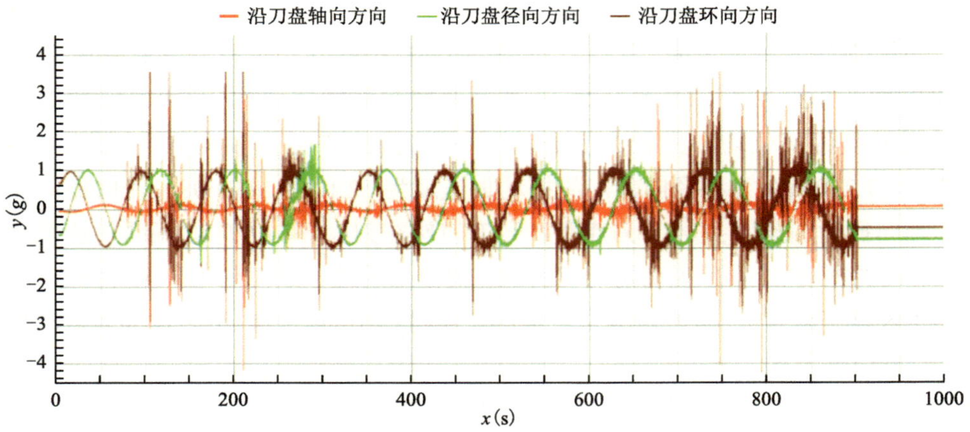

c）刀盘最外侧面

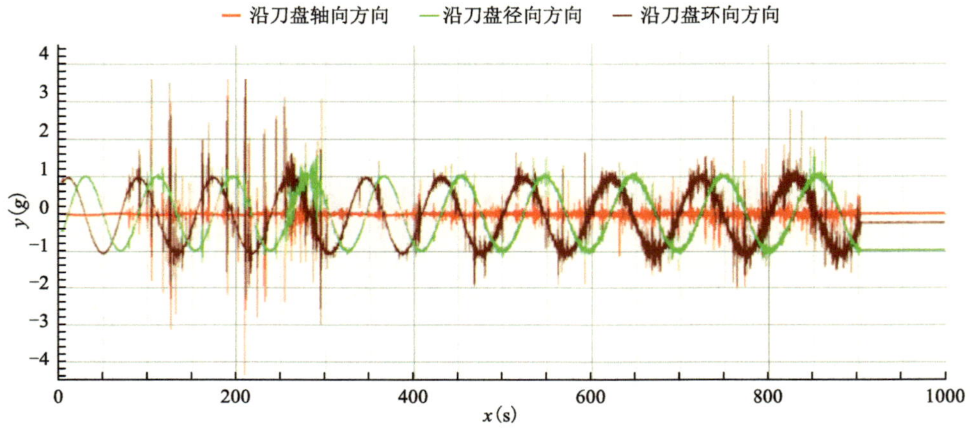

d）9 号最外侧面

图 8-39　低速切削钢筋混凝土层刀盘振动加速度变化曲线

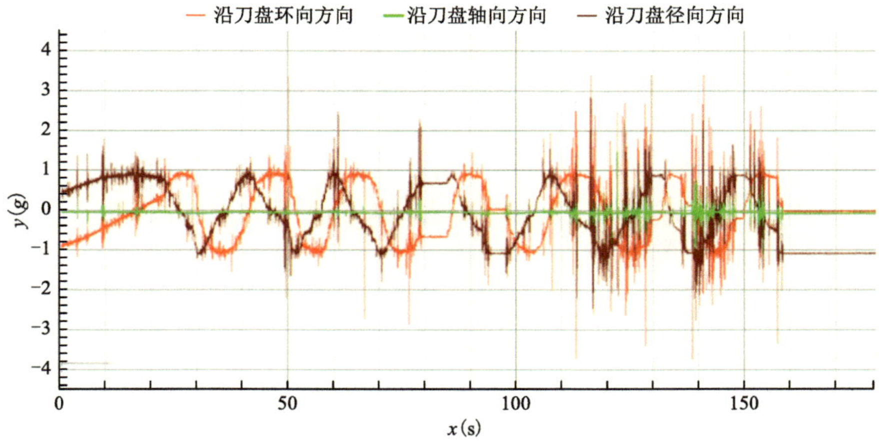

a）中心刀背面

图　8-40

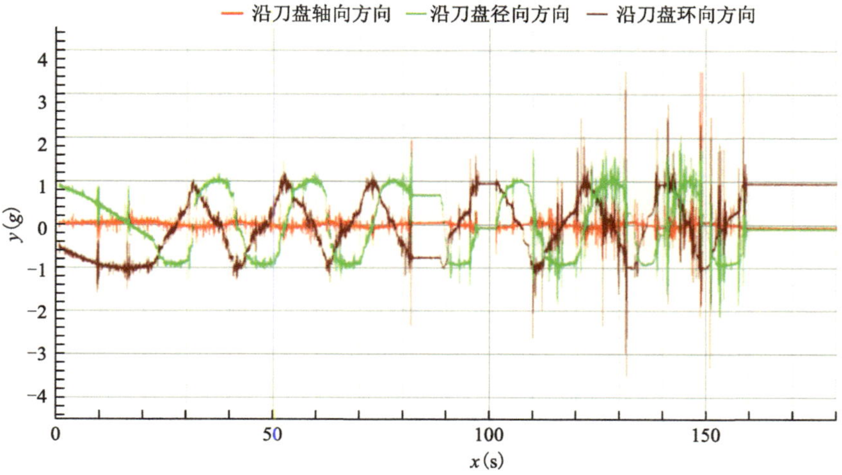

b）7 号刀座侧面

图 8-40 高速切削钢筋混凝土层刀盘振动加速度变化曲线

由图 8-42 和图 8-43 可知，切刀切削 C50 钢筋混凝土层过程中，刀盘刀具沿刀盘环向出现特别明显的卡顿现象，且实验现场切刀切削钢筋的刺耳声音特别剧烈。因此切刀切削钢筋混凝土层时，必须降低推进速度。

（4）切刀磨损情况

开展切刀切削 C50 钢筋混凝土桩过程中，发生合金块掉落现象，13 号刀两侧合金块均掉落，9 号刀一侧合金块掉落，发生掉块的切刀位于刀盘外侧，如图 8-41 所示。分析掉块原因：一方面由于合金块的焊接不牢；另一方面切刀受冲击严重。

a）

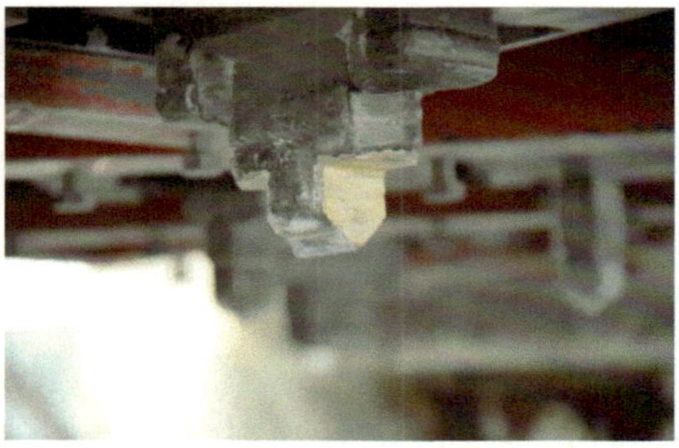

b）

图 8-41 9 号及 13 号刀发生掉块

（5）钢筋受力情况

采集切刀切削钢筋过程中钢筋受力情况，如图 8-42、图 8-43 所示。G05 处钢筋受力最大，最大拉应力达到 386.8MPa，最大压应力达到 395.0MPa。

综上所述，相比于全盘滚刀切削钢筋混凝土桩，全盘切刀切削混凝土在最佳刀盘推进速度、刀盘转速、钢筋断裂形式与长度、刀盘振动规律等方面存在较大差异。全盘切刀切削 C50 钢筋混凝土可采用较高的刀盘推进速度和刀盘转速，而刀盘推力和扭矩数倍降低。与此同时，切刀切削钢筋形式不同于滚刀切削钢筋形式，以剪切破坏为主，剪拉 / 剪弯破坏为辅，钢筋切口与切刀外形吻合。由此可见，切刀切削钢筋明显优于滚刀切削钢筋。切刀实现高效切削钢筋的同时，表现出剧烈的沿刀盘环向的振动特性，出现合金块掉落现象。

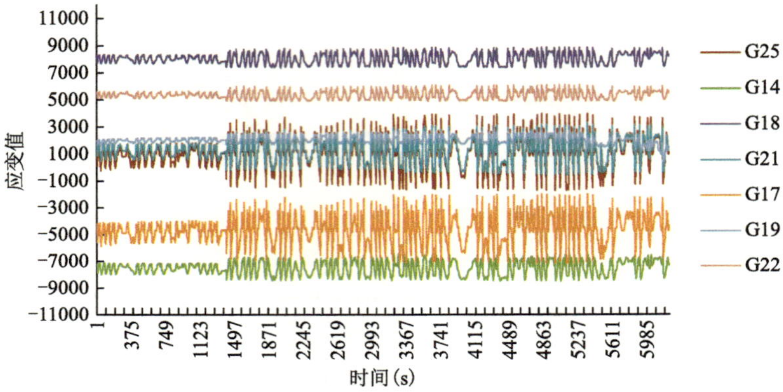

图 8-42　钢筋应变片变形曲线(一)

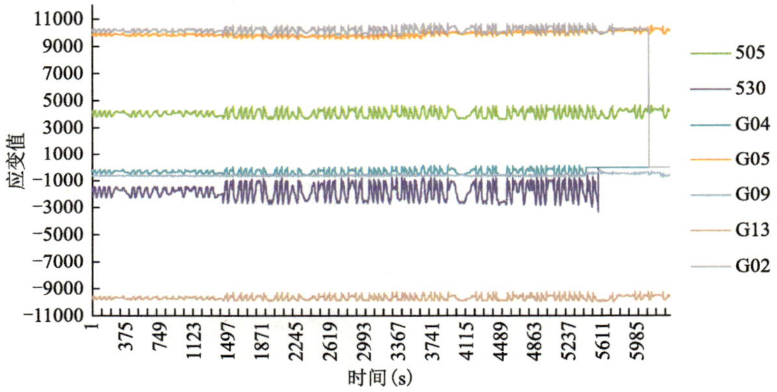

图 8-43　钢筋应变片变形曲线(二)

8.1.5　试验总结

针对滚刀和切刀直接切削钢筋混凝土桩开展了两组模拟试验，混凝土采用 C30 和 C50 两种等级作比较，具体结论如下。

(1)滚刀切削混凝土效果更好，切刀切削钢筋效果更好，滚刀和切刀直接切削钢筋具有不同的作用机理。滚刀以挤压破碎的方式破除混凝土，以剪压、剪拉、弯折破坏方式作用于主筋，钢筋的破坏形式与混凝土抗压强度、钢筋边界条件、掘进控制参数(推进速度与刀盘转速)等因素有关，具有明显的弯曲、弯扭变形；切刀以剪切、挤压的方式破除混凝土(混凝土崩裂现象明显)，钢筋以剪切破坏为主，剪拉 / 剪弯破坏为辅，钢筋切口与切刀外形吻合，具有明显的剪切特征。

(2)全盘滚刀切桩时刀盘沿轴向振动明显，全盘切刀切桩时刀盘沿环向振动明显，在提高刀盘推进速度和刀盘转速情况下，振幅提高明显。在低速推进和刀盘低转速条件下，滚刀切桩导致刀盘振动频率及振幅小于切刀切桩时刀盘振动情况，并且滚刀切桩造成的刀盘沿刀盘轴向方向的振动作用明显，切刀切桩造成的刀盘沿刀盘环向方向的振动作用明显；在分别提高推进速度和刀盘转速条件下，切刀切桩造成刀盘环向振幅和振动频率均有较大幅度增大，甚至频繁出现卡机现象。

（3）全盘滚刀和切刀切桩时均存在最优推进速度和刀盘转速，选择合适的推进速度和刀盘转速有利于达到掘进效率最高，最佳掘进效能。滚刀切削混凝土作用效果明显，提高推进速度和转速，破岩效率提高，但对钢筋的破坏不明显；切刀切削混凝土效果较差，但对钢筋切断效果明显。同时，一定推进速度下，切刀切桩扭矩不足以抵抗切向阻力而发生卡机，但在该推进速度下，增大刀盘转速，卡机现象减轻，甚至未出现卡机现象。

8.2 盾构切桩面临的风险

对于盾构施工而言，可根据事先是否已知有桩，将盾构切削桩基分为主动切桩和被动切桩。若是主动切桩，可在始发前对刀盘刀具及螺旋输送机等盾构设备进行改造加强，以增强切削能力和排渣功能；若是被动切桩，则只可通过控制掘进参数或其他辅助措施，以实现安全穿越桩基。对于主动切桩，可在切桩前进行充分评估和论证，采取针对性措施，施工风险控制相对较容易；而对于被动切桩，只能在施工过程中根据现场情况进行处理，采取应急处理措施，施工风险控制困难，应在施工过程中尽量予以避免。

对于盾构切桩而言，主要从三个方面考虑可能遇到的风险：一是桩基截断后带来的承载力变化对所支撑上部结构的影响；二是桩基与盾构隧道的相对位置关系、桩基所处地层对盾构切桩的不利影响；三是盾构直接切削桩基对盾构机刀盘刀具损坏及切削下来的钢筋、混凝土块对输送系统带来的不利影响。

1）盾构施工过程中可能遇到的风险

（1）盾构切削隧道限界范围内的桩基后导致桩长大幅度减小，承载力降低明显不足以支撑上部结构，从而导致上部结构沉降变形增大影响上部结构使用或致使上部结构倒塌的风险。

（2）桩基在隧道范围内仅为一部分或者地层提供的承载力不足以支撑盾构切削桩基，切削桩基过程中盾构推力大于桩体所在地层提供的反力导致桩体严重变形甚至折断进而影响上部结构使用的风险。

（3）盾构掘进过程中遇到未探明的废弃桩基，盾构掘进扭矩迅速增大而停机，很短时间内导致盾构机刀具损坏严重，甚至刀盘损坏的风险。

（4）对泥水平衡盾构机而言，切削下来的钢筋、混凝土块堵塞排浆口或排浆泵，造成排浆流量减小或排浆泵损坏的风险。

（5）对于土压平衡盾构机而言，切削下来的钢筋长度较大不能通过螺旋输送机顺利排出，堵塞螺旋输送机的风险。

（6）桩基中的钢筋切断长度较长，缠绕在盾构刀盘中造成盾构切削桩基能力下降，进而大面积损坏刀具甚至刀盘结构开裂损坏的风险。

2）可采取的措施

（1）对盾构施工开始前已经勘探清楚的桩基，有条件的地方在盾构施工前采用桩基托换技术或改线调整的措施避免盾构直接切削桩基。

（2）对于盾构施工无法采取措施破除桩基的情况，需要盾构直接切削桩基的情况，应该做好盾构机适应性改造措施，采取辅助措施确保盾构切桩过程施工安全顺利通过。已有施工案例及盾构室内切削桩基试验结果表明，可采用的措施有：

①盾构切桩前要彻底检查刀盘驱动系统、螺旋机系统或环流系统、推进系统、人舱等主要系统功能正常，运行状况良好；对存在的故障和有隐患的机械设备要提前进行维修，必要时进行针对性改造或设计，为盾构切桩做好充分的准备。

②在盾构刀具配置方面应该配备足够数量的滚刀或贝壳刀，并且滚刀或切刀的布置高度要略高于其他刀具，以使该刀具率先切削桩基。

③尽可能地降低掘进速度，减少刀具所受的冲击力，主要是为了利用刀具缓慢磨切桩基，致使钢筋混凝土逐渐破坏。这样有利于盾构刀盘刀具的保护，有利于提高盾构连续切桩时的安全性。

④对于土压平衡盾构机而言，尽量优先选用无轴式螺旋输送机，并加大螺旋输送机的尺寸、设计观察孔，同时采用有效措施对渣土进行改良、增加其和易性，确保桩体碎块及钢筋顺利排出。

⑤土压平衡盾构机切桩过程中要严格控制掘进时的土压力设置，超压掘进时易造成盾构对周边桩体扰动大，刀具磨损加剧；欠压掘进时则地面沉降容易超标，影响上部结构安全；泥水平衡盾构机切桩过程中同样也要严格控制泥水压力，避免压力波动过大。

⑥盾构切桩过程中应增加同步注浆量，及时填充盾尾间隙；盾尾通过桩体后，及时进行二次注浆，同时要根据对上部建构筑物及地面沉降的监测数据及时调整注浆量。

⑦在确保盾构正面沉降控制良好的情况下，尽量保持盾构均衡匀速施工，盾构姿态调整不宜过大。推进时不急纠、不猛纠，多注意观察管片与盾壳的间隙，采用稳坡法、缓坡法推进，以减少盾构施工对地层沉降变形的影响。

⑧盾构切桩时刀具损坏可能性较大，盾构切桩过程中要密切关注掘进参数变化并做好随时换刀的准备工作，出现掘进参数异常时应及时停机检查，出现刀具异常损坏时应及时进行更换。

⑨盾构切桩过程中应加强对上部建构筑物、隧道和地表的监测工作，提高监测频率，采取有效措施及时准确反馈监测数据并进行数据分析，以便指导施工。

⑩在完成盾构切桩作业后应对盾构各部件特别是刀盘刀具系统及泥浆泵或螺旋输送机系统做全面检修，及时更换、修理受损部件，以便盾构继续顺利安全的在剩余区段土体中掘进。

8.3 盾构遇到其他障碍物注意事项

目前，盾构施工中比较常见的其他障碍物主要有以下几种：废弃管道、孤石、钻杆及其他不明障碍物（如图 8-44 所示的炮弹、钢管等）。特别是在城市地铁施工中难免会遇到地下遗留的桩基、废弃管道、钢管、钻杆等不明障碍物，盾构掘进时一旦遇到这些不明障碍物必须进行及时有效地清理。由于城市地铁盾构隧道施工地质条件及周边环境复杂，盾构掘进掌子面前方障碍物处理风险较高，易造成掘进掌子面失稳，进一步引发周边环境破坏，故在盾构隧道掘进过程中必须注意以下事项。

a)　　　　b)

图 8-44　盾构掘进遇到的炮弹

（1）盾构施工前做好地质勘探工作，详细探明盾构隧道线路范围内地质情况，并走访附近居民了解盾构隧道线路上地表建（构）筑物变化情况及前期施工情况，最大限度地降低施工风险。

（2）密切关注盾构推力、扭矩等掘进参数变化，一旦掘进参数异常应及时停机检查，确定掘进参数异常原因。

（3）重点关注土仓压力或泥水压力变化情况，同时注意观察渣土情况，及时掌握地质变化情况及异常情况，发现问题及时停机检查。

（4）结合地表及地上建（构）筑物监控量测变化情况，及时做好同步注浆和二次补充注浆，如发现沉降异常或注浆量异常应及时停机检查，排查原因。

（5）密切关注盾构机刀盘刀具磨损情况，定期进仓检查，观察掌子面情况，发现问题及时停机处理。

如发现障碍物应采取适当的障碍物处理方法，保障盾构隧道顺利掘进。目前，清除地下障碍物的方法按照操作要求可分为人工清障和大型机械清障。常见的人工清障方法有竖井开挖、直接带压进仓清除、定向爆破、冷冻加固后进仓清障。在实际施工过程中应综合工程造价、施工工期、施工安全等方面选择合适的施工工法对障碍物进行及时处理以确保盾构施工安全，防止因处理不当而导致刀盘被困，造成地表塌陷或者堵仓等灾难性后果。

8.4 工程案例

8.4.1 宁波地铁某区间盾构切削工业厂房沉管灌注桩

1）工程概况

宁波地铁某区间左线隧道下穿汽车城厂房 ϕ377mm 沉管灌注桩基础，桩体强度为 30MPa，桩体钢筋采用 8 根 ϕ14mm 钢筋（主筋），桩长 23.5 ～ 26.5m，桩底高程 -21.6 ～ -24.6m，隧道埋深 22.56m，约 26 根桩基础（隧道限界 2m 范围累计 37 根）侵入隧道。盾构穿越桩基范围地质主要有③$_2$ 层粉质黏土、④$_2$ 黏土、⑤$_1$ 层粉质黏土、⑤$_2$ 层粉质黏土。各地层情况见表 8-5，盾构隧道与厂房桩基关系如图 8-45、图 8-46 所示。

地质情况表　　表 8-5

土层名称	颜色状态	物理性质描述	层厚（m）	顶板高程（m）
②$_2$ 淤泥质黏土	灰色，流塑，厚层状，含少量贝壳碎屑	韧性高，干强度中等，无摇振反应。该层场地内均有分布，层位较稳定，物理力学性质差，流塑，具高压缩性	1.3 ～ 6.0	-6.45 ～ -11.12
③$_2$ 粉质黏土	灰色，流软塑，鳞片状或厚层状构造，土质不均一，局部粉粒含量较高，夹较多粉土，含贝壳碎屑，土质较软，稍有光泽	韧性中等，干强度中等，无摇振反应。该层场地内局部分布，物理力学性质较差，具中偏高压缩性	1.0 ～ 2.7	-11.32 ～ -9.31
④$_2$ 黏土	灰色，土质不均，夹薄层状粉土。软塑，有光泽	韧性高，干强度高，无摇振反应。物理力学性质极差，具高压缩性	2.1 ～ 6.1	-10.86 ～ -14.95
⑤$_1$ 粉质黏土	灰绿色、灰黄色、灰褐色，可塑，局部硬塑，少数呈软塑状，厚层状构造，黏塑性较好，稍有光泽	韧性中等，干强度中等，可塑，中等压缩性	1.3 ～ 11.6	-21.49 ～ -11.5
⑤$_2$ 粉质黏土	灰黄色，局部缺失，土质不均，局部为黏土；夹薄层状粉土，局部粉性较重，无光泽	韧性中等，干强度高，呈软可塑状态，具中压缩性	1.1 ～ 12.2	-14.03 ～ -25.45

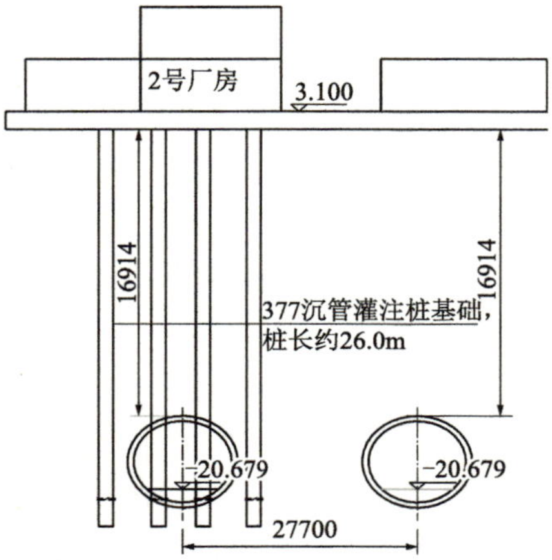

图 8-45　厂房桩基础与隧道剖面关系示意图
（尺寸单位：mm，高程单位：m）

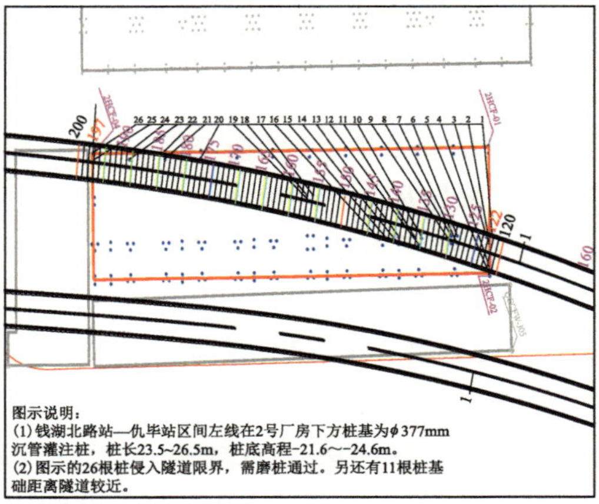

图 4-46　厂房桩基础与隧道平面关系示意图

盾构切桩桩位与隧道关系见表 8-6，盾构隧道与桩基础位置（横断面）见图 8-47。

盾构切桩桩位与隧道关系 表 8-6

桩号	对应里程	对应管片环号	沿推进方向偏差，右为“+”，左为“-”	桩号	对应里程	对应管片环号	沿推进方向偏差，右为“+”，左为“-”
1	ZK13+093.002	123	+2.976	14	ZK13+072.835	140	-3.320
2	ZK13+092.544	123	+1.746	15	ZK13+069.727	142	-2.976
3	ZK13+091.612	124	+2.584	16	ZK13+068.450	143	-3.469
4	ZK13+093.764	122	-2.570	17	ZK13+052.185	157	+1.362
5	ZK13+094.134	122	-3.870	18	ZK13+050.864	158	+1.095
6	ZK13+085.197	129	+1.216	19	ZK13+051.750	157	+0.115
7	ZK13+085.545	129	+0.088	20	ZK13+026.638	178	+3.686
8	ZK13+083.895	130	+0.870	21	ZK13+018.768	185	+2.514
9	ZK13+084.240	130	+0.436	22	ZK13+018.581	185	+3.851
10	ZK13+077.528	136	-1.078	23	ZK13+010.866	191	+1.455
11	ZK13+076.215	137	-1.405	24	ZK13+010.698	191	+2.795
12	ZK13+077.151	136	-2.347	25	ZK13+002.986	198	+0.509
13	ZK13+072.517	139	-2.008	26	ZK13+002.833	198	+1.851

注：刀盘位置抵拢桩基础的位置为对应的管片环号前方 6 环。

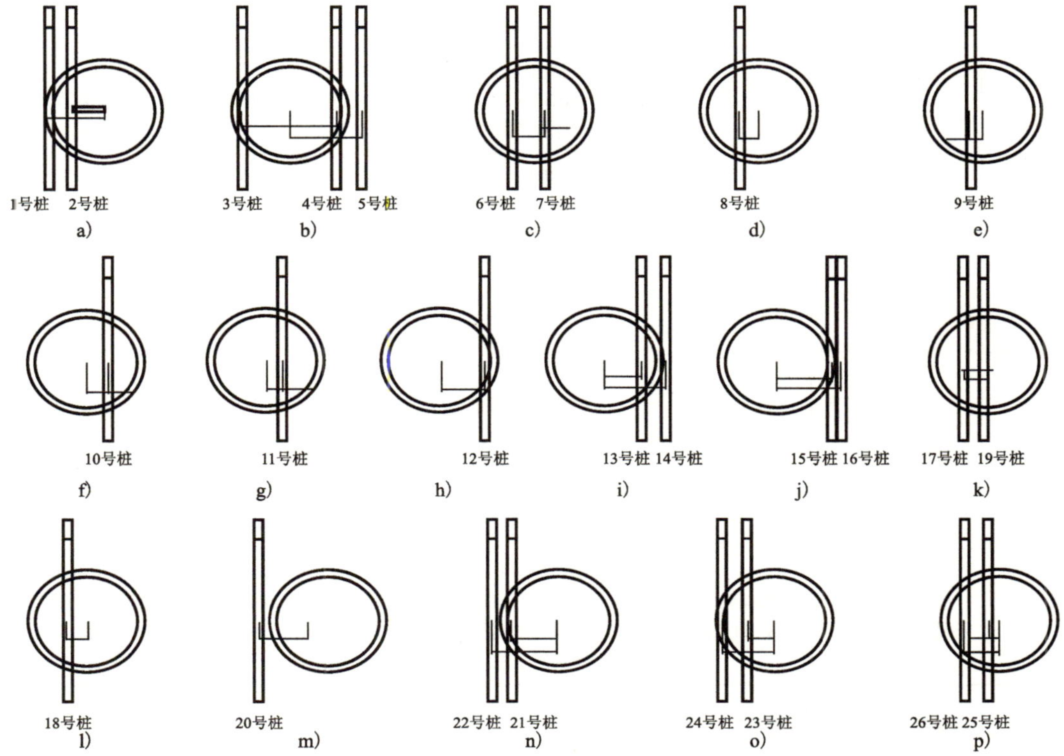

图 8-47 盾构隧道与桩基础相对位置示意图（尺寸单位：mm）

2)切桩施工风险分析及针对性措施

盾构切桩风险分析及针对性措施见表 8-7。

盾构切桩风险分析及针对性措施汇总表 表 8-7

序号	风　险	影　响	针对性措施
1	螺旋输送机出土不畅	无法正常掘进（掘进中断，处理时间长）	在盾构始发前，对螺旋输送机进行检修。螺旋叶片进行加厚处理、在螺旋机筒壁内加焊耐磨条，保证螺旋叶片和护筒间的间隙≤ 15mm，降低螺旋输送机被卡住的概率；同时螺旋输送机筒壁上预留检查维修口，保证破桩时螺旋输送机被较大钢筋混凝土卡住时检修
2	桩体钢筋卡刀盘，无法转动	无法掘进（处理时间长，工期不能保证）	（1）尝试采取刀盘反转的方式是否能脱困，如不能加大刀盘扭矩再行尝试，如有松动可视情况适当正反转，直至脱困。 （2）如经反复、长时间尝试仍没有松动迹象，最终须采取修建竖井方法，将刀盘挖出维修
3	桩体钢筋卡螺旋输送机	无法掘进（磨穿机壳，无法出土，掘进中断，处理时间长）	（1）首先，尝试螺旋输送机正反转、伸缩，如能正常出土，对施工基本无影响。 （2）如经过反复尝试以上动作无效果，且扭矩非常大，为了保护螺旋输送机，需将后配套与主机分离，将螺旋输送机拆除，拉出洞外进行维修。实施前需确保前方掌子面稳定。维修耗时较长（7 ～ 15d），耽误工期
4	桩头钢筋缠绕在刀盘周边，带动桩头一起转动	造成开挖洞径扩大，隧道成型质量差，房屋、地面、道路、管线沉降大	（1）该处隧道埋深大（19 ～ 21m），沉降延时表现更加明显，该情况不易被发现。如在该状态下通过环城南路高架、杭甬高速、下穿河流等，将会引起地面管线、交通事故及河道堤坝垮塌，造成极大的社会影响。 （2）盾构掘进过程中，注意观察每环出土量、土仓压力、地表沉降的关系，及时进行足量的同步注浆（注浆量按照富裕系数 2.2 倍考虑），并按需增加二次注浆
5	刀具损坏（磨损）	无法掘进，工期影响大	根据出土及土压建立、推力等情况综合分析刀具磨损程度，出土不畅、推进困难时可采用改良刀盘前方、土仓土体和易性等方式解决，无法推进时考虑换刀处理
6	断桩	房屋失稳倒塌，厂房、商铺受损	（1）盾构注入添加剂，如泡沫、膨润土、进行土体改良。并通过刀盘的正反转将断桩切入土仓内或挤开。 （2）如遇断桩影响盾构施工，盾构停止推进。利用盾构机主机的注浆孔对盾构机前方进行超前注浆，使得盾构机前方的土体有一定的强度，保证盾构开挖面的土体强度的均匀性，再进行盾构掘进。 （3）编制竖井脱困施工方案，必要时实施
7	房屋失稳	厂房、商铺受损及人员伤害	（1）地面人员撤离。当房屋监测值临近房屋沉降控制标准时，拟实施一层商铺、2 号厂房周边所有人员、全部撤离。待盾构通过、确认房屋稳定后，人员回迁。 （2）厂房、商铺暂停营业。当房屋监测值临近房屋沉降控制标准时，拟实施一层商铺、2 号厂房房间设施、商品等全部撤除，待盾构通过、确认房屋稳定后，再重新回迁营业
8	桩底位置管片开裂	渗漏水、管片破坏等，影响运营	设计提前对该处应力情况进行评估和计算，采用足够抵抗桩基底部应力的管片。同时，建议在该段增加全部或部分采用钢板环进行加固设计。 盾构掘进过程中，同步注浆及时、充足，采用可硬性浆液，及时填充土体与管片间空隙，降低桩底直接作用在管片上的概率

3)刀盘改造及辅助改造

改造前刀盘特点是开口率大，且刀具多为软土用的切刀，无法有效切削基桩，如不改造，这种刀具遇到钢筋混凝土桩基，必将受到严重磨损甚至会被截断，一旦刀具损坏严重，盾构机将无法继续掘进。改造前刀盘形式如图 8-48 所示。

a）　　　　　　　　b）

图 8-48　改造前刀具配置示意图

为满足盾构切桩需求，对盾构进行了针对性改造，在原刀盘上设置三个层次的先行刀：其中，两个层次的先行刀（高 225mm 和 160mm）负责将桩体钢筋切割为 60 ～ 80cm 的短钢筋，由螺旋输送机排出；一个层次的先行刀（高 140mm）负责切割桩体混凝土。增加了 49 把焊接型贝壳先行刀、37 把焊接型切削先行刀、9 把周边焊接型先行刀，改造后刀盘配置图如图 8-49 所示。

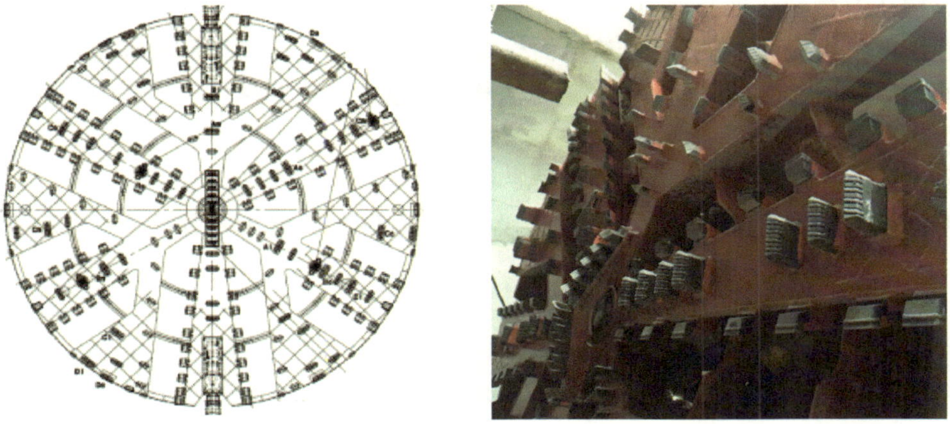

a）　　　　　　　　b）

图 8-49　改造后刀具配置示意图

为增强螺旋输送机的脱困能力，改造时增加了 1 个液压马达；同时增加了 2 个备用土压传感器，以备过桩损坏时使用。将原先切削软土的刀具更换为能切削、破断桩基的贝壳形刀具，并且加强仿行刀强度；在外置式同步注浆管前安装先行刀，以保护注浆管道不被破坏，见图 8-50。

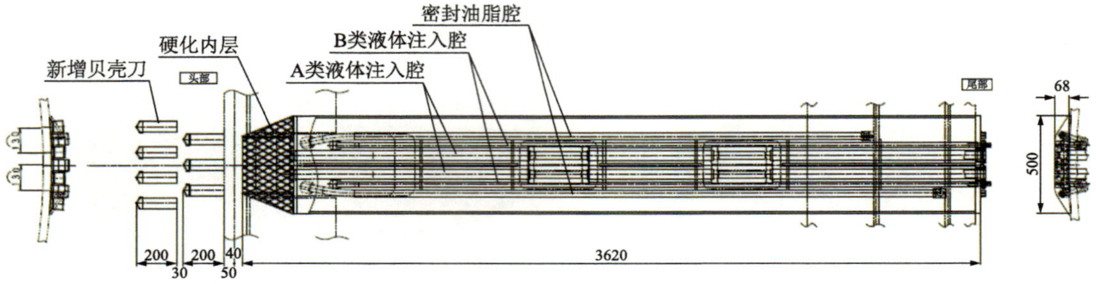

图 8-50　外置式同步注浆管保护刀布置示意图(尺寸单位:mm)

4)施工控制要点

(1)切桩施工准备

①技术准备。

施工前与业主相关部门、物探单位等积极联系沟通,详细了解房屋遗留桩基的准确信息,在此基础上制订可靠的施工方案。盾构机通过前,在现有的房屋上布置监测点位并取得初值。

②人员保证。

指定专人监测房屋变化;在洞内配备值班工程师,洞内与地面值班人员通过电话进行联络,及时将地面信息传达给洞内值班工程师及主司机,指导盾构施工;对所有施工人员进行技术交底,使每个参加施工的工作人员清楚盾构与桩基的相对位置以及采用的施工参数和技术措施。

③确保机械设备状态良好。

盾构在刀盘到达桩基前30环时,对盾构机刀盘驱动、液压缸顶进系统、压力传感器、螺旋输送机和注浆管路等进行一次全面检查和维护,对于存在故障和故障隐患机械进行全面维修,对整机状况进行一次评估,确保盾构及配套设备在穿越桩基过程中处于良好工作状态。

④盾构姿态调整。

将盾构穿越桩基前30环作为过渡段,将盾构姿态调整为最佳状态(偏离轴线小于2cm),各项掘进参数调整为稳定状态。

(2)切桩施工控制要点

①重点控制参数。

按照盾构穿越顺序,掘进控制主要分四个阶段,各阶段主要控制参数见表8-8。

盾构穿越桩基各阶段重点控制参数表　表8-8

阶段	盾构与管片相对位置	盾构推进重点控制参数
一	切口距桩基10环—切口进入桩基	土压力、出土量、盾构姿态
二	切口进入桩基—盾尾脱离桩基	推进速度、土压力、出土量、同步注浆量、刀盘转速、刀盘扭矩、土仓温度、出土渣样、螺旋输送机状态、盾构姿态
三	盾尾脱离桩基—盾尾脱离桩基10环	同步注浆量、二次注浆
四	盾尾脱离桩基10环后	二次注浆

②严格控制盾构正面土压力。

盾构主司机根据地面监测信息的反馈及时更改并设定土压力。过程中土压力与出土量紧密联系，及时总结得出最合理的土压力及出土量，尽量减小对土体的扰动，使土体位移量最小。

③推进速度及刀盘转速控制。

盾构距离桩基（以房屋基础边为量测基准）2m 左右时，控制掘进速度 25mm/min 以内；盾构接近桩基（距离房屋基础边 1m）时，推进速度控制 5 ~ 10mm/min。刀盘转速控制为 0.8r/min。接近桩基时，注意刀盘扭矩和推力的变化，如突然增大应该是遇到桩基，须采取以下措施。

a. 接近桩基础时，如刀盘扭矩或推力增大，且不规律，水平姿态变动频繁且数值增大，控制掘进速度不超过 3mm/min，同时适当减小刀盘转速。

b. 为防止盾构侧面遇到桩基时向另一侧偏移过大，注浆点改为从刀盘位移方向上部及下部两点注浆方式充填浆液。

c. 掘进时观察出土情况是否有混凝土碎块、钢筋等。

d. 在穿越桩基期间，及时检修推进千斤顶液压油路止回阀，缩小拼装时间，避免盾构后退。

e. 专人监测地面上方房屋变化情况，有异常及时反馈。

④出土量控制。

盾构开挖断面为 31.56m^2，管片长 1.2m，每环的理论出土量为 31.56×1.2=37.87（m^3），在盾构穿越桩基时，将出土量控制在理论出值的 98%，即 37.87×98%=37.1（m^3），保证盾构切口上方土体有微量的隆起（不超过 1mm），以便抵消一部分土体的后期沉降量，从而使地表沉降量控制在最小范围内。

到达前 50 环，收集每环出土量数据，若穿越群桩过程或穿越后出土量异常变大，可能是刀盘外缘带动桩头旋转以扩大隧道开挖直径导致，及时跟进调整掘进参数和注浆量等措施，注意地表沉降监测。

⑤同步注浆。

穿越桩基段同步注浆浆液换用可硬性浆液，稠度控制在 10 ~ 12cm。

注浆压力控制在 0.2 ~ 0.3MPa，注浆量和压浆点视压浆时压力值和地表沉降监测数据而定。每环同步注浆量初步按理论注浆量 220% 设定，后续注浆量及注浆压力根据监测数据进行修正。

⑥严格控制盾构纠偏量。

盾构进入桩基范围之前，将盾构机调整到良好的姿态，并且保持这种良好姿态穿越桩基。在盾构穿越过程中尽可能匀速推进，推进速度不宜过快，须小于 3mm/min，确保盾构机均衡、匀速地穿越桩基，减小盾构推进对前方土体的扰动。盾构姿态变化不可过大、过频，控制每环纠偏量不大于 3mm（高程、平面），控制盾构变坡不大于 1‰，以防桩体截断面挤压盾体。

⑦管片拼装。

在管片拼装过程中，安排熟练的拼装工进行拼装，减少拼装时间，缩短盾构停机时间。拼装过程中若发现前方土压力下降，可采用螺旋机反转手段，将螺旋机内的土体反填到盾构机前方，起到维持土压力作用，拼装结束后，尽快恢复推进，确保施工连续、稳定。

⑧土体改良。

穿越桩基段隧道主要穿越③$_2$层粉质黏土、④$_2$黏土、⑤$_1$层粉质黏土、⑤$_2$层粉质黏土，尤其⑤$_1$层粉质黏土综合性质较好，推进扭矩较大，出土较为困难。采用加注泡沫方式以减少总推力、扭矩，防止结泥饼，通过渣土改良后达到匀速平稳切桩、渣土顺利输出的目的。泡沫溶液配比：泡沫添加剂3%，水97%。每环加注为35～50L/环，具体掺入量根据现场调制及出土状态调整。

⑨二次注浆。

盾构推进时同步注浆浆液在填补建筑空隙时，会沿土层裂隙渗透而依旧存在一定间隙，截断的桩体底部可能会直接作用在管片上，长期沉降对隧道管片造成应力集中甚至破坏，在管片脱出盾尾5环后，对管片后的建筑空隙进行二次注浆，浆液为水泥－水玻璃双液浆、注浆压力0.3～0.5MPa。壁后二次注浆根据地面监测情况随时调整，从而使地层变形量减至最小。

盾构通过桩基后，加强管片的变形监测，根据监测数据必要时对管片进行加强处理。加强房屋监测，如有较大沉降，及时进行二次注浆，必要时在地面对地层进行注浆填充。

安排专人每天观察该段管片是否有应力裂缝出现，以便采取隧道加强设计应对措施，确保隧道的安全。

⑩监测措施。

盾构穿越桩基时，隧道轴线控制仍然是质量控制的重中之重，因此对于隧道轴线的测量必须加以严格的控制。

当盾构穿越桩基时，由于刀盘将切削C30钢筋混凝土，因此刀盘正面受力不均，容易引起盾构推进轴线发生偏差，所以必须严格执行每环测量的施工步骤。同时根据实际的穿越桩基情况，将盾构姿态测量频率进行提高，从而根据测量资料制订相应措施，确保盾构轴线与隧道设计轴线相符。

在隧道穿越桩基的前期就开始加强对隧道沉降变形的监测。取隧道落底管片上最低点为隧道沉降观测点，在穿越桩基的过程中，以隧道每3环为一点。监测范围为桩基前后18环，监测频率为从拼装工作面后5环开始，每天监测一次，直至隧道稳定，再改为一般隧道沉降监测。

5）切桩掘进施工情况

（1）切桩掘进参数统计

2017年5月30日开始切桩施工，2017年6月12日结束，历时14d，安装管片75环，掘进约90m，平均日进度5环（6m/d）。

以第130环推进切桩施工为例：第129环推进时正常施工速度为40mm/min，推力10600kN，扭矩为1618kN·m。第130环开始切桩，速度降低到25mm/min，扭矩开始慢慢变大，总推力增加至12110kN，扭矩变为1865kN·m，此后开始降低速度，以不大于10mm/min的速度推进，推力降低至11070KN，扭矩降低至1772 kN·m。掘进速度小于10mm/min后，推力保持在小于11000kN，扭矩保持在1700 kN·m左右；切桩用时42min，完成一环掘进（1200mm/环）耗时133min，出土量为37.8m^{3}左右。

在切桩施工中，最大推力 12300kN，是正常段施工的 116%；最大扭矩 1994kN · m，是正常段推进时的 123%。切桩时平均推力 11610kN，是正常段推进的 110%；平均扭矩 1798kN·m，是正常段推进的 111%。切桩过程中，通过渣土改良措施出渣较为顺畅，螺旋输送机壳体温度无明显升高现象发生，具体掘进参数见表 8-9。

切桩掘进参数表 表 8-9

掘进环数	液压缸行程（mm）	桩号	土压力设定值（MPa）	掘进速度（mm/min）	盾构总推力（kN）	刀盘扭矩（kN·m）	刀盘转速（r/min）	螺旋机扭矩（kN·m）	出土量（m^3）	注浆量（m^3）
130	0 ～ 200	10、11	0.28	40	10600	1618	0.8	9.6	38	2.8
	201 ～ 400		0.28	25	12110	1865	0.8	9.2		
	401 ～ 600		0.28	10	11070	1772	0.8	10.2		
	601 ～ 800		0.28	9	10860	1688	0.8	9.8		
	801 ～ 1000		0.28	8	10602	1701	0.8	10.6		
	1001 ～ 1200		0.28	9	10725	1678	0.8	11.9		
131	0 ～ 200	11、12	0.28	9	11126	1216	0.8	11.6	38	2.8
	201 ～ 400		0.28	9	99750	1536	0.8	9.2		
	401 ～ 600		0.28	9	10662	1472	0.8	4.2		
	601 ～ 800		0.28	9	10860	1088	0.8	12.8		
	801 ～ 1000		0.28	8	11102	1152	0.8	6.6		
	1001 ～ 1200		0.28	9	10725	1408	0.8	5.9		
133	0 ～ 200	14	0.28	9	10612	1792	0.8	12.6	37	2.8
	200 ～ 400		0.28	10	12100	1536	0.8	11.2		
	400 ～ 600		0.28	16	11210	1664	0.8	12.3		
	600 ～ 800		0.28	18	11480	1536	0.8	9.7		
	800 ～ 1000		0.28	19	12250	1536	0.8	11.2		
	1000 ～ 1200		0.28	18	12100	1536	0.8	10.7		
134	0 ～ 200	13	0.28	20	11450	1600	0.8	7.8	37	2.7
	200 ～ 400		0.28	19	12300	1664	0.8	9.5		
	400 ～ 600		0.28	12	11520	1984	0.8	9.0		
	600 ～ 800		0.28	10	11350	1664	0.8	13.4		
	800 ～ 1000		0.28	11	12100	1792	0.8	12.2		
	1000 ～ 1200		0.28	18	12100	1600	0.8	11.2		
135	0 ～ 200	15	0.28	10	11427	1216	0.8	7.3	37	2.9
	200 ～ 400		0.28	9	11627	1600	0.8	7.4		
	400 ～ 600		0.28	10	11665	1408	0.8	5.9		
	600 ～ 800		0.28	9	11975	1280	0.8	5.8		
	800 ～ 1000		0.28	8	11175	1152	0.8	5.3		
	1000 ～ 1200		0.28	6	11300	1408	0.8	7.6		
133	0 ～ 200	16	0.28	12	11200	1536	0.8	11.5	38	2.8
	200 ～ 400		0.28	12	19700	1664	0.8	11.4		
	400 ～ 600		0.28	19	11620	1600	0.8	8.0		
	600 ～ 800		0.28	19	12150	1536	0.8	11.2		
	800 ～ 1000		0.28	18	12150	1600	0.8	11.3		
	1000 ～ 1200		0.28	23	11800	1664	0.8	10.2		

续上表

掘进环数	液压缸行程(mm)	桩号	土压力设定值(MPa)	掘进速度(mm/min)	盾构总推力(kN)	刀盘扭矩(kN·m)	刀盘转速(r/min)	螺旋机扭矩(kN·m)	出土量(m^3)	注浆量(m^3)
151	0 ~ 200	17、19	0.28	10	11125	1280	0.8	9.1	37.4	2.8
	210 ~ 400		0.28	10	11175	1280	0.8	5.8		
	410 ~ 600		0.28	10	10875	1600	0.8	6.6		
	610 ~ 800		0.28	10	10331	1152	0.8	4.5		
	810 ~ 1000		0.28	10	10875	1472	0.8	3.4		
	1100 ~ 1200		0.28	10	11175	1152	0.8	7.1		
152	0 ~ 200	18、19	0.28	10	12200	1280	0.8	11.2	37.4	2.7
	200 ~ 400		0.28	10	12100	1344	0.8	14.3		
	400 ~ 600		0.28	20	12730	1408	0.8	10.2		
	600 ~ 800		0.28	21	12160	1344	0.8	8.7		
	800 ~ 1000		0.28	20	12370	1600	0.8	8.5		
	1000 ~ 1200		0.28	20	12480	1600	0.8	8.9		
179	0 ~ 200	21、22	0.28	31	13770	2112	0.8	6.8	37.6	2.8
	201 ~ 400		0.28	30	13750	2176	0.8	8.5		
	401 ~ 600		0.28	15	12890	2112	0.8	5.5		
	601 ~ 800		0.28	10	12650	2048	0.8	7.9		
	801 ~ 1000		0.28	10	12740	2304	0.8	5.4		
	1001 ~ 1200		0.28	10	12580	1728	0.8	6.9		
186	0 ~ 200	23、24	0.28	13	12480	1536	0.8	6.3	37.5	2.8
	201 ~ 400		0.28	12	12930	1408	0.8	5.6		
	401 ~ 600		0.28	12	13100	1600	0.8	3.9		
	601 ~ 800		0.28	12	13550	1600	0.8	2.2		
	801 ~ 1000		0.28	13	13820	1408	0.8	2.4		
	1001 ~ 1200		0.28	23	14400	2240	0.8	4.4		
192	0 ~ 200	25、26	0.28	14	13950	1536	0.8	7.8	37.8	2.8
	201 ~ 400		0.28	14	13300	1536	0.8	5.4		
	401 ~ 600		0.28	14	13410	1664	0.8	5.7		
	601 ~ 800		0.28	14	13300	1536	0.8	6.4		
	801 ~ 1000		0.28	14	13800	1280	0.8	6.1		
	1001 ~ 1200		0.28	14	13680	1536	0.8	5.6		

(2)切桩掘进出渣情况

第 119 环推进液压缸行程 1610mm 时,螺旋输送机瞬间油压 30MPa。螺旋输送机跳闸卡死。通过拉伸螺杆,正反转恢复正常。在渣土内找出一些混凝土块等异物,未见钢筋,渣内异物见图 8-51。

(3)地表及建筑物监测分析

盾构穿越桩基过程中,施工监测是极其重要的一项工作,对施工起着指导性的作用。该工程开展的现场监测项目主要有:①切桩区间地表沉降监测;②切桩区间建筑物沉降监测,其测点布置如图 8-52、图 8-53 所示。

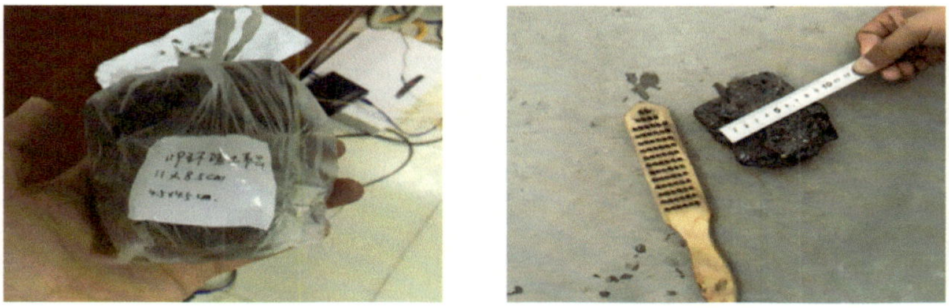

a）119 环

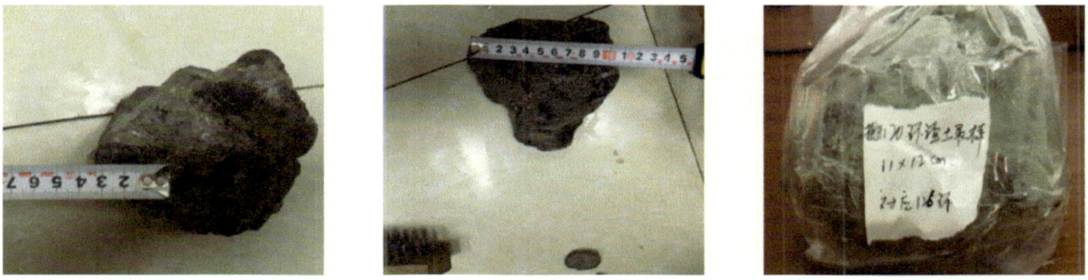

b）120 环

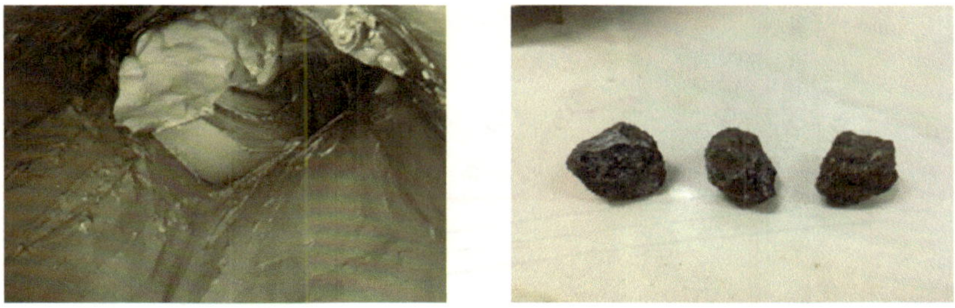

c）125 环

d）126 环

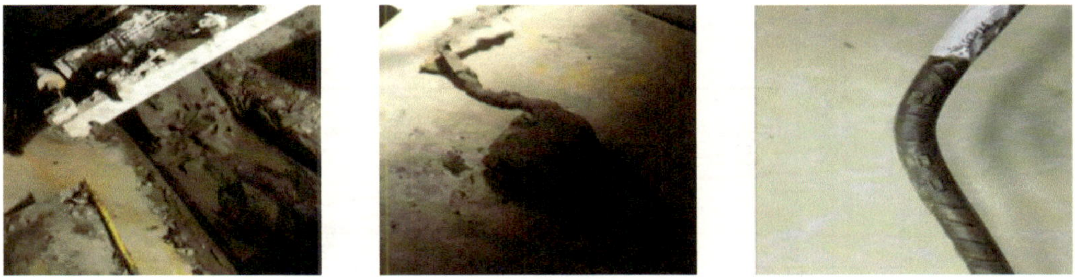

e）127 环

图 8-51

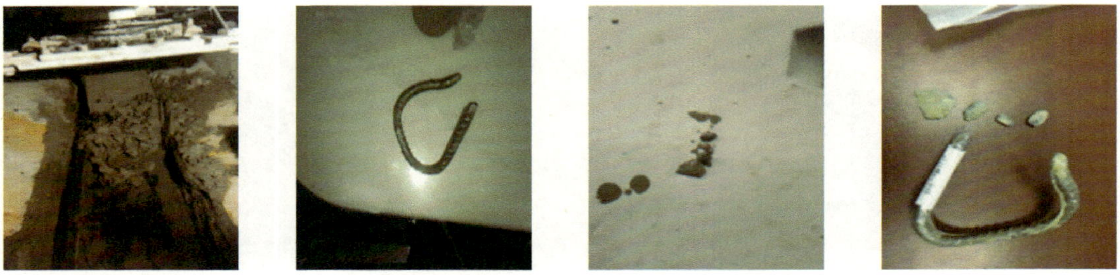

f）134 环

g）152 环

图 8-51　切桩过程渣土典型异物

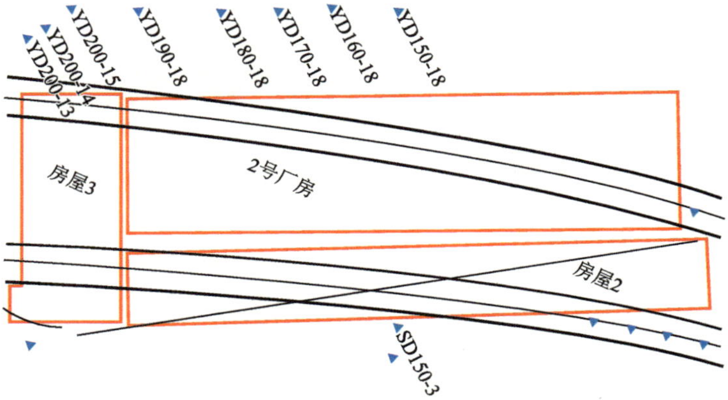

图 8-52　地表沉降测点布置示意图

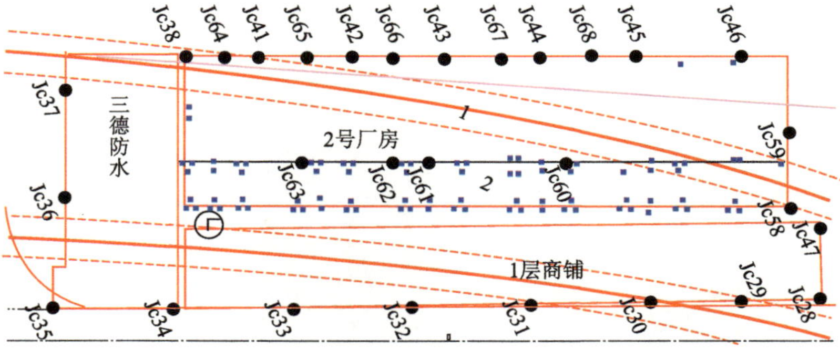

图 8-53　建筑物测点布置示意图

该工程在切桩过程中的地表及建筑物沉降量统计见图 8-54 ～图 8-57。其沉降监测结果满足相关规范规定。

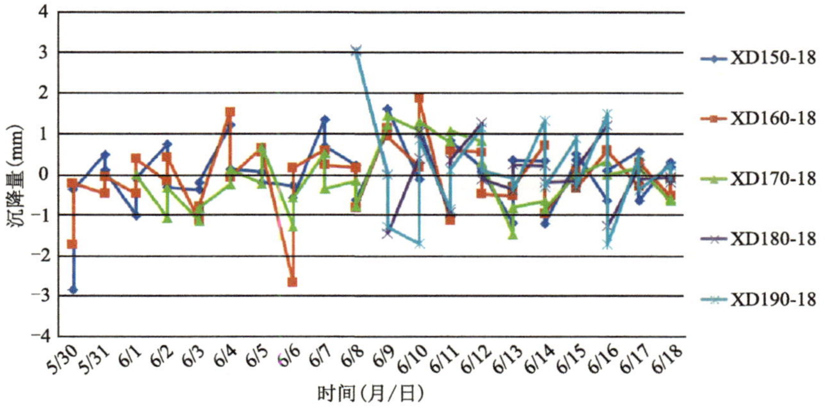

图 8-54　切桩区地表测点沉降量单次曲线

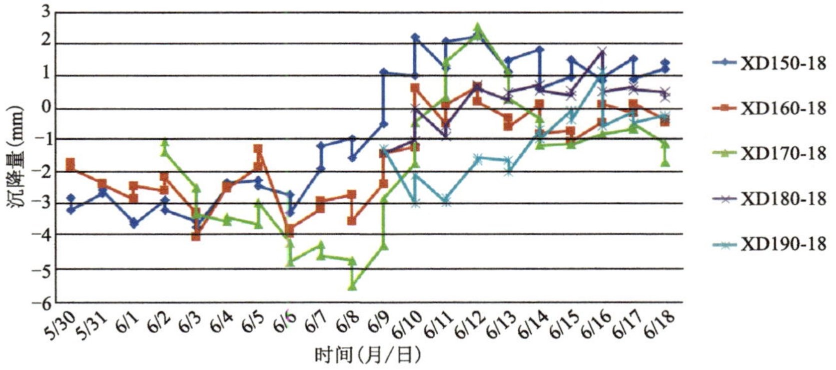

图 8-55　切桩区地表测点沉降量累计曲线

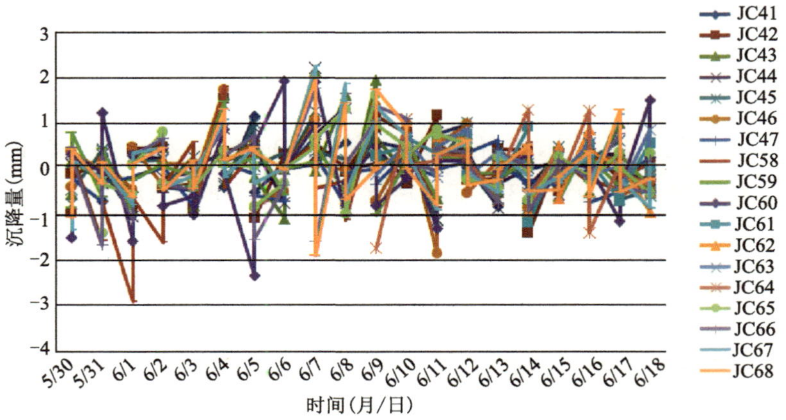

图 8-56　切桩区建筑物测点沉降量单次曲线

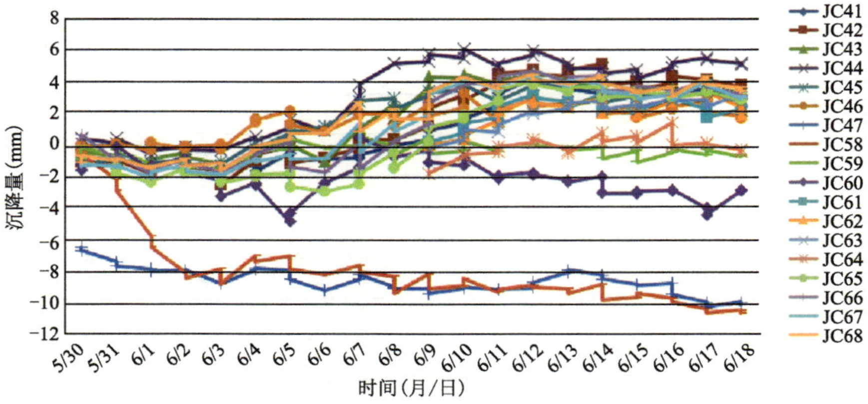

图 8-57　切桩区建筑物测点沉降量累计曲线

6)经验总结

(1)土压平衡盾构机刀盘刀具针对性改造后,在粉质黏土地层切桩施工中,通过采取正反转螺旋输送机、加入膨润土或泡沫的方式改良渣土、加固螺旋输送机内壁等措施,可避免螺旋输送机被卡。

(2)在盾构机出土口处监测土体温度,判断螺旋输送机内有无堵塞钢筋、混凝土等异物;在螺旋输送机出土口设几处观察口兼异物探取口,便于快速取出螺旋输送机处被卡的钢筋、混凝土块等异物。

(3)通过施工实践,土压平衡盾构机切桩掘进时,最大推力是正常段施工的 116%,最大扭矩是正常段推进时的 123%。切桩时平均推力是正常段推进时的 110%,平均扭矩是正常段推进时的 111%。

8.4.2　成都地铁某盾构区间切削抗浮桩

1)工程概况

成都地铁某盾构区间隧道下穿市政道路,区间盾构隧道埋深 12.8m,与市政道路 U 形槽最小竖向净距为 4.7m,左右线各有 11 根抗浮桩位于盾构掘进范围内。抗浮桩采用水泥浆填充级配碎石孔隙工艺施工,桩径 180mm、桩长 10m/15m,桩心距 5000mm,内含 2 根 ϕ25mm 主筋及 1 根无缝钢管($\phi54\times3$);临港路隧道为钢筋混凝土 U 形槽结构侧墙厚 0.7m,底板厚 1.2m,抗浮桩锚入底板内 0.8m。

盾构下穿隧道施工范围内上下方地层均为密实卵石层,无地表水,区内地下水稳定水位埋深 6.5 ～ 7.5m。盾构区间隧道与市政道路下穿隧道位置关系如图 8-58 所示。

2)切桩施工风险分析及针对性措施

针对盾构切桩掘进可能存在的各种风险,在盾构掘进施工前,编制详细的施工组织设计,盾构通过市政道路下穿隧道总体施工工艺流程如图 8-59 所示。

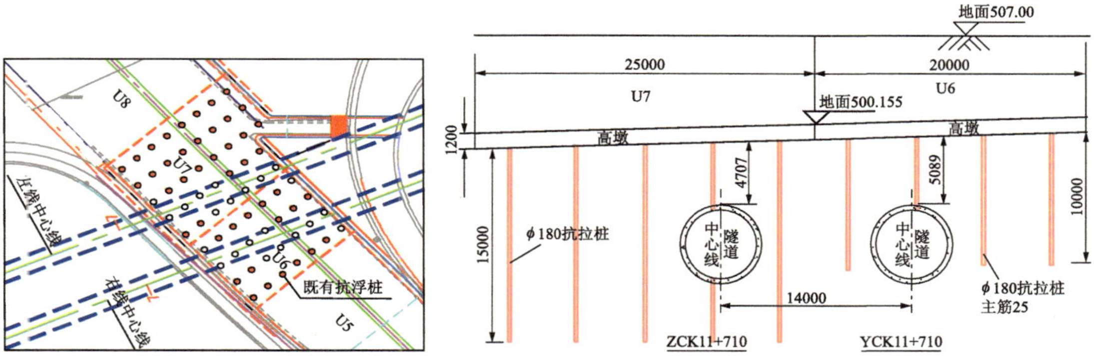

a)平面位置　　b)剖面位置

图 8-58　盾构区间隧道与市政道路下穿隧道位置示意图（尺寸单位：mm）

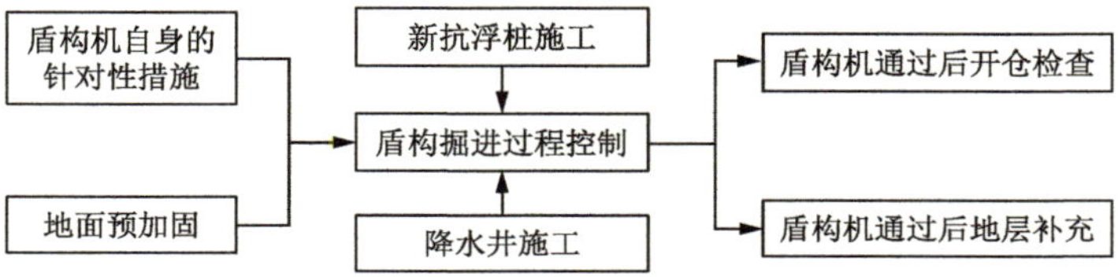

图 8-59　盾构下穿市政道路隧道总体施工工艺流程图

（1）风险分析

通过危险源辨识分析，主要风险如下。

①抗浮桩卡住刀盘或螺旋输送机造成设备故障无法正常掘进。

②临港路隧道因下方出现空洞或抗浮能力遭到削弱，结构受力发生重大变化而遭受破坏或失稳。

③盾构机开仓门时掌子面失稳。

（2）针对性措施

针对以上风险，我们制订了多项针对性控制措施。主要控制措施如下。

①盾构机改造。

对盾构机进行针对性改造，以适应下穿隧道设备自身的需求。盾构机使用盘型滚刀和优质刮刀的配置模式；在刀盘面板加焊撕裂刀，配备 8 把保径刀，便于及时切断抗浮桩钢筋，减少盾构对隧道上方土体的扰动；在刀盘面板及切口环处加焊耐磨层，如图 8-60 所示。

配备的盘形滚刀轴承能承受 250kN 的推力，轴承密封可承受 8bar 以内的气压及水压，刀体外露部分作特殊热处理，硬度达到 HRC58 ～ 59；标准刀圈硬度达到 HRC54 ～ 55，重型刀圈硬度达到 HRC56 ～ 59。标准滚刀适合开凿硬度 120MPa 以下的复合地层、大理石、砂岩、灰岩及带有石块的地层等。重型滚刀适合开凿硬度 120MPa 以上的硬岩、花岗岩、玄武岩等。

螺旋输送机增设 2 个观察窗，以便出现卡螺旋状况时方便观察螺旋输送机内部的情况并及时处理。

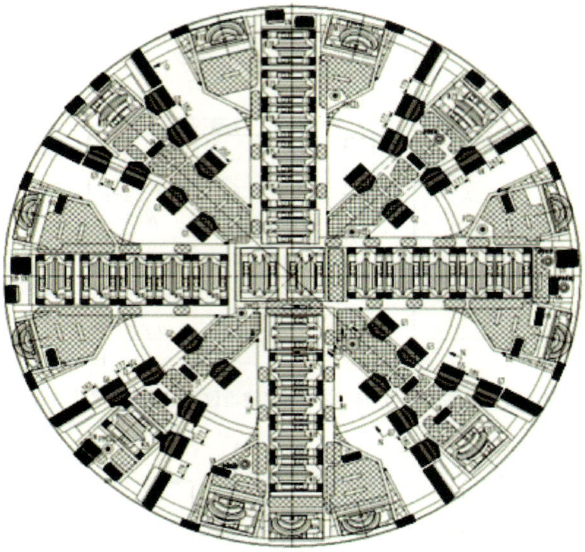

图 8-60　盾构机刀盘刀具配置示意图

②降水井施工。

盾构机下穿隧道破切桩掘进施工中，无法准确判断仓内钢筋的数量及形态，为避免钢筋影响后续盾构施工，确保地层稳定，因此，提前施作降水井对下穿道路段实施区域性降水，达到可随时进仓处理抗浮桩钢筋的条件，施作 6 口降水井，降水井深度为 27.5m，降水井平面布置如图 8-61 所示。

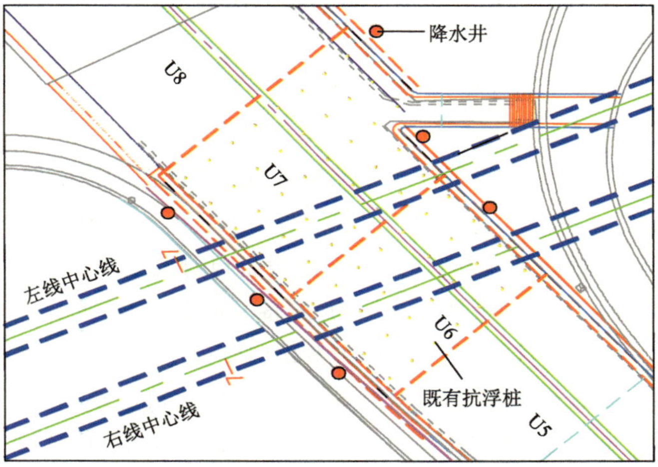

图 8-61　降水井平面布置示意图

③新抗浮桩施工。

下穿道路前在路两侧施作新抗浮桩，以弥补破除隧道结构既有抗浮桩后隧道结构自身抗浮力的损失。在道路两侧施作 14 根人工挖孔桩以替代原有抗浮桩。从地面人工开挖马蹄形截面至隧道底板挑耳处高程，之后在圆端处继续向下施作圆形人工挖孔（桩径

1500mm）至新作抗浮桩底设计高程。绑扎新抗浮桩钢筋并浇筑混凝土，完成后绑扎压顶梁钢筋并浇筑混凝土。最后采用 C20 混凝土回填人工挖孔。

④地面预加固。

对 U 形槽两侧土体进行加固，减少盾构切除抗浮桩时对地层的扰动。加固范围为 U 形槽两侧沿线路方向 4.5m，盾构隧道外边缘外扩 4m，地面预加固注浆孔平面布置如图 8-62 所示。盾构机通过时及通过后由地面注浆管及时进行补浆。

⑤其他措施。

盾构掘进直接破除道路基础既有抗浮桩时，严格控制掘进参数；盾构机通过后，及时开仓检查并清理土仓内的钢筋、混凝土块等异物；在隧道内及时开展二次注浆及地面跟踪注浆。

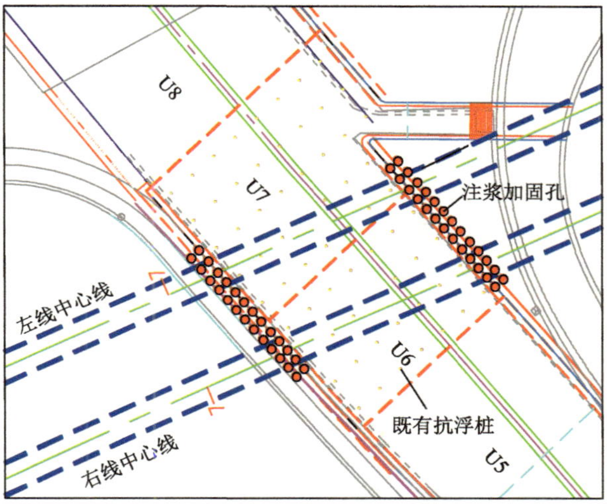

图 8-62　地面预加固注浆孔平面布置图

3）施工控制要点

（1）施工准备

①技术准备。

下穿前，对需切割的桩号及里程进行再次确认，对已有隧道进行现状鉴定并出具评估报告；按照设计及论证后的专项施工方案要求编制安全技术交底文件，并对所有作业人员进行交底培训，并根据已有掘进经验，确定切实可行的掘进参数、异常处理措施；按照设计及专项施工方案要求完成新增抗浮桩及 U 形槽两侧土体预加固，以确保 U 形槽两侧沉降可控；完成隧道监测点布设并进行初值采集，进行现状调查和鉴定并在下穿过程中进行实时对比；加强掘进参数的采集与监控，掘进参数采集频率由 300mm 变为 100mm，重点监控刀盘扭矩、螺旋输送机扭矩、出渣量、掘进速度等参数；严格进行掘进参数的控制管理，控制掘进出渣量，实行出渣量和重量双重卡控，每环出渣量控制在 58m³（115t）以内；当刀盘扭矩波动大于 500kN·m 时，立即减小掘进总推力，放缓掘进速度，防止刀盘切入桩体过多造成刀盘被卡；当螺旋输送机扭矩波动大于 40bar 时，必须停止掘进，反复正反转螺旋输送机，并观察出渣中是否含有钢筋，扭矩波动趋于正常时恢复掘进施工；严格监控出渣量，每掘进 370mm 时出一斗渣土，如出现少量超方时，需及时进行地表监测并洞内跟踪注浆。按照设计要求，在盾构下穿道路里程段采用 D 型加强多孔管片，并在盾尾通过后立即进行打深孔注浆加固，确保此段后续沉降稳定可控。

②人员保证。

安排专人对渣样进行分析，统计出渣土中的抗浮桩钢筋；实行业主、城投、设计、监理、施工等参建各方联合值班，加强现场管控，出现异常状况及时解决；安排专人对已有隧道进行 24h 巡查，加大监测频率，盾构下穿过程中不间断已有隧道进行实时监测，并随即进行数据的通报以指导盾构参数的调整和控制。

③确保机械设备状态良好。

加强设备的维修保养，对易损易坏构件，加大配件储备，确保设备的完好率，保证盾构下穿抗浮桩掘进的均衡连续；加强盾构以及管片姿态的监测，避免出现因盾构姿态以及管片姿态超限停机。

④协同应急。

掘进中受阻需开仓检查时，要提前通知参建各方并做好开仓前的各项准备，开仓过程中邀请业主、城投、监理、设计等参加方及项目相关管理人员对开仓全过程进行旁站、监督，出现异常及时商讨进行处置；与道路产权单位、交警、城管等单位做好沟通协调，出现险情后便于及时处置应对。

（2）盾构切桩掘进

盾构掘进时坚持“控制扰动，安全、连续、慢速均衡通过”的原则，通过控制盾构掘进参数来减少刀盘及螺旋输送机扭矩变化和地层损失，减少盾构施工过程中的地层变形，掘进过程中密切观察掘进参数，参数出现波动或掘进出现异常响声时及时分析原因，并采取针对性措施。

4）切桩掘进施工情况

下穿道路掘进参数及异常处理措施见表 8-10，盾构切桩施工掘进参数统计见表 8-11。

下穿道路掘进参数及异常处理措施　　表 8-10

桩号	掘进速度（mm/min）	刀盘转速（r/min）	刀盘扭矩（kN·m）	螺旋输送机扭矩（kN·m）	总推力（kN）	异常情况及处理措施
1	20～35	1.2～1.4	4400～5000	16～22	10000～13500	无异常，桩基位于隧道左侧边沿，通过选择刀盘转向顺利通过
2	20～40	1.2～1.3	3800～4800	15～25	12000～15000	土仓内有异常响声，通过在土仓加膨润土泥浆降低刀盘扭矩，有钢筋从螺旋输送机轴处带出
3	20～25	1.0～1.2	4700～5200	24～56	14000～15000	螺旋输送机轴扭矩增大，螺旋输送机轴被钢筋卡死，通过对螺旋输送机轴正反装降低扭矩
4	15～20	1.0～1.2	4200～4800	15～18	15000～18000	速度降低，推力大，渣土中卵石含量较少，开仓检查刀盘进行仓内渣土及钢筋清理

续上表

桩号	掘进速度（mm/min）	刀盘转速（r/min）	刀盘扭矩（kN·m）	螺旋输送机扭矩（kN·m）	总推力（kN）	异常情况及处理措施
5	30 ～ 50	1.2 ～ 1.3	4200 ～ 5000	15 ～ 30	12000 ～ 14000	掘进正常，适量加入膨润土泥浆，有钢筋从螺旋处带出
6	30 ～ 35	1.1 ～ 1.3	4500 ～ 5200	17 ～ 22	14000 ～ 15000	掘进正常，通过正反转动刀盘，降低刀盘扭矩
7	30 ～ 35	1.0 ～ 1.3	3000 ～ 5000	20 ～ 25	12000 ～ 14000	掘进正常，螺旋输送机轴扭矩大，有钢筋带出
8	20 ～ 25	1.0 ～ 1.2	4500 ～ 4800	15 ～ 25	13000 ～ 15000	掘进基本正常，刀盘扭矩波动大
9	20 ～ 25	1.0 ～ 1.2	4500 ～ 4800	15 ～ 25	12000 ～ 14000	掘进正常，刀盘扭矩波动大
10	20 ～ 25	1.1 ～ 1.2	4500 ～ 5200	20 ～ 25	14000 ～ 15000	掘进正常，刀盘扭矩波动大，螺旋输送机处有钢筋带出
11	20 ～ 25	1.0 ～ 1.2	3500 ～ 4600	15 ～ 30	14000 ～ 15000	掘进正常

盾构切桩施工掘进参数统计表 表 8-11

序　号	名　称	单　位	参　数
1	总推力	kN	12000 ～ 14000
2	掘进速度	mm/min	20 ～ 30
3	刀盘转速	r/min	1.5
4	刀盘扭矩	kN·m	不高于 60000
5	土压力	bar	0.6 ～ 0.9（1 号）
6	泡沫剂	L	100 ～ 150
7	同步注浆量	m³	不低于 6
8	同步注浆压力	bar	不低于 2bar
9	膨润土	m³	6 ～ 8
10	出渣量	m³	56

盾构切桩掘进时由刀盘及螺旋输送机带出部分桩体钢筋，长度 50cm 左右，输送机带出钢筋整体数量并不多。切桩过程刀盘及螺旋带出钢筋情况见图 8-63。

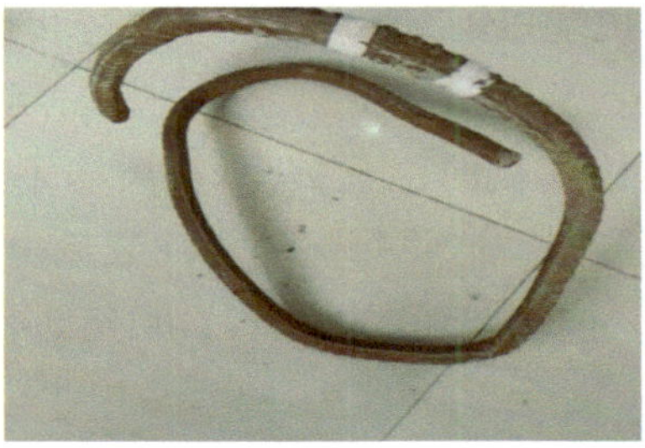

a）第二根桩钢筋

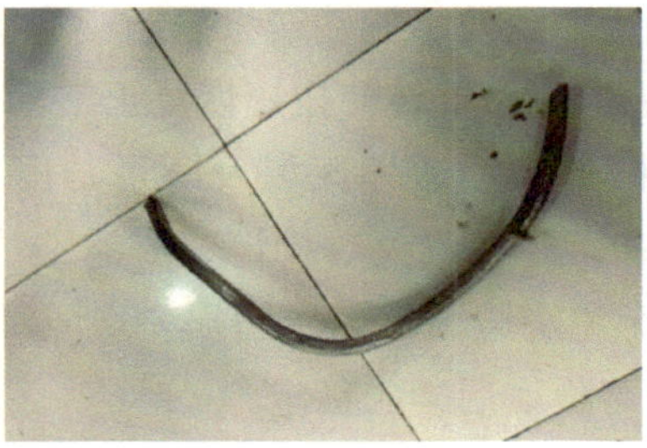

b）第三根桩钢筋（1）

图　8-63

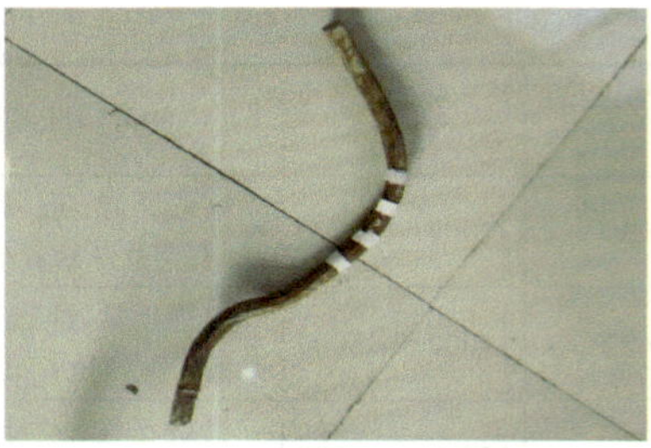

c）第三根桩钢筋（2）

d）第四根桩钢筋

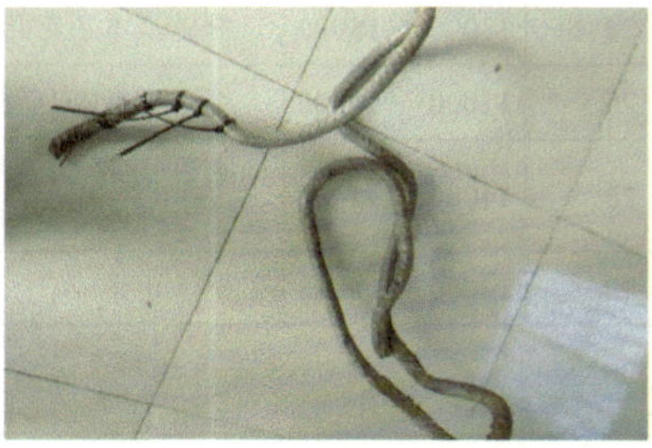

e）第六根桩钢筋

f）第七根桩钢筋

图 8-63　切桩过程中刀盘及螺旋输送机带出钢筋情况

5）切桩施工异常情况分析及措施

（1）刀盘接近抗浮桩时，派专人在土仓隔板处倾听土仓内是否有异常响声，如出现异响、刀盘发出刺耳的响声需立即通知主控室控制刀盘转速并降低总推力。根据需切割桩与隧道的位置关系，灵活机动的调整刀盘转向及转速，尽量避免抗浮桩钢筋侵入刀盘范围缠绕刀盘。

（2）掘进过程中随时观察渣土性状，确保出渣连续，改良效果良好。当渣土中卵石含量减少，速度相对较低时通过向土仓内注入膨润土泥浆并进行渣土置换，使刀盘扭矩恢复到正常范围，提高掘进速度。

（3）盾构在切桩掘进过程中存在抗浮桩钢筋缠绕刀盘及土仓，会造成刀盘被卡，刀盘扭矩瞬间变大，无法正常掘进的风险。当无法通过转动刀盘和螺旋输送机等方式带出时，采取开仓检查，取出缠绕在刀盘及土仓内的钢筋和大直径卵石，确保下步掘进能够顺畅。

（4）切桩过程中，土仓会存在部分直径 25mm 不规则长段钢筋，螺旋输送机出渣过程中存在钢筋缠绕螺旋输送机，造成螺旋输送机被卡风险，螺旋输送机被卡后，无法正常出渣。须密切关注土刀盘及螺旋输送机扭矩变化情况，出现扭矩突然变大时及时停止推进，多次对刀盘、螺旋输送机正反转使扭矩恢复正常。

（5）根据下穿隧道埋深以及隧道与既有结构底板的位置关系，在盾构下穿过程中做好盾构姿态的调整，避免盾构调整姿态造成地层的扰动，将每环同步注浆量由 6m^3 增加到 8 ～ 10m^3，避免隧道顶部地层的损失造成沉降。并安装多孔加强管片，后续进行二次注浆，以确保临港路隧道后续的稳定。

6）开仓检查

区间盾构右线顺利通过道路下穿隧道抗浮桩区域后，立即进行开仓检查，清理土仓内的钢筋，以方便后续施工。切割抗浮桩过程中刀盘及螺旋输送机带出钢筋情况如图 8-64 所示。仓内钢筋量占全部钢筋量的 50% 左右。

图 8-64　进仓打捞出的抗浮桩钢筋

7）经验总结

（1）土压平衡盾构机刀盘刀具针对性改造后，在卵石土地层中，满足穿越水泥浆碎石桩施工。

（2）土压平衡盾构机通过水泥浆碎石桩后，须及时进仓清除仓内钢筋等异物，以确保后续掘进施工。

（3）在砂卵石地层中，盾构切桩前，建议在切桩区域设置降水井，水位降至隧道底以下 1m 后进行常压开仓，打捞仓内钢筋。

（4）盾构切桩施工前，对风险较大的建（构）筑物下方桩体，须进行托换等加固措施。

8.5 本章小结

（1）从全盘滚刀与切刀直接切桩室内试验和盾构切桩的实践案例综合来看，盾构直接切桩的影响因素较多，存在较大的不确定性，切桩控制难度较大。分析实验结果，一方面，难以明确不同环境下刀盘切削桩基的最佳推进速度与刀盘转速，其相关方法与设置经验仍处于探索阶段；另一方面，全盘滚刀切削钢筋的效率不高，截断钢筋长度较长，全盘切刀可实现较低扭矩切削基桩，但对刀盘振动损伤影响较大。从现场实践经验来看，盾构切桩不可避免地产生钢筋缠绕刀盘刀具进而损坏刀具、堵塞螺旋输送机或泥浆泵等不利影响，对后续工程施工带来较大的影响，一旦处理不及时就容易造成不可挽回的损失。因此，工程中盾构直接切削桩基需谨慎。

（2）从室内切桩试验结果来看，滚刀切削桩基与切刀切削桩基机理存在较大差异，滚刀以挤压破碎方式破除混凝土，以剪压、剪拉、弯折破坏方式作用于主筋，而切刀以剪切、挤压的方式破除混凝土，以剪切钢筋以为主，剪拉、剪弯破坏为辅。滚刀与切刀对桩基切削机理的差异导致切削效果与功效存在较大差异。在盾构切桩前要对盾构机进行针对性改造或设计，最好结合现场情况提前开展室内切削试验研究以确保切削桩基的结果可控。

（3）根据全盘滚刀与切桩室内试验与现场实践经验，刀盘切削桩基前应探明桩基的主筋与箍筋情况、混凝土强度等，并应根据桩基与隧道开挖断面的相对位置关系、混凝土强度等合理配置滚刀与切刀，且滚刀与切刀宜设置一定刀高差。滚刀与切刀应按轨迹线间隔布置，实现滚刀对混凝土的破坏作用，切刀对钢筋的切断作用，并且切刀间距应根据螺旋输送机的输出能力设置。与此同时，刀盘切削桩基应严格控制刀盘推进速度和转速，为保证盾构掘进过程安全，减小对周围环境扰动，应降低刀盘推进速度，适当提高刀盘转速，避免卡机现象的发生。

（4）盾构机刀盘直接切削基桩可实现盾构快速通过桩基地段，但相关理论与技术仍有待研究。目前，虽然已明确了滚刀与切刀对基桩的切削机理，但对于刀盘刀具的布置方式、刀间距设置、布置数量、安装角度等仍未有效解决。与此同时，为实现盾构安全、高效地切削桩基，减少对周围环境的扰动，如何设置最优推速、转速、切深和刀盘转向等为主动掘进参数，仍需结合地质条件与水文条件进一步开展研究工作。

第 9 章

盾构施工小半径曲线工程问题与案例分析

Primary Problems and Case Analysis of Shield Construction

面向挑战的
隧道及地下工程

Primary Problems and Case Analysis of Shield Construction

盾构工法由于机械化程度高、施工速度快、对地层扰动小等优点被广泛应用，然而受整体城市交通功能和某些外部因素影响，诸如出入场线、地下构筑物避让、采空区影响等，隧道线型设计时常会出现曲线隧道。盾构本身具有一定的长度和刚度，随着曲线半径的减小，盾构主机转弯和后配套设备在隧道内的运行愈发困难，由此引起诸多问题。因此，小半径曲线施工是盾构工程的一个难点。

9.1 小半径曲线盾构隧道成型几何分析

9.1.1 盾构机转弯机理

盾构在掘进过程中的转弯是通过调节推进液压缸分区压力实现的。推进液压缸出现行程差，铰接液压缸出现行程差从而盾尾和前盾形成角度，实现盾构转弯。采用主动铰接的盾构可以通过预设主动铰接行程差实现转弯。盾构转弯示意如图 9-1 所示。

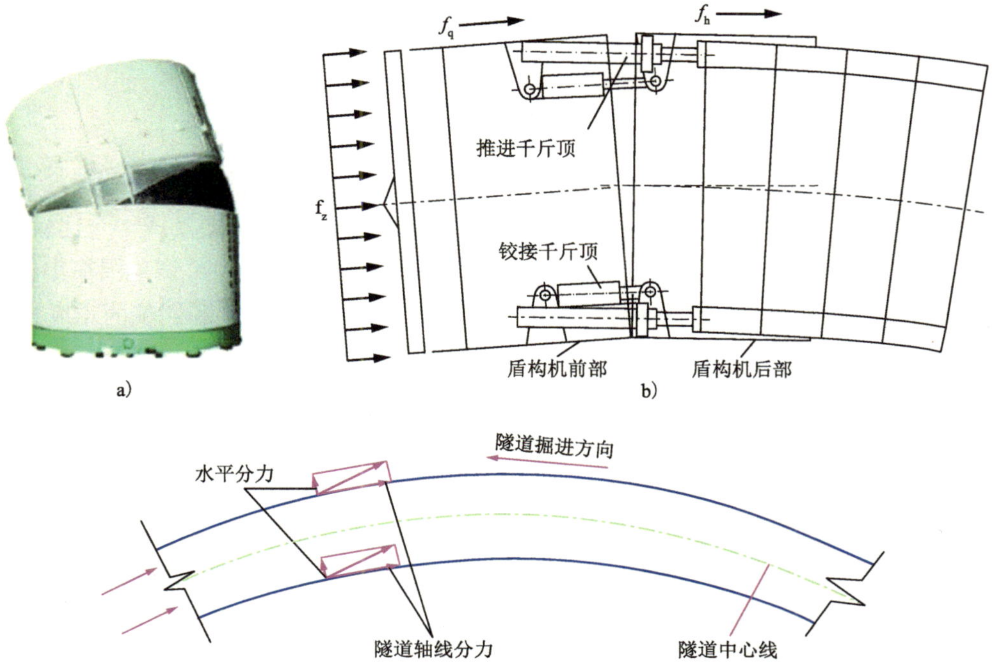

图 9-1 盾构机转弯示意图

9.1.2 盾构铰接形式

目前使用的盾构铰接形式包括主动铰接和被动铰接。采用主动铰接形式的盾构在转弯时利用推进液压缸顶住盾尾，利用铰接液压缸顶住前盾向前推进，盾构机的弯曲角度可根据铰接液压缸行程任意设置。被动铰接盾构在转弯时利用推进液压缸顶住前盾向前掘进，铰接液压缸的作用是牵引盾尾前进，盾构机的转弯角度无法任意设定，盾构机的转向角度只能通过推进液压缸分区压力的调整得以实现。主动铰接和被动铰接分别如图 9-2 和图 9-3 所示。

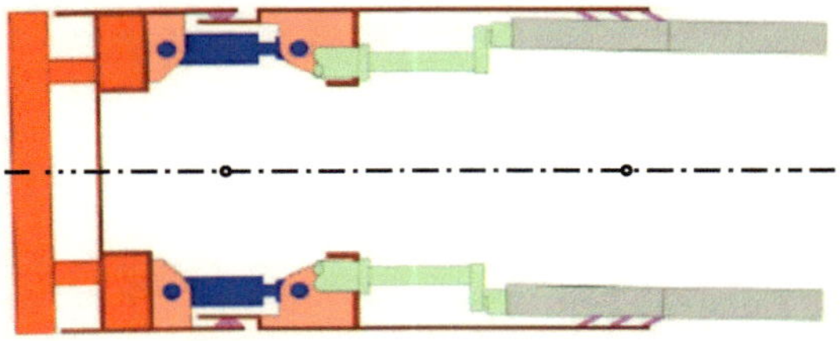

图 9-2　主动铰接盾构原理示意图

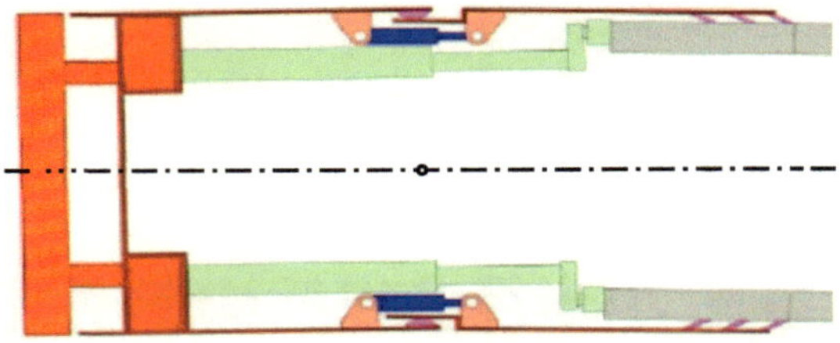

图 9-3　被动铰接盾构原理示意图

9.2 盾构小半径曲线施工面临的工程问题

9.2.1 盾构机掘进时隧道轴线控制难度大，纠偏困难

盾构机体本身为直线形刚体，不能与曲线完全拟合。曲线半径越小纠偏量越大，纠偏灵敏度越低，轴线就比较难控制。并且由于转弯关系，左右侧液压缸需要形成一个比较大的推进压力差才能满足转弯推进要求，因此这就造成左右两侧液压缸推力可调范围很小，从而可用于调整姿态的液压缸推力调整量很小，这也同样加大了对姿态控制和纠偏的难度。

图 9-4　小半径曲线上推进液压缸推力分布

9.2.2 管片容易在水平分力作用下发生较大的移位

隧道管片衬砌轴线因推进水平分力而向曲线外侧（背向圆心一侧）偏移，在小半径曲线隧道中盾构机每掘进一环，由于管片端面与该处轴线产生夹角，在千斤顶的推力作用下产生一个水平分力，使管环脱出盾尾后，受到侧向分力的影响而向曲线外侧偏移，见图 9-4。

9.2.3 对地层扰动大，容易产生较大的地表沉降

由于纠偏时的超挖，对土体扰动增大而发生较大沉降。小半径曲线隧道的施工除了有直线段隧道施工的地层变形因素外，还有以下两个因素的影响。

（1）由于盾构机处于纠偏状态，边刀也不断进行超挖掘进，开挖断面为一椭圆形，实际挖掘量超出理论挖掘量。

（2）由于纠偏量较大，对土体的扰动也大，地层损失量也增加，容易造成较大沉降。

9.2.4 管片之间易发生错台，管片易产生开裂和破损

管片存在一个水平方向的受力，不但会使整段隧道衬砌管片发生水平偏移，还会导致管片之间发生相对位移，形成错台。由于管片的受力状态复杂，管片与管片之间存在着斜向应力，使得前方管片内侧角和后方管片外侧角形成两个薄弱点，使得相当多的管片因此破裂。另外因为相邻两环管片产生了相对位移，使得管片螺栓对其附近处混凝土产生剪切作用，导致该处的混凝土开裂，如图 9-5 所示。

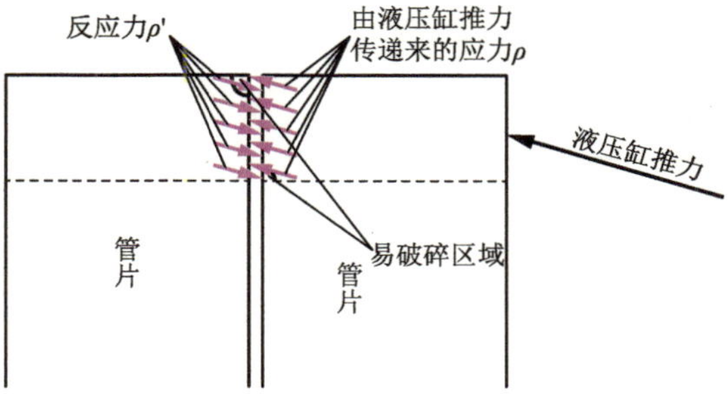

图 9-5 小半径曲线段管片易碎区示意

9.2.5 漏水现象严重

小半径曲线段漏水现象严重的原因大致有以下几点。

（1）管片错台导致止水胶条接触面积不足，如图 9-6、图 9-7 所示。

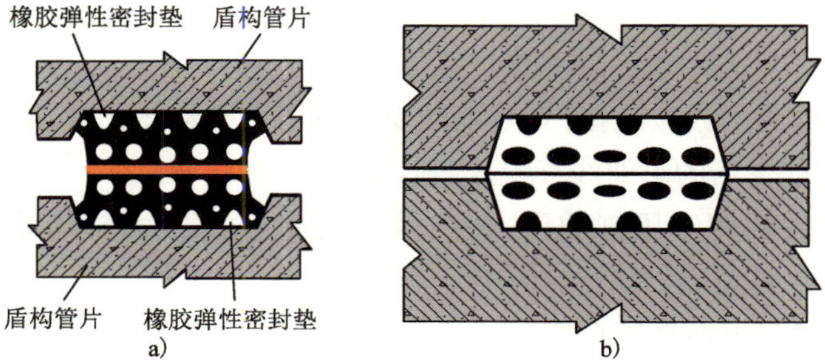

图 9-6 正常的管片拼装和止水条状态

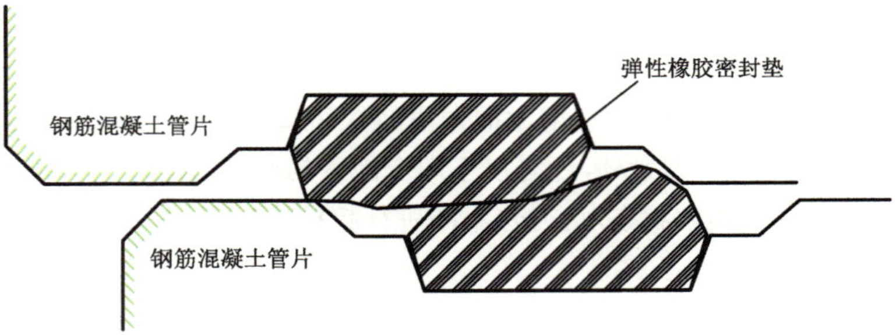

图 9-7 管片错台后止水胶条状态

（2）拼装过程中由于操作不当导致止水带脱落、起鼓。

（3）管环外侧的混凝土开裂（转弯段因盾尾间隙减小过多，使得管片被盾尾钢环刮坏），裂缝绕过止水胶条，如图 9-8 所示。

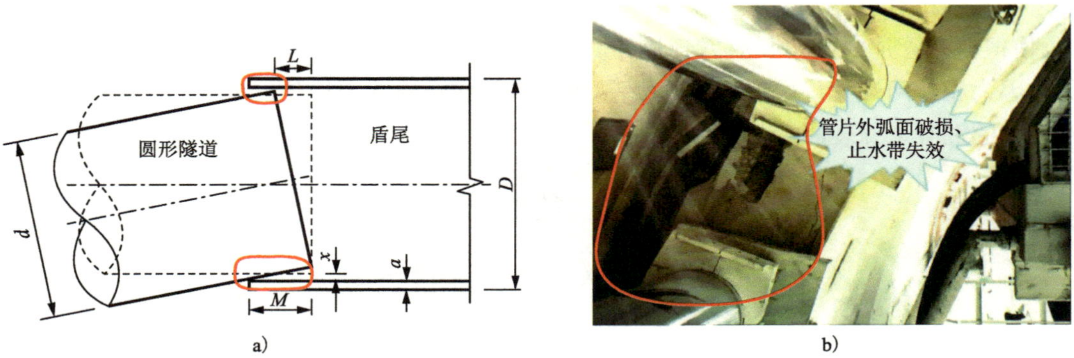

图 9-8 盾构机在转弯过程中管片与尾刷干涉

9.3 小半径曲线盾构施工应对措施

9.3.1 纠偏与隧道轴线控制

（1）中盾和尾盾采用铰接连接，有效地减少了盾构主机整体长度，盾尾与前盾形成的夹角使盾构在掘进时能灵活的沿曲线行走，顺利通过小半径转弯。

（2）掌握好左右两侧液压缸的压力差，尽量地减小总推力，慢速均匀推进，实现慢速转弯。

（3）盾构机司机根据地质情况和线路走向趋势，使盾构机提前进入相应预备姿态，减少之后因不良姿态引起的纠偏。

（4）做好管片选型，在小半径曲线施工前加工小环宽管片备用，盾构机掘进完成后，需要实时对盾尾间隙进行测量来确定管片的型号。从而有效保证使盾构机姿态和管片姿态尽量与隧道设计轴线的吻合，见图 9-9。

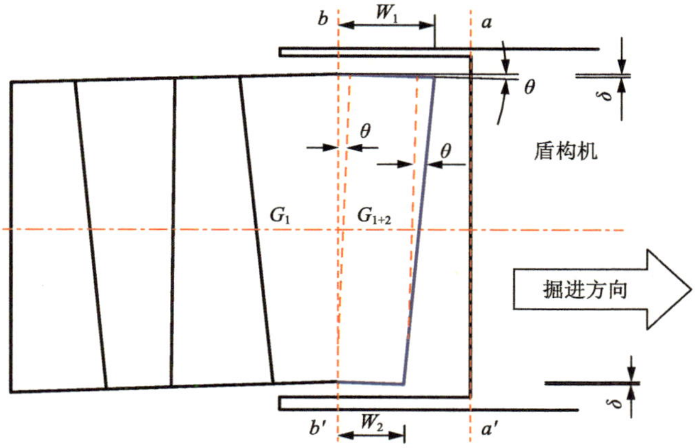

图 9-9　楔形管片调整管片趋势

（5）设置姿态预警机制。当盾构姿态超出正常姿态 ±30mm 时及时上报，当盾构姿态超出正常姿态 ±50mm 时及时停止盾构掘进，分析原因并编制切实可行的纠偏方案后方可恢复推进。

9.3.2　控制管片水平移动和侵限

（1）进入缓和曲线段时，将盾构机姿态往曲线内侧（靠圆心侧）偏移 30mm，如图 9-10 所示，形成反向预偏移，这样可以抵消之后管片往曲线外侧（背圆心侧）的偏移。由于开始推进是从缓和曲线开始，因此提前做好转弯姿态准备是重中之重。这样可以保证在后续掘进时能较容易地控制盾构机走向。

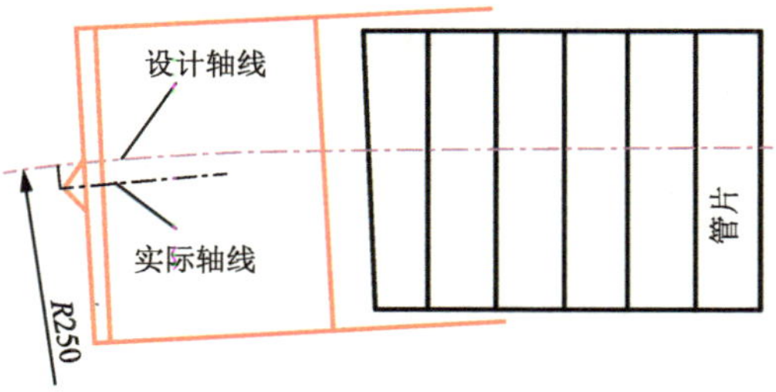

图 9-10　盾构在进入小半径曲线前设置预偏量

（2）在管片偏移的方向额外进行注浆，达到一定的压力以抵抗管片的偏移。待浆液凝固后，则管片位置基本确定。

（3）盾构在小半径曲线上掘进，推进液压缸与管片之间逐渐形成夹角，管片对推进液压缸端部有一个向圆心方向的约束力，随着液压缸行程的增加，此分力逐渐变大，对管片和推进液压缸均有伤害，故在推进过程中每隔 300 ~ 500mm 收放一次液压缸，使该力自然卸除。如图 9-11 所示。

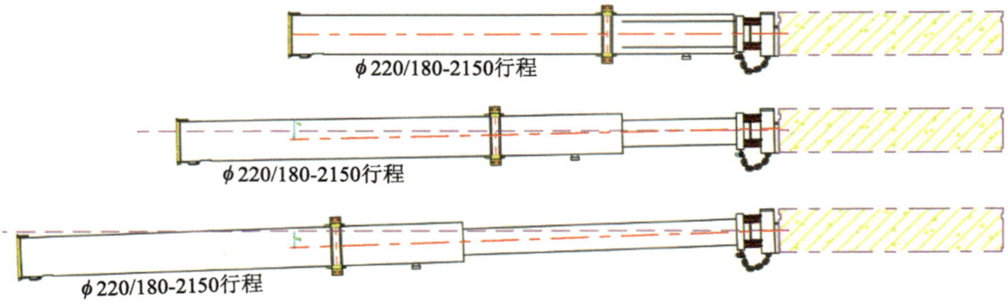

图 9-11　盾构机在小半径曲线上推进时推进液压缸与管片关系变化示意图

(4)适当调整推进液压缸限位抱箍，使液压缸在推进过程中有更大的横向活动量，避免液压缸弯曲受损，如图 9-12 所示。

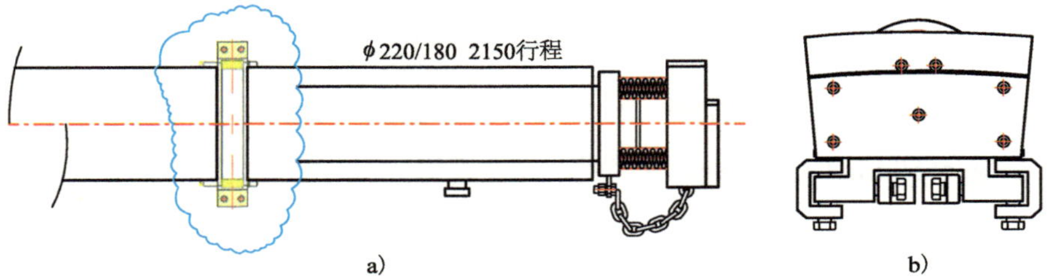

图 9-12　推进液压缸抱箍活动量调整示意图

9.3.3　预防管片错台和破损技术措施

1)预防管片错台和破损应遵循的原则

(1)盾尾间隙控制为主，线形控制为辅。

(2)掘进过程中一次纠偏量不易过大，即液压缸行程差不能过大，应控制在 60mm 以内。

(3)掘进过程中，各区推力差不能过大，宜控制在总推力的 10% 以内。合理的盾尾间隙和管片趋势能够避免管片对盾尾刷挤压磨损、盾尾漏浆、地层损失，甚至地面沉降等。

2)管片预排版

在盾构始发前根据隧道线路的平面和纵剖面的不同参数以及管片楔形量等综合考虑，通过参数模拟排版确定各类管片组合后的线形最接近隧道平面、纵断面线路中心线线形。

3)减小环宽，严控拼装质量

根据管片楔形量计算管片的超前量是否满足曲线参数要求，在不改变管片楔形量的前提下，建议减小管片环宽，增加管片趋势调整的空间，确保成型隧道线形满足设计规范要求。

4)掘进控制

掘进过程中严格控制盾构姿态和趋势，不断调整管片超前量使管片法面与盾构掘进方向垂直。实际掘进时盾构机围绕设计轴线呈蛇形前进，姿态控制应做到，勤纠、缓纠，通过千斤顶分组控制、适量超挖及铰接灵活运用等方式，将隧道轴线控制在设计允许偏差范围内，尽量使盾构机掘进轨迹保持平顺，避免盾构机姿态突变。

5)多次分区伸缩千斤顶

每环掘进时采用多次分区伸缩千斤顶的措施，尽可能释放液压缸对管片的侧向应力，减少管片移位错台。

6)其他

掘进过程中，重复拧紧管片螺栓，使管片螺栓拧紧度达到设计要求，此措施能有效防止错台的发生。提高管片拼装手的水平，避免因拼装不到位产生的错台。调整好液压缸撑靴（尤其单缸）的姿态，尽量使撑靴衬垫作用在管片指定位置上，不得挤压或剐蹭止水胶条。

对脱出盾尾后 10 环的管片进行二次注浆，注浆位置以管片两侧和上部为主，注浆压力控制在 0.4 ～ 0.5MPa，以压力控制注浆量，避免注浆过多造成管片左移。

9.4 工程案例

9.4.1 工程概况

广州地铁某项目位于广州市白云区太和镇，标段线路起于石湖站、终于石太中间风井和石湖停车场；工程包含 1 站、2 区间两个单位工程。工程位置如图 9-13 所示。

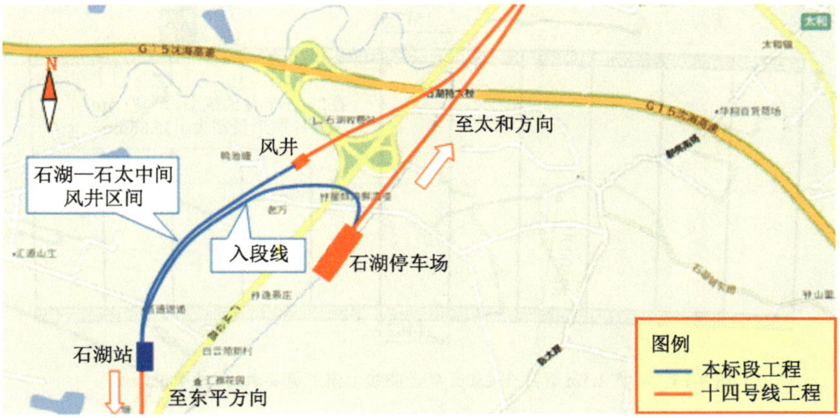

图 9-13　工程位置示意图

中间风井区间左线长 1490.024m，其中站后明挖区间长 64.713m，盾构区间长 1425.311m；中间风井区间右线长 1468.2m，其中站后明挖区间长 64.227m，盾构区间长 1403.973m。

入段线长 2081.34m，其中站后明挖区间长 64.416m，盾构区间长 2016.924m，见图 9-14。

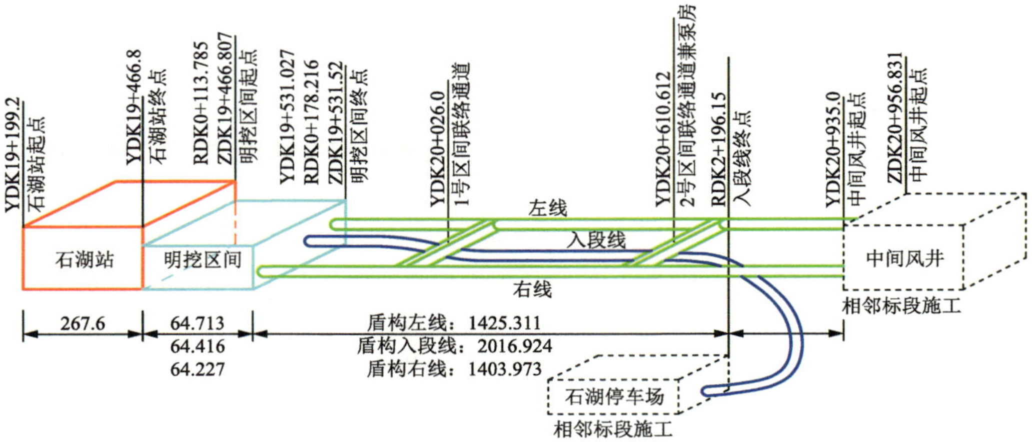

图 9-14　标段范围示意图（尺寸单位：m）

小曲线位于入段线区间，入段线盾构区间里程 RDK0+178.216 ～ RDK2+193.333，长 2015.117m。线路平面最小曲线半径为 250m，250m 小曲线半径长 425.404m；线路纵断面为 V 形坡，最大坡度为 29.06‰，隧道顶覆土 8.1 ～ 25.4m（小曲线范围覆土 8.1 ～ 17.4m）。

9.4.2　区间小半径曲线段施工措施

1）缩小管片环宽

原设计的管片宽度 1.5m，楔形量 38mm，通过管片排版图，在 250m 半径曲线上只有全通缝拼装才能与设计线路拟合，但未考虑施工偏差，因此 1.5m 宽度的管片实际施工中不能适应 250m 半径曲线。1.5m 宽管片 250m 半径曲线段楔形量要求如图 9-15 所示。

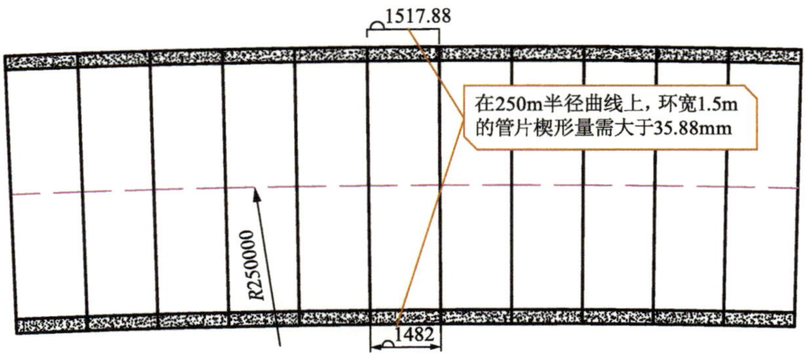

图 9-15　环宽 1.5m 管片在 250m 半径曲线上楔形量要求（尺寸单位：mm）

经过对线路拟合和盾尾间隙变化情况的对比，结合市场管片模具调查情况，最终采用 1.2m 宽度管片。

1.2m 宽管片根据排版图 250m 曲线范围需 1 环标准环 +4 环右转弯环配合基本能够与设

计线路拟合。250m 小曲线半径总长 425.4m，需要 1.2m 管片共 354 环，其中标准环 71 环、转弯环 283 环，每环转弯环的纠偏能力为 5.7mm。1.2m 宽管片 250m 曲线半径排版如图 9-16 所示。

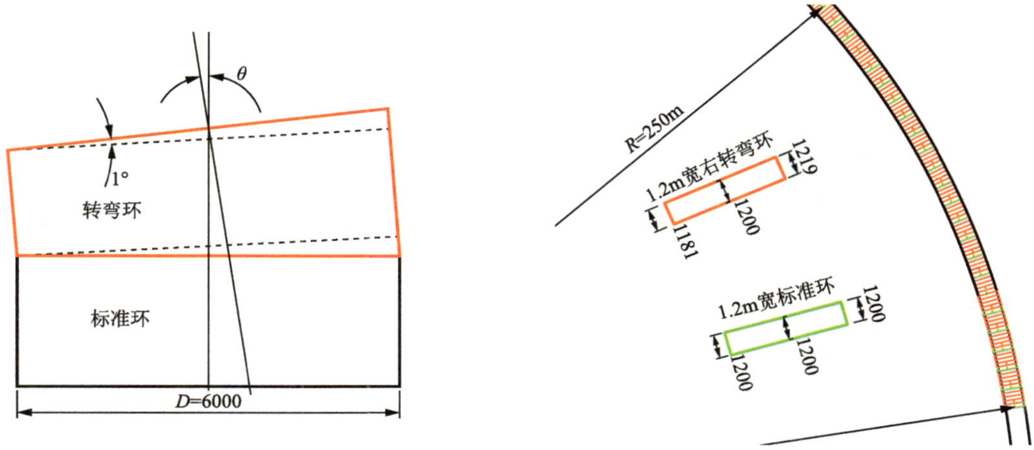

图 9-16　1.2m 管片 250m 曲线半径拼装示意图（尺寸单位：mm）

1.2m 宽管片在 250m 曲线上盾尾间隙一侧为 68mm，另一侧为 23mm，1.2m 宽管片盾尾间隙如图 9-17 所示，考虑富余值后盾尾间隙情况见表 9-1。

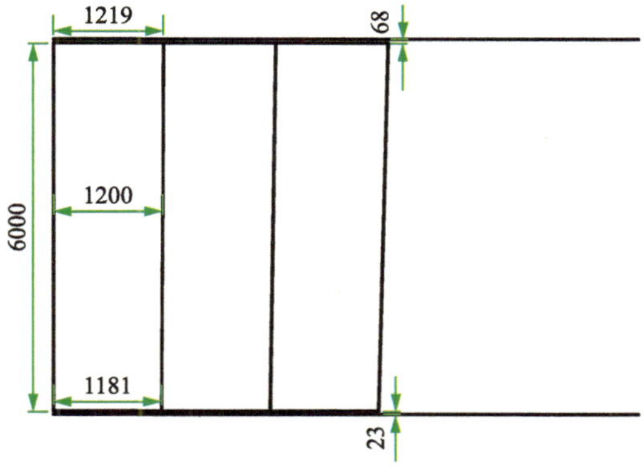

图 9-17　1.2m 管片盾尾间隙示意图（尺寸单位：mm）

管片宽度盾尾间隙对比情况表　　表 9-1

管片宽度（mm）	1000	1200	1500
盾尾间隙（mm）	65/26	68/23	74/17
考虑富余量之后	50/11	53/8	59/2

2）掘进超挖、同步注浆问题及解决措施

对于超挖问题，用于本工程的盾构机无超挖刀，采用对刀盘改造的方式解决，以满足掘进超挖需要为原则，尽量少改动刀盘结构为目的进行改造。将 6 把 17in 边滚刀的刀圈换成 18in 的刀圈，在原有的 6 个刀箱上进行开槽，其他刀盘构和刀箱均不做改动。改造后的开挖直径由6280mm增大至6305mm。刀盘改造如图9-18所示。刀箱开槽始发前进行，刀圈更换在小半径曲线起点前开仓更换；掘进过程中及时、不断检查边滚刀的尺寸，一旦磨损减少时须及时进行换刀。

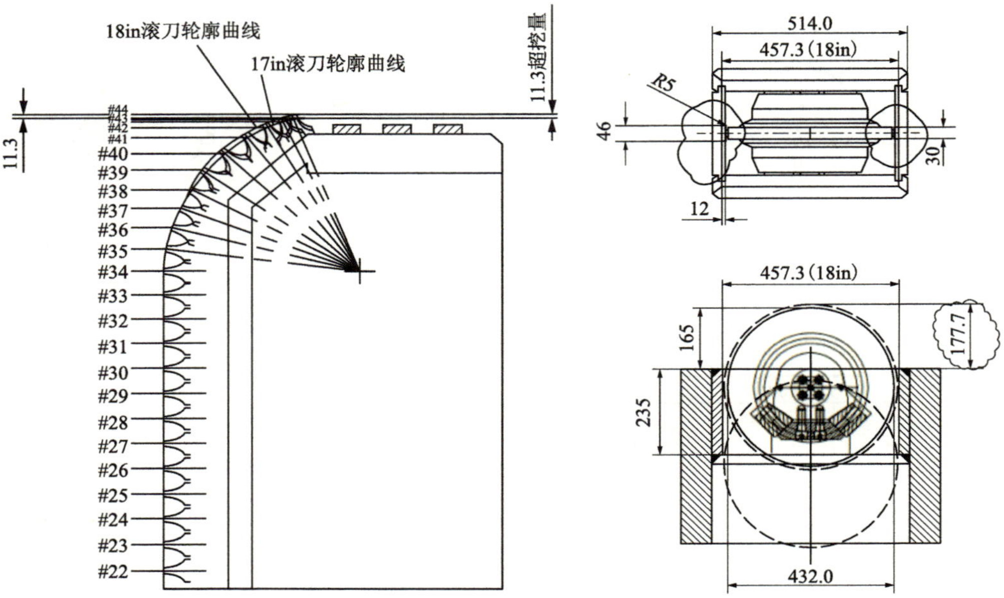

图9-18　刀具安装高度调整示意图(尺寸单位:mm)

由于选用盾构为被动铰接，对于小半径曲线岩层掘进易卡盾问题，采用增大铰接拉力的措施进行一定程度上的解决。将原有总拉力为7340kN的18根被动铰接液压缸(型号为ϕ160/80-150)，更换为总拉力12000kN的18根新被动铰接液压缸(型号为ϕ180/80-150)，使总拉力增大了4660kN。另在盾构下井前对盾尾的真圆度进行实测，防止出现因盾尾失圆卡盾问题。

针对超挖后同步注浆浆液流向刀盘土仓的风险问题，采取三方面的措施。一是加长盾尾止浆板，防止盾构开挖直径扩大后同步注浆浆液流失。二是要带压注浆，保持土压、注浆压力平衡。三是通过反复试验调配注浆浆液参数，适当掺入水玻璃调节浆凝结时间、减少浆液的流动性。

3)管片错台、破损、漏水问题及解决措施

(1)对推进液压缸抱箍和垫圈的改造

小曲线段掘进时推进液压缸会发生转动，导致推进液压缸中心线和管片中心线不重合，致使管片受力不均匀，产生错台和破损。为了减少这种现象出现，需对推进液压缸附件改造，具体改造情况如下。

①割除所有推进液压缸的原有抱箍，根据转弯模拟增大原有抱箍和垫圈的尺寸，并重新加工制作。使抱箍和垫圈在小曲线转弯的过程中与推进液压缸有足够的浮动量，从而满足推进液压缸的浮动要求。

②在推进液压缸抱箍和垫圈改造的基础上，盾构即将进入小曲线转弯时，调节推进液压缸抱箍的纠偏螺栓，使推进液压缸的中心线和管片的中心线重合，减少管片变形或者管片破损。抱箍改造如图 9-19 所示。

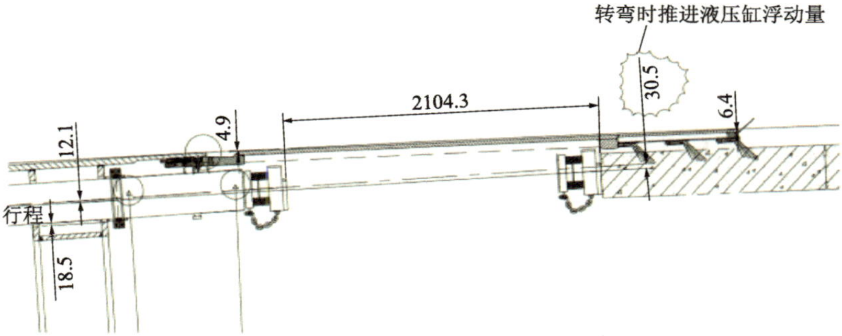

a)

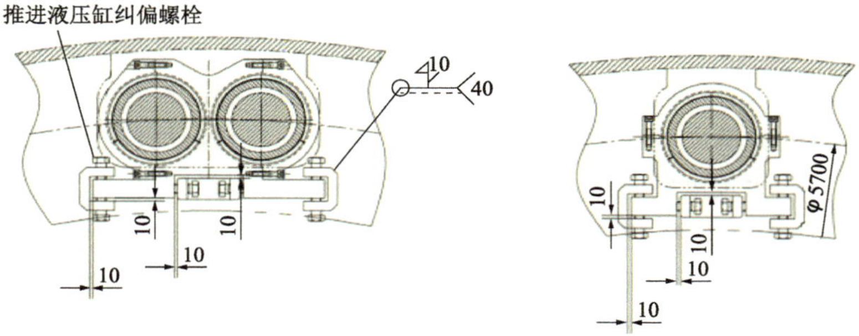

b)

图 9-19　抱箍改造示意图（尺寸单位：mm）

（2）其他措施

①调配同步注浆浆液配合比，掺加适量水玻璃加快浆液的凝结速度和早期强度。加强二次补浆，在小半径地段管片出盾尾 6 ～ 7 环后，对管片进行以侧面和上面为重点的不均匀二次补浆，以防止小半径段隧道侧向和上下偏移。

②在掘进过程中，每环宜伸缩千斤顶 2 ～ 3 次，进行应力释放保护已拼装管片破损，并有利于防止盾构机侧滚和管片旋转。

③拼装管片时，管片脱出盾尾后进行复紧的基础上再加一道复紧工序，确保管片螺旋紧固。

④保持良好的盾尾间隙，避免盾尾刮坏管片，管片拼装完成后保证盾尾与管片之间有 23mm 的间隙。

4)盾构线性控制问题及处理措施

（1）参考已经成型小半径曲线类似地层的掘进情况，确定合理的掘进参数，并通过小曲线试掘段进行适当调整。

（2）严格控制掘进速度，避免掘进过快导致较大轴线偏移，初步确定进度控制在 3 ～ 4 环 /d，根据掘进情况可做适当调整。

(3)盾构被动铰接的最大行程限值为150mm，在小半径掘进过程中，铰接千斤顶行程较大，铰接液压缸被拉到极限值会失去被动铰接的优势，甚至出现盾尾卡死等现象，铰接伸长量严格控制在140mm以内。

(4)掌握好左右两侧液压缸的推力差，尽量地减小整体推力，实现慢速急转。

(5)在小半径掘进施工时，自动导向系统的激光站每次移站的距离短，移站频率高，否则盾构机自动导向系统无法反映盾构机真实姿态。但移站频率高、吊篮不及时复测，再加上管片位移，会对自动导向精度造成一定影响，因此增加人工复测频率和导线控制点的联测尤为重要。

(6)掘进施工过程中实时对盾尾间隙进行测量来确定封顶块的位置，每环进行3次盾尾间隙测量，管片拼装前测量1次，推进过程中测量2次。对测量结果进行分析后，综合考虑盾构姿态和管片姿态进行管片选型，从而有效保证使盾构机姿态和管片姿态尽量与隧道设计轴线相吻合。

(7)设置姿态预警机制。当盾构姿态超出正常姿态 ±20mm 时及时上报总工程师及现场经理；当盾构姿态超出正常姿态 ±40mm 时及时上报项目经理，停止盾构掘进。

(8)明确盾构机纠偏原则：①每环纠偏幅度不应过大，纠偏量宜控制在5mm/环以内。②平面小半径同时为大坡度的隧道，当水平、垂直都需纠偏时，要先将一个方向纠完，再纠另一个方向；宜先稳住垂直姿态，再水平纠偏，同时纠偏效果不理想。

(9)盾构机在小半径地段施工时，事前应使盾构机在平面曲线内侧偏一定量，即盾构机沿曲线的割线方向掘进，管片拼装轴线位于弧线内侧。经计算，盾构姿态在水平方向内弧线偏移20～40mm。

5)设备桥与螺旋输送机干涉解决措施

通过250m转弯模拟示意图看出，螺旋输送机单边偏移量203mm，螺旋输送机尾部驱动的宽度为1400mm，设备桥的内侧净空尺寸为1740mm，在250m转弯段螺机与设备桥干涉，需对设备桥前部进行加宽改造。小曲线段螺旋输送机偏移量如图9-20所示。

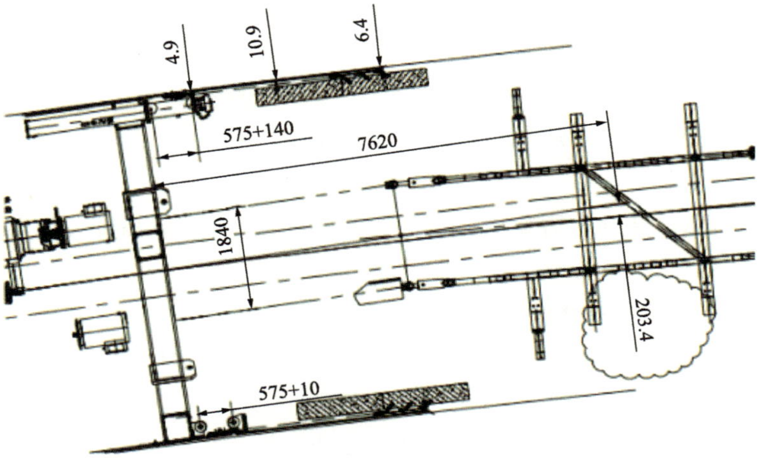

图9-20　小曲线螺旋输送机偏移量示意图(尺寸单位：mm)

加宽设备桥前部，保证设备转弯时螺旋输送机不与设备桥干涉。

6）管片吊机链条问题解决措施

（1）调节管片吊机的链条悬垂长度。

（2）调整两段管片吊机梁的连接形式。

7）钢轨问题解决措施

250m 小曲线段安装 3m 长短钢轨。

9.5 本章小结

盾构机在小半径曲线地段施工时，受设备结构设计、管片设计、隧道平面设计影响较大，卡机、设备干涉、管片破损、结构侵限、尾刷损坏等现象较为突出。

（1）通过加大开挖轮廓，采用小环宽管片，辅助以掘进过程中收放液压缸可以解决盾构卡机、管片破损、尾刷损坏问题。

（2）对盾构设备桥前部进行加宽改造，配合使用 3m 短轨道能够避免小半径曲线掘进时的设备干涉和列车掉道。

（3）进入缓和曲线时，将盾构机姿态往曲线内侧（靠圆心侧）偏移 30mm，形成反向预偏移，这样可以抵消管片脱出盾尾后往曲线外侧（背圆心侧）的偏移。

面向挑战的隧道及地下工程

第10章

盾构空推步进常见问题与注意事项

Primary Problems and Case Analysis of Shield Construction

面向挑战的
隧道及地下工程

Primary Problems and Case Analysis of Shield Construction

通常盾构空推步进有两种较为常见的方式，分别是采用全环管片拼装为推进液压缸提供反力和非全环拼装为推进液压缸提供反力。全环管片拼装空推步进主要存在因反推力不足止水条挤压不紧导致管片渗漏水，空推操作不慎导致刀盘偏压主轴承损坏，二次始发不能保压等问题。非全环拼装空推步进存在液压缸不同步导致盾构机调向困难，易偏离轴线，反力支座易损坏等问题。

本章针对盾构空推步进施工过程中存在的问题，结合现场的施工经验及案例，对相关问题进行分析并提出了相关处理措施。

10.1 盾构空推步进常见问题

10.1.1 反推力不足导致管片错台、渗漏水

盾构在空推段由于刀盘前方反力是由堆放的豆砾石提供的，堆渣量不够或空推操作不当都会造成管片接缝止水带挤压不足。若管片背后吹填豆砾石及二次注浆不到位，就容易出现矿山法空推段管片错台和接缝渗漏水问题，如图 10-1 所示。

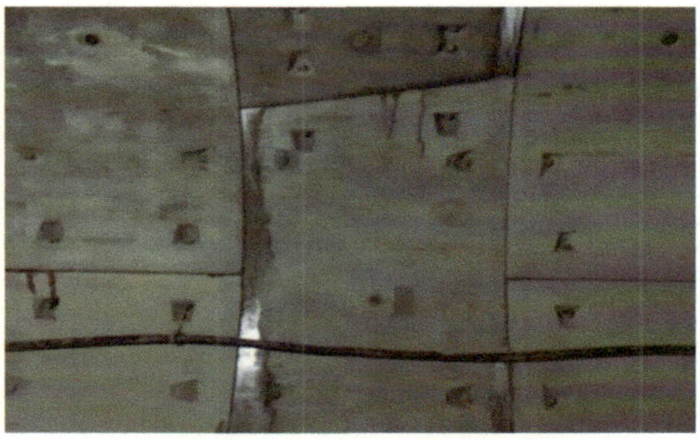

图 10-1 管片渗漏水

10.1.2 净空不足导致卡盾

由于暗挖断面欠挖、喷射混凝土面凹凸不平、导台施工时存在偏差等原因，导致隧道内净空不足，最终导致盾构空推过程中盾构机擦蹭初期支护，使盾构机一侧阻力增大，引起姿态变化或卡盾。

10.1.3 刀盘偏压，引起主轴承损坏

刀盘前部提供反力位置一般在下部，由于空推时土仓内无渣土填充也不能建立压力，一旦刀盘下部遇到障碍物，会导致盾构推力瞬时陡升，可能会造成主轴承偏载局部集中受力，引起主轴变形或破坏。

10.2 空推步进常用技术措施

10.2.1 暗挖空推断面检查

采用三维激光扫描仪对隧道及导台进行全断面检查（图 10-2），对初期支护断面侵限位置进行处理，对导台中线进行校核。

图 10-2 三维激光扫描仪

10.2.2 旋转刀盘至合适位置

将边滚刀位置旋转至导台范围以外，防止刀具剐蹭导台，引起导台损坏。边滚刀与导台位置关系如图 10-3 所示。

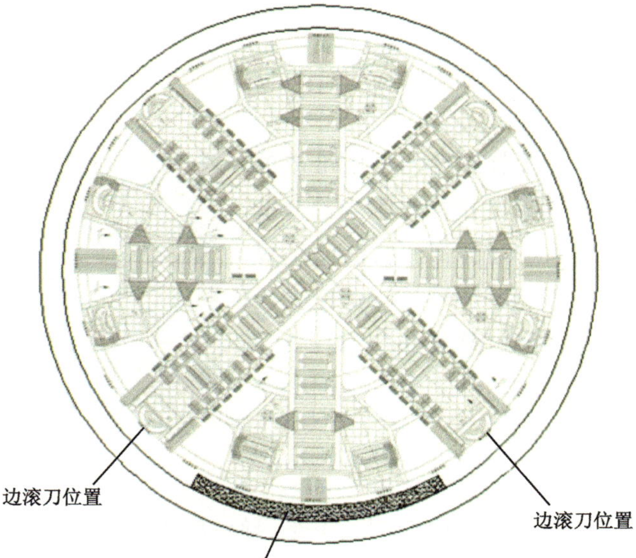

图 10-3 边滚刀与导台位置关系

10.2.3 刀盘与土仓间焊接支顶措施

空推施工，刀盘依靠主轴承与主机连接，底部仅有刀盘支垫，极易造成刀盘偏压受力，引起主轴承损坏，为防止刀盘偏压，需在刀盘下部与土仓隔板之间焊接支顶防护装置，如图 10-4 ～图 10-6 所示。

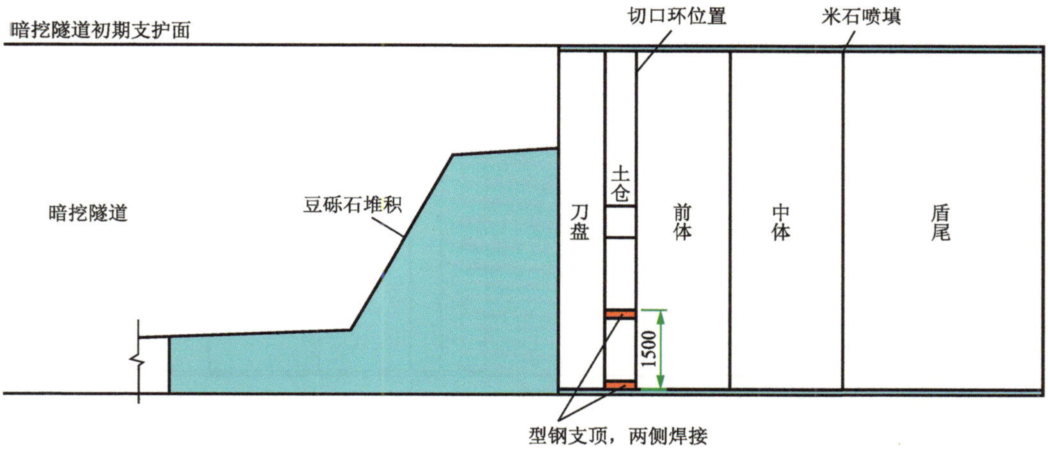

图 10-4　焊接支顶侧视图(尺寸单位:mm)

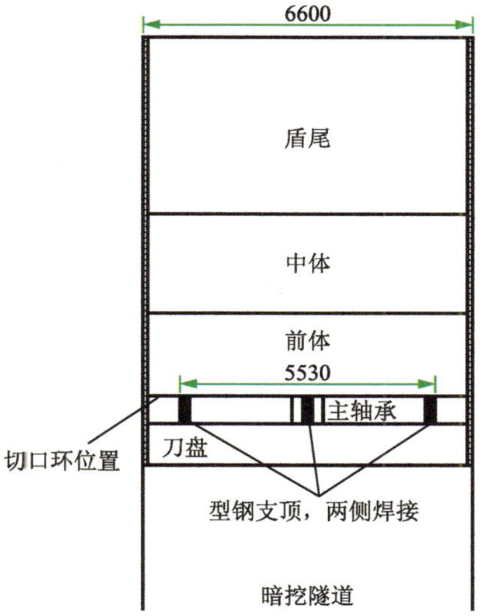

图 10-5　焊接支顶俯视图(尺寸单位:mm)

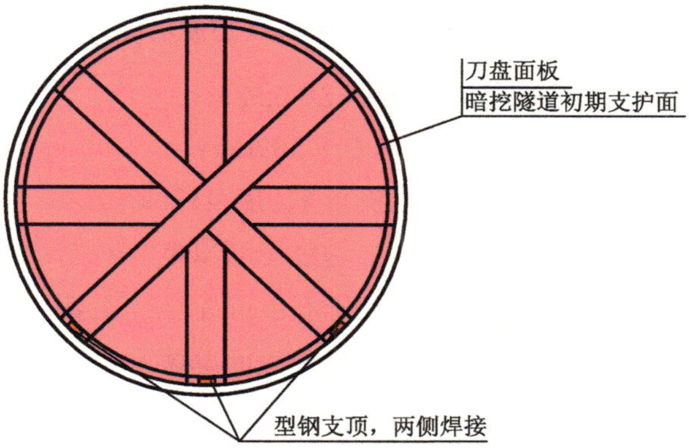

图 10-6　焊接支顶正视图

10.2.4　豆砾石的堆放

盾构机在隧道空推时，由于前方阻力很小，需对盾体及管片周围喷射豆砾石，以便增大摩擦阻力，增加推力，挤紧管片止水胶条。豆砾石二次堆放分为两部分：一部分刀盘前面堆放到中心刀以上(增大摩擦阻力用)，另一部分把原来倒运到洞内的豆砾石向两边堆放，如图 10-7 所示。豆砾石的堆放高度如图 10-8 所示。

图 10-7　刀盘前豆砾石堆放

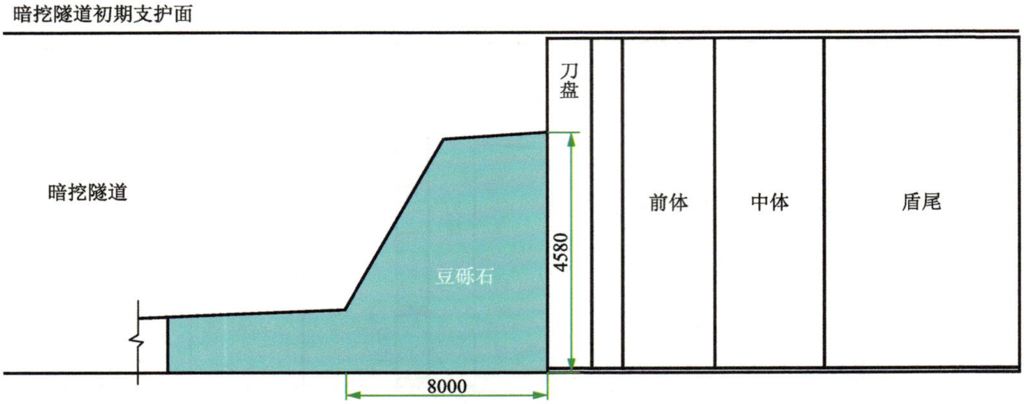

图 10-8 刀盘前豆砾石堆放高度剖面图（尺寸单位：mm）

盾构机的总推力是各种推进阻力的总和。对于盾构空推步进，通常考虑的推进阻力包括：盾体的摩擦力、前方堆载的阻力、盾尾与管片的摩擦力、后配套的拖拉力等。这些推进阻力根据地层情况和盾构机的尺寸参数，以直径 6.3m 地铁盾构为例计算如下。

（1）盾体的摩擦力

盾体与地层间的摩擦阻力由公式（10-1）计算。

$$F_1 = 0.25\pi DL\left(2P_e + 2KP_e + \gamma D\right)\mu_1 + W\mu_1 \tag{10-1}$$

式中：D ——盾构机外径（D=6.68m）；

L ——盾壳总长（L=8.389m）；

W ——盾构机主机重量（W=4130kN）；

γ ——掘削断面上的豆砾石重度（γ =20kN/m³）；

K ——盾构前部豆砾石的静止土压系数，取 0.5；

μ_1 ——地层与盾构机外壳间摩擦因数，通常取 $\mu_1 = 0.5\tan\varphi$；

φ ——掘削断面上土体的内摩擦角（28°）；

P_e ——作用在盾构机上顶部的竖直土压强度（kPa），$P_e = \sum_{i-1}^{n} \gamma_i H_i$，取 P_e =0；

n ——地表至盾构机外壳上顶区域内的不同浮重度的土层的层数；

γ_i ——第 i 层的浮重度（kN/m³）；

H_i ——第 i 层厚度（m）。

$$\begin{aligned} F_1 &= 0.25\pi DL(2P_e + 2KP_e + \gamma D)\ \mu_1 + W\mu_1 \\ &= 0.25\times3.14\times6.68\times8.389(0+0+20\times6.68)\times0.27+4130\times0.27 \\ &= 2787.04(\text{kN}) \end{aligned}$$

（2）盾尾与管片间的摩擦力

盾尾与管片间的摩擦力由公式（10-2）计算。

$$F_2 = n_1 w_s \mu_2 + \pi D_s b P_2 n_2 \mu_2 \tag{10-2}$$

式中：n_1 ——盾尾内管片的环数（n_1 =1.5）；

w_s ——1 环管片的重量（kN）（w_s =216kN）；

μ_2 ——管片与盾尾密封刷的摩擦因数（μ_2 =0.3）；

D_s ——管片外径（D_s=6.4m）；

b ——盾尾密封刷与管片的接触长度（b=0.166m）

n_2 ——盾尾密封刷的层数（n_2 =3）

P_2 ——盾尾密封刷内油脂压力（P_2 =300kPa）

$$\begin{aligned}F_2 &= n_1 w_s \mu_2 + \pi D_s b P_2 n_2 \mu_2 \\ &= 1.5\times216\times0.3+3.14\times6.4\times0.166\times300\times3\times0.3 \\ &= 997.90(\text{kN})\end{aligned}$$

（3）开挖面的支撑压力

一般来说在掌子面堆积长度不少于 8m，高度不小于 4.5m 的豆砾石。

根据盾构特点及其施工原理，采用朗肯土压力理论计算被动土压力。

当盾构工作面压力偏大、且土体处于向上滑动的状态时，土压力将由静止土压力逐渐增大，当土体达到主动极限平衡状态并出现滑动面时，土压力增至最大，即转变成被动土压力。此时土体内的竖直应力 σ_z 相当于最小主应力 σ_3，水平应力 σ_x 相当于最大主应力 σ_1，也就是被动土压力 P_p。

$$P_p = \gamma z \tan^2\left(45^\circ + \frac{\varphi}{2}\right) = K_p \gamma z \tag{10-3}$$

式中，$K_p = \tan^2\left(45^\circ + \frac{\varphi}{2}\right)$ 为被动土压力系数。

由于地层土的复杂性，实际施工中隧道上覆土并不是均一的，因此，计算时采用各层土的物理参数，分别计算各层土的土压力，最后叠加，则盾构施工地层被动土压力为：

$$P_p = K_{pm}\sum_{i=1}^{i=m}\gamma_i z_i \tag{10-4}$$

式中：m ——土层数量；

K_{pm} ——计算点处被动土压力系数。

因刀盘前部仅为 4.5m 高豆砾石，按照单一地层进行计算。

$$P_{豆砾石} = \gamma z \tan^2\left(45^\circ + \frac{\varphi}{2}\right) = K_p \gamma z$$

豆砾石相当于砾砂，其内摩擦角约为 28 °，γ为重度，取 17kN/m³；z 为高度，取 3m。则：

$$P_{豆砾石} = 17\times3\times\tan^2\left(45^\circ + \frac{28^\circ}{2}\right) = 140.93\text{kPa}$$

按照半个刀盘计算：

$$S=\frac{3.14}{2}\times3.34\times3.34=17.51\ \text{m}^2$$

则，豆砾石提供反力为：

$$F_3 = P_{豆砾石} \times S = 2467.68\text{kN}$$

（4）后配套拖车的拖拉力

后配套的拖拉力由公式（10-5）计算。

$$F_4 = W_4 \times \mu_4 \tag{10-5}$$

式中：W_4——后备套的自重（kN），W_4=1455kN；

μ_4——后备套拖车与轨道的摩擦因数，取 μ_4 =0.15；

$$F_4 = 1455 \times 0.15 = 218.25\text{kN}$$

推力合计：

$$F_{推} = F_1 + F_2 + F_3 + F_4 = 2787.04 + 997.90 + 2467.68 + 218.25 = 6470.87\text{kN}$$

前方豆砾石堆积越高，提供反推力越大。

10.2.5 盾构空推参数控制

根据刀盘与导向平台之间的关系，调整各组推进液压缸的行程，使盾构姿态沿设计线路方向推进。前期施工时推进速度一般控制在 15 ～ 40mm/min 范围内，工艺熟练后推进速度可达到 60 ～ 90mm/min。下部液压缸压力略大于上部液压缸压力。盾构推进时，刀盘前方的监测人员与盾构主司机要密切配合，使盾构机沿导台的中心进行前移，保证盾构前移时管片受力均匀。如矿山法隧道的开挖成形断面有侵入盾构刀盘轮廓的部位存在、盾构前体下部与导台的结合情况不良、豆砾石回填不密实等情况时，需先进行处理，达到要求后盾构再步进。

10.2.6 管片安装

管片拼装工艺与正常掘进时的工艺相同，按先下部、再两侧、后上部的顺序进行。拼装中，需根据盾尾间隙与液压缸行程差，结合盾构姿态选择合适的管片。

每安装一片管片，先人工初步紧固该管片的连接螺栓；安装完一环后，用风动扳手对所有管片螺栓进行紧固；管片出盾尾后，重新用风动扳手进行紧固。

为提高管片防水质量，在原有挤压式止水条内侧增加一道遇水膨胀式止水条。

10.2.7 管片背后喷填豆砾石

通过喷射豆砾石在管片脱离盾尾时对管片进行支撑，防止管片下沉产生错台，并增加盾构向前推进的摩擦力。豆砾石填充采用 2 台喷浆机在刀盘前面喷射，喷浆机喷射流量应达到 6 m^3/h。用喷浆机通过加长钢管喷头，从刀盘前方向盾构后方吹入粒径 5 ～ 10mm 的豆砾石骨料，喷射压力为 3.5 ～ 4MPa。喷射豆砾石过程中，非操作人员不得进入工作面，以免飞石伤人。图 10-9 为管片背后喷填豆砾石示意图。

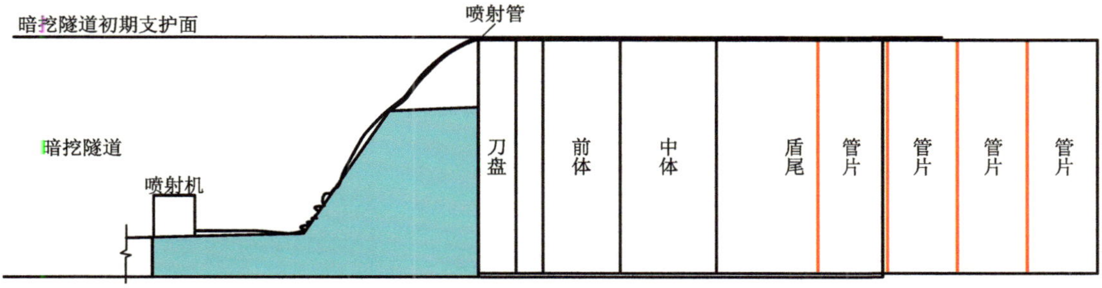

图 10-9 管片背后喷填豆砾石示意图

10.2.8 同步注浆

1)注浆浆液

用水泥、膨润土、粉煤灰、砂、水泥按一定比例配制。浆液胶凝时间一般定为初凝时间 5h、终凝 8h，但施工时需根据盾构推进过程中浆液的流动情况，适当调整浆液胶凝时间。

2)注浆工艺

同步注浆在每环管片喷射豆砾石回填后进行，与盾构机步进同步。注浆通过盾构机自身配备的同步注浆系统，采用手动控制方式，由人工根据现场情况随时调整注浆流量、速度、压力。

为保证对管片背后空隙的有效填充，同时防止砂浆前窜至刀盘前方，注浆压力可为 0.05 ～ 0.08MPa。

因同步注浆时盾壳外围是敞开的，压力变化不大，不以压力作为注浆结束的控制标准。在注浆过程中，加强对盾构四周以及盾壳外部的围堰变形观测，发现有浆液外泄，应暂时停止注浆。

10.2.9 补充注浆

补充注浆的目的是填充管片背后尤其是顶部的空洞，确保管片与硬岩隧道初期支护间的密实度。经检查管片背后存在空洞时，利用砂浆运输罐车从管片上部 11 点或 1 点位置的注浆孔进行注浆。浆液与同步注浆浆液相同，注浆压力控制在 0.2 ～ 0.4MPa，注浆结束标准，用注浆压力单指标控制。注浆时，避开封顶块位置。

10.2.10 回填效果检查

在盾构机管片安装 10 环后，每间隔 6m（4 环管片）在管片注浆孔处开口检查注浆效果，根据检查效果，决定是否再次进行后期堵漏注浆。

10.2.11 隧道后期堵漏与修补

在盾构机通过矿山法施工隧道后，根据管片间渗漏水情况用 KBY-50/70 双液注浆泵进行注浆堵水。浆液采用 1∶1 的水泥—水玻璃双液浆，注浆压力为 0.2 ～ 0.3MPa，注浆流量不大于 10L/min。注浆结束标准采用注浆压力单指标控制。

10.3 空推步进注意事项

（1）根据暗挖断面数据计算出豆砾石方量，在豆砾石下料时按照 80% 方量进行下料。

（2）刀盘前部需堆放超过刀盘高度 70% 的豆砾石，以提供足够反力。

（3）豆砾石尽量堆放在隧道两侧，在盾构机推进时可自动填充盾壳周边间隙，减少豆砾石喷入量。

（4）准备喷射流量为 $6m^3/h$ 的喷浆机数台。

（5）喷浆管必须由盾构机上部插入，且插入深度需与盾构机长度一致，确保管片背部豆砾石饱满。

（6）盾构机空推时应安排专人在刀盘前部观察，防止刀盘剐蹭初期支护。

（7）空推时要注意左右液压缸压力调节，防止出现左右姿态偏差。

（8）空推时需多次复紧管片环纵向螺栓，防止管片拖出盾尾后变形。

（9）空推时必须利用下部两个注浆泵进行同步注浆，以填充豆砾石间空隙。

（10）空推安装管片时必须将液压缸压力调整到 60bar 以上，以达到顶紧止水条的目的。

（11）空推完成后需及时进行二次补充注浆，确保管片背部密实。

10.4 工程案例

10.4.1 案例一

1)工程概况

广州地铁 6 号线二期工程龙洞站—柯木塱站区间主体结构包括盾构法施工段隧道及

矿山法施工段隧道，其中矿山法施工段隧道在进行开挖及初期支护后，由盾构空推时安装的管片作为永久二次衬砌结构；右线起讫里程 YDK27+743.109 ～ YDK29+362.400，长度 1619.291 单延米；左线起讫里程为 ZDK27+273.111 ～ ZDK29+362.400（包含短链 2.5m），长度为 1616.789m 单延米，区间双线总长 3236.080m。

涉及的矿山法施工暗挖段隧道，位于广州轨道交通 6 号线二期工程施工二标柯木塱站—龙洞站盾构区间中段，左右线线路平面均位于 R=700m 的缓和曲线上，纵断面位于 7.165‰ 和 7.152‰ 的下坡，盾构过暗挖施工平面如图 10-10 所示。

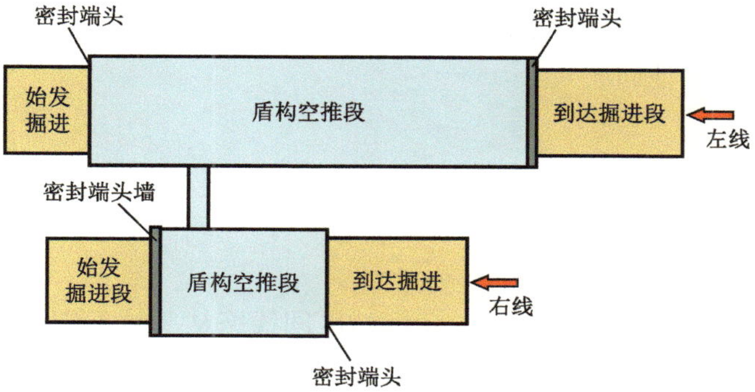

图 10-10　盾构过暗挖段施工平面图

该段工程设计采用矿山法施工并进行初期支护，盾构贯通后拼装管片沿混凝土弧形导台通过；隧道防水采用管片自身防水 + 管片背后回填豆砾石 + 注浆的方式。矿山法隧道设计为圆形结构，开挖直径 6900mm，喷锚初期支护，初期支护厚度 150mm，隧道净空直径 6600mm，盾构法隧道管片外径 6000mm，内径 5400mm。

本段工程施工工艺原理：以常规矿山法施工技术为基础进行隧道开挖，并进行必要的初期支护、开挖后在隧道底部施作弧形钢筋混凝土导向平台。盾构到达后在导向平台上空载推进通过，同时进行管片拼装衬砌，管片背后与矿山法初期支护间的空隙采用喷填豆砾石、同步注浆与补充注浆相结合的方式充填密实，达到全隧道的净空、结构和防水设置与设计要求一致。

主要工作内容包括：矿山法段复测、导台复测、盾构到达段掘进施工、盾构空推段施工以及盾构二次始发段施工。

盾构过暗挖段主要工程量见表 10-1。

盾构过暗挖段施工主要工程量表　　表 10-1

序号	工作名称	位　置	起始里程	终点里程	长度（m）
1	盾构到达段掘进施工	左线	ZDK28+489.964	ZDK 28+481.964	8
2		右线	YDK 28+443.000	YDK 28+435.000	8
小计：16m					
3	盾构空推段施工	左线	ZDK 28+321.864	ZDK 28+481.964	160.1
4		右线	YDK 28+382.000	YDK 28+435.000	73.000
小计：233.1m					
5	盾构二次始发段施工	左线	ZDK 28+311.864	ZDK 28+321.864	10
6		右线	YDK28+352.000	YDK28+362.000	10
小计：20m					

2)工程水文地质情况

本矿山法施工暗挖段范围内场地地下水主要以基岩裂隙水为主，局部分布的砂层中富存孔隙水，地下水较为丰富。原广汕路是沿着山脚及沟谷地形修筑，从地形上判断处于一个储水的构造单元。场地位于花岗岩分布区，残积土主要以砂质黏性土为主，局部为砾质黏性土，水理性差，遇水易崩解，水浸泡易发生流砂，甚至塌方。扰动后承载力下降幅度较大。花岗岩岩面起伏也较大，基岩裂隙较发育，岩石抗压强度较高～高，属较硬岩～坚硬岩。

3)工程实施情况

盾构过暗挖隧道采用全环管片拼装空推，平均掘进速度为 7.5 ～ 10m/d，空推完成后，除管片有少量渗水外无其他问题。

10.4.2　案例二

1)工程概况

广佛环线 GFHD-1 标 9 号工作井—琶洲站区间线路从 9 号工作井（含工作井）开始，由南向北相继下穿仑头海、环城高速公路、新滘东路和黄浦涌后，沿会展南四路向北到达琶洲站。9 号工作井—琶洲站区间线路，上行线起讫里程 DSK13+768 ～ DSK17+274.8，下行线起讫里程 DXK13+784 ～ DXK17+274.8。图 10-11 为线路平面图。

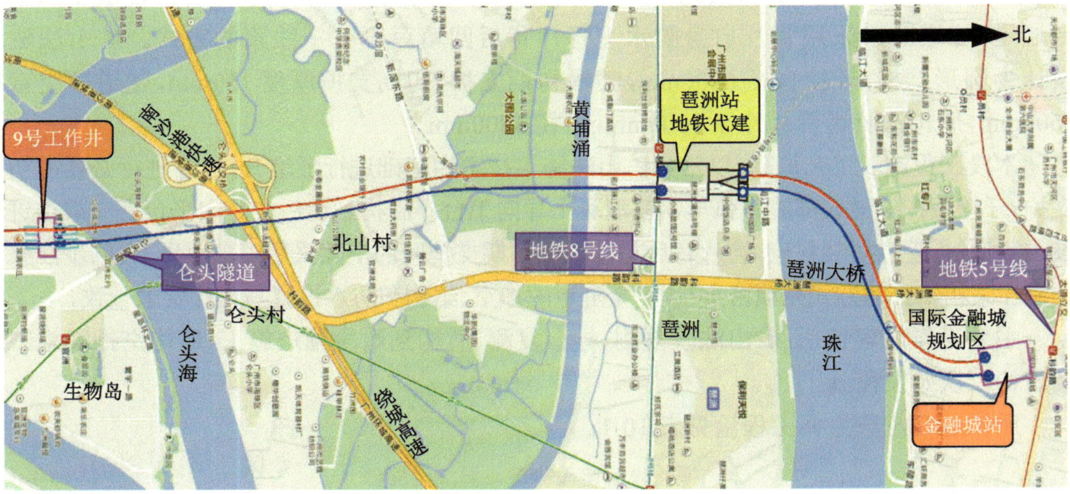

图 10-11　线路平面图

9 号工作井—琶洲站区间正线线间距自 9 号工作井开始为 9.4m，线路到达琶洲站因琶洲支线规划，线间距逐步增加至 31.245m。区间共设 4 段曲线，最大半径为 4500m，最小半径为 1800m，曲线设计参数见表 2-1。区间线路 DSK13+768 ～ DSK14+750 以 4.6‰ 的坡度下降；DSK14+750 ～ DSK16+400 以 3‰ 的坡度上坡；DSK16+400 ～ DSK16+850 以 26.49‰ 的坡度上坡；DSK16+850 ～ DSK17+150 以 6‰ 的坡度上坡；DSK17+150 ～ DSK17+248 以 2‰ 的坡度上坡。本标段盾构区间隧道设计为双线圆形隧道，盾构隧道开挖断面为 9.13m，衬砌环采用通用楔形环。

2）工程水文地质情况

盾构主要穿越地层为震旦系（Z）二长花岗岩，全～中风化。始发段隧道洞身中为风化二长花岗岩，呈浅灰色、深灰色、等，中、细粒结构，块状构造，岩石组织结构部分破坏，矿物成分基本未变化，风化裂隙被铁染，并充填少量风化物。斜长石矿物风化较深，钾长石、云母矿物风化轻微。岩芯较破碎，呈短柱状、碎块状。岩芯采取率平均为 80%（60% ～ 99%），岩石质量指标（RQD）平均为 47%（9% ～ 85%），垂直节理较发育，岩体较破碎。岩石坚硬程度为较硬岩，岩体完整性系数为 0.66，岩体基本质量等级为Ⅳ级。

9 号工作井存在残积土、全风化带及强风化带比较发育，其中残积土和土状全风化岩因含砂量较多，遇水易软化崩解，水浸泡易发生崩解和流砂，甚至塌方，强风化岩具暴露时间长易开裂、泡水易软化等特点；地下水位基岩裂隙水和土层孔隙水，管片背后注浆回填，对混凝土、钢筋结构具微腐蚀性。

3）施工情况

盾构过暗挖隧道施工完二次衬砌后，盾构始发通过非全环（盾尾后方设置反力支座）空推过暗挖隧道。图 10-12 为盾构空推反力支座剖面图。

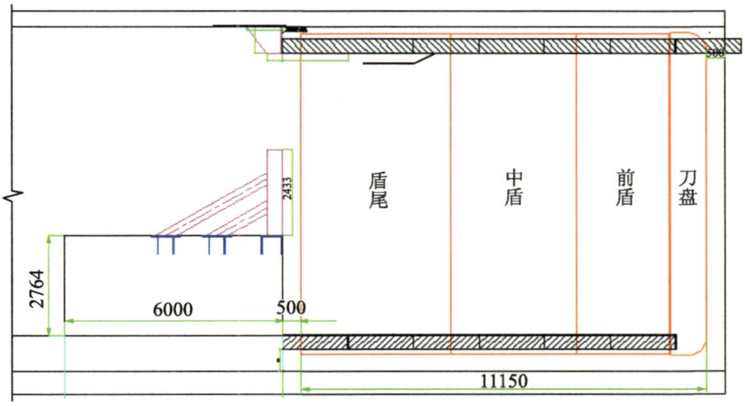

图 10-12　盾构空推反力支座剖面示意图（尺寸单位：mm）

10.5 本章小结

1）盾构空推步进分为全环拼装空推与非全环拼装空推

盾构全环拼装空推步进是指拼装整环管片为盾构步进提供反力的一种空推方法。非全环拼装空推是指仅安装下部部分管片或采取其他装置措施为盾构步进提供反力的一种空推方法。

2)空推步进常见问题

(1)全环拼装空推常见问题有设备损坏、卡盾或导台破损、管片止水带挤压不足、二次始发不能保压等。

①设备损坏主要是指由于刀盘前部受力不均,导致刀盘偏压引起主轴承损坏。

②卡盾主要是指由于初期支护未按要求施工,导致净空超限,盾构无法顺利通过的现象。导台破损主要是指由于边滚刀高于盾壳,如果边滚刀在导台范围内将会对导台进行线性剐蹭,引起导台损坏。

③管片止水带挤压不足主要是因为空推反力小,导致止水条无法压紧,引起管片环、纵缝渗漏水。

④二次始发无法保压主要是指在二次始发时后部管片未有效填充,导致始发期间无法迅速建立压力,以稳定掌子面压力。

(2)非全环拼装空推常见问题有:

①采用管片空推时下部液压缸不同步,导致盾构机步进时偏离轴线。

②反力支座(植筋或者预留凹槽)变形或者损坏,无法有效提供步进反力。

3)技术对策与措施

(1)全环拼装空推:

①为防止刀盘偏压引起主轴承损坏,需在下部合适位置焊接支顶措施。

②预防卡盾或导台损坏,盾构空推前,需采用三维全段面扫描仪检查初期支护净空,防止卡盾。在盾构机出洞时将边滚刀转至导台外侧,防止刀具剐蹭导台。

③防止管片渗漏,在刀盘前部堆放豆砾提供足够的反力,确保止水条压紧。在挤压止水条外侧增加一道遇水膨胀止水条。在盾构空推过程中,多次复紧螺栓,减少管片渗漏水。空推完成后,对管片进行开孔泄水,在泄水孔远端注入砂浆+单液浆回填豆砾石及管片上部间隙。

④防止二次始发无法保压,二次始发前,需安装临时防水装置或将后部注浆形成封闭环,确保快速保压。

(2)非全环拼装空推:

①采用管片空推时预防盾构偏离轴线措施。对顶推液压缸控制阀组进行调整,调整为单独控制,便于空推调向。

②反力支座损坏。反力凹槽损坏较快,使用不便,尽量采用植筋或预埋钢筋方式提供支座反力,且钢筋直径不宜小于28mm。

面向挑战的隧道及地下工程

第11章

盾构机涌水原因与应急处理对策

Primary Problems and Case Analysis of Shield Construction

面向挑战的
隧道及地下工程

Primary Problems and Case Analysis of Shield Construction

盾构法是一种高度机械化、自动化的隧道建造工法。目前应用的盾构机主要是闭胸式压力平衡盾构机（以直径 6.3m 的地铁盾构机为例），设备设计了土仓压力隔板密封、铰接密封和盾尾密封，通过这三处密封设计达到了盾构内的常压空间与外部围岩水土压力空间的有效隔离。正常情况下，盾构掘进不应该发生涌水突泥事故，但若这三处密封装置管理、使用、维护不当，就会引发盾构涌水，甚至导致不可接受的后果。本章将从盾构机常见涌水类型、涌水原因、应急处理措施以及工程案例等方面进行分析。

11.1 盾构机涌水分类

盾构机在高水压地段施工时，保证密封良好防止突涌水至关重要。在盾构机选型过程中应确保密封装置耐压能力满足高水压地段的要求并富裕一定的安全系数。否则，泥沙在高水头压力下，可能击穿密封涌入隧道，造成事故，给施工生产带来极大损失。从盾构机常发生涌水部位来分，主要可分为铰接处涌水、盾尾涌水和螺旋输送机喷涌等类型，如图 11-1 所示。

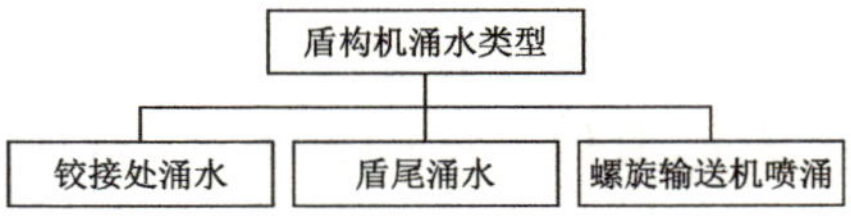

图 11-1 盾构机涌水分类

铰接处涌水是指由于盾尾与中盾之间铰接密封失效，水、砂涌入盾构内的一种现象。盾尾涌水主要指由于盾尾密封系统失效，水、砂从盾尾涌入隧道内的一种现象。螺旋输送机喷涌是指渣土未能在螺旋输送机内形成密封土塞，从而在螺旋输送机出口处发生喷水、喷砂、喷泥的现象。

11.2 盾构机涌水原因分析

11.2.1 盾构机铰接处涌水原因

1)盾构机铰接结构

为了使盾构机在工程施工中能实现左右转向和上下俯仰等动作，适应曲线段掘进，在盾构机内部配置了一种用以辅助盾构设备实现姿态变化的一种装置，这个装置叫作铰接系统。铰接系统通俗讲就相当于人体关节上的韧带，辅助肢体实现伸展、弯曲等功能。盾构机的铰接系统主要有主动铰接和被动铰接两种形式，如图 9-2、图 9-3 所示。

（1）主动铰接

采用主动铰接形式的盾构机分为前盾、中盾前部、中盾后部以及尾盾四部分，中盾前部和中盾后部由铰接液压缸连接，形成铰接装置，可以实现盾构机的上下左右转动，铰接密封安装在中间分割部位，具体结构如图 11-2 所示。

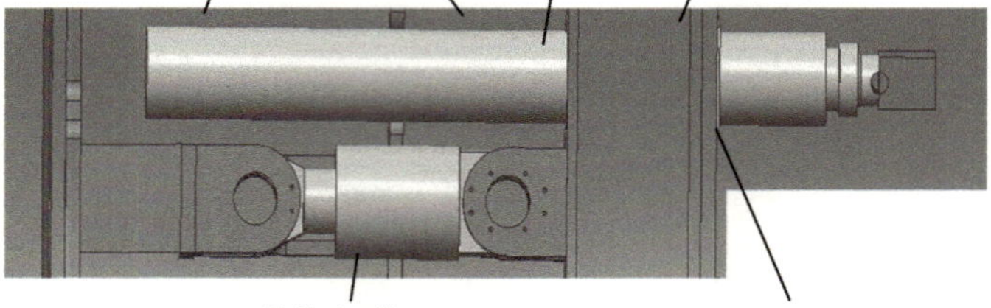

图 11-2　主动铰接结构示意图

（2）被动铰接

采用被动铰接形式的盾构机分为前盾、中盾、尾盾三大部分，中盾和尾盾由铰接液压缸连接，形成铰接装置，可以实现盾构机的上下左右转动，其中铰接密封安装在尾盾前端的铰接环上，具体结构如图 11-3 所示。

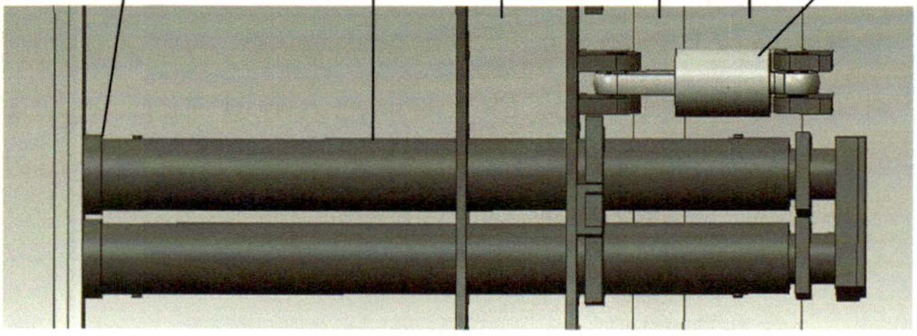

图 11-3　被动铰接结构示意图

2）盾构机铰接密封结构

盾构机铰接密封结构一般由密封圈、应急气囊、密封条等组成，主要用于防止中盾与盾尾外的泥沙、水等外来异物进入到盾体内。铰接密封结构根据其运动方式不同分为两种形式：一是盾构机主要依靠铰接密封圈自身压缩量对盾体进行密封，此种密封形式常用于主动铰接密封（图 11-4），对铰接密封的材料及压缩变形能力要求较高；二是当盾构机处于小半径转向工况或铰接密封自身发生塑性变形不能满足密封要求时，通过对环形凹槽内的紧急气囊进行充气以满足密封的需要，作为对铰接密封圈密封能力不足的补偿，此种密封形式常用于被动铰接密封，如图 11-5 所示。

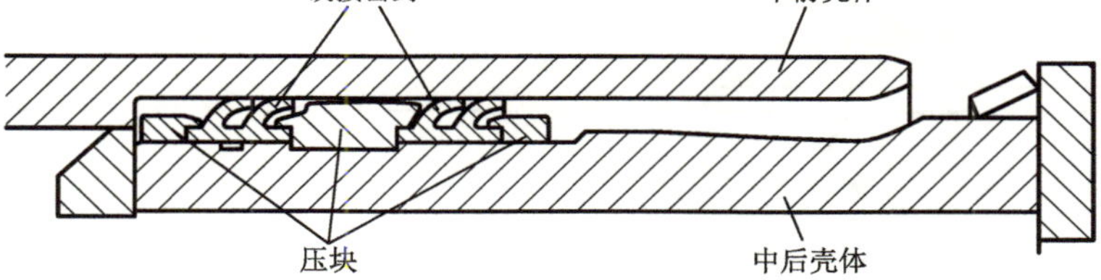

图 11-4　主动铰接密封结构示意图

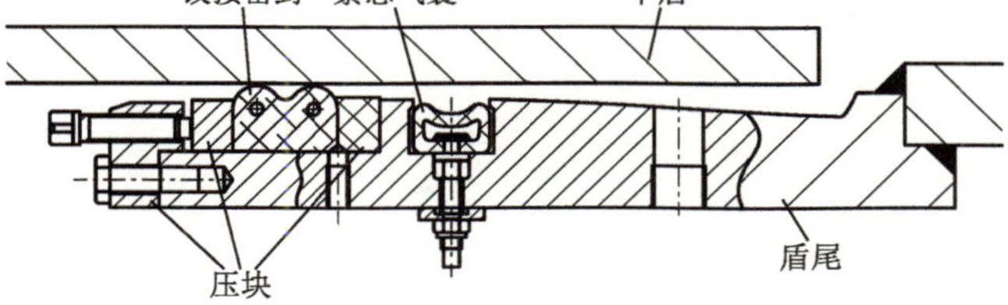

图 11-5　被动铰接密封结构示意图

3）发生铰接涌水原因

（1）盾体失圆，铰接局部密封结构薄弱。盾体因自重或其他原因造成失圆后，铰接处局部密封结构成为薄弱环节，在外界压力作用下极易发生密封击穿破坏，进而产生铰接处渗漏。

（2）掘进中姿态及铰接行程管理失控致密封失效。在盾构掘进过程中，如发生水平或者垂直姿态剧烈波动，则铰接环处内、外壳体并非以同心圆形式，此时铰接密封环偏心受压，铰接千斤顶难以有效收缩，行程长度接近极限值，局部密封压力减小，铰接密封容易被地下水、泥沙击穿。

（3）杂物、异物进入致铰接密封磨损失效。盾构机装机时杂物进入铰接密封，或掘进过程中铰接密封油脂注入管理不善，都可导致泥沙进入铰接部位，从而加速密封磨损，造成涌水风险。

（4）过大的外部压力击穿密封致使密封失效。在高水土压环境掘进，外部压力大于铰接的密封压力时，泥沙极可能击穿密封进入隧道内，造成涌水事故。

11.2.2　盾尾涌水原因

1）盾尾密封结构

盾尾密封是盾构机的主要组成部分，是为了防止周围地层的泥沙、地下水及背后的填充浆液、掘削面上的泥水、渣土从盾尾间隙流向盾构隧道而设置。盾尾密封结构一般由盾尾密封刷、止浆板、盾尾油脂等组成。盾尾密封刷一般为钢丝刷，是盾尾密封件的主要部件。钢丝刷主要由保护钢板、不锈钢钢丝、隔层网和不锈钢钢板组成，当其受到管片的压力后，钢丝刷和内侧钢板紧贴住管片外壁，通过钢板及钢丝的弹力使其与管片外壁保持密贴，从而实现密封作用。盾尾密封刷道数根据隧道埋深、水位高低来定，一般取 3 ～ 5 道，如图 11-6、图 11-7 所示。

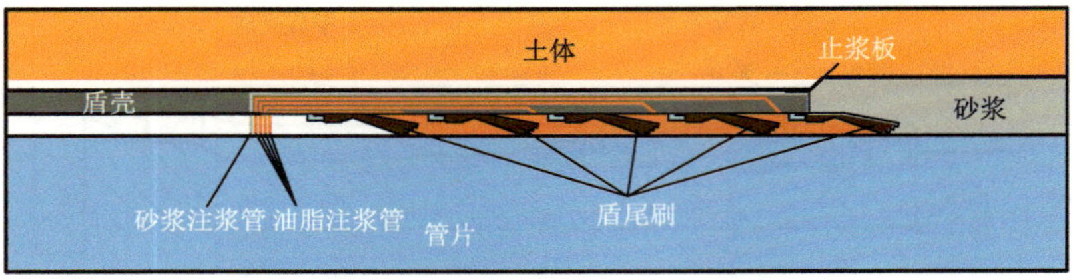

图 11-6　某泥水平衡盾构盾尾密封结构示意图

a)

b)

图 11-7　盾尾密封刷示意图

2)盾尾涌水原因

盾构掘进过程中要做好盾尾密封保护，盾尾密封失效是指密封效果无法满足使用要求，导致盾构机盾尾经常性漏水或漏浆，严重时还会出现涌水、涌砂等现象。发生盾尾涌水的主要原因如下所述。

(1)盾尾密封损坏

①盾尾间隙管理不善导致盾尾密封刷受管片偏心挤压后产生塑性变形而失去弹性，密封性能下降，在水土压力作用下导致涌水、漏浆。

②管片拼装时推进液压缸回收后盾尾后退，造成盾尾刷与管片间发生与刷毛方向相反的运动，使刷毛反卷，盾尾刷变形，密封性能下降而造成渗漏。

(2)盾尾油脂量和压力不足

在盾构掘进过程中，盾尾刷与管片摩擦消耗的油脂与掘进速度成正比。当掘进速度过快时，注入盾尾的密封油脂在单位时间内不能满足其消耗量，此时若不及时调整油脂泵注脂率，则盾尾刷内的油脂量和注入油脂的压力不能及时密封盾尾，势必造成尾刷的密封效果减弱，形成盾尾渗漏。

(3)泥水压力过大

由于在环流系统操作时开挖面的泥水压力设定值过高，或切削下来的岩块堵塞排泥管道口或泥水仓，都有可能导致泥水仓内泥水压力过高，超过盾尾刷的抗压能力，瞬间击穿盾尾刷而造成漏浆。

(4)背填注浆不畅

盾构机在掘进过程中，由于操作人员技术不熟练或双液浆配比不合理，导致浆液凝固时间过短，造成浆液不能充分填充管片后空隙，而是堆积在注浆口附近，造成注浆通道受限制，使后续浆液压力剧增，当浆液压力高于盾尾刷和油脂的抗压力时，就会击穿盾尾刷和油脂，造成渗漏。

（5）盾尾或管片失圆。

盾构机在拆卸、运输和组装过程中盾尾失圆，或管片施工变形、错台、破损等原因，导致盾尾密封失效。

11.2.3 螺旋输送机的作用及喷涌机理

1）螺旋输送机的作用

螺旋输送机是土压平衡盾构的重要组成部分，是维持密封仓土压平衡，保持开挖面稳定，控制地表沉陷的关键部件（图 11-8），特别是在城市楼群密集、管线复杂等对地层稳定要求很高的地区，螺旋输送机对于安全施工发挥着重要的作用。

图 11-8 螺旋输送机

（1）将开挖下的渣土从土仓排出。

（2）渣土在螺旋输送机内形成密封土塞，保持密封仓压力稳定。

（3）通过改变螺旋输送机转速，调节排土量。

2）螺旋输送机喷涌机理

正常情况下渣土经过改良可以在土仓至螺旋输送机出口之间形成密封土塞效应，从而满足维持土仓压力稳定的需要。当渣土改良效果不佳时，渣土的流动性和易性差，就会在仓内压力作用下在螺旋输送机出口处形成喷涌，引起工作压力的波动、出渣量难以控制并造成频繁清渣，掘进效率低下。

11.3 防止盾构机涌水的技术措施

11.3.1 盾构机铰接涌水预防措施

（1）确保盾构管片拼装和掘进过程中盾体的圆度，避免铰接密封结构密封性能降低，形成隐患。

（2）加强盾构掘进中姿态及铰接行程管理，避免发生水平或者垂直姿态剧烈波动，同时铰接系统作为调整盾构机姿态的辅助手段，需要根据纠偏及时调整，避免大角度折弯，减少对铰接密封的损伤。

（3）避免杂物、异物进入致铰接密封磨损失效。

（4）采用承载能力高的密封材料，增强铰接密封的密封效果。

11.3.2 盾尾涌水预防措施

确保盾尾密封结构的密封性能是预防盾尾涌水的最主要措施，而保护好盾尾刷是保证盾尾密封的关键工作，做好盾尾密封的管理要从设备、材料、盾构机姿态、管片选型几个主要方面进行完善与控制。

1）盾尾密封的管理与控制

盾尾密封涉及的主要材料和设备包括盾尾油脂、尾刷及油脂泵。盾尾油脂需具有防水冲蚀和抗蠕动性，流动性好。盾尾油脂必须由专业生产厂家生产。在使用过程中要做好盾尾油脂的管理，防止油脂表面固结。盾尾刷的质量也相当重要，目前使用的盾尾刷一般要求盾尾刷钢丝是直径为0.3～0.4mm的镀铜钢丝，前保护钢板为双层弹簧板（1.0mm+1.0mm）。盾尾油脂泵是保证盾尾油脂能够泵送入油脂仓的压力来源，油脂泵的工作参数和工作状态是保证泵送油脂的关键所在，宜选择泵送流量较大、压缩比较大的泵，从而提高油脂的注入量和注入压力，保证油脂的填充效果。

2）盾尾油脂注入的管理

盾尾油脂注入管理主要是保护盾尾刷，减少盾尾漏浆、漏水。盾尾油脂注入的管理主要注意以下四点。

（1）正常掘进情况下，应选用自动模式注入油脂，补充油脂仓内的损耗量。

（2）停机情况下，可辅助以手动模式补充油脂，维持油脂压力。

（3）控制注入压力。压力不宜过高，如出现盾尾有油脂漏出，应停止压力较高的空位。具体压力控制应视切口压力及注浆压力而定。

（4）更换油脂时要注意清洁，不可将砂粒等颗粒状东西掉入油脂桶中。

3）盾构姿态的控制与管片选型

盾构机的掘进应尽量根据设计线路进行，尽量避免线路偏差。但在实际掘进过程中，因地质情况等原因，盾构机的姿态经常会偏离隧道的设计线路，从而会使盾尾间隙过小而造成管片破损情况发生。盾尾间隙过小，会导致盾尾刷被过度挤压，在盾构推进的过程中与管片容易产生相对运动，易导致盾尾密封的弹簧板和钢丝脱落，使密封失效。管片破损后的碎块进入管片背面，然后被挤压通过盾尾刷进入油脂仓，阻断了油脂流动的通道，导致盾尾密封失效。如果盾构机偏离设计线路时，要小心纠偏，不要过急。为保证盾构机的铰接密封、盾尾钢丝刷密封的良好工作性能，同时也为了保证管片不受损坏，应尽量做好盾尾间隙量的控制，保持上下左右比较均匀的盾构姿态。

管片选型应首先考虑盾尾间隙是否合理，均匀的盾尾间隙是高水平掘进管理的体现。

11.3.3 螺旋输送机喷涌预防措施

为了避免发生隧道涌水、涌砂等现象，防止管片渗漏水、地表塌陷等事故的发生，应该及时采取有效措施处理隧道施工过程中的喷涌现象。具体措施如下：

(1)施工前对设备的选型进行研究，通过渣土改良试验确定改良添加剂和材料配比方案，对掘进参数进行优化。

(2)严密监控螺旋机输送机出渣口的出渣情况和土仓内的压力变化情况。

(3)在发生喷涌后立即将按照渣土改良试验配制好的添加剂材料注入土仓内，从而提高渣土的和易性。

(4)在掘进过程中根据实际情况使用泡沫剂等添加剂，以避免管路堵塞。

(5)在管片外弧面加一圈泡沫条或及时进行二次注浆，阻断后方水源。

此外，通过渣土改良减小开挖土体的渗透系数，或者选择较长的螺旋输送机和直径较小的螺旋输送机，都可以降低发生喷涌的概率。

11.4 工程案例

11.4.1 杭州某区间隧道盾构机铰接处漏水漏砂

1)工程概况

杭州某盾构区间单线总长1102.177m，隧道平面设有1组曲线，半径为350m；纵坡为“V”形坡，最大坡度为28‰；隧道埋深为9.7～18.8m。隧道左右线分别采用2台直径6450mm的土压平衡盾构机进行掘进。区间线路场区浅层地下水属孔隙性潜水，主要赋存于表层填土及③$_2$～③$_{7-3}$层砂质粉土、粉砂中，由大气降水和地表水径流补给，地下水位随季节变化。工程区深部孔隙承压含水层主要分布于深部的⑦夹层粉砂、⑧$_3$层粉砂、⑨$_2$层粉砂中。

盾构机出现漏水、漏砂的位置处于③$_{7-1}$砂质粉土夹淤泥质粉质黏土地层。该地层物理状态为流塑状，含水率为29.6%，孔隙比0.85，无承压水。淤泥质粉质黏土呈层状或团块状分布，且淤泥质粉质黏土单层厚度为0.5～1.5cm，含云母、贝壳碎屑。振摇反应缓慢，切面粗糙，干强度低，韧性低，标准贯入击数平均值为7.5击/30cm，属中等偏高压缩性土。

2)铰接处漏水漏砂情况

该工程采用被动铰接，铰接处密封装置由一道橡胶密封圈和一道应急气囊组成，如图11-9所示。

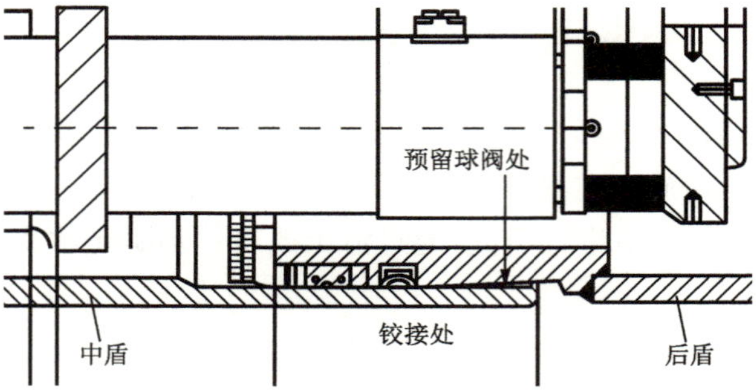

图 11-9 铰接密封装置

区间左线盾构机掘进至 346 环时，沿掘进方向盾构铰接处发生了较大漏水漏砂险情，涌入盾构隧道的泥沙量约为 30m³。施工单位通过盾构机机身径向注浆孔及盾尾管片压注聚氨酯，暂时控制住了漏水漏砂险情。险情造成盾构机“栽头”现象严重，首尾垂直偏差分别为 -507mm、-387mm（正常情况下应控制在 ±50mm 内）。由于盾构机“栽头”，带动管片向下移动，致使已拼装好的第 345 环、344 环、343 环管片发生了大面积碎裂和错台，最大错台量约为 10cm，如图 11-10 所示。由于大量泥沙涌入隧道内，地表出现了较大沉陷，形成“沉降漏斗”，最大沉降值为 29cm。为保障安全，封闭了一侧机动车道、非机动车道及人行道，从而影响了地面交通。

图 11-10 管片错台

3)铰接处漏水漏砂原因分析

根据盾构机铰接位置（中盾与盾尾相对位置）测量结果，发现漏砂位置附近铰接密封间隙明显大于其他部位，最大间隙达到 10mm。根据分析，可能是由于盾尾变形引起盾尾局部径向偏移量变大，从而致使中盾、盾尾间隙增大，超出了密封装置正常密封范围，进而导致部分密封失效，密封装置无法承受盾构机外部泥水的压力，最终造成漏水漏砂险情。同时，在盾构机拼装时，中盾和盾尾拼装较困难，虽最终完成拼装却并未进行盾尾的圆度检测，盾尾失圆也可能是发生渗漏的原因之一。

4)盾构机铰接处漏水漏泥沙事故的处理

（1）加强铰接处漏水漏泥沙封堵

①对盾构机铰接处应急气囊进、出口进行改造，压注润滑油脂（EP2），使其充分填充气囊，使气囊膨胀，从而起到封堵的效果。

②逐步清理盾尾处泥沙，同时，依次在铰接处的预留球阀上压注聚氨酯，以封堵铰接之间的缝隙，为后续工作提供时间保障。为充分确保堵漏效果，铰接处的每孔聚氨酯压注量不少于 450L。

③气囊填充和聚氨酯压注完成后，采用 1cm 厚钢板将铰接接缝满焊封闭。焊接前在钢板与机身之间增设 3 道遇水膨胀橡胶止水条，以增强止水效果，如图 11-11 所示。

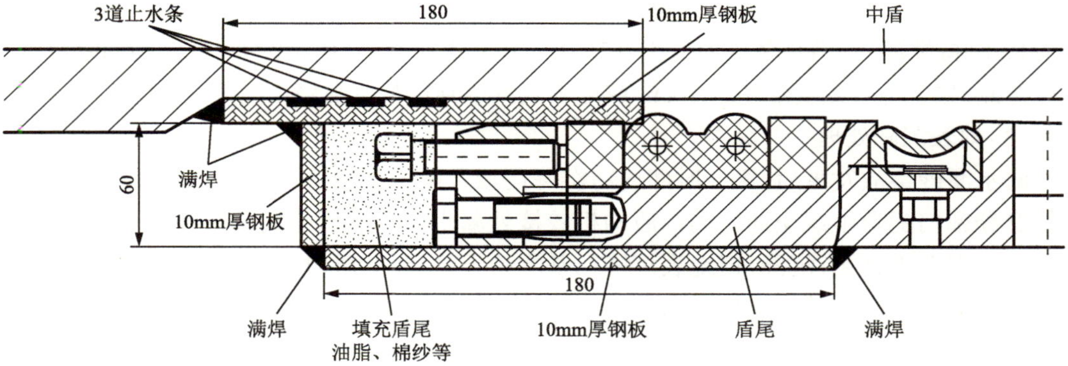

图 11-11　铰接处细部构造（尺寸单位：mm）

④为防止盾构机铰接处焊缝在后续推进中被拉裂，用连接钢板更换部分铰接液压缸。即将 14 组铰接液压缸中的 8 组用 6cm 厚钢板制成的连接钢板替代，使铰接成为刚性连接，弃用铰接功能。经过现场测量，盾构机铰接两边拉环中心距离 58cm，拉环内径 10cm。

⑤为提高铰接处连接保险系数，均匀布置 12 块 50mm 宽的预制铁连接块，将中盾和盾尾焊接在一起，如图 11-12 所示。这也可增加铰接处焊接钢板的牢固性。经检算，连接钢板能承受的拉力大于原铰接能承受的拉力，满足盾构机正常推进要求。

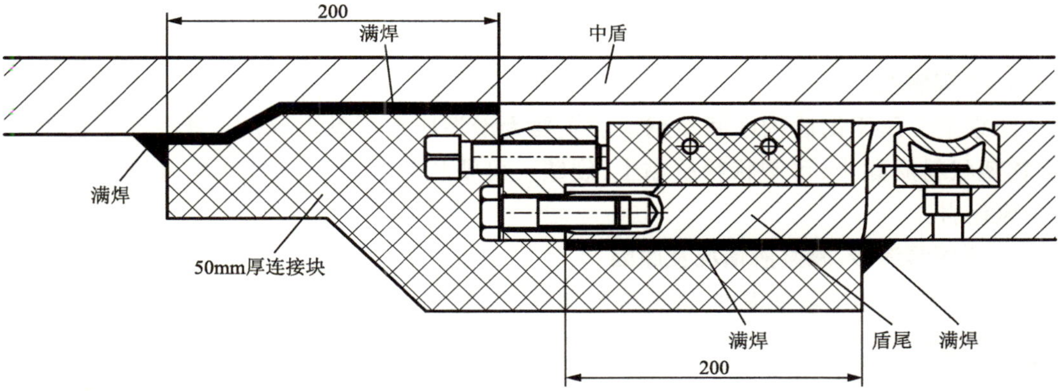

图 11-12　预制铁块焊接示意图（尺寸单位：mm）

（2）处理受损管片

①受损管片采用临时支撑加固。由于盾尾后 5 环受损管片位于盾构连接桥处，无法直接在管片顶部与下部之间加设内支撑，因此可利用盾构机连接桥处周边空挡架设 3 榀工字钢门架。首先，门架下部与管片连接螺栓处焊接，并沿纵向焊接工字钢，以确保门架稳定，然后将门架与管片之间空隙用方木顶紧；同时使用 50mm 宽扁铁及 14 号槽钢水平连接盾尾后的 15 环管片，以加强纵向连接。

②采用注浆加固。盾构机铰接处的焊接工作完成后，盾构机准备恢复掘进前，对盾尾后的 12 环受影响管片从下向上、左右对称、逐孔压注双液浆。双液浆的水灰比为 0.8∶1；水泥浆∶水玻璃 =1∶1，水玻璃波美度为 38.5。注浆采取注浆量和注浆压力双指标控制。每个孔

理论注浆量为 $0.5m^3$。施工时根据现场情况及注浆压力确定是否继续注浆：当注浆压力小于 0.2MPa 时持续注入；当注浆压力大于 0.35MPa 且注不进去时，停止注浆；注浆的同时对管片进行监测，如管片收敛变形超过 10cm 或地表监测达到预警值则停止注浆。

（3）地表沉降处理

漏水漏砂事故发生后，第一时间内将沉降区域及影响区域进行封闭，并设置警示标志，通知交警部门配合组织交通。洞内盾构机铰接处漏水漏砂险情得到及时控制后，虽然地面道路已出现严重开裂、沉降，但地表沉降已基本趋于稳定，此时对沉降区域道路进行破除开挖、充填沉降区域，并重新施作道路路面。处理沉降过程中对地表、管线及建筑物均要加强监测及巡视，并延长监测时间，直至监测数据完全稳定。

（4）调整线路平纵断面

由于盾构机“栽头”现象较为严重，且已弃用盾构机铰接功能，盾构机掘进小半径曲线能力减弱，需对线路平、纵曲线进行调整。根据对已拼装完成管片的测量情况，将线路纵坡由 11‰ 调整为 15.5‰，线路平曲线半径由 368m 调整为 375m。

在盾构机铰接处焊接、受损管片加固、线路平纵曲线调整等工作完成后，盾构机具备了恢复掘进的条件。

11.4.2 南京某土压平衡盾构项目盾尾漏泥沙、漏浆液

1）工程概况

南京某土压平衡盾构区间穿越地层主要为淤泥质粉质黏土、粉土、软～流塑状粉质黏土、软塑状粉质黏土、可塑状粉质黏土、硬塑～可塑状粉质黏土、K2p-1 层强风化岩、K2p-2 层中风化岩。

2）盾尾漏泥沙、漏浆液情况及原因

盾构掘进开始出现漏泥沙、漏浆液现象是在 132 环，在全部软土段约 540 环的范围内有约 60 环存在漏浆液情况，漏浆点位主要集中在底部（7 号、8 号、9 号）和上部（1 号、15 号、16 号）。漏泥沙、漏浆液情况如图 11-13 所示。

图 11-13　盾尾漏泥沙、漏浆液情况

经过分析认为，漏泥沙、漏浆液原因如下。

（1）盾尾刷安装问题

盾构装机前为了保证盾尾刷在安装焊接过程中块与块之间的间隙和焊接质量，对前两道盾尾刷的尺寸进行了调整，盾尾刷存在后护板两块钢板交叠方向不统一的情况，可能导致盾构掘进中盾尾漏浆液。

（2）盾尾油脂涂抹方面

①在涂抹过程中存在先用水或油浸沾盾尾油脂，用手将盾尾油脂搓成卷来填充，造成尾刷根部填充不够密实，与钢丝的黏着性降低，造成在拼装负环时油脂被挤出。

②部分位置只涂抹了盾尾刷下部，盾尾刷上部涂抹容易掉落，故其余部位在拼装一环负环后用油脂泵填注，可能存在不密实部位。

（3）盾构掘进姿态控制方面

本区间盾构掘进水平曲线大部分为直线段，临盾构始发约 200m 为转弯半径 2000m 的大曲线段，在姿态控制方面个别环高程和水平点已经超出 ±50mm。另外由于盾尾本身在 14 点位置（全圆分为 16 个点位，与液压缸组数对应）变形严重，向内鼓包，在掘进过程中右下侧盾尾间隙在正常情况下较小，左上侧较大，造成尾刷磨损和封堵不均匀。

（4）掘进参数方面

盾构在掘进过程中，在 36 环～ 292 环掘进速度基本在 50mm/min 以上，在这个过程中，盾尾油脂的用量和压力较正常情况下相对减少，造成尾刷磨损，密封效果较差。

（5）盾尾油脂使用方面

软土阶段油脂用量平均约为 23kg/ 环，使用的盾尾油脂为北京合东双盾尾油脂（盾构在右线掘进和 195 盾构掘进时也采用河东双盾尾油脂）。在掘进过程中，油脂压力大部分保持在 10 ～ 30bar，停机安装管片时压力降低，密封效果较差。

（6）注浆方面

在掘进过程中注浆压力控制在 2.5 ～ 2.7bar，注浆点位初始为 1 号和 4 号，在掘进过程中不断进行调整在 1 号和 3 号、1 号和 2 号注浆，不均匀注浆可能造成局部盾尾刷的异常磨损。

3)应对措施

（1）掘进姿态控制

严格控制盾构掘进姿态，保证盾构姿态在高程和水平方向均在 ±50mm 以内。尽量使管片四周的间隙保持一致，减轻管片对盾尾刷的挤压程度。

（2）掘进速度控制

适当降低掘进速度，掘进速度控制在 30mm/min 左右，保证注浆量和油脂注入量。

（3）盾尾油脂加大注入量

盾构在粉土、淤泥质粉质黏土地层掘进时，根据土压、注浆压力、掘进速度来调整盾尾油脂的注入点位，并手动加大盾尾油脂漏砂、漏浆点位的油脂注入量和注入压力（同时要求注脂压力大于 20bar）；在推进结束后，采用自动注脂的方式继续进行盾尾油脂注入，保证盾尾油脂压力在 15bar 以上。

（4）填塞海绵条

加大盾尾油脂、浆液注入量的基础上，在整环管片背部加装 10cm 厚的海绵条。

（5）滞后注浆

在掘进过程中，在拖出盾尾 3 ～ 5 环的位置利用管片吊装孔进行打孔注浆，减少盾尾刷承受的注浆压力，避免漏浆。

（6）提高现场人员技术水平

加强培训，提高管片安装人员的技术水平，保证管片的拼装质量，避免错台，降低盾尾刷的磨损。

11.4.3 长沙某工程盾构区间螺旋输送机喷涌

1)工程概况

长沙某工程区间长约 800m，采用 2 台直径 6280mm 的土压平衡盾构施工。盾构隧道需穿越约 400m 的中、微风化白云质灰岩地层，并且部分地段为上软下硬地层，在该区域隧道拱顶埋深约 15m，地下水位埋深 3m。根据地勘报告揭示，该区域白云质灰岩岩溶非常发育，地下水特别丰富且有一定承压性。

2)喷涌情况

盾构在穿越岩溶区时，由于裂隙水丰富，掘进采取的参数和措施不当，发生了连续喷涌现象，使得土仓内细颗粒减少，粗颗积压在仓内难以排出，导致扭矩增大，对盾构机刀盘、螺旋输送机磨损加大；瞬时喷出大量渣土冲击皮带输送机，造成皮带输送机皮带断裂损伤(图 11-14)，同时渣土从皮带输送机掉落至盾构机底部，造成盾尾积渣，并且在上软下硬段引起地面较大沉降，给施工造成极大的不便。

图 11-14 喷渣造成皮带输送机皮带断裂

3)喷涌原因

正常情况下，刀盘掘削的渣土和添加的泡沫水搅拌混合后，形成隔水性好的、流塑状的渣土，在螺旋输送机作用下排出到皮带输送机上带走。而在富水地层，丰富的地下水从盾构机周围汇集到土仓内，造成刀盘前部压力增大，舱内水和土比例增大，在经过仓内搅拌后容易造成水、渣离析，使土体改良效果变差。随着螺旋输送机旋转排土，仓内水在仓内气压或水压作用下，带动细颗粒穿透粗颗粒形成渗流从螺旋输送机口喷涌而出。

4)处理措施

针对盾构施工过程中遇到的连续喷涌现象，经过研究和探讨，采取了以下措施。

(1)封堵水源

①盾体后方封堵。在盾尾后第 4 环管片 3 点、9 点和拱顶点位注双液浆，形成“止水环”，防止地下水顺着管片外侧流入刀盘前部。按上述方法，盾构每向前掘进 5 环做 1 环“止水环”。“止水环”注浆配合比见表 11-1。

二次注浆配合比　　表 11-1

水泥(g)	水(mL)	水玻璃(mL)	初凝时间(s)	终凝时间(s)
150	60	110	160	270

②盾构前方封堵。如果水源来自刀盘前方，可采用地面下孔注浆或从仓内压入非固结浆的方法处理。地面有条件情况下，优先考虑从地面钻孔注浆封堵来水通道，该方法可提前进行，不影响盾构掘进，效果较好，成本相对较低；地面条件不允许时，可压入非固结化学浆(如克泥效、衡盾泥等)，压入来水通道中可起隔水作用，又不会固结刀盘，但这种方法影响盾

构施工进度，而且成本相对较高。

③盾构周围封堵。如果盾尾做“止水环”后仍有很大水进入土仓，则可判断水是从盾体侧边或前方来水。侧边来水封堵，可通过中盾上的径向注浆孔向盾体与围岩间注入高分子材料“聚氨酯”，利用聚氨酯良好的吸水性和遇水膨胀性，封堵盾体周边来水通道。

（2）降低水压

地下水压力大是造成盾构喷涌的一个重要因素，可以从降低地下水压来减少喷涌。施工中可采取以下两种措施。

①通过成形隧道管片吊装孔开孔放水。

②地面预先打降水井降水。管片开孔放水位于盾体后方，距刀盘较远降水效果较差。地面预降水针对性强，但成本高，受地面条件影响较大。

（3）渣土改良

水、渣离析使水压未能得到递减缓解，直接作用到螺机口，是造成盾构喷涌的另一重要成因。向土仓中添加膨润土、高效聚合物等阻水材料，可有效改善渣土的和易性、隔水性，从而降低出现喷涌的概率。

（4）掘进参数优化

通过优化掘进参数也可很大程度减少喷涌的可能。在进入稳定地层后，适当减小土仓内的土压力值；增大推力，加快掘进速度，增加渣土进量；适当加快螺旋输送机的转速，将土仓内大块渣土排出，以免积舱使掘进速度上不去，大颗粒排不出，小颗粒又从空隙中流失；尽量避免长时间停机，停机时尽量将土仓仓位提高，使土仓压力大于后部水压，防止土仓内积水过多。若砂层中掘进，可向土仓内注入空气，疏干周围土体中的水，利用地下水渗透和掘进时差，防止喷涌发生。

11.5 本章小结

本章主要对盾构机涌水分类、涌水原因、涌水防治措施以及工程应用案例进行了总结和阐述，要点如下。

（1）科学的掘进管理、合理的参数设定以及良好的防水密封结构可以杜绝盾构机涌水突泥事故的发生。

（2）铰接处涌水是由于铰接密封失效引起，为了尽可能减小铰接密封的损坏，需要在技术方面和管理方面加强控制。主要预防措施包括避免盾体失圆、防止异物进入密封结构、控制盾构掘进姿态及做好铰接行程管理等。

（3）造成盾尾密封失效的因素主要包括盾尾油脂注入压力、注入量、同步注浆压力与注浆量、盾构掘进姿态与管片选型、盾尾间隙等因素。在施工中应采取可行的措施，从设备、材料、盾尾油脂注入、同步注浆、盾构机姿态控制与管片选型等方面进行完善与管理。

（4）盾构螺旋输送机喷涌一般在盾构穿越地下水丰富、水压较大地层时比较容易发生。喷涌往往引起土仓压力较大波动，从而导致地面沉降、塌陷事故发生，且喷涌出的渣土很难清理，严重影响盾构掘进效率。通过封堵水源、降低地下水位、渣土改良、掘进参数优化、盾构机改造提升等措施，能有效预防和处理盾构螺旋输送机发生喷涌。

第12章

盾构机及管片旋转原因与对策

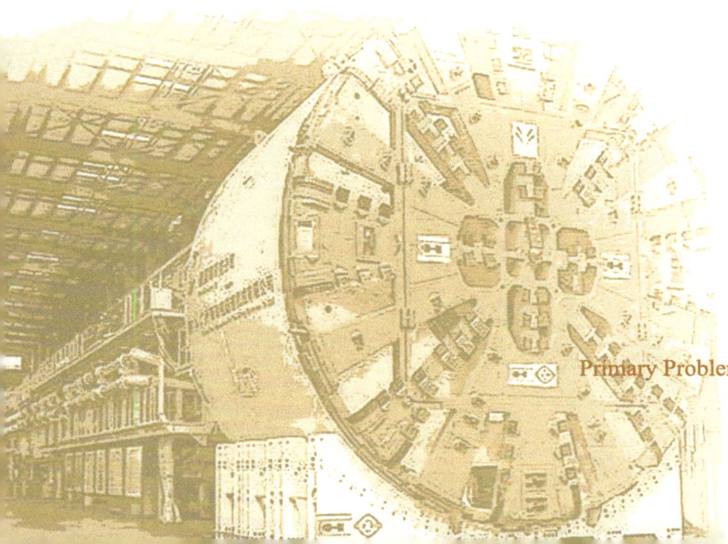

面向挑战的
隧道及地下工程

Primary Problems and Case Analysis of Shield Construction

盾构机在自稳性较好且地下水丰富的地层段掘进时，因围岩不能提供足够的摩阻力来阻止盾构机滚动的趋势，导致盾构机及管片产生过量的旋转，这对管片结构、后配套通行、行车运输效率以及设备性能等将造成不良影响，严重影响盾构机的正常掘进。本章将从盾构机及管片旋转原因、带来的危害、防治措施以及实际工程案例等方面进行阐述。

12.1 盾构机及管片旋转原因分析

1）盾构机旋转理论分析

在盾构掘进过程中，假设盾构机刀盘旋转切削岩土时的力矩为 $M_{岩}$，那么围岩对盾构外壳会产生一反方向力矩 $M_{盾}$，以维持平衡，如图 12-1 所示。主要存在以下三种情况。

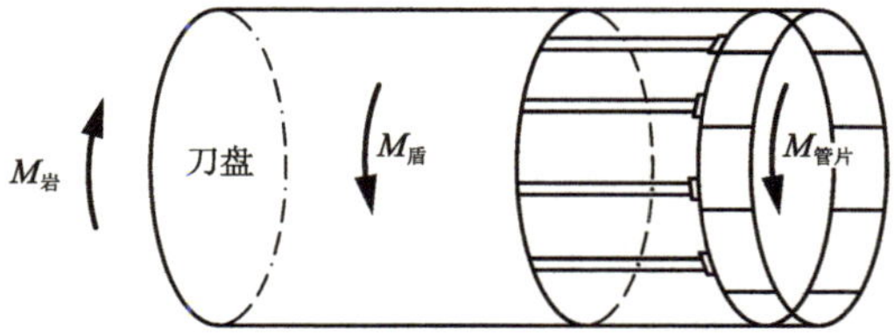

图 12-1　盾构机及管片旋转力学示意图

（1）当 $M_{岩} \leqslant M_{盾}$时，盾体机稳定，管片不会出现旋转趋势。

（2）当 $M_{盾}+M_{管片} > M_{岩} > M_{盾}$时，盾构机具有滚动的趋势，盾构机的推进千斤顶对管片产生扭矩。此时管片背后的摩阻力产生的反抗力矩 $M_{管片}$能抵抗这一力矩，因此盾体及管片基本稳定，不会出现明显旋转。

（3）当 $M_{岩} > M_{盾}+M_{管片}$时，盾体和管片会发生旋转。

从以上力学分析可知，盾构机及管片旋转最主要的原因是围岩未能提供足够的摩阻力来阻止盾构机滚动的趋势而带动管片旋转。

2）盾构机及管片旋转影响因素

盾体及管片旋转主要影响因素有：盾构机内设备布置不平衡、盾构机刀盘左右旋转换向不及时、同步注浆效果不理想、管片螺栓紧固不够等。

（1）盾构机内设备布置不平衡，盾构机的重心不在垂直的中心线上而产生了旋转力矩，掘进中容易诱发盾体发生旋转。

（2）掌子面极度软硬不均，刀盘旋转过程中扭矩瞬时增高引起盾体旋转。

（3）在纠偏时左右千斤顶推力不同及管片拼装时千斤顶轴线与盾构轴线不平行导致盾

体旋转。

（4）刀盘顺逆旋转的不平衡造成管片向某个方向的旋转大于另一个方向的旋转，造成拼装成环管片的旋转积累。

（5）在基岩裂隙发育，地下水丰富地段，管片背填注浆长时间未能有效凝固，或注浆量严重不足导致管片未能充分接触周围岩体，围岩无法产生足够的摩阻力阻止因盾体旋转而导致的管片转动。

（6）在管片拼装时，由于管片连接螺栓未能足够紧固，环间的摩擦力不足，造成管片之间不能有效传递盾构机滚动产生的力矩，成形管环整体性较差，也是造成管片旋转的原因之一。

12.2 盾构机及管片旋转带来的危害

盾构机及管片旋转带来的危害主要有以下几点。

（1）产生了结构附加应力。盾体旋转后，盾构机纵向连接结构及管片因被动产生旋转或旋转的趋势，从而增加了结构的附加应力，对结构质量安全产生不利影响。

（2）严重影响管片安装质量。当管片旋转后，其拼接面较原设计拼装位置发生改变，部分环纵缝会出现超出设计缝宽，从而严重影响管片安装质量并引起止水条失效。

（3）制约或限制后配套拖车通过。当后配套拖车随着掘进行进到发生管片旋转地段时，底管片钢轨平台由于管片发生旋转产生高差，致使后配套拖车偏移。

（4）对部分设备性能造成影响。由于底管片旋转引起后配套拖车偏移，对皮带输送机、泵站及水循环系统的正常运行造成较大影响。

（5）行车运输效率降低。由于底管片钢轨平台旋转产生高差，使轨线铺设质量降低，严重时导致行车频繁脱轨从而制约了行车速度，降低了运输效率。

12.3 防止盾构机及管片旋转的技术措施

（1）安装于盾构机内的设备要合理布置，并对各设备的重量和位置进行验算，使盾构主机重心位于中线上，要提高盾构机拼装精度，保证千斤顶轴线与盾构机轴线平行。

（2）每一块管片拼装时，应将每个螺栓初步扭紧，在盾构掘进过程中需及时对管片进行复紧，确保管片的每个螺栓处于拧紧状态。

（3）根据盾构姿态，合理分配各推进液压缸分区油压。避免较大分区压力差从而提高管片的整体自稳性。

（4）盾构掘进过程中要根据滚动角及时换向，最大限度地消除盾构机与管片旋转。

（5）要重视同步注浆工作，保证同步注浆的充填效果。当发现管片有位移迹象时，应及时对管片进行衬背注浆，以防止管片继续位移；或对管片进行有效的填充，以防止管片产生过大的扭转量。

（6）在发现管片产生扭转时，可将刀盘与管片扭转方向同向旋转，并使刀盘旋转保持适当的时间，以防止管片继续扭转使其恢复正常状态。

（7）采用低推力、小贯入度、低扭矩的掘进模式。

12.4 工程案例

1）工程概况

成都某盾构区间采用复合式土压平衡盾构机施工，盾构机刀盘开挖直径为 6280mm。盾构机最大推力 37000kN，额定扭矩 6650kN·m；螺旋输送机筒体内径 800mm，最大通过粒径为 300mm；刀盘面板采用 4 个主梁和 4 个副梁的结构形式，刀盘开口率 36%，中心区域开口率达到 38%；刀盘前面共设置了 6 个添加剂注入口，其中 4 个为专用泡沫口，另外 2 个为专用膨润土注入喷口。岩石饱和抗压强度值 R_c=7.20 ～ 15.90MPa。该地层以厚层～巨厚层构造为主，岩层产状 320°∠ 10°，节理裂隙弱发育，节理多以竖直方向为主。

2）盾构机及管片旋转情况

左线盾构掘进到 150 环时，发生盾体旋转事故。盾构机旋转处位于全断面中风化砂岩层，岩体较完整，岩芯呈柱状，锤击声脆，局部夹砾岩，岩芯采取率 90% ～ 95%。盾构机处于 R=450m 的左转平面圆曲线上，竖曲线处于 28‰ 的下坡段，隧道顶部埋深 12.6m。盾构掘进参数主要为：上部土压 0.53 ～ 0.98bar，刀盘转速 1.5r/min，刀盘扭矩 3000kN·m，推力 10800 ～ 12748kN，推进速度为 30 ～ 65mm/min，盾体机滚动角变化平均速率为 0.25°/min。盾构司机为提高推进速度，加大推力至 12748kN。刀盘扭矩变化不大，但滚动角变化极快，几分钟内由 -1.97° 快速变化至 +4.86°。盾尾处突然发出巨响并发生剧烈振动，盾体向逆时针方向偏移。技术人员现场检查盾尾时，发现第 147 环至 148 环之间管片纵向螺栓全部断裂。147 环与 148 环相对应的螺栓孔逆时针旋转 47cm，如图 12-2 所示。经计算，管片偏转角度为 -9.97°。事故发生时刀盘转向为顺时针转动，导向系统显示滚动角为极值 -5°，实际测量盾构机偏转角度为 -8.7°。

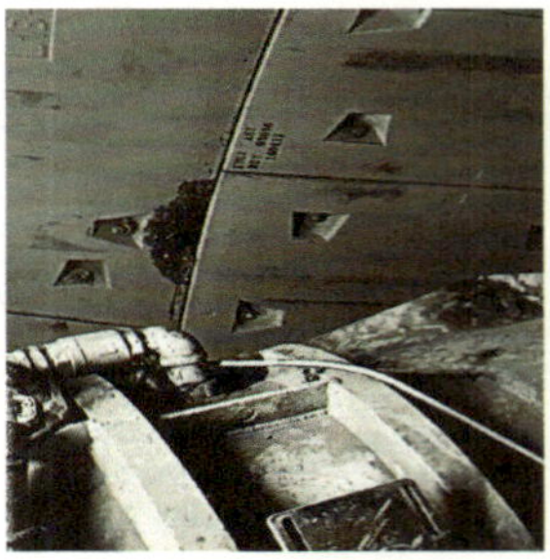

a)

b)

图 12-2 管片旋转及螺栓剪断情况

3)盾构机及管片旋转原因

盾构掘进至 150 环时，贯入度大于滚刀与焊接撕裂刀的刀高差，导致滚刀和焊接撕裂刀同时开挖掌子面。此段地层含有较厚砾岩层，硬度较高，焊接撕裂刀直接作用于掌子面，但其不能有效破岩。刀盘瞬间被卡，导致盾尾外部管片相对旋转。

4)采取的技术措施

(1)采用小推力、高转速、低扭矩的掘进模式，密切关注贯入度，贯入度控制在 20mm/r。

(2)在发现管片产生扭转时，将刀盘与管片扭转方向同向旋转，适当延长旋转时间，防止管片继续扭转并使管片恢复正常位置。

(3)每一块管片拼装时，将每个螺栓初步拧紧，在盾构掘进过程中要确保管片 3 次复紧。

12.5 本章小结

本章主要对盾构机及管片旋转的原因、带来的危害、防止盾构机及管片旋转的技术措施以及工程案例进行了分析和阐述，要点如下。

(1)盾构机及管片旋转是因为围岩与盾体之间不能产生大于刀盘旋转所需要的反扭矩，因此发生盾体滚动而带动管片旋转。一般来说，富水的自稳性较好的地层容易发生盾构机及管片旋转。

(2)诱发盾构机和管片旋转的因素包括盾构内设备布置偏心、盾构机刀盘左右旋转换向不及时、同步注浆效果不理想、管片螺栓未足够紧固等。

(3)盾构机旋转将严重影响管片安装质量，影响管线安装、人行通道平顺度及后配套拖车行走，对皮带输送机、泵站及水循环系统等设备性能造成不良影响。

(4)为防止盾构机及管片旋转，应主要从盾构机内设备空间布置、管片安装、掘进姿态与参数控制等方面采取措施，避免盾构机及管片产生过量旋转。

第13章

盾构工作压力计算与选取

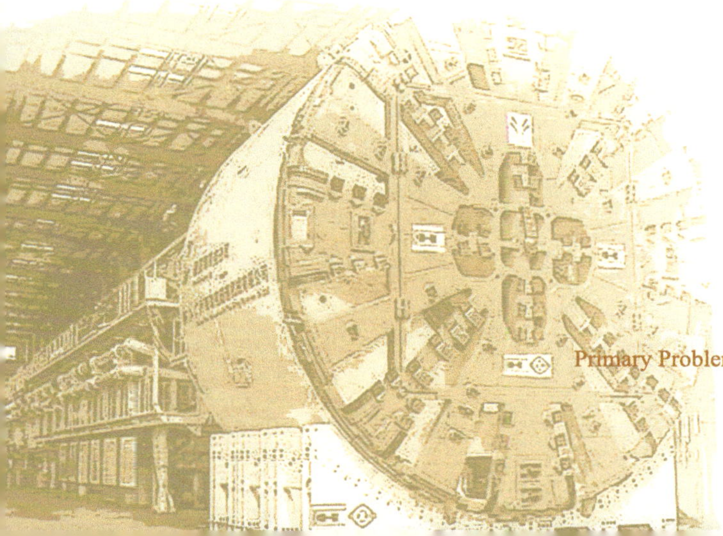

面向挑战的
隧道及地下工程

Primary Problems and Case Analysis of Shield Construction

盾构法施工时，主要依靠盾构工作面压力与开挖面原状土的水土压力相平衡，以减少盾构掘进对地层土体的扰动，从而控制地表沉降，保障地表构筑物和盾构机本身施工的安全。盾构工作面压力的选取极为重要，选取过小或过大都可能产生严重的工程事故，特别是盾构机穿越地表重要构筑物或水底地层时，盾构工作面压力如选取不当，很可能导致掌子面坍塌、涌水等灾难性后果。本章将从盾构法施工主动土压力与被动土压力理论分析、盾构工作面压力的计算选取以及计算案例三个方面进行阐述。

13.1 盾构施工主动土压力与被动土压力理论分析

盾构未施工时，地层土体保持原状天然的静止平衡状态，此时土体土压力称为静止土压力。而盾构施工过程中，刀盘扰动改变了原状天然土体的静止平衡状态，从而使刀盘附近的土体产生主动土压力或被动土压力。盾构推进时，如果工作面压力设置偏低，工作面前方的土体向盾构机刀盘方向产生微小的移动或滑动，土体出现向下滑动趋势，为了抵抗土体的向下滑动趋势，土体的抗剪力逐渐增大。当土体的侧向应力减小到一定程度，土体的抗剪强度充分发挥时，土体的侧向土压力减小到最小值，土体处于极限平衡状态，即主动极限平衡状态，与此相应的土压力称为主动土压力。盾构推进时，如果工作面压力设置偏高，刀盘对土体的侧向应力逐渐增大，刀盘前部的土体出现向上滑动趋势，为了抵抗土体的向上滑动趋势，土体的抗剪力逐渐增大，土体处于另一种极限平衡状态，即被动极限平衡状态，与此相应的土压力称为被动土压力。

1）静止侧压力

根据土力学理论，天然土体内垂直静止土压力为：

$$\sigma_z = \gamma z \tag{13-1}$$

式中：σ_z——竖直静止土压力（Mp_a）；

γ——土的天然重度（kN/m^3）；

z——埋置深度（m）。

垂直于侧面的法向应力为静止侧压力，静止侧压力为：

$$\sigma_x = k_0 \gamma z \tag{13-2}$$

式中：σ_x——水平静止土压力（Mp_a）；

k_0——土的静止侧压力系数，对于砂土可取经验值 0.34 ～ 0.45，黏性土取 0.5 ～ 0.7，或者按照半经验公式计算。

$$k_0 = 1 - \sin\varphi \tag{13-3}$$

式中：φ——土的有效内摩擦角（°）。

2)极限平衡状态下最大主应力与最小主应力

根据土的极限平衡理论可知，当土体中任一点处于平衡状态时，大主应力与小主应力存在如下关系：

$$\sigma_1 = \sigma_3 \tan^2\left(45^\circ + \frac{\varphi}{2}\right) \tag{13-4}$$

$$\sigma_3 = \sigma_1 \tan^2\left(45^\circ - \frac{\varphi}{2}\right) \tag{13-5}$$

式中：φ——内摩擦角（°）。

3)朗肯主动土压力与被动土压力

根据盾构机特点及其施工原理，采用朗肯土压力理论计算主动土压力和被动土压力。

当盾构工作面压力偏小，土体处于向下滑动的状态时，土压力将由静止土压力逐渐减小，当土体达到主动极限平衡状态并出现滑动面时，土压力减至最小，即转变成为主动土压力 P_a。此时土体内的竖直应力 σ_z 相当于最大主应力 σ_1，水平应力相当于最小主应力 σ_3，也就是主动土压力。

主动土压力 P_a 为：

$$P_a = \gamma z \tan^2\left(45^\circ - \frac{\varphi}{2}\right) = K_a \gamma z \tag{13-6}$$

式中：K_a——主动土压力系数。

$$K_a = \tan^2\left(45^\circ - \frac{\varphi}{2}\right)$$

当盾构工作面压力偏大，土体处于向上滑动的状态时，土压力将由静止土压力逐渐增大，当土体达到主动极限平衡状态并出现滑动面时，土压力增至最大，即转变成被动土压力。此时土体内的竖直应力 σ_z 相当于最小主应力 σ_3，水平应力 σ_x 相当于最大主应力 σ_1，也就是被动土压力 P_p。

$$P_p = \gamma z \tan^2\left(45^\circ + \frac{\varphi}{2}\right) = K_p \gamma z \tag{13-7}$$

式中：K_p——被动土压力系数。

$$K_p = \tan^2\left(45^\circ + \frac{\varphi}{2}\right)$$

由于地层土的复杂性，实际施工中隧道上覆土并不是均一的，因此，计算时采用各层土的物理参数，分别计算各层土的土压力，最后叠加，则盾构施工地层主动土压力为：

$$P_a = K_{am} \sum_{i=1}^{i=m} \gamma_i z_i \tag{13-8}$$

被动土压力为：

$$P_{\mathrm{p}} = K_{\mathrm{p}m}\sum_{i=1}^{i=m}\gamma_i z_i \tag{13-9}$$

式中：m ——土层数量；

K_{am} ——计算点处主动土压力系数；

K_{pm} ——计算点处被动土压力系数。

对于存在地下水的地层，可进行水、土压力分算然后线性叠加。

主动土压力为：

$$P_{\mathrm{a}} = \gamma_{\mathrm{w}} h_{\mathrm{w}} + K_{\mathrm{an}}\sum_{i=1}^{i=j}\gamma_i z_i + K_{\mathrm{an}}\sum_{i=1}^{i=n}\gamma_{\mathrm{f}i} z_i \tag{13-10}$$

被动土压力为：

$$P_{\mathrm{p}} = \gamma_{\mathrm{w}} h_{\mathrm{w}} + K_{\mathrm{pn}}\sum_{i=1}^{i=j}\gamma_i z_i + K_{\mathrm{pn}}\sum_{i=1}^{i=n}\gamma_{\mathrm{f}i} z_i \tag{13-11}$$

侧向静止土压力为：

$$P_0 = \gamma_{\mathrm{w}} h_{\mathrm{w}} + K_{0n}\sum_{i=1}^{i=j}\gamma_i z_i + K_{0n}\sum_{i=1}^{i=n}\gamma_{\mathrm{f}i} z_i \tag{13-12}$$

式中：K_{an}——计算点处地层主动土压力系数；

K_{pn}——计算点处地层被动土压力系数；

K_{0n}——计算点处地层静止土压力系数；

γ_{w}——水的重度（$\mathrm{kN/m^3}$）；

h_{w}——地下水位距离刀盘顶的距离（m）；

j ——地下水位以上土层的数目；

n ——地下水位以下土层的数目；

γ_{f}——土体的浮重度（$\mathrm{kN/m^3}$）。

$$\gamma_{\mathrm{f}} = \gamma - \gamma_{\mathrm{w}} \tag{13-13}$$

式中：γ——土的饱和重度（$\mathrm{kN/m^3}$）。

13.2 盾构工作面压力的选取

盾构工作面压力是盾构施工最重要的工作参数之一，一般认为盾构工作面压力与掘削地层的侧向压力相等，为了确保盾构施工安全，理论上盾构的工作面压力一般应介于主动土压力和被动土压力之间。

$$P_a \leqslant P_s \leqslant P_p \tag{13-14}$$

式中：P_s——盾构掘进时合理的工作面压力。

对于具体的工程而言，在实际掘进过程中，工作面压力的选择应在确保安全的前提下根据地层性质、周围环境以及地层沉降监测数据来确定。结合我国各地区不同地层掘进经验，可参考如下建议选取：

（1）对于一般较软地层，建议盾构工作面压力在 $(P_a - 20\text{kPa})\sim P_0$ 范围内取值，并尽量接近且略大于主动土压力，如遇自稳能力较差或有重大风险源的地层，危险源附近土体产生变形就会造成较大危险，要严格按照平衡压力保压掘进。根据以往工程实践经验，为确保盾构施工安全，建议工作面压力介于主动土压力 P_a 与静止侧向土压力 P_0 之间。

（2）对于自稳能力好的岩石地层，由于地层内摩擦角较大，计算得到的被动土压力较大，其在盾构工作面压力的选取时失去实际参考意义，此时盾构工作面压力可在一定程度上小于计算得到的地层主动土压力，根据工程经验，考虑到地下水的影响，建议最低不能小于计算所得地层主动土压力的 80%。

13.3 工程案例

为了验证盾构工作面压力选取相关计算公式的适用性，本章收集了华北、华中、华南、华东等地区 10 余个盾构项目典型断面地层计算参数，涉及淤泥、粉土、黏土、黄土、砂、卵石、砂岩、风化花岗岩等地层，通过上述公式计算出各项目典型断面静止侧向土压力、主动土压力、被动土压力，计算结果见表 13-1。由表 13-1 可知，大部分盾构项目现场设定工作面压力均在 $(P_a - 20\text{kPa})\sim P_0$ 之间，且现场施工情况正常，说明上述盾构工作面压力计算与选取方法具有较大的参考价值。

佛莞城际狮子洋项目 1390 环刀盘顶部为泥质砂岩，现场正常掘进时工作面压力为计算主动土压力的 92%。广佛环线盾构项目刀盘顶部位置主要为中风化二长花岗岩，由于掌子面岩土体自稳性好，现场停机时设定的工作面压力为计算得到主动土压力的 85%，正常推进时为计算得到主动土压力的 61%，施工中仍然保证了施工安全，说明盾构机在自稳能力较好的岩土层掘进时，由于掌子面自稳性好，现场设定工作面压力可在一定程度上低于计算得到的主动土压力。

为了便于理解计算过程，以南宁地铁 5 号线五新区间典型盾构断面为例，阐述其工作面压力的计算与选取过程。

典型应用案例计算结果与现场设定值 表 13-1

序号	项目	盾构形式	断面位置	地层（自上而下，截止刀盘顶部）	刀盘顶水位深（m）	刀盘顶埋深（m）	水压力（kPa）	静止侧向土压力（kPa）	主动土压力（kPa）	被动土压力（kPa）	工作面设定压力（kPa）	现场情况
1	佛莞城际狮子洋项目	泥水平衡	DK29+624	淤泥	8.6	9.3	84.3	133.4	130.9	141.7	120.0	正常
2	汕头苏埃项目	泥水平衡	东线 105 环	淤泥	14.8	14.0	144.9	216.0	212.6	228.4	199.0	正常
3	杭州地铁7号线7工区项目	土压平衡	DK42+760	杂填土、砂质粉土、粉砂	8.9	10.7	86.7	145.4	125.2	493.2	165.0	正常
4	郑州地铁4号线7标	土压平衡	DK21+547.0	杂填土、黏质粉土	10	21.7	98.0	332.6	284.7	615.4	240.0	正常
5	成都地铁8号线一期4标	土压平衡	YDK33+220	杂填土、中砂、卵石	8.8	14.8	86.2	175.0	142.5	851.9	125.0	正常
6	广佛环线	土压平衡	DSK13+950	淤泥、中砂、粉质黏土、全强风化、中风化二长花岗岩	34.9	30.2	341.9	455.1	411.8	1577.1	停机 350 掘进 250	正常
7	京沈客专13标望京隧道	泥水平衡	DK19+040	粉质黏土、砂土、粉质黏土、粉土	5.3	10.0	51.5	134.2	109.6	388.7	90.0	正常
8		泥水平衡	DK22+650	素填土、黏土、粉质黏土、砂土	24.3	26.9	238.0	351.2	309.2	1291.6	300.0	正常
9	南宁地铁5号线五新区间	泥水平衡	YDK18+860	粉质黏土、粉土、圆砾	16.48	27.42	161.5	287.5	237.0	2079.6	283.0	正常
10	佛莞城际狮子洋项目	泥水平衡	1390 环	淤泥、全风化泥岩、泥质砂岩	62.4	0.0	611.1	787.2	707.8	6470.0	650.0	正常

注：本表中静止侧向土压力、主动土压力、被动土压力数值均包含了水压力。

1）工程概况

南宁市轨道交通 5 号线五新盾构区间采用泥水平衡盾构施工，隧道主要穿越地层为：③$_{1}$ 粉土、④$_{1\text{-}1}$ 粉细砂、⑤$_{1\text{-}1}$ 圆砾、⑦$_{1\text{-}3}$ 粉砂质泥岩及⑦$_{2\text{-}3}$ 泥质粉砂岩，其中江南段（盾构下穿建筑物）施工地层多为粉土 / 粉细砂、粉细砂 / 圆砾、粉土 / 圆砾、圆砾 / 泥岩等复合地层，邕江段施工地层为全断面泥岩地层，江北段施工地层为全断面圆砾、圆砾 / 泥岩、粉土 / 圆砾复合地层。水位在 0.00 ～ 10.50m，稳定水位为 1.00 ～ 18.50m，水位受地形和降水影响很大。

2）计算断面主要地层参数

选取 YDK18+860 断面作为计算断面，根据地勘资料得到其主要地质参数见表 13-2。

计算断面地层参数　　表 13-2

参　数	第一层粉质黏土	第二层粉土	第三层（刀盘顶部）圆砾
土层厚（m）	6.94	17.79	2.7
天然重度（kN/m^3）	19.7	20	20.3
浮重度（kN/m^3）	9.9	10.2	10.2
土层的内摩擦角 ϕ（°）	—	—	42
土的静止侧向压力系数 k_0	0.6	0.39	0.33
水重度（kN/m^3）	9.8		
地下水位到刀盘顶深度（m）	16.48		
刀盘顶部埋深（m）	27.42		

3）计算结果

根据前文公式及地层参数得到：

静止侧向土压力系数：

$$K_0 = 1 - \sin\varphi = 1 - \sin 42° = 0.33$$

主动土压力系数：

$$K_a = \tan^2\left(45° - \frac{\varphi}{2}\right) = \tan^2\left(45° - \frac{42°}{2}\right) = 0.198$$

被动土压力系数：

$$K_p = \tan^2\left(45° + \frac{\varphi}{2}\right) = \tan^2\left(45° + \frac{42°}{2}\right) = 5.029$$

刀盘顶部地层主动土压力为：

$$\begin{aligned}P_a &= \gamma_w h_w + K_{an}\sum_{i=1}^{i=j}\gamma_i z_i + K_{an}\sum_{i=1}^{i=n}\gamma_{fi} z_i\\ &= 9.8\times16.48 + 0.198\times(19.7\times6.94 + 20\times4) + 0.198\times(10.2\times13.79 + 10.5\times2.7)\\ &= 237.0\text{kPa}\end{aligned}$$

刀盘顶部地层被动土压力为：

$$\begin{aligned}P_p &= \gamma_w h_w + K_{pn}\sum_{i=1}^{i=j}\gamma_i z_i + K_{pn}\sum_{i=1}^{i=n}\gamma_{fi} z_i\\ &= 9.8\times16.48 + 5.029\times(19.7\times6.94 + 20\times4) + 5.029\times(10.2\times13.79 + 10.5\times2.7)\\ &= 2079.6\text{kPa}\end{aligned}$$

刀盘顶部地层静止侧向土压力为：

$$\begin{aligned}P_0 &= \gamma_w h_w + K_{0n}\sum_{i=1}^{i=j}\gamma_i z_i + K_{0n}\sum_{i=1}^{i=n}\gamma_{fi} z_i\\ &= 9.8\times16.48 + 0.33\times(19.7\times6.94 + 20\times4) + 0.33\times(10.2\times13.79 + 10.5\times2.7)\\ &= 161.504 + 71.517 + 55.772\\ &= 288.8\text{kPa}\end{aligned}$$

根据计算结果，由于盾构机刀盘顶部为圆砾地层，内摩擦角较大，计算得到的被动土压力较大，对于盾构工作面压力选取已没有参考意义，建议盾构工作面压力应处于（P_a-20kPa）～P_0之间即 217 ～ 288.8kPa 之间。项目盾构掘进通过 YDK18+860 断面时，工作面压力为 283kPa，推进情况正常。

13.4 本章小结

本章主要对盾构工作压力的计算和选取进行了阐述，其要点如下。

（1）盾构工作面压力是盾构施工最重要的工作参数之一，其选择应在确保安全的前提下根据地层性质、周围环境以及地层沉降监测数据来确定；

（2）对于一般软弱地层，建议盾构工作面压力在（P_a-20kPa）～P_0范围内取值，并尽量接近且略大于主动土压力。

（3）当地层自稳能力较差或有重大风险源时，要严格按照平衡压力保压掘进，根据以往工程实践经验，为确保盾构施工安全，建议工作面压力介于主动土压力P_a与静止侧向土压力P_0之间。

（4）对于自稳能力好的岩石地层，在确保安全的情况下，盾构工作面压力可小于地层主动土压力，但考虑到水压力的作用，建议最低不小于计算得到地层主动土压力的 80%。

（5）对于上软下硬地层，基于盾构 /TBM 大数据平台发展智能掘进技术，实现软硬不均地层仓压在主动土压力与被动土压力之间自动切换是盾构技术发展的方向。

第14章

盾构施工有害气体防治与案例分析

面向挑战的
隧道及地下工程

Primary Problems and Case Analysis of Shield Construction

有害气体是隧道与地下工程的主要危害之一。隧道作为有限空间，一旦遭遇有害气体将对作业人员产生伤害从而酿成安全事故。有害气体分为地层原生的和人类活动次生的两类。富含有机质等特殊成分的岩石类发现有毒有害气体的概率较大。人类活动中，工程地基处理、养殖场、化粪池、油气站、垃圾填埋等使有毒有害物质渗透至地下，产生并富存在地层中是有毒有害气体另一种成因。在盾构施工中由于土仓隔绝，施工人员不能和掌子面直接接触，而地层中的有毒有害气体在土仓中聚集，其伴随着螺旋输送机排渣进入隧道内。

14.1 盾构施工有害气体的来源与分类

有害气体分为地层原生和人类活动次生两类。地层原生有害气体是指埋藏地下的有机质经过复杂物理化学过程产生的，隧道施工过程逸出的各种有害气体（其中主要成分是俗称沼气的甲烷、二氧化碳、一氧化碳、氮、氡气等，重烃及其化合物，包括乙烷、丙烷、丁烷等气体）的总称，如表 14-1 所示。人类活动次生有害气体是人类活动造成的有害物质聚集地下而产生的。

有害气体来源与形成原因　　表 14-1

有毒有害气体来源	形成原因	备注
地层原生	（1）地层形成过程中形成并富集于地层中； （2）大量植物沉积埋藏在地下深处，在缺氧情况下经地层高温高压的作用下在进入煤的变质碳化过程中产生的气体	
人类活动产生	（1）后期人类活动过程中，向地层注入化学产品而形成的气体； （2）盾构掘进过程中刀具油脂或其他进仓的添加剂随着刀盘切削岩体摩擦生热，随着温度升高可能会产生有毒有害气体； （3）地表油气管道泄漏渗入地层，盾构掘进过程中有地层向隧道内释放； （4）地表化粪池、养殖场等含大量有机质液体渗透至地层，长时间发酵后产生有毒有害气体	

有毒有害气体通常以气压袋形式存在，当气压袋被刺破（如钻孔、掘进扰动、爆破振动等）后，进入隧道中。

14.2 盾构施工有害气体防控对策

14.2.1 预先勘察探测

在工程勘察期间，把地层是否含有毒有害气体作为地质勘察的一项内容并出具相关报告，如发现有毒有害气体存在，则需要进一步探测具体范围、含量危害评估等，在隧道设计过程中增加相应措施。

14.2.2 施工过程中的监测、控排方法与措施

（1）在施工过程中，利用地质超前预报对开挖面至前方范围进行超前探测，了解其地层构造、含气状况。

（2）通风是降低有害气体浓度、防止有害气体积聚的最有效手段。通过不断向洞内送入新鲜空气、排出有害气体和降低粉尘浓度，从而改善洞内施工环境，确保洞内施工安全和人体健康，提高生产效率。

（3）在盾构施工中，定期或不定期检查设备自带的气体检测仪，保证仪器的完好性；另外购买手持式气体检测仪对隧道内的空气进行定期检测，一旦有害气体超限，立即启动应急预案。

14.2.3 安全技术交底

安排现场管理人员、作业人员分批进行沼气、煤气等有毒有害气体安全防护知识的培训和交底，强化安全培训，使作业人员清楚不同浓度下（表 14-2）的有毒有害气体对身体的危害及身体表现，确保作业人员掌握应知应会，进一步加强作业人员的安全生产意识和自我保护意识。

隧道有毒有害气体允许浓度表　　表 14-2

序　号	有毒有害气体名称	极限浓度
1	瓦斯（CH_4）	1%
2	一氧化碳（CO）	0.0024%
3	二氧化碳（CO_2）	1.5%
4	硫化氢（H_2S）	0.00066%
5	二氧化硫（SO_2）	0.0005%
6	氨（NH_3）	0.0004%
7	二氧化氮（NO_2）	0.0025%
8	氮氧化合物（NOx）	换算 NO_2 的浓度不得超过 5mg/m^3
9	粉尘	每立方米空气中，含有 10% 以上游离二氧化硅的粉尘不得大于 2mg

14.2.4 气体检测

进仓作业前，必须进行人舱、土仓可燃可爆有毒有害气体连续检测，并按操作规程处置。开仓作业时，安排专人严格按照方案和技术交底指挥，专人进行安全监督，现场安全管理人员必须严格履行现场监督检查的职责，发现违规违章操作行为必须及时制止，作业人员必须严格遵守安全生产的各项规章制度，严格执行安全操作规程。

14.2.5 完善检测设备

针对盾构机在施工过程中还可能遇到不明气源的情况，应配备有害气体检测仪器，及时检测，制定气体检测制度。制订相应的应急预案，成立应急救援组织机构，配备相应的应急抢险物资，并及时组织人员进行演练。遇有不明有害气体，立即启动应急方案，保证施工安全。

14.2.6 加强通风

通风是降低有害气体浓度、防止有害气体积聚的最有效手段；通风可以不断向洞内送入新鲜空气，排出有害气体和降低粉尘浓度，从而改善洞内施工环境，确保洞内施工安全和人员身体健康，提高生产效率。

14.2.7 应急预案

编制应急预案，积极进行演练。当可燃、有害气体及助燃气体达到报警设定值和停机设定值时，要按照表 14-3 规定的基本处理措施，对盾构设备相关系统或部件进行管控。

各种气体达到限定值时基本处理措施　　表 14-3

气体种类	报警值采取措施	停机断电值采取措施
CH_4	开始报警，安全人员加强对固定气体检测仪、通风系统的检测，以及通过便携式气体检测仪各个位置的检测，特别是死角无风流动处	盾构机停机，螺旋输送机后闸门自动关闭，切断动力电。断电后，所有非安全人员撤离，安全人员进行排查和检测。如果强制通风情况下，CH_4 浓度仍持续升高，达到 20%LEL，安全人员也要撤离
H_2S	开始报警，安全人员加强对固定气体检测仪、通风系统的检测，以及通过便携式气体检测仪各个位置的检测	盾构机停机，螺旋输送机后闸门自动关闭，切断动力电。断电后，所有人员撤离，进行强制通风，通风一定时间后安排专业安全人员持便携式气体检测仪进行检查，确认安全后再进行后续作业
CO	开始报警，安全人员加强对固定气体检测仪、通风系统的检测，以及通过便携式气体检测仪对各个位置进行监测	盾构机停机，螺旋输送机后闸门自动关闭，切断动力电。断电后，所有非安全人员撤离，安全人员进行排查和检测。如果强制通风情况下，CO 浓度仍持续升高，达到 80ppm，安全人员也要撤离
CO_2	开始报警，安全人员加强对固定气体检测仪、通风系统的检测，以及通过便携式气体检测仪对各个位置进行监测	盾构机停机，螺旋输送机后闸门自动关闭，切断动力电。断电后，所有人员撤离，进行强制通风，通风一定时间后安排专业安全人员持便携式气体检测仪进行检查，确认安全后再进行后续作业

14.3 工程案例

14.3.1 案例一

2008 年 4 月 15 日 18 时 15 分左右，广州地铁隧道某区间盾构机开舱换刀，在土仓门打开约 10min 发生不明气体爆燃，造成 2 人死亡、2 人重伤、4 人轻伤的事故。

1)事故经过

盾构机在掘进 301 环时，参数异常，选择在 ZDK15+419.11 处进行开仓检查、更换刀具。

18 时 5 分左右，掘进二班班长田某打开土仓仓门，然后董某用压力水冲洗刀盘和土仓，约 18 时 15 分左右盾构机土仓内突然发生不明气体的爆燃，造成人舱内的董某当场死亡，人舱内的黄某、史某及正对人舱口的赵某 3 人受重伤（其中黄某经医院抢救无效死亡）。

事故发生后，项目部按照应急机制及时组织了自救，并拨打 120、110 寻求帮助，立即将情况电话报告给相关部门。

2)事故造成人员伤亡和财产损失情况

本次事故造成 2 人死亡 2 人重伤，直接经济损失 230 万元。

3)事故原因分析

（1）隧道洞身穿越的地质条件是广州地区白垩系中风化砾岩、微风化泥质粉砂岩地层，其自身不会生成可燃可爆气体，且在广州地铁隧道工程同类地层中，也从未发现该地层中具有可燃可爆气体。但是从现场工作面的渗水情况分析，该地层的节理裂隙比较发育。隧道顶部为残积土层，可有效隔绝隧道与上部地层的地下水及其携带污染物。在盾构掘进过程中，盾构机振动扰动隧道顶部土层，可能造成隧道附近的地下水及其携带的污染物在地质构造的运动下，运动至隧道附近地层中聚集，最后沿隧道上方地层裂隙渗透、聚集在土仓内，继而在土仓内形成可燃性气体聚集。

（2）距离事故地点 160m 左右有一座废弃的加油站，柴、汽油地下储存时有泄漏，存在随着地下水的渗透聚集至地层中的可能，随着盾构机掘进过程中形成的空间，可能导致其渗漏到盾构机土仓内，挥发成可燃可爆气体，但根据检测报告土仓内气体成分中的有害有毒气体与废弃油站的渗漏物质的成分不一致，故排除加油站柴、汽油泄露产生的气体。

（3）隧道上方分布有煤气管道，基于上述地层的情况和盾构施工的状况，煤气管道可能的泄漏也会通过岩体的节理裂隙渗透到盾构机土仓内，但根据检测报告土仓内气体成分与管道燃气的成分同样不一致，排除了煤气管道泄露产生的气体。

（4）隧道穿越老城区，地表房屋密集，在地下修建有化粪池等建（构）筑物，化粪池内产生的沼气及污染物可能从其破损处泄漏，在地表又有硬化路面覆盖的条件下，渗漏的沼气会沿围岩节理裂隙渗透到地层中。盾构机掘进过程中形成的空间，导致气体渗漏到盾构机土仓内。根据检测报告土仓内气体中的有害有毒气体成分主要为甲烷（CH_4）、一氧化碳（CO）、硫化氢（H_2S）、二氧化硫（SO_2）、氨气（NH_3）等，这些成分是沼气的主要成分。所以可以认为造成本次事故的不明气体应该是疑似沼气。其可能来自地层裂隙、层面的地下水中，也可能来自地层深部，在地下水流动过程中，将其他地方携带有污染物的水沿盾构机上方地层裂隙渗透到土仓内，在土仓内逐步释放、聚集，使其达到爆炸浓度。

14.3.2 案例二

1）工程概况

深圳地铁某项目位于龙华新区内。区间全长 2.71km，其中盾构区间 1626m。隧道顶板埋深 5.7 ～ 38.15m。深—梅盾构区间线路出梅林关后，侧穿人行天桥，下穿 4 号线路基段、书香小学、书香门第大厦、次高压燃气管线后到达 U 形槽吊出井。

2）地质情况

盾构区间隧道范围内③$_1$ 含泥炭质土、④$_2$ 粉质黏土、④$_{10}$ 粗砂、④$_{11}$ 砾砂、⑦$_{11}$ 砾质黏性土、⑦$_{12}$ 砾质黏性土、⑧$_1$ 全风化粗粒花岗岩、⑧$_{21}$ 强风化粗粒花岗岩（砂土状）、⑧$_{22}$ 强风化粗粒花岗岩（块状）、⑧$_3$ 中风化粗粒花岗岩、⑧$_4$ 中风化粗粒花岗岩，岩层最大强度约 137MPa，最小强度 21.5MPa，标准值 67MPa。

根据地质详勘及 4 号线地质勘察图可知，盾构下穿 4 号线段洞身地质以强、中、微风化岩层为主，洞顶埋深 25.5 ～ 26.5m。根据掘进时出渣情况判断，掌子面处于全断面硬岩，如图 14-1 所示。

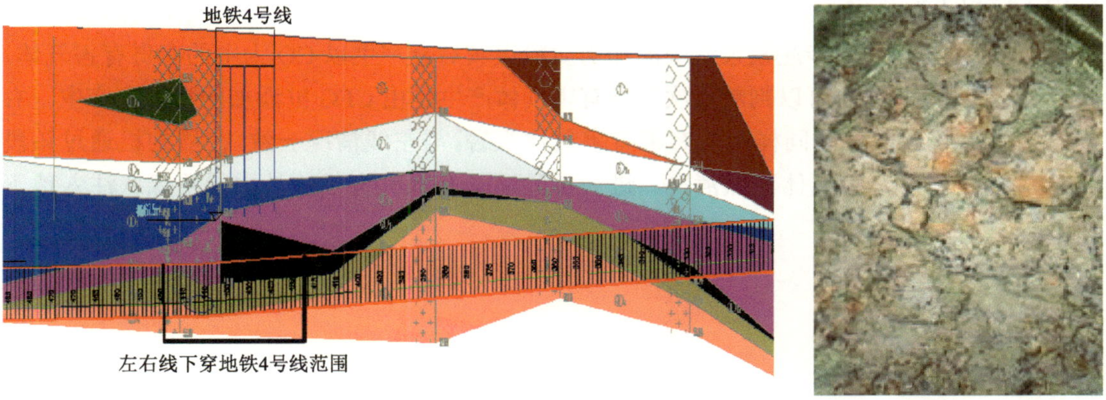

图 14-1　地铁 4 号线下方地质纵向剖面图及渣样

3）事件经过

2018 年 4 月 6 日，区间盾构施工掘进至地铁 4 号线路基段下方，凌晨 1 时 50 分因盾构气体检测装置报警，值班工程师去盾尾测气体含量，测得 O_2 浓度 20%，CO 浓度 41 ppm（1ppm=0.0001%），伴有刺鼻味道。开启螺旋输送机出土时，螺旋输送机闸门处有气体喷出，再次测量气体含量，测得氧气浓度20%，CO浓度240ppm，刺鼻味道较浓，上报值班室后，决定立即组织人员开始撤离，3时30分施工班组与管理人员共计18人全部撤离隧道，除个别人员有干呕有轻微头晕现象外，其余人员身体幸无明显大碍。图14-2为设备桥处气体检测值。

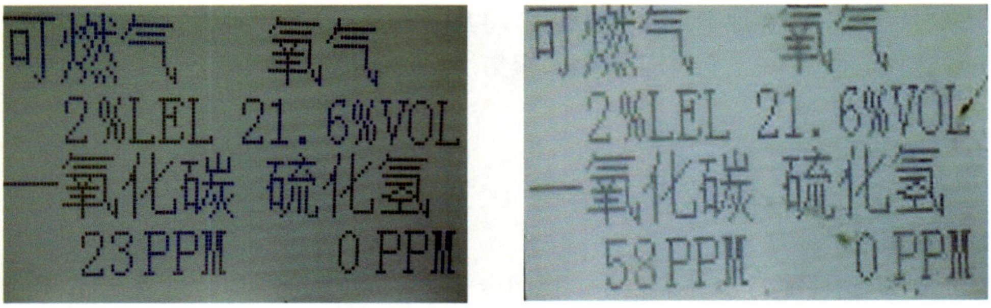

a） b）

图14-2 螺旋输送机出口和设备桥处气体检测值

4）原因分析

（1）该区间位于典型花岗岩地层，从地质构成和以往施工经验来看地层自身不会产生有毒有害气体。

（2）由于中心刀区域出现严重偏磨现象，刀毂磨损导致漏油，怀疑刀体与掌子面摩擦生热导致油脂气化，气化油脂中可能产生有毒有害气体，但对进入土仓的所有材料（包括泡沫、HBW油脂、EP2油脂、刀具油脂等）取样送检后发现成分与有毒有害气体不同，排除油脂气化产生有毒有害气体的可能。

（3）由于盾构正好位于地铁4号线路基段下方，经过调查发现，4号线该段路基在施工过程中采用水泥粉煤灰碎石桩（简称CFG桩）加固，该工法采用大量粉煤灰作为固结材料，根据以往施工经验，同步注浆浆液中添加劣质粉煤灰后会产生以CO为主的有毒有害气体，且成分基本匹配，基本可以判断本次有毒有害气体产生是由CFG桩添加的粉煤灰产生。右线盾构施工至该部位时同样发生有毒有害气体报警，与左线情况一致，在盾构机通过该段CFG桩加固区后有害气体自然消失。进一步验证了有毒有害气体是由于粉煤灰注入地下长时间反应后产生的。

14.4 本章小结

（1）盾构施工的有害气体来源大致可分为两大类：一类是地层原生有害气体；另一类是人类活动次生有害气体。

（2）盾构隧道埋深较小长度较短，工程实践中揭露人类活动次生的有害气体的概率较大。

（3）地下化粪池、加油站、粉煤灰碎石加固桩及盾构所采用的各类油脂在一定条件下都可能始发有害气体。

（4）应该将有害气体勘察纳入盾构隧道勘察设计之中，严格勘察到位。施工阶段配齐气体检测仪器装置，制订详细应急预案，保证施工安全。

（5）盾构开仓必须进行气体检测作业，遵循“逢开必检”的原则。

面向挑战的隧道及地下工程

第15章

盾构机仓内高压动火关键技术与工程案例

Primary Problems and Case Analysis of Shield Construction

面向挑战的
隧道及地下工程

Primary Problems and Case Analysis of Shield Construction

盾构法经常被用于穿越江、河、湖、海以及繁华城区隧道建设中。然而复杂地质条件及地下障碍物易造成盾构机刀盘、刀具严重的异常磨损。在特殊条件下，仓内高压动火作业总是难以避免。本章将就盾构机仓内高压动火关键技术进行相关阐述。

15.1 高压环境下动火技术的基本原理

盾构机仓内高压环境下动火修复关键技术原理是：在地下某一位置构建空间并利用气压平衡周边水土压力，构建环境气压大于常压（1 个大气压）的高压作业空间，并以气压（根据埋深及水位）替代掘进过程的泥水压，施工人员通过盾构机的人舱加压进入此高压作业空间，在此空间内完成盾构机刀盘的焊接、切割，刀具的修复工作，见图 15-1。

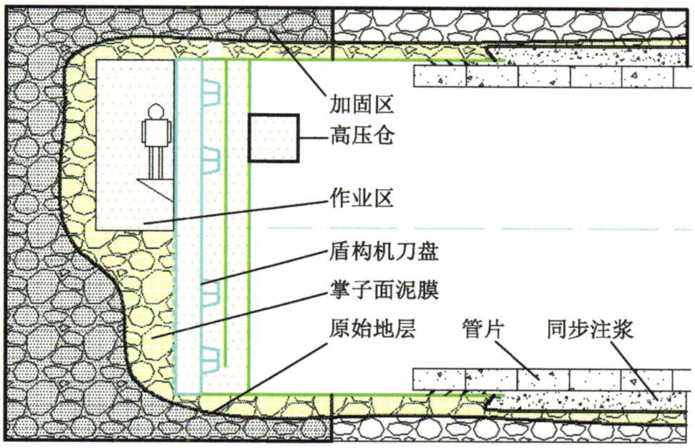

图 15-1　高压环境下动火修复盾构刀盘原理图

首先通过一定的技术措施在掌子面安全构建地下高压作业空间，以气压（根据埋深及水位）替代掘进过程的泥水压，作业人员通过盾构人舱进入此高压作业空间，按照规定程序进行焊接、切割作业、修复刀盘。在此修复过程中，通过一定的技术措施维持地下高压作业的空间安全和气密性要求，并按照要求和规定保障作业人员的安全和健康。以下进行高压动火作业核心工序分析。

15.1.1 建立作业空间

构建地下高压作业空间的实质，就是在地下某一区域内，将拟建立空间范围内的天然土体，置换为可以平衡周围水土压力的气压。其要点分析如下。

（1）停机点选择。停机维修点应选择地面建/构筑物风险等级较低的地方，尽量避开地下管线，不影响地面交通，并根据维修内容及地质情况进行选择。一般选择地势开阔、施工对地面建筑物影响小、地层稳定、渗透系数较低的地方。

（2）地层加固。为确保压缩空气环境下动火作业的安全，在作业前需要采用辅助措施加固地层，包括超前注浆加固、冷冻掌子面地层、地面加固等，以实现掌子面地层稳定。

（3）作业空间构建。刀盘修复所需作业空间的形成主要有两种方法：一是预留地下空间，结合地表加固方法进行事先的空间预留；二是非预留地下空间，该类空间的形成主要通过停机后人员压缩空气环境下进仓凿除实现。

15.1.2 人员进出仓作业

压缩空气环境下进仓作业属于特种作业，要求作业人员必须是经过专业培训的人员，所有操作过程均需要严格按照规范执行。

15.1.3 压缩空气环境下动火作业

主要包括了盾构机刀盘维修工艺制订、盾构刀盘维修方案实施、刀箱定位安装、刀座安装、气垫仓内冲刷管路及其他系统维修等方面。

盾构机高压环境下动火修复关键技术作业流程，如图15-2所示。

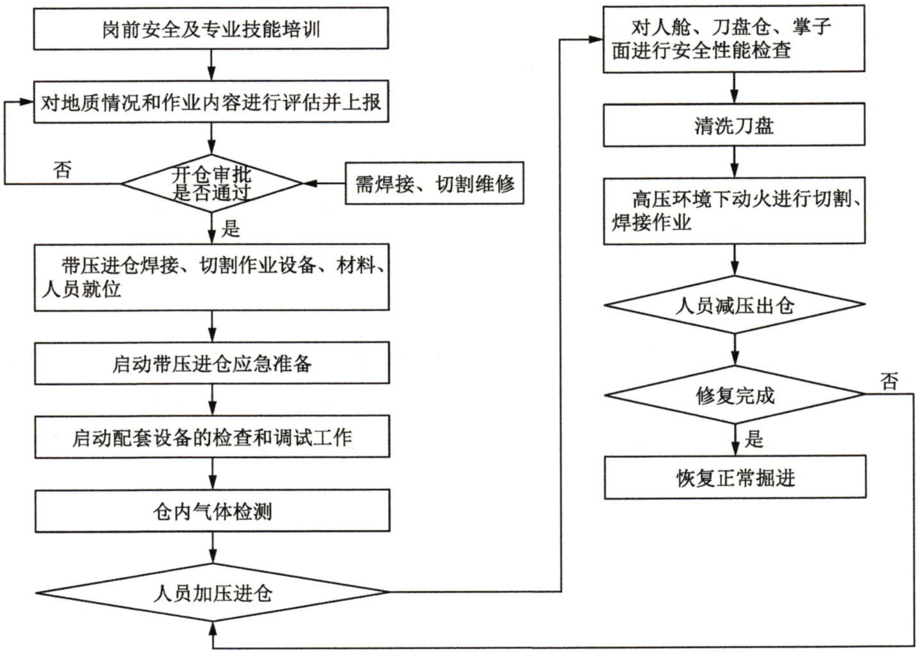

图15-2　盾构高压环境下动火修复关键技术作业流程

15.2 高压动火关键技术

如何构建作业空间并确保其长期稳定，是盾构舱内高压动火技术的关键。为确保地下高压作业空间的形成，需采取一定的地层改良及加固措施，以提高地下空间构建过程中作业面围岩环境的稳定；作业过程中需动态调整作业仓的空气注入和排出量，以维持作业空间气压的稳定。

15.2.1 高压作业空间的技术要求

1）稳定性

高压作业空间的稳定，是确保作业人员安全的最根本要求，现场一般根据泥膜的好坏来评判作业空间的稳定性。选取合适泥浆对刀盘仓内的浆液进行置换，逐渐在开挖面上形成满足要求的复合泥膜（渗透泥膜 + 泥皮泥膜），便可进仓作业。

影响泥膜质量的因素较多，主要包含地层细微颗粒含量、泥浆密度、泥浆黏度、泥浆触变比、压差等，现场需结合工程实际地质情况等因素，进行泥浆配制及泥膜形成实验，确保所形成的泥膜满足气密性好、滤失量小、寿命长的要求（图 15-3）。

a）

b）

图 15-3　满足进仓作业要求的泥膜状态

2）气密性

高压作业空间的气密性可以根据补气量大小来进行判定，当补气量过大以致超过设定预警值，说明作业空间的气密性没有达到要求，其漏气比较严重，作业人员需要立即停止作业并出仓。即当补气量超过供气系统最大供气量的 50%，便要结合现场实际情况进行作业空间检查、重新保压建膜。

压缩空气环境下进仓 1 ～ 2 次后，必须向中盾补注入高黏度泥浆，否则有可能漏气加重，人员无法进仓。连续进仓 5 ～ 8 次后，由于掌子面泥膜逐渐变薄，漏气现象将逐渐加重。必须根据掌子面泥膜的变化情况，对刀盘仓重新置换高黏度泥浆，以确保掌子面的气密性。

3)地下水的要求

作业空间构建完成后，需结合盾构停机位置的水文情况、埋深等因素，设定合理的刀盘仓压力值及合适泥浆参数，确保泥膜形成后地下水不再向作业空间内渗入，否则可能导致泥膜损坏。

15.2.2 高压作业空间的构建技术

高压作业空间构建技术分为预留作业空间和非预留空间两类。

1)预留地下高压作业空间的构建技术

所谓预留作业空间就是预先在刀盘前方构筑一个空间，将刀盘推入后进行仓内高压作业。此种情况下根据地层及盾构埋深情况的不同，可选择不同的地层加固的方法。

(1)通过地表垂直袖阀管注浆提高地层的自稳能力及降低渗透性。

(2)设置钻孔灌注桩+桩间注浆，以确保盾构停机后地下高压作业空间形成过程中的作业面稳定。

(3)地表高压旋喷咬合桩加固、地表全护筒咬合桩加固等多种方法。

选择地层加固方法的依据主要为：

①地层的渗透性。为确保地下高压作业空间的维持，要求改善后的地层渗透性低于1.0×10^{-4}cm/s。如停机位的地层渗透性小于此值，可考虑直接通过泥浆置换、保压建膜维持地下高压作业空间进行盾构刀盘修复。

②拟停机位置的埋深。停机位的埋深不同，对刀盘修复难度及作业效率的影响也不尽相同。当埋深过大，以致地下高压作业空间的气压不能完全弥补周围水土压力时，则需考虑设置多排钻孔灌注桩或咬合桩，对停机位置区域的土体进行置换与加固，以弥补地下高压作业空间的欠压。

盾构机到达该位置后，直接破除护壁混凝土，便在刀盘前形成了修复作业的空间。最后以气压置换孔内泥水压，即形成地下高压作业空间。

2)非预留地下高压作业空间的构建技术

盾构掘进过程中，往往因刀盘刀具异常损坏等导致盾构随机性停机，此种情况下，作业空间无法提前选取在合适的地层，而需要结合盾构停机位置的实际地层情况，进行针对性的地层加固处理并完成作业空间的构建，具体步骤如下：

(1)将开挖仓掘进用泥浆置换为高黏度泥浆，并进行保压，保持压力要高于掘进泥水压0.3～0.6bar。

(2)提高同步注浆压力，增加盾构同步注浆量，以保证置换气压后高压气体不致从盾尾遗失。

(3)向盾尾注入高浓度泥浆、向中盾壁后注入高黏度聚合物浆液，以避免刀盘切口环后形成漏气通道。

(4)作业人员通过压力舱加压后进入刀盘前方，在高压环境下通过人工凿除、水力切割等方法在盾构机前方停机作业面构建地下作业空间。根据高压环境的补气量变化，重复进行泥浆置换、保压建立泥膜，形成地下空间后再进行一次泥浆置换，以建立作业期间所需的泥膜。如果停机位置的地层渗透性较大，则应在盾构机上安装超前钻机，进而实现对盾构机停机位前方 15m 全圆范围内的土体进行超前注浆加固，以改善地层的渗透性。

(5)进仓作业过程中：进仓作业 1 ～ 2 次后，必须向中盾补注入高黏度泥浆，否则有可能使漏气加重，人员无法进仓；连续进仓 5 ～ 8 次后，由于掌子面泥膜逐渐变薄，漏气现象将逐渐加重，必须根据掌子面泥膜的变化情况，对刀盘仓重新置换为高黏度泥浆，以确保掌子面的气密性，同时必须向中盾补注高黏度泥浆。

15.2.3 高压作业空间的维持技术

修复刀盘过程中的高压作业空间维持具体体现为：维持空间气压的稳定，以有效平衡周围水土压力进而保证作业面及停机位置周边环境的安全；对修复过程中高压环境的高压气体漏失量进行有效控制，避免高压环境的气压波动伤害作业人员。地下高压作业空间的维持主要控制技术如下。

(1)准确的压力设置。刀盘仓压力应根据盾构停机位置的地质情况、埋深、地下水位情况等计算后确定。

(2)确保刀盘修复过程中环境空间的泥膜质量。仓内作业过程中，均须对泥膜质量进行仔细的观察和判定，包括厚度、开裂、起皮等。当发现质量不符合要求时，应及时重新进行泥浆置换、保压建膜。

(3)每间隔一定作业班次，及时向中盾注入高黏度聚合物浆液，确保刀盘背后漏气通道的屏蔽。

(4)刀盘修复期间，全部泥浆池、管路内的泥浆黏度均控制在 50s 以上，以确保意外情况发生时泥膜的最快形成或恢复。

(5)加强盾构刀盘修复过程中停机位置的地表变形监测，发现异常情况人员应立即出仓。

15.2.4 高压焊接 / 切割作业关键技术

由于气焊 / 气割采用的是易燃易爆气体，是所有焊接 / 切割方法中危险性最高的，不宜在高压环境下使用。适合盾构机仓内高压动火作业的焊接、切割方式有：电弧焊接（下文简称为“电焊”）、碳弧气刨切割（属于电弧切割的一种，下文简称“切割”）。盾构维修高压焊接 / 切割技术涉及人员操作安全、焊接设备、焊接工艺等诸多因素，在保障作业安全和焊接质量的前提之下，要求达到尽可能高的焊接效率。盾构仓内高压焊接 / 切割作业相关注意事项如下。

1)人员安全防护

(1)仓内通风。当对刀盘进行焊接 / 切割时，整个焊接 / 切割过程应注意仓内的通风，防止人员在作业过程中窒息，在高压作业过程中仓内的氧气浓度必须控制在25%以内。

（2）焊接/切割烟雾排除。为了排除焊接和切割烟雾，要求在作业区域布置满足$10m^3/min$的压缩空气抽风风量。

（3）仓内作业环境温度。仓内作业环境温度应控制在15～20℃范围内，如果环境温度不在这一范围内则必须马上进行换气工作，调节仓内温度。

（4）仓内作业人员必须穿阻燃衣服，由于仓内环境潮湿闷热，作业人员每班工作时间要求控制在4h以内。

（5）焊接/切割过程中会产生严重危害生命安全的气体，仓外必须设置监护人员，做好应急救援预案。

2）焊接/切割关键设备

根据工作情况选择弧焊设备时，必须要考虑到焊接的各方面安全因素。进行电弧焊接与切割时所使用的设备必须符合相应的焊接设备标准规定，还必须满足GB 15579的安全要求。压缩空气环境下盾构机刀盘焊接维修机具与材料配置如表15-1所示。

高压环境下焊接/切割维修机具与材料配置表　　表15-1

名　称	最低数量	名　称	最低数量
移动压缩空气系统	1套	压缩空气急救设备	1套
3人便携式氧气呼吸系统	3套	O_2与CO_2检测设备	1套
电焊机	2套	便携式多功能气体监测仪	1套
压缩空气下切割和焊接设备	2套	高压灭火器	3套
气动角磨机及砂轮片若干	2套	应急照明灯	3套
焊条和气刨条	若干	对讲机	4部
移动氧气治疗单元	1套	空气流量计（进口）	1套
潜水服	4套	压缩空气下作业用的液压工具	1套
医用氧气	根据需要确定	制作可匹配的压缩空气法兰	1套
35MPa清洗机	1套	工作服、绝缘鞋	10套
扁铲	5套	红外测温仪	1个
焊条烘烤箱	1个	保温筒	3套
单刃滚刀	根据需要确定	周边刮刀	根据需要确定
焊接撕裂刀		切刀	
焊接合金刀		可更换撕裂刀	
切刀刀座		切割割条	
耐磨焊条		焊接焊条	

3）焊接/切割工艺

（1）损伤部位准备工作。损伤部位要进行清理，根据损伤严重程度的不同，根据需求分别进行打磨、切割坡口或切割损伤部位；焊接之前，要求对刀盘焊接面用丙酮液进行清理，局部残留体应用角磨机打磨平整，以保证焊接质量。

（2）替换件制备。根据刀盘磨损情况绘制替换件图纸，根据图纸加工替换件，替换件的材质必须与刀盘本体材质一致；建议进行替换件模拟安装，以保证能够在仓内焊接作业的顺利实施。

（3）焊层数量与耐磨堆焊。与刀盘制造相比，替换件与刀盘本体之间焊层数量增加1～2层，可以有效地提高连接强度；对于磨损严重的部分，先用普通焊材焊接得到适当的焊缝高度，再用耐磨焊材堆焊，可以有效地提高耐磨性。

（4）刀盘、筋板、面板焊接完成之后，才能进行刀座的焊接和刀具的安装；在刀盘修复过程中，加强对土体监测，发现土体有渗水现象，立即进行注浆止水加固。

（5）具体焊接/切割技术标准可参考相关标准规范：《焊接术语》（GB/T 3375—1994）、《焊缝符号表示法》（GB 324—2008）、《气焊、焊条电弧焊、气体保护焊和高能束焊的推荐坡口》（GB/T 985.1—2008）、《无损检测符号表示法》（GB/T 14693—2008）、《焊接及相关工艺方法代号》（GB/T 5185—2005）、《焊接工艺规程及评定的一般原则》（GB/T 19866—2005）、《焊接接头冲击试验方法》（GB/T 2650—2008）、《焊接接头拉伸试验方法》（GB/T 2651—2008）、《焊接接头弯曲试验方法》（GB/T 2653—2008）等。

4）其他注意事项

（1）选用直流电焊机，保证焊接电弧能够稳定燃烧，以提高焊缝成型质量。

（2）焊接前对焊条进行烘干处理，并在焊接作业过程中，用保温箱对焊条进行保温，减少焊缝出现气孔的可能性。

（3）用砂纸、磨光机对焊接面进行打磨处理，并用丙酮对焊接面进行擦拭，保证焊接面的清洁，确保焊缝质量。

（4）严格防水措施，减轻水对焊接操作和焊缝性能的影响。

15.2.5 高压动火安全作业要求

（1）作业准备。履行人员、设备、材料、工程条件、后勤保障相关工作。焊接、切割相关设备及管线连接至预留接口，确认相关准备工作已完成，作业过程中实时对地表沉降情况进行监测；建立泥膜，并对泥膜质量进行初步判定。

（2）对仓内气体进行置换。实时检测仓内气体成分，如 CO、CH_4、H_2S 等有害气体含量超标，应继续进行通风置换直至合格。

（3）检查人员进仓对刀具刀盘等异常情况进行检查。对刀盘、刀具磨损情况进行检查并记录，并对掌子面稳定情况、泥膜建立情况进行检查。如不符合进仓作业需求，应关闭门，检查人员出仓，并对泥膜进行重建。

（4）检查人员出仓交底。检查完成后，将自身携带的检查工具、设备、记录表带出仓外，由机电工程师将更换刀具的位置及数量对作业人员进行交底。由土木工程师及安全员将仓内作业注意事项向作业人员进行详细交底。

（5）作业人员、材料、工具进仓。应对材料、工具进行核对并转运至人舱，作业人员应履行进仓签字确认程序。

（6）建立焊接、切割空间。结合刀盘受损部位及掌子面稳定性评估报告，确定作业空间位置，如需洞室开挖，根据专项方案实施。

(7)作业人员根据方案、交底内容实施作业。作业人员穿戴好个人防护用品，对焊接、切割设备进行清点和管线连接；作业过程中，实时关注掌子面稳定情况、进排气流量和有毒有害气体检测情况（正常情况下宜 1 ～ 2h 检测一次），若出现异常情况，应停止作业，立即出仓。

(8)作业人员出仓。作业人员拆除相应管线，并将材料、工具携带出仓；减压出仓期间，应将本仓工作完成情况及时向仓外人员进行反馈，以便提前对下仓作业内容进行调整和安排。

(9)作业效果判定。由机电工程师按照方案和交底内容对工作效果进行判定。检查人员按照作业的目的和标准对焊接质量、螺栓紧固效果、障碍物处理等作业效果进行检查确认，如未达到作业预期效果应继续履行实施工作。

(10)作业人员清仓并关闭仓门。作业人员进仓对带进仓内的工具、工装、材料进行清点核对并携带出仓，同时按照交底要求关闭仓门；人员出仓后，拆除焊接、切割设备及相应管线，将相关配套设备材料运至洞外，做好恢复掘进准备。

15.3 高压环境动火风险与防控

在高压环境条件下动火作业，易出现火灾、爆炸、有害气体中毒、减压病等风险，如出现不规范操作或者环境意外变动，很容易导致事故的发生，因此必须进行针对性的预防与控制。

15.3.1 火灾与爆炸

1)火灾防控

压缩空气环境下工作时，橡胶管路、塑料制品、抹布、衣物等都是可燃物体，易引发火灾。在压缩空气环境下狭小的作业空间内，若发生火灾，救援人员不能及时进入，仓内救援设施有限，紧急减压出仓会造成仓内压缩空气环境下人员发生减压病，因此要防止在压缩空气环境下发生火灾事故。预防压缩空气环境下动火作业发生火灾事故的具体措施如下。

(1)人闸仓消防系统时刻保持正常状态，包括高压水泵及管路系统。

(2)电器设备、线路要定期检查、维护。

(3)易燃易爆物品严禁带入压缩空气环境。

(4)严格监测作业仓内气体成分，若危害气体浓度过高应及时加强通风并停止压缩空气环境下工作。

(5)减压吸氧采取仓外供排方式，严格控制仓内氧浓度；所有进仓人员必须经过消防安全培训和演练。

（6）操作人员要熟练掌握消防事故处置预案。

2）瓦斯与氧浓度控制

当空气中所含瓦斯浓度达到一定界限时便会发生爆炸，瓦斯爆炸界限为 5% ～ 16%。当瓦斯浓度低于 5% 时，遇火不爆炸，但能在火焰外围形成燃烧层；当瓦斯浓度为 9.5% 时，其爆炸威力最大（氧和瓦斯完全反应）；瓦斯浓度在 16% 以上时，失去其爆炸性，但在空气中遇火仍会燃烧。为确保不影响人体健康，瓦斯浓度应控制在 1% 以内。

在压缩空气环境下从事动火工作或者其他原因产生明火时，超高的氧浓度会使燃烧剧烈，造成火灾。在高压环境里，剧烈的燃烧会使气体体积增大，达到一定临界点时就会引发爆炸，在高压作业过程中氧气浓度必须控制在 25% 以内。

3）其他控制措施

（1）作业人员进仓前，不能将易燃易爆物品和压力容器带入仓内。

（2）作业人员在作业时要穿着棉质衣物，避免静电火花。

（3）禁止敲击和碰撞金属物品，以免产生火花。

（4）吸氧时，要通过呼吸器上的单向管路把呼出气体排出仓外，防止仓内氧浓度超标。

15.3.2 有害气体中毒

1）CO 中毒

CO 中毒是含碳物质燃烧不完全时的产物经呼吸道吸入引起中毒。当人们意识到已发生 CO 中毒时，往往为时已晚，因为支配人体运动的大脑皮质最先受到麻痹损害，使人无法实现自主运动，因此 CO 中毒者往往无法进行有效的自救。

2）CO_2 中毒

CO_2 中毒是长时间处于低浓度 CO_2 环境中或突然进入高浓度 CO_2 环境中所引起的病症。CO_2 中毒症状分为两类。

（1）急性 CO_2 中毒：突然进入高浓度 CO_2 环境中，出现头晕、心悸、惊厥、昏迷等症状，若不及时脱离现场、容易发生生命危险；

（2）慢性 CO_2 中毒：长时间处于低浓度 CO_2 环境中，可引起头痛、头晕、心率、注意力不集中、记忆力减退等。

3）电焊废气中毒

电焊 / 切割过程中会产生一定的锰烟尘，过量的锰进入机体可引起中毒，损害中枢神经系统。锰急性中毒比较少见，若短时间吸入大量该烟尘，可发生“金属烟热”，病人出现头痛、头昏、胸闷、咽干等症状；慢性中毒则表现为神经衰弱综合征、植物神经功能紊乱，重者还会出现中毒性精神病等症状。

4）有害气体中毒的处理

压缩空气环境下动火作业期间，若发生有害气体中毒，应将病人迅速转移现场，加强通风换气，给予病人呼吸新鲜空气或氧气，并采用应急减压方案进行减压。对呼吸心跳停止者，应坚持人工呼吸和心脏按压。出仓后，将患者立即送医，并进行高压氧治疗。

对于锰中毒的作业人员，除采取上述措施外，还应饮足量温水催吐。皮肤接触后应迅速脱去污染的衣服，用流动清水冲洗；若眼睛有接触，应提起眼睑，用流动清水或生理盐水冲洗。

15.3.3 减压病

由于减压不当而引起的以身体组织内产生气泡为病因导致的疾病。

1）减压病病因

作业人员在压力环境下作业，体内血液溶解了氮气或者其他惰性气体，在减压过程中因没有足够的减压时间来消除，血液和身体组织中的气体残存导致气泡出现，从而引发各种危险和疾病，发病概率跟减压操作、环境压力、劳动强度、空气质量和工作人员体质有关。

2）减压病症状

减压病出现的症状主要包括：皮肤瘙痒、灼热感、蚁走感或不正常出汗，局部皮肤出现大理石纹样花纹；关节、肌肉、肌腱、韧带、骨膜等疼痛；呼吸系统、神经系统、心血管系统和消化系统机能障碍，严重者会导致死亡。

3）减压病的预防与治疗

减压病预防：加强锻炼，减少体内的脂肪含量；经常进行适当加压锻炼；改善仓内空气质量，保障作业人员能呼吸合格的压缩空气；劳动强度大时要相应缩短作业时间，并严格执行减压方案；减压过程中作业人员要保持放松状态、坐姿良好、认真吸氧，注意防寒保暖；避免疲劳和重复加压作业。

减压病的治疗：一是加压治疗，具体可参考《减压病加压治疗技术要求》（GB/T 17870—1999）；二是辅助治疗，包括吸氧、药物、物理治疗、按摩、针灸和加强营养等。

15.3.4 肺气压伤

作业人员在加、减压过程中，压力变化较快，导致人体空腔器官（如中耳、鼻窦）内外压力不能迅速平衡，造成人体空腔器官损伤。肺气压伤症状及体征主要表现为：肺出血、昏迷、皮下气肿、呼吸系统障碍等。

1）急救与对症治疗

发生肺气压伤后，如作业人员佩戴有呼吸装置，应立即摘掉呼吸装置和其他防护装置，将患者面朝下置于担架或长椅上，头部低于躯干并转向侧面；给患者戴好氧气面罩供氧，采用应急医疗舱进行加压治疗；如呼吸停止，应进行人工呼吸，避免使用压迫胸廓的人工呼吸方式，以免加重肺部损伤；采用急救措施后，应立即把患者送往有加压治疗舱的医院。

2）再加压治疗

肺气压伤的再加压治疗和减压病一样，是一种彻底的治疗方法，对于一切肺气压伤的患者都应尽快进行这种治疗，具体治疗方案可参照《减压病加压治疗技术要求》（GB/T 17870—1999）。

15.3.5 氧中毒

氧中毒的发生是指机体吸入高分压氧超过一定的压力和时间，引起一系列生理功能的紊乱或病理改变而产生的疾病。

1）氧中毒表征

氧中毒分为两类：

（1）肺型氧中毒。临床上可能发生类似支气管肺炎的症状和体征。

（2）惊厥型氧中毒。前驱期表现为口唇面部肌肉颤动、面色苍白、四肢麻木等；惊厥期表现为癫痫大发作样全身强直性或阵发性痉挛、意志丧失等；昏迷期表现为在离开高压环境后，患者意识模糊、精神和行为错乱、动作不协调等。

2）氧中毒的急救与治疗

（1）在压缩空气环境下发生氧中毒，应按减压方案实施减压，并注意保暖，患者熟睡时，要防止突然发生惊厥。

（2）在吸氧过程中发生氧中毒，应立即改吸空气，加强舱内通风，然后按空气减压方案减压，如有惊厥，须待症状稍缓解再进行减压，防止发生肺气压伤。

（3）两种氧中毒类型均有肺部损害的表征，现场医护人员应给予对症处理。

15.3.6 溺水、触电、外伤

1）溺水及其预防

在压缩空气环境下作业时，作业仓内会留有50%左右的泥浆，工作的位置会很湿滑，作业人员要防止滑落进泥浆而发生溺水事故，作业人员必须穿着防滑工作鞋、系安全带。

2）触电及急救措施

盾构机舱内分布大量带电线路，尽管大部分用电设备的输入电压不超过24V安全电压，但可能会由于误操作或其他原因造成漏电。

触电发生后，应遵循“迅速、就地、准确和坚持”的原则进行急救，压缩空气环境下作业期间应立即按照减压方案进行减压。触电急救必须分秒必争，立即就地迅速用心肺复苏法进行抢救，并坚持不断地进行，同时及早与医疗部门联系，争取医务人员接替救治。

3）外伤预防

在压缩空气环境下作业时由于空间不规则、狭小，并且周围都是钢结构，磕磕碰碰不可避免。掌子面上的石头、不可预见的物体都有可能会对作业人员造成伤害，因此作业人员必须佩戴安全帽、手套，工作过程中严格遵守安全规程。

15.3.7 工作仓失压

1)工作仓失压原因

工作仓如出现失压现象，将导致高压环境下的作业人员发生急性减压病、掌子面坍塌和地下水失控等。工作仓发生失压的原因包括掌子面破坏、盾尾漏气严重、抽排废气装置故障、供排气系统故障等。

2)防控措施

保证有充足的气源，供气系统和电力系统不能中断；保压和排气系统要确保正常；掌子面建立有效的泥膜；进行高压环境作业前要确保盾尾注浆充分，并检查确保地面稳定等。

15.3.8 掌子面坍塌

如发生掌子面坍塌将造成严重后果，为避免该现象的发生，所采取的措施主要有：

（1）首先要了解压缩空气环境下工作区域的地质情况，并提前做好针对性处理措施。

（2）计算好压缩空气环境下工作所需压力环境，结合实际工况确定压缩空气环境下压力。

（3）形成有效的泥膜，且压力可控。

（4）不要在没加固区域停留过长时间。

（5）盾构司机不得随意转动刀盘，随时做好升液位准备。

（6）保压系统监控人员要随时监控并汇报补气量。

（7）人员进仓前，应制订坍塌应急处理预案。

15.4 高压动火关键工艺与注意事项

高压动火包含气体成分检测、管线安装、人员进出仓、仓内压力保持等关键环节。

15.4.1 气体成分检测

地层中的有害气体会对作业人员造成伤害甚至引起爆燃，人员进仓前必须采用气体检测仪对仓内 CO、CO_2、CH_4、SO_2、HS、NH_3、O_2 等气体成分进行检测，拆除人舱右上侧的法兰后连接气体检测仪，如发现 CH_4 等可燃性气体成分，应先利用人舱及保压系统、废气排放系统对仓内气体进行空气置换。仓内气体达到持续平稳的安全标准后方可进仓。

15.4.2 管线安装

需要安装的管线主要包括：电焊机焊把线和接地线、高压清洗机水管、废气排放管路和阀、冲洗水管、呼吸气管、高压气管等。

15.4.3 人员进出仓

根据人员身体素质、工作时间等因素制定人员进出仓作业加减压方案，依据行业标准《盾构法开仓及气压作业技术规范》（CJJ 217—2014），仓内加压速度宜控制在 0.05 ～ 0.1MPa/10min。加减压时密切关注人舱内人员身体反应情况，如有不适，及时按照减压方案出仓，更换不良反应人员后重新组织进仓。

15.4.4 仓内压力保持

仓内压力稳定、可控，供排气平衡顺畅，焊接过程根据仓内空气条件及盾构机补气系统能力合理控制排气阀开度，保证仓内空气流通。根据工程经验，一般对仓内的单位时间补气量不应超过供气系统最大补气能力的 50%（单位时间补气量过大，说明作业空间漏气量较大，不利于人身安全，另一方面供气系统也可能出现供气不足的现象）；当补气量大于 50% 时，进仓人员应立即减压出仓，然后恢复液位继续保压。

15.4.5 人员防护

高压情况下仓内动火作业具有燃烧快、燃烧剧烈的特点，进仓人员不能穿合成纤维衣物，并需佩戴经空气过滤的焊接面罩。人员作业过程中要佩戴有减压装置的焊接呼吸面罩，其气源必须是经过净化后的压缩空气。

15.4.6 通气排风

在高压环境下修复作业过程中，为了有效控制焊接、切割修复过程中的废气和烟尘含量，在盾构机盾体上安装废气排放阀和管路，当打开废气排放阀门时，盾构机刀盘仓和气垫仓内的压力会下降，此时压缩空气调节器（即保压系统）会及时向仓内补充压缩空气，保证在废气排放时刀盘仓和气垫仓内压力稳定。

15.4.7 人员作业过程控制

(1)随时检查作业仓是否存在安全隐患。

(2)随时观察便携式多功能气体检测仪是否报警。

(3)确保作业人员是否呼吸通畅,不通畅时检查焊接呼吸面罩是否被堵塞。

(4)电焊钳或气刨枪不工作时,通过对讲机告知仓外人员及时关闭电源。

(5)作业人员须经常与仓外人员保持通信联络。

15.5 工程案例

15.5.1 北京铁路地下直径线工程

北京铁路地下直径线在盾构施工过程中,因复杂地质条件、遗留于地下的障碍物等影响,盾构机刀盘多次受损。而临时停机的位置又不具备设井开仓的条件,同时考虑到长时间停机的风险、地面条件的限制,导致无法直接在地表建造竖井进行盾构刀盘修复。为解决这一问题,在隧道地下构建高压作业空间,通过高压作业空间内的采用气刨切割修复受损的盾构机刀盘,进而恢复盾构掘进。

1)工程概况与地质特征

北京铁路地下直径线工程位于北京市中心城区,是国内第一条在市内修建的单洞双线电气化铁路隧道。隧道从前门东大街起始,沿宣武门西大街往西至长椿街后拐至西便门桥、天宁寺桥、白云路桥北侧,斜穿白云路桥下至小马厂附近出地面。隧道全长 7.23km,分别由明挖、暗挖、盾构隧道组成,其中盾构隧道长 5.175km。沿线两侧地面建筑物密集,包括国资委、团中央等国家部委机关,临近明城墙、箭楼、正阳门火车站等重要文物;区间上穿地铁 5 号线,下穿地铁 4 号线、西便门桥、天宁寺桥、护城河等;沿线隧道施工影响范围内各种地下管线繁多。全线共有特级风险源 23 处,其他各级风险源 105 处,被列为北京市“在建最难、风险最大的地下工程”“极高风险 1 号工程”,隧道纵断面示意如图 15-4 所示。

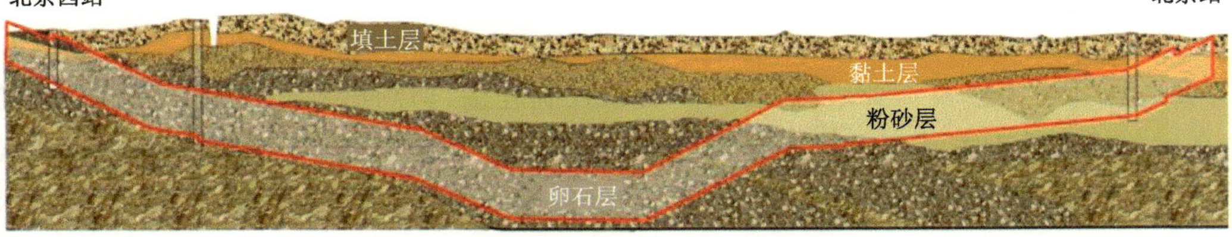

图 15-4 隧道纵断面示意图

直径线隧道沿线地层均为第四系全新统、上更新统冲洪积层和第四系全新统人工堆积层。垂直方向上黏性土与非黏性土层交替产出，水平方向上自西向东颗粒由粗变细，细颗粒土厚度逐渐加大。在实际施工地质揭露，在地下水活动区域存在强度达 30MPa 的钙质胶结层，厚度约 1 ～ 3m。盾构隧道主要穿越的地层为圆砾、卵石土层杂色，密实，湿～饱和，一般粒径 20 ～ 60mm，向西卵石粒径逐渐加大，最大粒径 200mm，地下水位高。

2)动火修复点情况

（1）停机点概况

第六个地面加固点距离盾构始发竖井 1767.6m，此处位于宣武门西大街国华旅馆前中心绿化带下方，隧道埋深 39.8m。盾构施工此处位置时，刀盘及刀具主要存在以下几方面的问题：

①刀盘上的切刀、周边刮刀等螺栓固定连接形式的刀具因固定螺栓断裂掉落严重。

②部分滚刀常规进仓无法处理。

③焊接撕裂刀磨损严重。

因此，需对盾构机刀盘进行修复。

（2）土建施工方案

第六个加固点采用旋挖钻孔灌注桩进行加固：首先对加固区进行物探，采用炮机将加固范围内的混凝土防爆层破除；然后人工进行挖探，并对地下管线做好标记。在进行旋挖钻作业之前，为保证旋挖钻护筒安放牢固稳定，先对钻孔灌注桩加固范围内 5m 深的地层进行后退式注浆加固，再以 DK5+028 为中心施作 3 排玻璃纤维筋灌注桩，最后在隧道轴线上，群桩中间施作 1 根 ϕ2.0m 的灌注桩，然后在 ϕ2.0m 灌注桩中间位置采用旋挖钻钻出一个 ϕ1.0m 孔，然后采用人工将下部扩挖成 ϕ1.3m 的工作井。灌注桩完成后对群桩中间的土体及南侧因电力沟影响范围无法做桩的地层进行补偿注浆，最后在桩顶施作盖梁将所有的桩连成一个整体，工作井顶部孔口 2m 位置与盖梁一起浇筑。

灌注桩采用旋挖钻机成孔，安装玻璃纤维筋后，灌注 C20 的水下混凝土。桩长设计为 43.0m（此处盾构机刀盘埋深为 39.8m），除了中间一根桩径为 ϕ2.0m 外，其余桩径全部为 ϕ1.0m。玻璃纤维筋笼主筋 ϕ28mm，螺旋箍筋 ϕ6mm。钻孔灌注桩共布置 3 排，桩间距 1.51m，排距 1.0m，共计 24 根桩。桩间补偿注浆均采用水泥浆，水灰比 0.8，孔间距 0.75m，排距 0.5m，梅花形布置。灌注桩、工作井及注浆孔位平面布置关系如图 15-5 所示。

（3）压缩空气环境下动火修复作业主要工作内容

①对于切刀、周边刮刀进行修复，或更换新的刀座。

②对损坏的滚刀进行修复。

③对刀盘上的焊接撕裂刀进行修复或更换新的刀具，并补焊耐磨层。

3)压缩空气环境下动火实施情况

（1）现场作业情况

压缩空气环境下动火现场作业流程如图 15-6 所示。

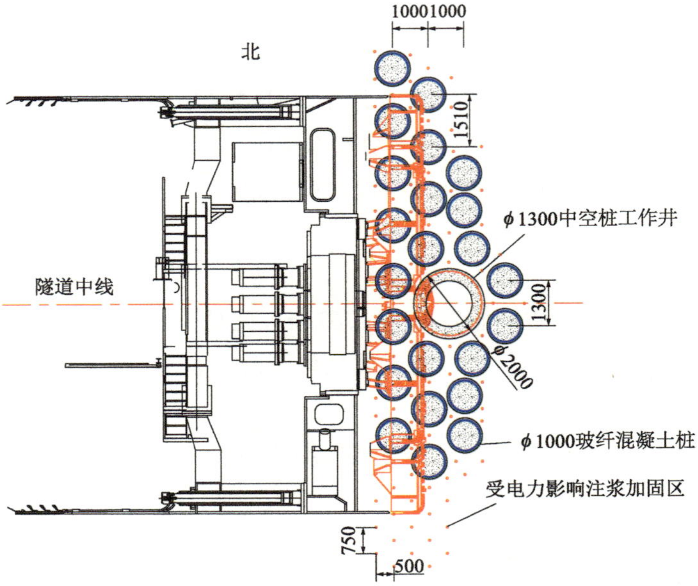

图 15-5　灌注桩、工作井及注浆孔位平面布置关系（尺寸单位：mm）

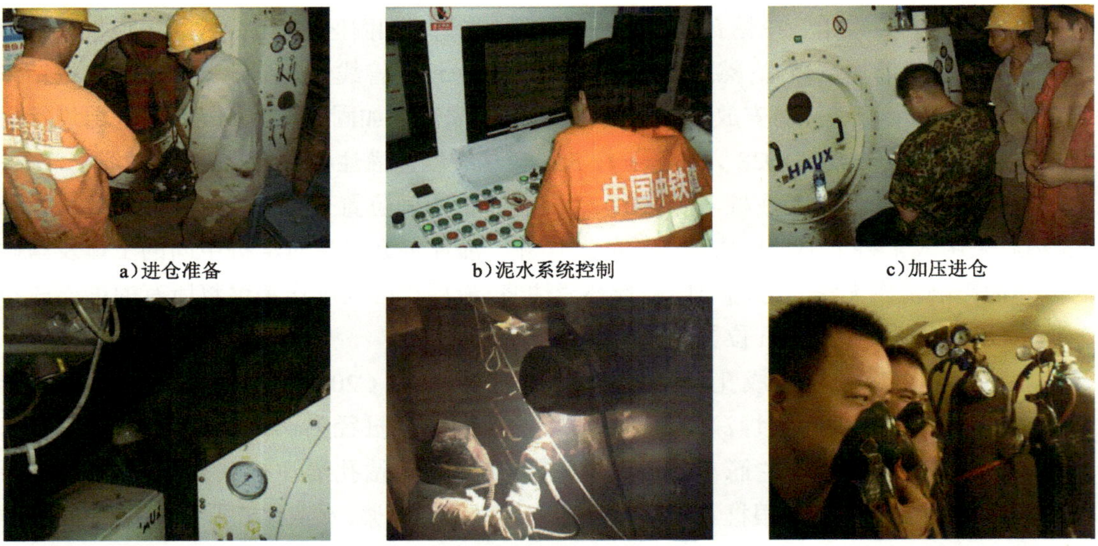

a）进仓准备　b）泥水系统控制　c）加压进仓

d）地层稳定性监测　e）高压环境焊接作业　f）减压出仓

图 15-6　压缩空气环境下现场动火作业流程

（2）切刀修复

针对目前刀盘上切刀掉落严重的情况，将切刀由原来的螺栓连接改为销钉连接，新增切刀刀座焊接在原有刀座上方，如图 15-7 所示。

（3）周边刮刀修复

周边刮刀同样出现掉落的现象，并且螺栓损坏在螺孔内（不能取出），在原来的刀座上焊接一个新的刀座以保证使用，如图 15-8 所示。

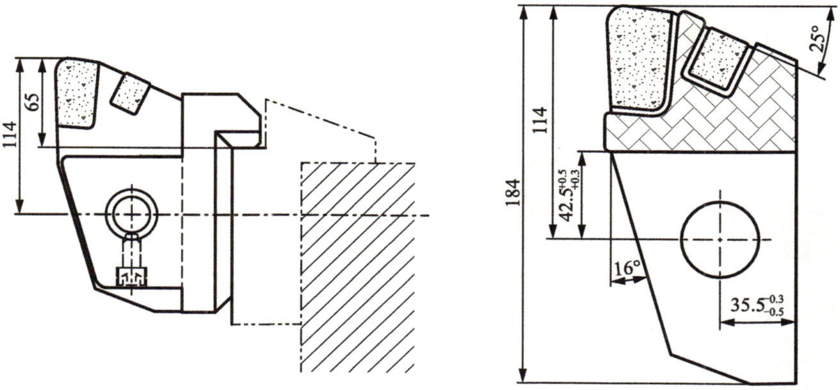

图 15-7　新型切刀示意图(尺寸单位:mm)

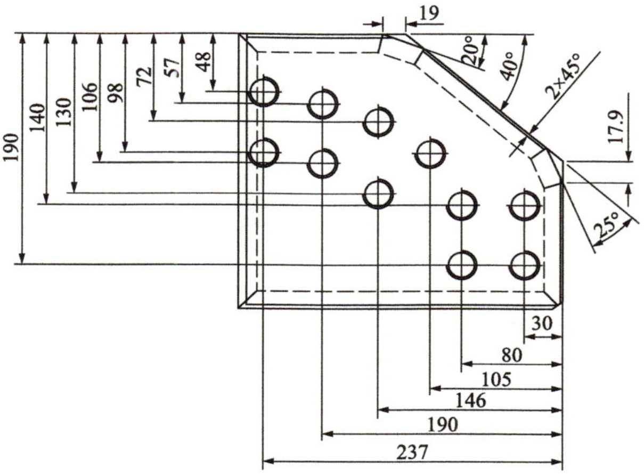

图 15-8　周边刮刀刀座示意图(尺寸单位:mm)

(4)新增贝壳刀修复

在刀盘幅板上共计新增贝壳刀 26 把(图 15-9),主要作用是协助滚刀切削,减小切削过程中切刀的受力。

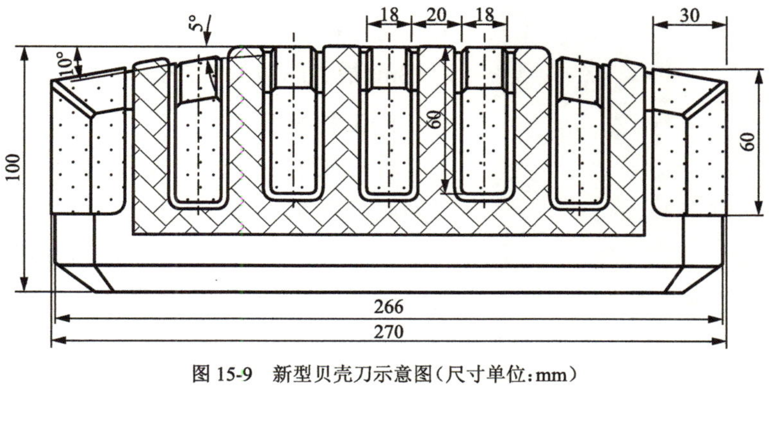

图 15-9　新型贝壳刀示意图(尺寸单位:mm)

（5）M06 号滚刀、刀箱处理

M06 号滚刀的处理方式为直接将刀具切割破坏拆除，刀箱磨损部位堆焊后打磨，并重新安装滚刀。

现场刀盘刀具修复情况如图 15-10 所示。

a）刀盘刀具切割焊接作业

b）修复后的切刀

c）修复后的撕裂刀

d）修复后的周边刮刀及切刀刀座

图 15-10　刀盘刀具现场动火修复情况

15.5.2　武汉市轨道交通 2 号线越江隧道工程

武汉市轨道交通 2 号线越江隧道工程位于武汉长江一、二桥之间，隧道北起江汉路站，南至积玉桥站。右线长约 3085m，左线长约 3098m，采用直径为 6.52m 的盾构机开挖（图 15-11）。线间距约为 13m，最大纵坡为 2.7%。

图 15-11　武汉市轨道交通 2 号线采用的盾构机

1）工程概况

盾构在积玉桥站始发段约 350m 穿越的地层主要为淤泥质黏土、粉质黏土，随后穿越约 300m 的粉质黏土、粉土、粉砂互层后，进入粉细砂层至江汉路站，江中局部穿越含砾中粗砂层。盾构掘进过程中，因遇到钢管造成盾构停机，停机位置 CK13+996.05，埋深为 32.0m（隧道顶部），穿越地层为粉细砂（图 15-12）。

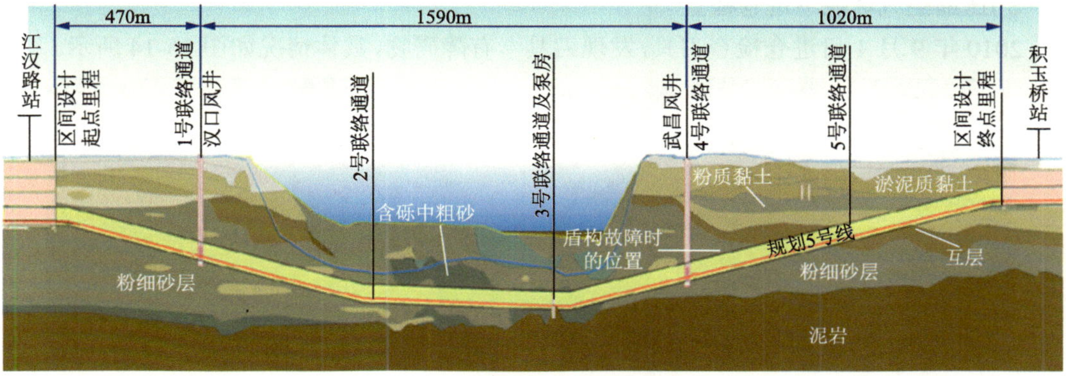

图 15-12　盾构停机位置情况示意图

2）故障现象分析

盾构掘进至 562 环的 1.3m 时，推力由原来的 23000kN 跳动至 31000kN，而推进速度却快速降至 0。停机前的盾构导向数据情况如图 15-13 所示。

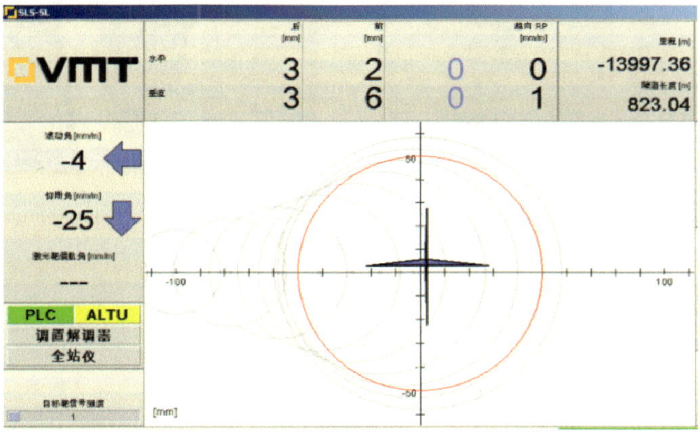

a）

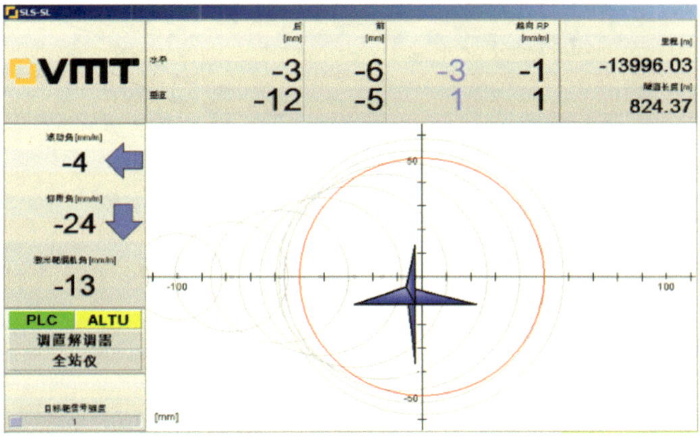

b）

图 15-13　盾构停机前的导向数据

3）压缩空气环境下进仓检查

2010 年 9 月 1 日进仓检查刀具，发现刀具卡有障碍物，具体情况如图 15-14 所示。

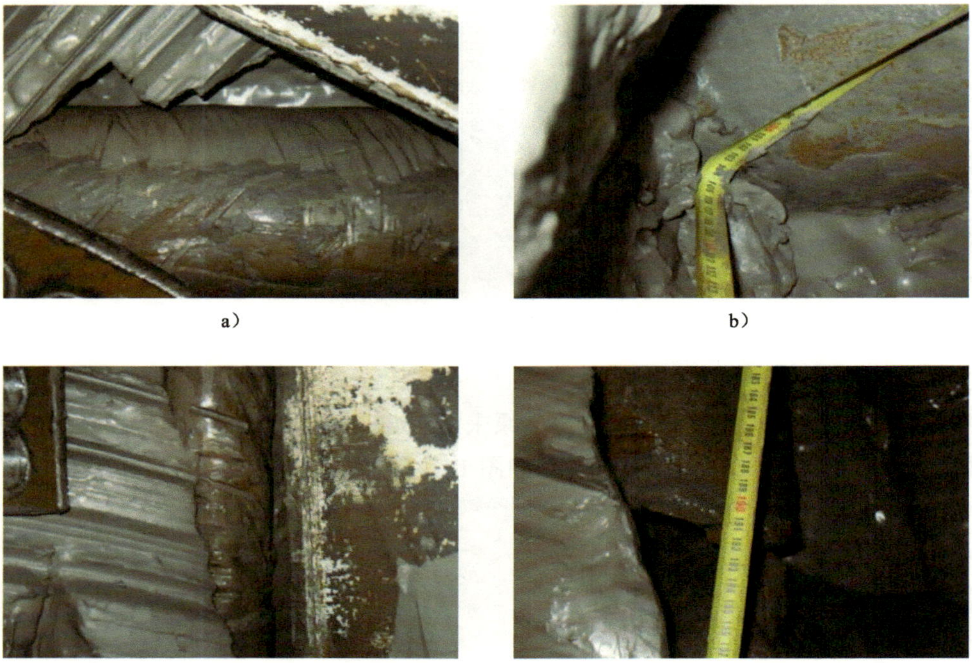

a）　b）

c）　d）

图 15-14　压缩空气环境下进仓检查情况

刀盘障碍物位置如图 15-15 所示。

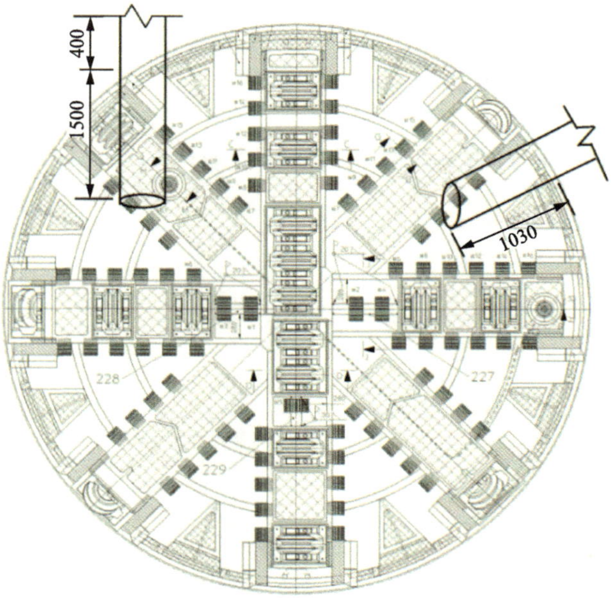

图 15-15　障碍物位置示意图（尺寸单位：mm）

4)冷冻加固

图 15-16 现场冷冻加固

因盾构机埋深较深，且土体稳定性自立性差，因此采用“垂直钻孔冻结加固掌子面周边，压缩空气环境下进仓切割”的施工方案，即：在盾构机上部及掌子面前方利用垂直冻结孔冻结加固地层，使掌子面左右侧、上部和前方范围内土体冻结，形成“∩”状冷冻加固体，起到切割钢管时稳定掌子面的作用(图 15-16)。

液氮冷冻根据其 10cm/d 的冷冻体扩散速率，冷冻运行 10d 后，冷冻体可完全交圈，如图 15-17 所示。掌子面前方冷冻体厚度 2000mm，冷冻体距离掌子面 600mm，利于刀具的保护，也可保证泥水仓作业空间不结冰；切口环两侧冷冻体距离盾构机 400mm。

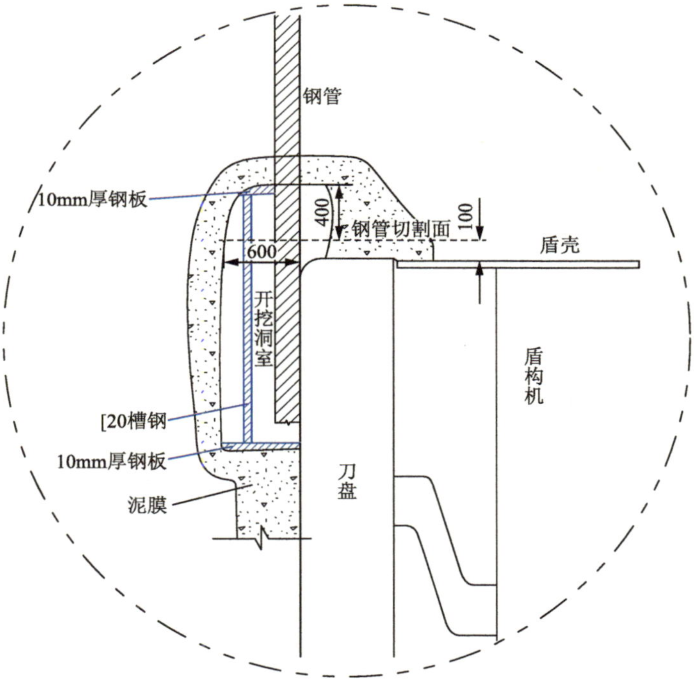

图 15-17 作业空间分布情况(尺寸单位：mm)

5)压缩空气环境下切割

冷冻运行开始后，使用高黏度聚合物泥浆每 2d 对泥水仓泥浆置换一次，每次泥浆置换量不小于 $60m^3$，并适当增大压力，保证掌子面优质泥膜的形成。冷冻钻孔开始后，同时测温孔 T1、T2 测定温度达到要求后，进泥水仓使用铁锹、风镐以及高压水管开挖洞室。洞室空间要求刀盘前方不小于 600mm，上方不小于 500mm。洞室开挖完成后，焊接钢板和槽钢施作简易支撑防止掌子面上方掉落土体。按照以上工序顺利完成了压缩空气环境下碳弧气刨切割作业，提升了盾构掌子面障碍物处理技术，实际情况如图 15-18 所示。

a) b) c)

图 15-18 压缩空气环境下切割现场情况

15.6 本章小结

高压动火修复关键技术解决了不具备开挖竖井对盾构刀盘进行修复的难题，该技术能有效保证盾构刀盘在因地质或其他地下障碍物损坏刀盘后设备性能的恢复，对于保证盾构机正常掘进具有重要作用，经济效益也非常显著。

（1）高压动火作业具有一定的风险性，且需要专业队伍进行操作，在盾构施工过程中应尽量做到提前预判前方地质信息、常检勤换刀具；当盾构掘进出现异常时，及时开仓检查，降低盾构设备异常损坏的概率，尽量避免进行高压动火作业。

（2）进行高压动火作业前，必须从稳定性、气密性、地下水渗透情况等方面，综合判定作业空间安全后才能进入。作业人员进入高压作业空间后，需要先对泥膜形成质量、开挖面气密性进行检查，确认满足要求后方可进行作业。作业期间，不得用高压水冲洗掌子面泥膜。

（3）在做好作业准备、完成空气置换等工序后进仓作业，人舱加（减）压必须由专业操舱人员按照国家标准进行操作，人员在压力环境下的作业时间应符合国家标准规定；压缩空气环境下动火作业过程中要实时关注掌子面稳定情况、进排气流量和有毒有害气体检测情况等，如发现存在异常情况，应立即停止作业，减压出仓。

（4）盾构机仓内压缩空气环境下动火作业可在 0.36MPa 以下的环境压力下进行，适合的动火方式包括电弧焊接、碳弧气刨切割。

第16章

饱和带压进仓技术应用与注意事项

面向挑战的
隧道及地下工程

Primary Problems and Case Analysis of Shield Construction

近年来，大直径、高水压、长距离盾构隧道建设得到了快速发展，如武汉长江隧道、南京长江隧道、沪崇苏长江隧道及广深港狮子洋隧道等。而对于长距离穿江越海隧道，在刀具无法满足长距离掘进寿命要求的情况下，不得不寻求中途更换刀具的技术突破。带压进仓修复刀盘刀具，已成为水下隧道盾构施工的关键技术之一；对于进仓作业压力高于 3.6bar（0.36MPa）的情况，饱和带压进仓作业技术的优势更为突出。

16.1 饱和带压的定义及与常规压缩空气带压比较

16.1.1 饱和带压的定义

饱和带压是相对常规压缩空气而言的，即：创造出一种环境和条件，使作业人员在高气压下长时间暴露，体内各组织体液中所溶解的惰性气体（如氦氧混合气）达到完全饱和的程度，达到该状态后潜水员则能停留在高气压下几天乃至几十天，待预定作业任务完成后，进行一次减压后出仓返回正常生活状态。盾构饱和带压进仓主要工序流程如图 16-1 所示。

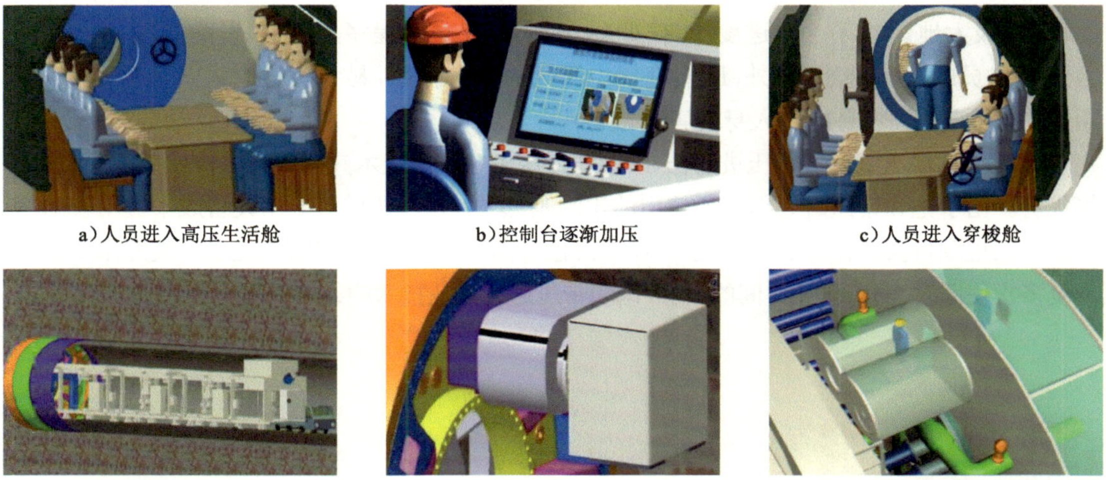

a）人员进入高压生活舱　b）控制台逐渐加压　c）人员进入穿梭舱

d）穿梭舱运入盾构机　e）穿梭舱与盾构人舱对接　f）人员进仓检查更换刀具

图 16-1　饱和气体带压进仓流程示意图

16.1.2 不同带压进仓作业的比较

常规压缩空气带压进仓作业与饱和带压进仓作业的优缺点，分析对比如表 16-1、表 16-2 所示。

常规压缩空气作业与饱和带压作业工作优缺点对比表　　表 16-1

类　型	常规压缩空气带压进仓	饱和潜水带压进仓
呼吸气体	压缩空气	氦氧饱和气体
减压次数	每工作一次	持续工作一段时间
减压时间	短	长
作业时间	短	长
人员安全（减压病）	风险大	风险小
辅助设备	少	多
适用情况	小规模	大规模

常规压缩空气作业与饱和带压作业工作效率对比表　　表 16-2

作业种类	环境压力（MPa）	呼吸气体	工作时间（min）	减压总时间（min）	作业效率（%）
常规压缩空气作业	0.38	压缩空气	40	43	48
	0.6	压缩空气	60	176	25
	1.0	混合气	60	356	14
饱和带压作业	0.6	氦氧混合气	26880	3330	88
	1.0	氦氧混合气	26880	5040	84

备注：以上表格中的工作时间均是该环境条件下的极限工作时间，其中饱和带压作业的工作时间，参考《200m 氦氧饱和潜水作业要求》(GB/T 24555—2009)：工作人员单次饱和带压总时间不超过 28d，单次带压进仓作业总时间不超过 8h/d，按两班倒工作制，进而计算出其工作时间为 26880min。

常规压缩空气带压进仓过程中，每班次作业均须执行加压和减压至常压的程序，工作效率低下，极大地影响了工程进度；工作期间，多次执行减压程序，减压病发病率较高，严重危害进仓人员的身体健康；另外，压缩空气中氮气的麻醉作用，易导致进仓人员风险意识和判断能力严重降低，容易出现人身伤害事故。

相对于常规压缩空气带压进仓作业，饱和带压进仓作业技术具有更高的作业效率和安全性等优势。由于饱和带压进仓作业所使用的生活舱、穿梭舱、减压舱等专用设备成本费用较高，对于单个工程项目换刀作业少的情况，其在经济性方面不具备优势；但当其应用于换刀作业量大、重复多次使用时，随着作业时间的增加，饱和带压进仓作业技术的经济效益更为明显。

16.2 饱和带压进仓作业要点

开挖面稳定控制、生活舱的加减压控制、穿梭舱运输等是饱和带压进仓作业技术应用的难点。饱和带压进仓作业基本流程如图 16-2 所示。

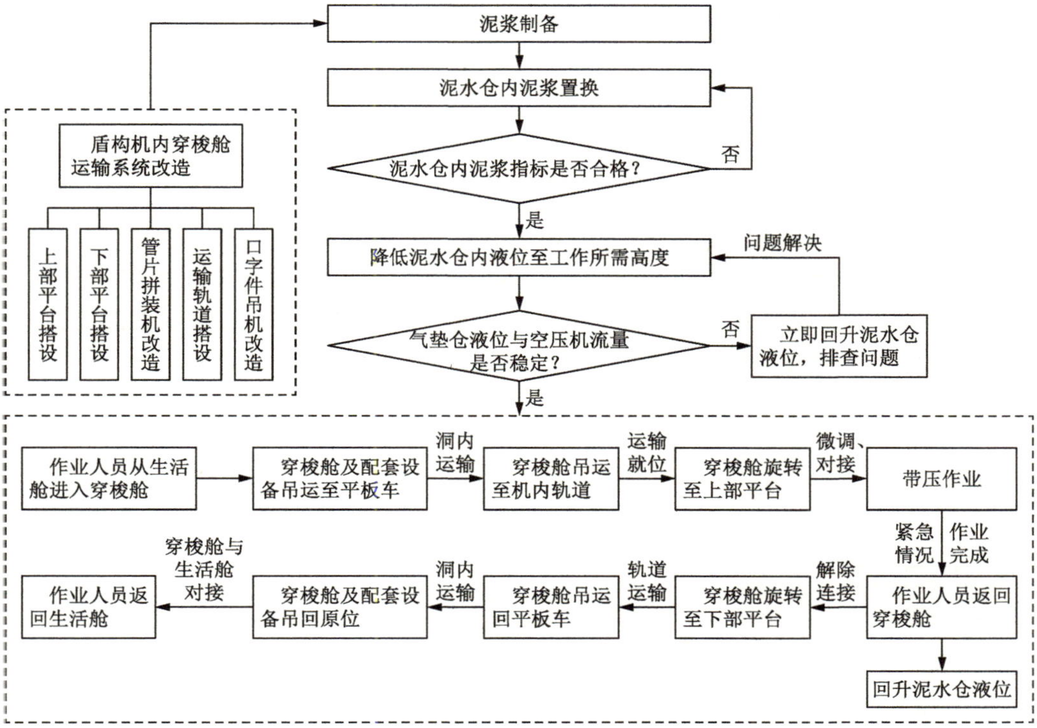

图 16-2　饱和带压进仓作业流程示意图

16.2.1　泥膜建立

在泥水压力作用下，泥水中的悬浮颗粒随着泥水渗入到开挖面土体颗粒空隙中，产生填充孔隙的阻塞和架桥效应。渗入到土体颗粒间成一定比例的悬浮颗粒，因受分子间力的作用而被捕获，并集聚在土粒与泥水的接触表面，进而形成泥膜，如图 16-3 所示。

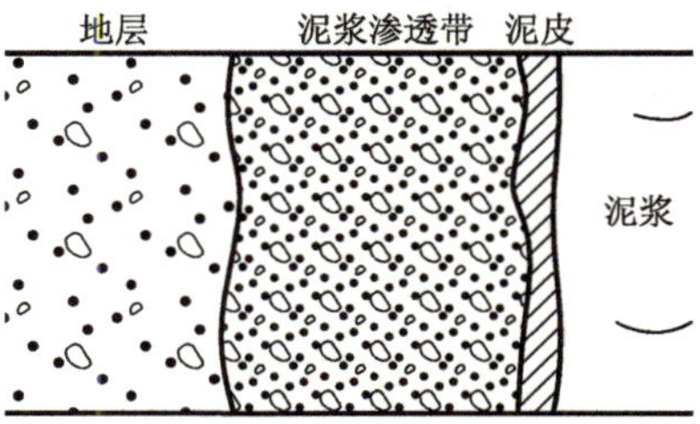

图 16-3　泥膜形成示意图

泥膜类型有渗透带泥膜、泥皮型泥膜、渗透带 + 泥皮型复合泥膜。

（1）渗透带泥膜：建膜速度快，对泥浆指标变化的敏感度低，适用于盾构掘进中开挖面的动态支护；缺点是泥浆滤失量大。

（2）泥皮型泥膜：建膜速度慢，密封性好，对泥浆指标变化的敏感度高，泥浆滤失量小，一般用于开挖面的静态支护；缺点是失水易开裂和剥落。

（3）复合型泥膜：是渗透带泥膜与泥皮型泥膜复合而成的泥膜，具有良好气密性，及较长的有效寿命。

在渗透性较大地层进行泥膜建立时，可以先以低密度、低黏度的泥浆向开挖面渗透一段距离，形成渗透带型泥膜，以提高地层的黏聚力；再以高密度、高黏度泥浆，进而在开挖面上形成致密的泥皮型泥膜。以南京长江隧道为例：南京长江隧道在砾砂地层进行带压开仓时，先以浓度 8% ～ 12% 的膨润土泥浆作为渗透泥浆，使开挖面地层中形成一定距离的渗透带，增加地层的黏聚力；再以密度 1.15 ～ 1.2g/cm^3、黏度 25s 以上的泥浆，在开挖面上形成致密的泥皮型泥膜，使气压和泥浆压力有效地作用于开挖面上，增强开挖面的稳定性。

16.2.2　生活舱加压

1）氧分压配置

氧分压是指对于一定体积的混合气，抽取其中除氧气之外的所有其他成分，剩余氧气所形成的压强。实际操作时，采用提前配置好的氦氧混合气体进行加压（根据换刀环境压力的不同，氧分压目标值会略有差别，一般为 36kPa 左右），在换气过程中，允许氧分压有一定的波动，一般应控制在 32 ～ 40kPa 范围内［数据来源于国家标准《200m 氦氧饱和潜水作业要求》（GB/T 24555—2009）］。

（1）饱和带压加压应分为两个阶段，第一阶段采用富氧氦氧混合气加压，第二阶段采用贫氧混合气（可以采用氧浓度为 2% 的氦氧混合气）加压。

（2）允许加压达到预计饱和压力时的舱内氧分压临时超过 40kPa，但应满足作业人员经 12h 呼吸后能降到 40kPa 以内。

（3）第一阶段加压采用的富氧氦氧混合气加压临界值，可以参考饱和作业项目实际情况，也可通过计算获得［计算公式可参考国家标准《200m 氦氧饱和潜水作业要求》（GB/T 24555—2009）］，但临界值不应小于 0.15bar。

2）加压速度和加压停留

（1）采用富氧氦氧混合气完成第一阶段加压，加压速率不超过 0.1bar/min，并实时监测气体损失情况。

（2）完成第一阶段加压后，停留检查舱室密封情况、呼吸面罩供气状况。如有异常，应将舱室减至常压；如无异常，采用贫氧氦氧混合气将舱室加压到饱和带压压力。对于不同的压力加压速度不尽相同：饱和带压压力小于 15bar 时，加压速度不大于 0.1bar/min；饱和带压压力为 15 ～ 20bar 时，应设立加压停留站（在 10bar 停留 2h），自 0 加压至 10bar 过程中，加压速度不大于 0.1bar/min；自 10bar 加压至 20bar 过程中，加压速度不大于 0.033bar/min。

（3）加压达到饱和压力后应有休息停留时间，然后开始作业。

3）加压过程注意事项

（1）加压过程中饱和带压人员不可躺着，应坐在视频能监控的位置，生命支持人员应观察饱和带压人员情况。发生缺氧情况时，应停止加压，饱和带压人员通过呼吸面罩呼吸富氧混合气，不可采用向舱室内紧急补氧。

（2）加压过程中，舱室内通风机、二氧化碳吸收装置可开强风挡，可通过带压人员挥动毛巾、床单帮助气体混合。由于气体混合不匀，氧分析仪显示的读数可能与舱室氧浓度不符。

（3）按规定的加压速度加压，不得超速。

（4）加压过程中，应急呼吸气体应始终保持连接和供给，并应按照阶段压力更换气源。

（5）加压过程中，应注意舱室温度，采取降温措施，避免温度过高。

（6）如果穿梭舱与生活舱一同加压，当穿梭舱内氧分压到达 40kPa 以上时饱和带压人员方可进入。

（7）单独一名饱和带压员不得进行加压。

（8）如果第二阶段加压过程中，由于某种原因（泄漏、气体污染）导致中止加压，应按照加压已到达的压力和经历的时间，选择氦分压和时间相当的常规减压表将带压人员减压到常压。

（9）如果采用氧浓度小于 16% 的氦氧混合气进行第一阶段加压，则在加压过程中，作业员应通过呼吸面罩呼吸应急气体，直到完成停留检查并确认舱室无泄漏。

（10）气体回收必须由专业机构或人员来实施，回收的气体必须经过处理和调配后才能用于加压。

16.2.3 穿梭舱与生活舱分离

（1）当饱和带压人员进入穿梭舱后，由工作人员关闭穿梭舱至连接通道的门、生活舱内饱和带压人员关闭生活舱至连接通道的门（图 16-4），关闭完成后向生命支持系统负责人汇报。

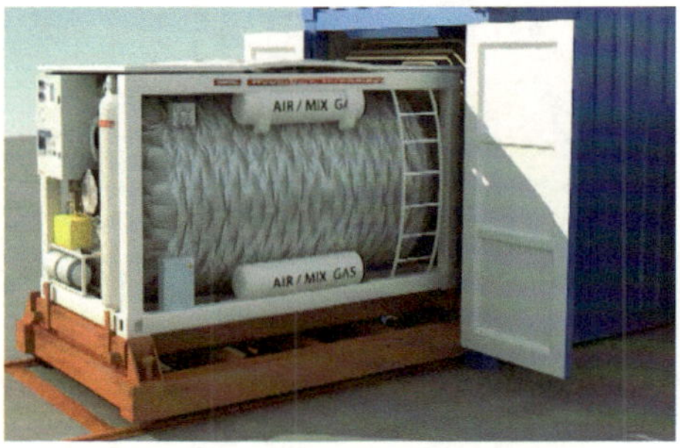

图 16-4 对接状态的生活舱与穿梭舱

（2）作业队长与穿梭舱饱和带压人员按照穿梭舱检查表完成穿梭舱的检查。

（3）按照生命支持系统负责人的指令，对连接通道减压，打开连接通道锁紧装置，完成穿梭舱与生活舱分离。

16.2.4 穿梭舱运输及监控

（1）穿梭舱在运输过程中应储备一定量的混合气体（图 16-5），以保障运输途中饱和带压人员使用。

图 16-5 穿梭舱地面运输

（2）在整个过程中生命支持人员全程监控，时刻注意穿梭舱内情况及气体压力、成分变化。通过补氧来维持氧分压，当二氧化碳分压偏高，应采取措施降低二氧化碳分压。

16.2.5 穿梭舱与盾构机人舱对接

（1）生命系统支持人员对工作面作业装备如：头罩、脐带等进行检查，确保完好。

（2）按照作业队长指令，穿梭舱与人舱对接，并锁紧连接通道锁紧装置。

（3）对接完成后（图 16-6），对人舱及连接通道进行加压并检查盾构机人舱的密封性，确保压力到达饱和带压压力。

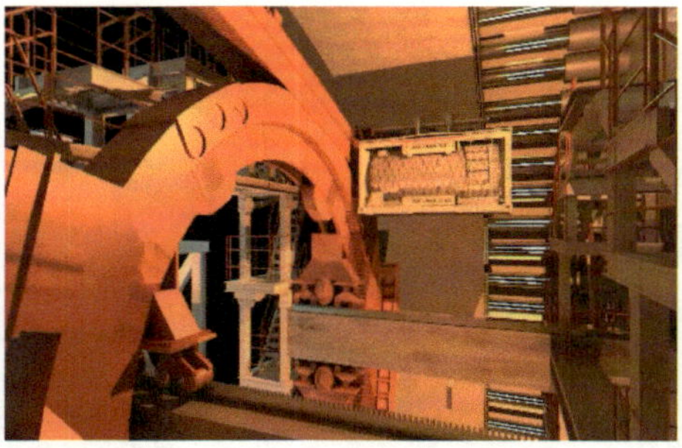

a）

b）

图 16-6 穿梭舱与盾构机对接

（4）待人舱压力稳定后，作业人员进入人舱，开始利用头罩进行呼吸。

（5）关闭穿梭舱舱门及人舱门，由生命支持人员对连接通道卸压到常压状态。

16.2.6 带压进仓作业

（1）刀具检查和更换。

①对刀盘上配置的刀具进行检查，对损坏的刀具进行更换，检查人员应填写刀具检查记

录表，并交底给作业人员。

②刀具更换前，应将刀盘转动到适合角度后处于锁定状态，以便于刀具更换，并对刀具周边进行清理后，利用工具和工装对刀具进行拆除；安装新刀具前，应对刀箱进行检查和清洁，对螺栓进行检查紧固，紧固参数按照技术交底要求执行。

③换刀后应及时将更换下的刀具、螺栓等转运至仓外，避免遗落仓内。

（2）障碍物处理。

①针对桩基侵入、孤石、掉落刀具等障碍物处理，应提前制订处置方案。

②处理完成后方可恢复掘进，掘进过程中应关注掘进参数变化及出渣情况。

（3）替换件制备

①机械工程师根据刀盘磨损情况，绘制替换件图纸，根据图纸加工替换件，替换件的材质应与被替换件材质一致。

②替换件制备要求结合焊接工艺，进行替换件模拟安装，以保障替换件能够在操作空间内顺利实施焊接作业。

（4）作业时应时刻观察掌子面的稳定性，如发生紧急情况，作业人员应迅速撤回到人舱并关闭舱门。

（5）作业过程中应注意"脐带"的收放，防止遭到破坏；生命支持人员应观察带压作业人员呼吸气压力、舱内压力变化、气体储备情况、接受饱和带压作业人员信息、做好应急救援准备等。

16.2.7 饱和带压人员返回穿梭舱

（1）工作时间达到特定压力下作业时间要求后，返回穿梭舱前应注意将使用的机具收集整理好，并做好相应的记录。

（2）返回人舱后关闭土仓 / 泥水仓门，生命支持人员对连接通道进行升压开启舱门，作业人员通过连接通道进入穿梭舱。

（3）作业人员关闭穿梭舱门，并关闭平衡阀。

（4）按照作业队长的指令，连接通道减压，完成穿梭舱与人舱分离。

16.2.8 穿梭舱返回地面与生活舱对接

（1）在返回地面过程中，穿梭舱应储备一定量的混合气体，人员采用面罩进行呼吸，保障运输途中人员安全。

（2）在穿梭舱和生活舱对接前由生命支持人员采用混合气体对穿梭舱进行重新校对，使穿梭舱内的混合气体含量达到标准要求后再与生活舱对接，校对过程应保持穿梭舱压力稳定。

（3）穿梭舱和生活舱进行对接，打开平衡阀、连接通道两侧舱门，人员进入生活舱。

16.2.9 减压出仓

饱和带压作业完成后或达到减压表规定的作业周期，通过生活舱减压出仓。必需严格按照规定程序减压后出仓，如果不按规程进行减压，溶解在体内的惰性气体将在作业人员的关节或身体组织中形成气泡，会造成严重的减压病，甚至会危及生命。

16.3 饱和带压进仓作业注意事项

为实现盾构法施工进仓作业的安全管理，以安全第一、技术先进、经济适用、科学合理为原则，从规范饱和带压进仓作业资源配置、作业流程、作业标准和职业健康管理等方面，提出盾构法施工过程中采用饱和带压进仓技术进仓作业时的注意事项。

16.3.1 作业人员的要求

（1）带压操舱人员、进仓作业人员的选拔应参照《海军潜水员体格检查标准》（HJB 46—1991）体检合格，符合进仓作业要求。患有中耳炎、感冒、心脏病、高血压、恐高症等疾病的人员严禁进仓。严格遵守劳动纪律，严禁作业前后剧烈运动和饮酒，并保证充足休息时间。

（2）每一批次进仓作业之前应由县级及以上医院进行常规体检。

（3）带压操舱人员、进仓作业人员应经过专业机构培训合格后方可进仓作业，操舱人员应熟知仓内作业流程和安全防护措施，并取得相应资格证书。

（4）电焊工、电工、生命支持人员、高压医护等特殊工种应持有效证件上岗，其他人员必须通过专业培训合格后才能上岗。

16.3.2 设备设施的要求

（1）应对人舱进行加压、减压、保压试验，对人舱内的管线、阀组、仪表、通信、照明、加热装置、吸氧装置、消防设施（喷淋系统、手持灭火器）、气体检测仪以及压力记录仪器等进行检查，确保人舱满足厂家标准及安全要求。

（2）应配置医疗舱、救护设备、应急发电机、内燃空压机，并对其检查和试运转，根据空压机供气储备余量，做好油料储备。

（3）应配置高压医护人员及救护设备。

（4）刀盘控制应切换到本地控制，处于锁定状态，严禁转动刀盘，并有专人进行监管。

(5)进仓前后应对所使用的工具种类、数量进行核对。

(6)应配置气体检测仪,并定期对其进行标定;进仓人员应携带便携式气体检测仪,对仓内气体实时监测。

(7)饱和作业前应对盾构供水、供电、供气、通风(舱内通风、隧道内通风)、消防、照明、保压、运输、竖井提升等系统进行全面检查,保证各系统工作正常。

(8)应配置安全帽、安全带、专用工作服及相应的专用劳保用品。

(9)穿梭舱运输通道在正式使用前,应进行模拟演练。

(10)应至少配置一套生活舱(图 16-7)、两套穿梭舱(图 16-8),舱内包含:生命支持系统、监视系统、环境监测系统、操作系统、供气供水供电系统、便携式呼吸系统、通信系统、运输系统、医疗设施、消防系统等。

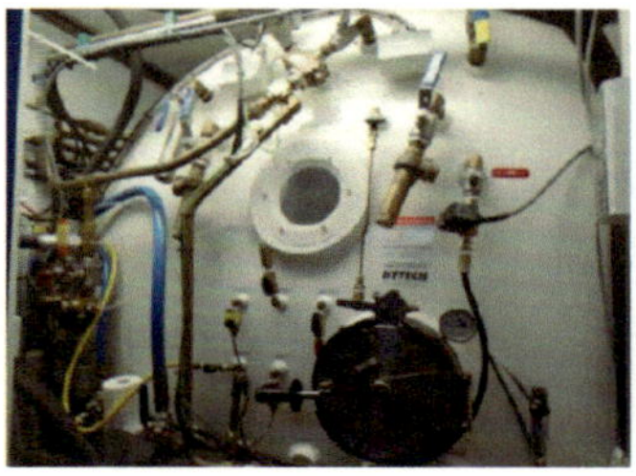

a)

b)

图 16-7 生活舱及其控制室

图 16-8 穿梭舱

(11)饱和作业多功能混合气体潜水头盔、脐带等配备数量必须满足使用要求。

(12)生活舱应急气体配备要求:

①减压过程生活舱应配备两路独立的应急加压气源。应急加压混合气中氧分压(浓度)控制:从饱和压力至 1.5bar,氧分压控制在 20 ~ 100 kPa;从 1.5bar 至常压,氧浓度控制在 20% ~ 23%。

②生活舱应连接应急呼吸气。使用应急呼吸气氧分压控制在 20 ~ 220 kPa,以 40 ~ 100 kPa 为宜。

③根据治疗表的规定,配备相应的治疗气。

(13)场地布局合理,应搭建机房等临时建筑,用于容纳饱和居住舱、穿梭舱、配套设备(电站、空压机站、发电机组等)、各种气体储气罐等地面设施,应做好防火消防措施和水电供应,应设置生活舱及穿梭舱对接平台、穿梭舱吊装运输设备。

(14)每 12h 校正一次气体分析仪。

16.3.3 作业环境的要求

(1)作业应有计划性,尽量选择在地质条件好的地层进行带压作业,并需提前进行保压试验以确保该地层符合作业需求条件,必要时采取地表加固措施。

(2)作业前应对盾构机与带压作业有关的各个系统进行调试检测,包括:气体保压系统、空压机、应急空压机、应急照明、舱内消防设施等。

(3)作业前及作业过程中,应实时对仓内气体进行检测,确保仓内气体成分和含量合格并保证通风良好,当有气体成分超标时,应立即停止作业、撤离作业人员。

(4)作业前应向仓内注入高黏度泥浆,进行搅拌和静置,保持掌子面泥膜形成状态良好。向中盾、尾盾壳体外部注入高浓度泥浆,保持盾壳与地层间的间隙填充饱满,气密性良好。

(5)作业过程中应实时对掌子面状况进行评估和判定,对地表沉降进行实时监测,并保持盾构机人员通道及运输系统畅通,外部应急救援实施应准备就位。

(6)作业完成后,拆除仓内管线、清理仓内工具及材料,并带出仓外,保证仓内环境整洁。

16.3.4 管理程序的要求

(1)作业前应对管理体系、应急体系、医疗保障体系进行评估和判定。

(2)饱和带压进仓作业前应编制《盾构饱和带压进仓作业专项施工方案》。

(3)作业前应编制《饱和带压进仓施工安全应急预案》,并组织演练,明确组织机构、风险识别、应急响应及处置程序等内容。

(4)作业前应编制技术、安全作业交底文件,并对作业人员进行交底培训,履行签字确认手续。

(5)除规定的携带工具外,禁止携带其他任何工具,经安检后进入人舱。

16.4 工程案例

1)工程概况

南京纬三路过江隧道工程中,采用直径14.93m盾构机施工。隧道沿线地质条件复杂,且穿越约500m上软下硬复合地层段;其中,岩层段中风化粉砂岩石英含量65%,砂卵石等强透水地层中,带压进仓作业开挖面稳定控制难度高。在该隧道施工过程中,实现了6.5bar压力下的带压进仓作业。

2)开挖面稳定性控制

带压进仓处的开挖面地层情况:盾构开挖面空气压力为6.1bar,其地层分布如图16-9所示。

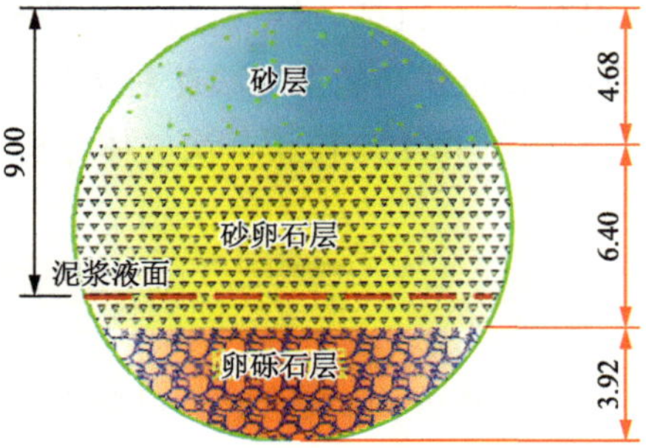

图16-9 盾构开挖面地层分布示意图(尺寸单位:m)

开挖面稳定控制：最大空气支护面积约92%开挖面（开挖面总面积175m²）、最大作业压力6.5bar、最长空气支护时间约6h。前后持续440d带压作业，未出现泥膜质量问题（图16-10）。

a） b） c）

图16-10　现场开挖面泥膜成型情况

3）饱和带压进仓及效果分析

2013年10月6日，完成降液位，开始进行饱和带压进仓作业。操作过程中要严格遵循以下注意事项。

（1）渗透带泥膜对开挖面稳定至关重要，应预选好的地层。

（2）换刀时，刀盘回缩5cm。

（3）泥膜建成后，开挖面与刀盘之间的间距小于3cm。

（4）回升液位是应对漏气的最佳方案。

（5）优先更换重要位置滚刀，及时整理旧刀具，找出规律发现问题。

（6）合理规划每个班次的作业任务、一次作业期间刀盘尽量不转动。

（7）扰动开挖面作业时，遵循“少量多次、分步到位、随挖随堵”的原则。

饱和带压进仓主要工作过程如图16-11所示。

a）人员进仓　b）滚刀磨损检测　c）旧滚刀拆除

d）旧滚刀搬运　e）新滚刀安装

图16-11　现场带压进仓换刀工作过程

南京纬三路过江通道工程分为S线和N线2条隧道，其中S线隧道盾构段全长约4135m，共计2070环，穿越粉砂岩总计560m。从2013年9月10日至2014年6月26日先后停机进仓检修及更换刀具6次，更换滚刀及刮刀300余把，采用饱和法进舱作业约240次，共计饱和带压进仓作业1000h。每小班最高可更换滚刀3～4把，极大地提高了换刀效率。如果采用常规的压缩空气进仓作业，初步预计需上万小时的作业时间。

饱和带压进仓作业可成功处理盾构隧道施工中遇到无法采用常规方式进行停机检查或刀具更换等作业的施工难题，相比常规压缩空气作业大大提高了工作效率，为工程顺利完工提供了重要保障。

16.5 本章小结

盾构隧道修建过程中，由于复杂的地质条件等不利因素，导致刀具异常损坏等现象频发，需结合工程实际进行适时更换。饱和带压进仓作业技术是在常规压缩空气基础上发展起来的，能够适应更高作业环境压力的需求，可实现进仓检查、进仓更换刀具、进仓维修等目的，在国内外盾构隧道工程中有一定的应用：

（1）饱和带压进仓作业技术一般应用于环境压力高于3.6bar的情况，该技术的出现，弥补了常规压缩空气进仓作业技术的不足，大大提高了超高压环境下的仓内作业效率。

（2）泥膜建立、生活舱加压、带压进仓作业等是饱和带压进仓作业技术的核心环节，各环节的参数控制是其操作要点，主要体现为：进行泥膜建立时，可先以低密度、低黏度的泥浆向开挖面渗透一段距离，形成渗透带型泥膜，再以高密度、高黏度泥浆，在开挖面上形成致密的泥皮型泥膜；生活舱加压过程中，允许氧分压有一定的波动，但一般应控制在32～40kPa范围内，波动过大会对身体产生伤害，不同加压阶段，加压速率不同，应严格按照目标速率进行控制；在带压作业过程中，为确保作业人员安全，仓内压力要随时保持基本稳定，其波动值要控制在0.05bar以内。

（3）尽管饱和带压可以实现较长时间高压环境长时间作业，提高作业效率。但也要看到，操作管理不慎易造成人员伤害、造价高昂、设备复杂、非专业人员不能胜任等不利因素。相比之下，近年来发展起来的可常压换刀刀盘技术，更符合隧道技术进步的需要。

面向挑战的隧道及地下工程

第17章

常压换刀刀盘的应用与改进

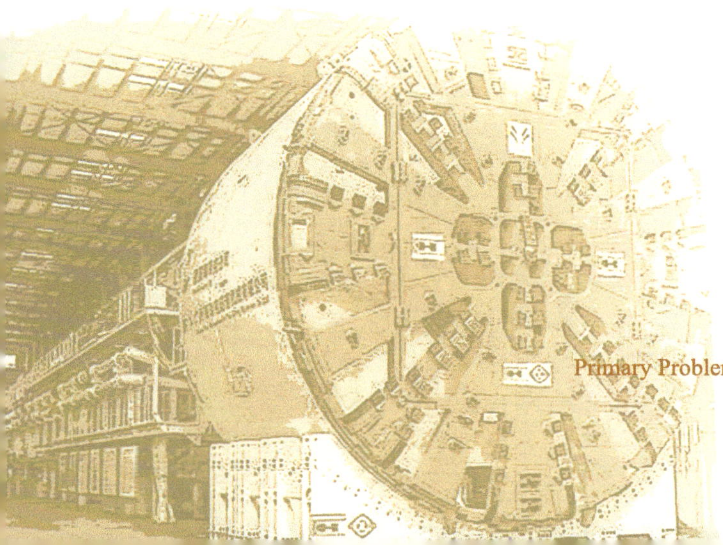

Primary Problems and Case Analysis of Shield Construction

面向挑战的
隧道及地下工程

Primary Problems and Case Analysis of Shield Construction

17.1 什么是常压换刀刀盘

刀盘是盾构机的关键部件之一，具有开挖地层、稳定掌子面、搅拌渣土等功能，良好的刀盘设计是保证施工顺利的关键因素。盾构机的刀盘设计主要根据盾构机所掘进的地层情况而定，主流的刀盘形式有：面板式刀盘、辐条式刀盘和辐板式（又称复合式）刀盘。面板式刀盘主要应用于硬岩地层掘进，其刀盘开口率较小，约 10%（图 17-1）；辐条式刀盘主要应用于软土地层掘进，其开口率较大，一般为 60% ～ 95%（图 17-2）；辐板式刀盘主要应用于复合地层掘进，其开口率一般为 25% ～ 50%（图 17-3）。

图 17-1　面板式刀盘

图 17-2　辐条式刀盘

图 17-3　辐板式刀盘

随着国民经济发展的需要，各种长距离、大埋深、大直径穿江越海盾构隧道越来越多。埋深大、水压高，盾构机承受的水土压力越来越大。当水土压力超过了人体承受极限，不能继续以常规带压进仓的方式进行换刀等维护作业时，就只能通过饱和气体带压进仓方式进行仓内作业。但是随着科学技术的发展，出现了一种特殊的刀盘设计，这种特殊的刀盘设计大大降低了带压进仓或饱和气体进仓的风险，更能适应上述高压环境及复杂地层盾构施工的需要。这种特殊的刀盘就是常压换刀刀盘。常压换刀刀盘是指作业人员在 1 个标准大气压（常压）的情况下通过刀盘中心通道进入刀盘臂内部，利用特殊的隔离闸板及液压工装进行检查或更换刀具的特殊刀盘结构；常压换刀刀盘可实现常压刀具的满轨迹布置（图 17-4）。

常压换刀刀盘不仅实现了盾构刀具在常压环境下的检查和更换，并且通过在常压刀具刀筒位置安装的传感器，可以实时地对刀具的运转状态进行监控。现有的常压换刀刀盘不仅可以实现对刀具的实时监控，而且可以对刀具的磨损量、旋转情况、温度等数据进行实时反馈，帮助技术人员准确、全面地了解刀具动态。

图 17-4　常压换刀刀盘

常压换刀适用于长距离、大埋深、高水压、透水性强的软弱土层、软硬不均、破碎带等复杂地层。

在正常掘进状态，刀具伸出刀盘面板切削土体，当需要检查刀具或换刀时，盾构操作人员将待更换刀具旋转至刀盘底部正中心位置，通过配套的工装，将整个刀筒从刀箱内拉出2/3，然后关闭闸板阀，隔绝泥水仓高压区域，再将刀筒整个抽出，实现刀具常压下检查更换。图 17-5 为常压换刀滚刀拆卸流程框图，图 17-6 为滚刀安装工艺流程。

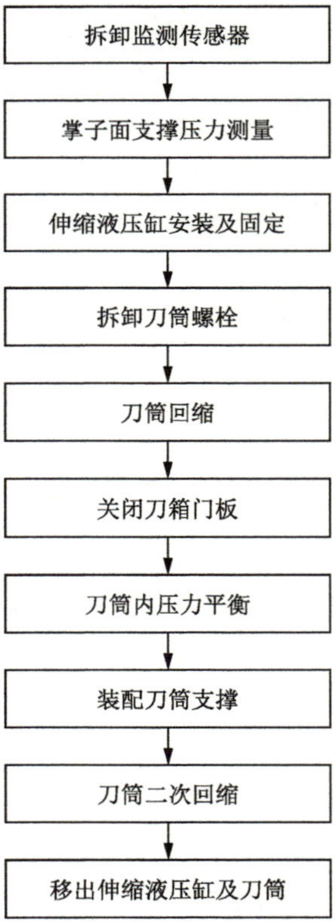

图 17-5　滚刀拆卸工艺流程

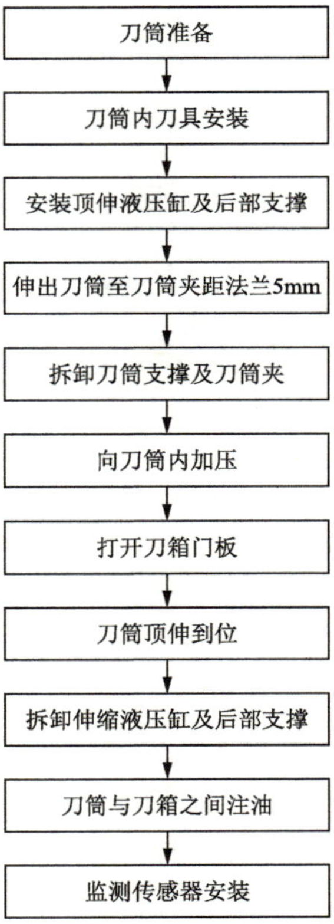

图 17-6　滚刀安装工艺流程

滚刀刀具拆除工艺流程示意如图 17-7 所示。

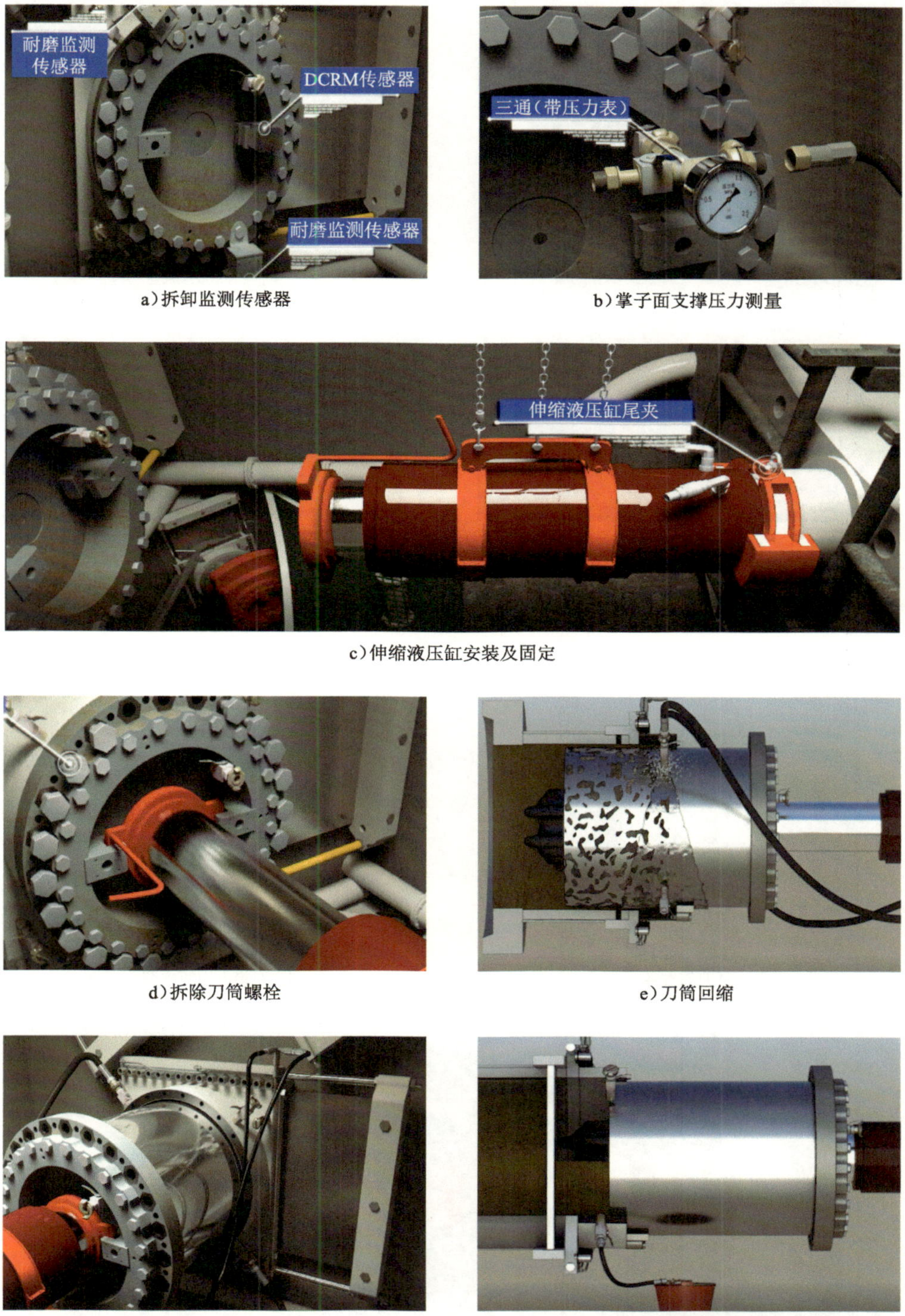

a)拆卸监测传感器　b)掌子面支撑压力测量

c)伸缩液压缸安装及固定

d)拆除刀筒螺栓　e)刀筒回缩

f)关闭刀箱门板　g)刀筒内的压力平衡(排水)

图 17-7

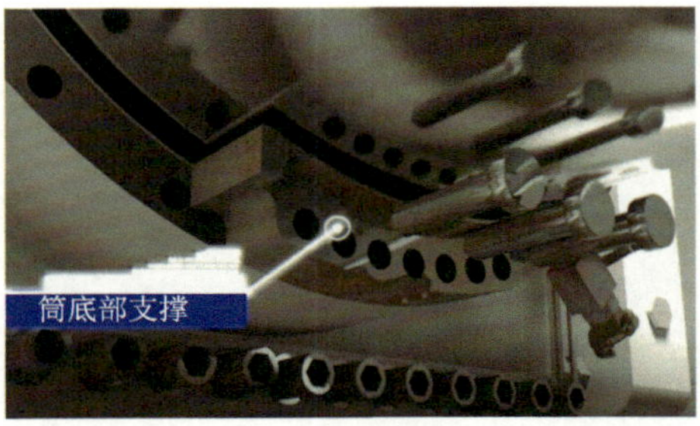

h)装配刀筒支撑

i)刀筒二次回缩

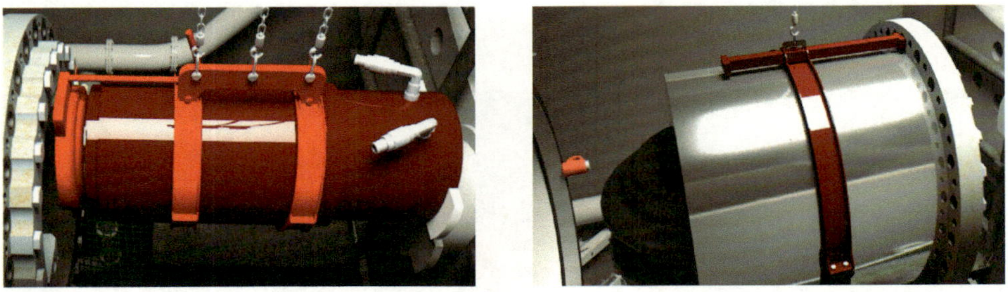

j)移出伸缩液压缸及刀筒

图 17-7 滚刀刀具拆除工艺流程示意图

滚刀刀具安装工艺流程示意如图 17-8 所示。

a)刀筒准备

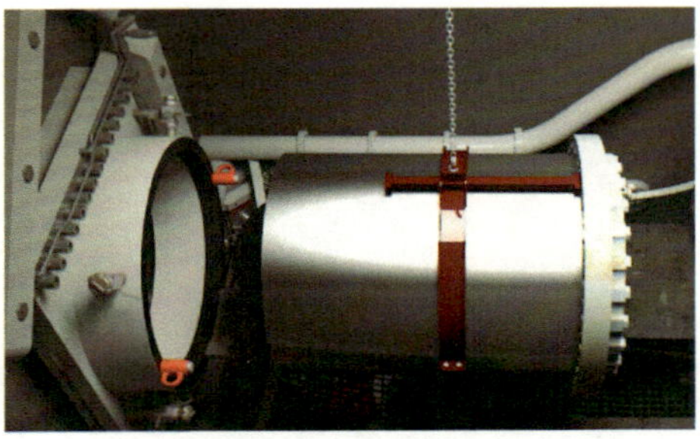

b)刀箱内刀筒安装

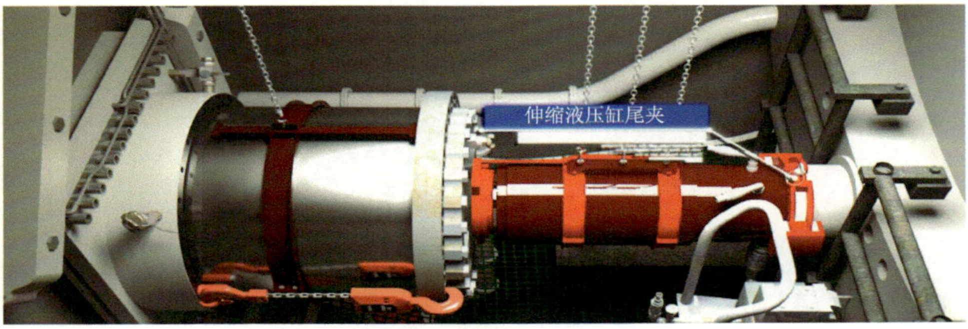

c)安装伸缩液压缸和尾部支撑

图 17-8

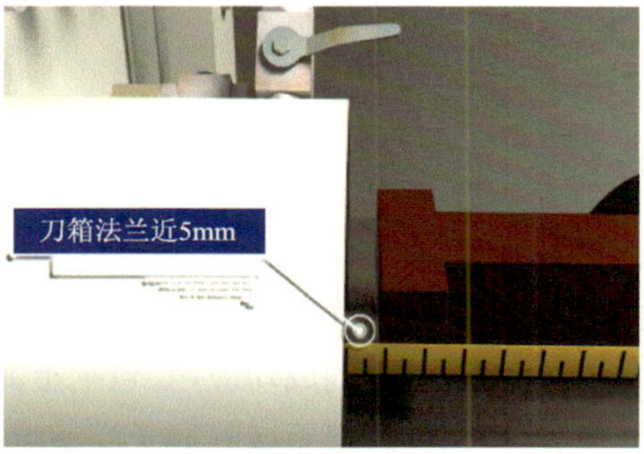

d）伸出刀筒

e）拆卸刀筒支撑和刀筒夹

f）刀筒内加压

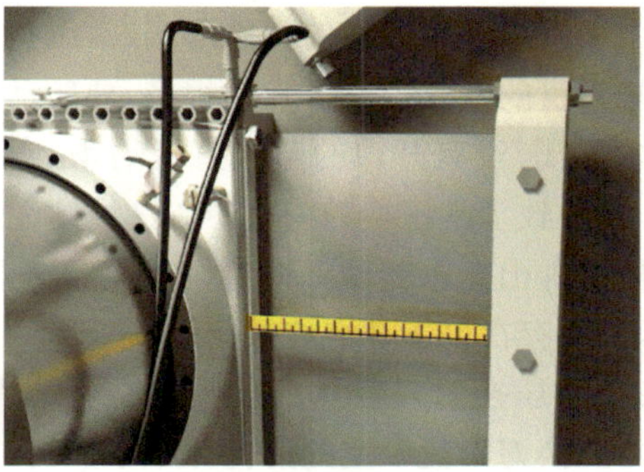

g）打开刀箱门板

h）刀筒顶伸到位

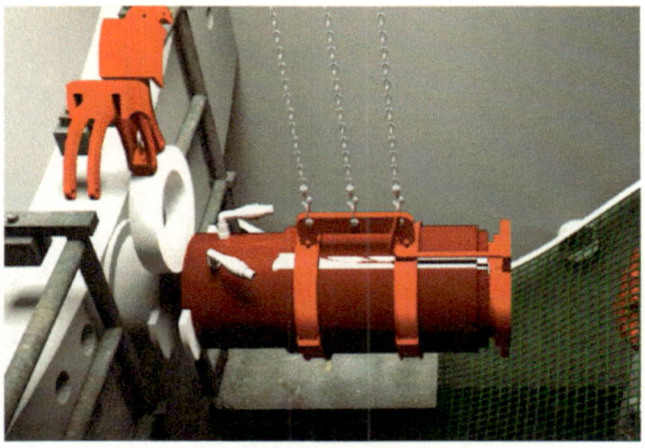

i）拆卸伸缩液压缸和后部支撑

j）刀箱和刀筒之间注油

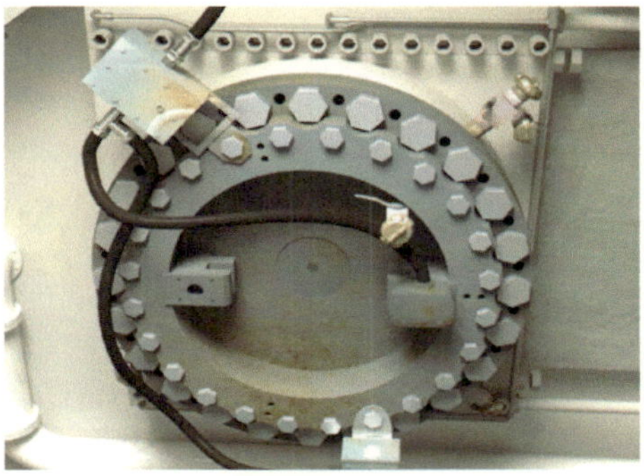

k）监测传感器安装

图 17-8　滚刀刀具安装工艺流程示意图

17.2 常压换刀刀盘的应用案例及常见问题

常压换刀刀盘技术在1997年最先被应用在汉堡易北河第四隧道，随着该技术的不断发展，进一步衍生出不同的形式并在多个地质条件不同的项目中得到成功应用，包括上海崇明岛隧道、南京长江隧道、南京地铁10号线、伊斯坦布尔海峡隧道、佛莞城际狮子洋隧道、汕头苏埃隧道、深圳春风隧道等。其主要应用于地质条件复杂，大直径，大埋深的穿江越海隧道。

由于常压换刀刀盘的特殊形式，常压换刀刀盘中空的刀臂体积很大，结构厚度大约2m，与常规刀盘的0.8m相比，大出很多，要转动起来需提供更大的扭矩；且常压换刀刀盘中心部位基本封闭，没有开口的范围直径约4m甚至更大，而常规刀盘中心从直径1.8m以后就有开口，这导致了常压换刀刀盘中心区域结泥饼的风险陡增。

根据佛山至东莞城际铁路狮子洋隧道采用常压换刀刀盘泥水平衡盾构下穿珠江的施工经验，主要存在以下几点应用问题。

（1）常压换刀刀盘中心部位基本封闭，不利于中心渣土流动，容易结泥饼。

常压换刀刀盘中空的刀臂体积很大，且刀盘中心部位基本封闭，不利于渣土流动。常规刀盘与常压换刀刀盘结构形式对比见图17-9。

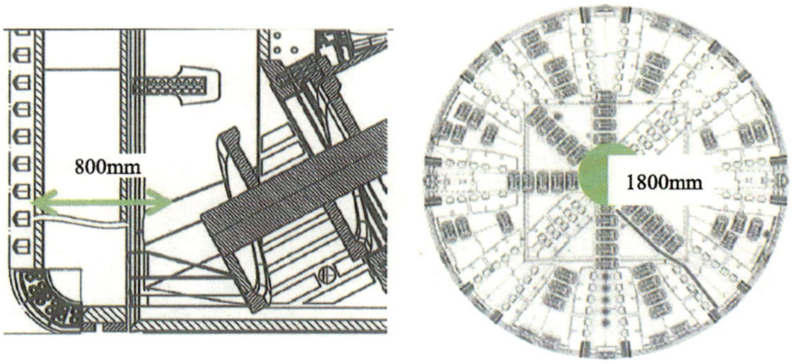

a）常规刀盘

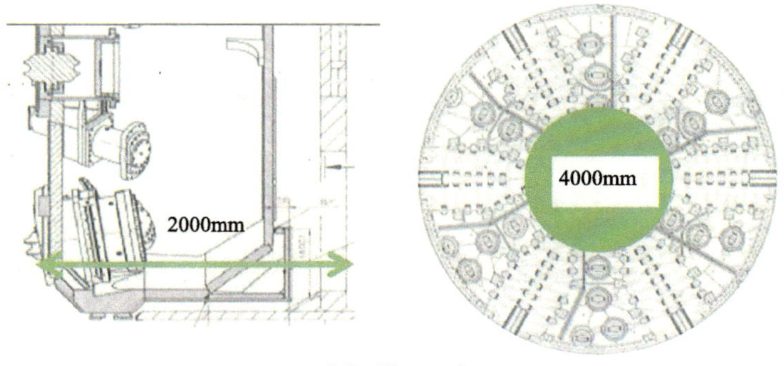

b）常压换刀刀盘

图17-9 常规刀盘与常压换刀刀盘结构形式对比示意图

（2）刀盘内部为了保证面板及泄渣口的渣土流动性，布置了大量刀盘冲刷管路。现有设计的常压换刀刀盘内部分布的面板冲刷管路耐磨性较差，并且管路使用硬连接，因此在原管路出现磨损漏浆后处理、修复困难，管路与面板连接处的球阀在泥浆的长时间冲刷下容易出现磨损，进而造成管路无法泄压、更换（图 17-10）。

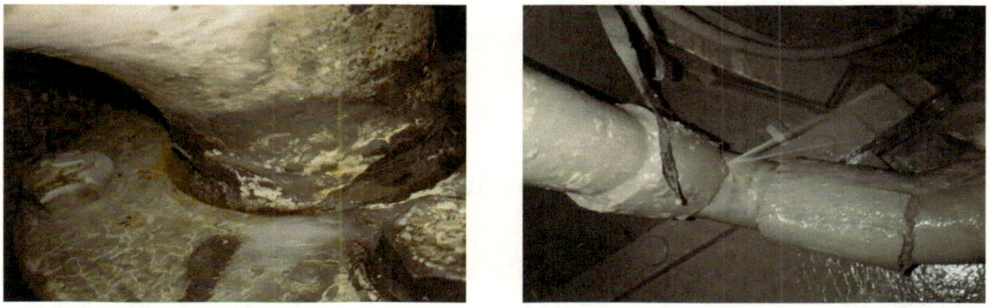

a）　　　　b）

图 17-10　磨损的刀盘冲刷管路

（3）刀筒内部刀具传感器、发射器接线方式和刀筒内部线路防护措施有待加强。

目前设计的常压换刀刀筒内部容易出现积渣，渣土的挤压对传感器线路造成损坏。刀具传感器多次进行插拔后导致接头线路接触不良，使得主司机无法在掘进过程中对刀具使用情况进行准确判断。图 17-11 为刀具传感器管路及插头损坏情况。

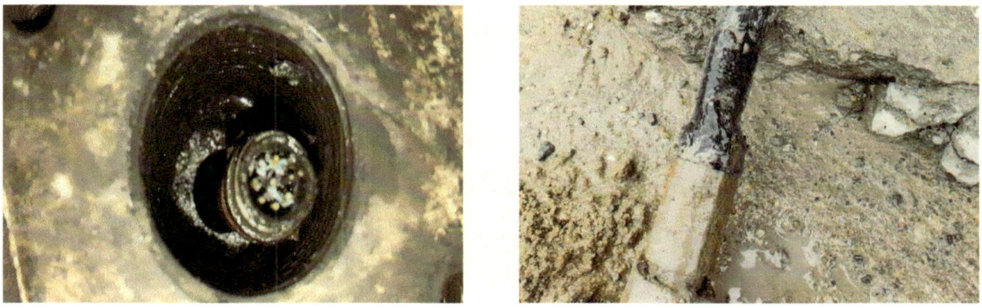

a）　　　　b）

图 17-11　刀具传感器管路及插头损坏

（4）刀具承载力有限，限制贯入度，影响掘进速度。

目前使用的部分常压换刀刀盘由于设计原因导致可常压更换滚刀采用的是单轴双刃设计，刀具承载力有限，进而限制了刀具在硬岩段掘进中的贯入度，影响盾构掘进速度。

（5）刀筒内部易积渣，刀具温度升高。

刀筒内部未设计刀罩，在掘进过程中，大量渣土进入到刀筒内部，容易造成刀筒糊死，刀具温度升高，滚刀无法旋转等情况，造成了不必要的刀具检查或出现刀具偏磨的情况。图 17-12 为刀筒内积渣情况。

（6）刀箱闸板密封破损严重。

常压换刀刀盘的刀箱闸板密封在长时间进行开合后，密封容易发生破损，导致在进行刀具更换过程中，刀箱内无法泄压，造成刀具更换困难。图 17-13 为损坏的刀箱闸门密封。

a) b)

图 17-12 刀筒内积渣

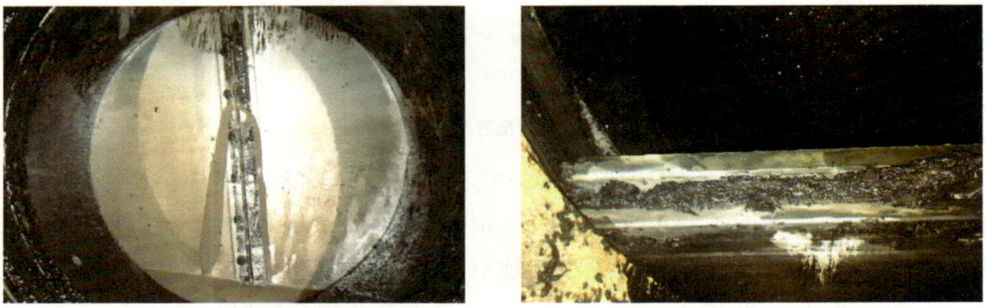

a) b)

图 17-13 损坏的刀箱闸门密封

(7)滚刀间距较大,破岩能力较差。

常压换刀刀盘由于设计原因,常压换刀刀座(即安装在刀盘内部的闸板结构)占据的面积较大,单位面积内的刀具数量受到限制,刀具较少,导致了滚刀的刀刃间距较大,普遍是中心刀在 120mm 以上,面板刀具在 100mm 以上。因此刀盘上刀具破岩能力较差,并且在强度较大地层中容易形成岩脊,造成掘进缓慢。

17.3 常压换刀刀盘设计与换刀技术改进

1)常压换刀刀盘的设计改进

(1)刀盘内部冲刷管路球阀采用耐磨陶瓷球阀,可提高球阀使用寿命,并保证了管路更换时管路内压力能够泄除。冲刷管路采用耐磨软管,连接方式采用快开抱箍连接,可提高管路使用寿命,降低管路维护难度。

(2)刀筒内部安装滚刀防护罩,传感器管路增加防护,防止刀筒内部积渣造成刀筒糊死和传感器管路磨损。

（3）导渣槽向中心斜向延伸，缩小刀盘中心无开口区域面积，增加渣土流动，减小刀盘中心面板结泥饼的概率。

（4）刀盘面板在原有冲刷口的基础上增加高压冲刷口和设备，在发生结泥饼时能够及时利用高压水对刀盘面板及泄渣槽进行冲洗，保证渣土流动。图 17-14 为刀盘超高压冲洗示意图。

（5）改进刀筒内部冲刷结构、刀箱内部增加冲刷装置，使得刀筒在拔、装过程中能够有效防止掌子面渣土的侵入，避免刀筒拔、装困难。

（6）改进刀筒结构，尽量减小刀筒及刀座的尺寸，减小刀间距。并且可以在刀筒上镶嵌合金刀齿，达到切削岩脊的目的（图 17-15）。

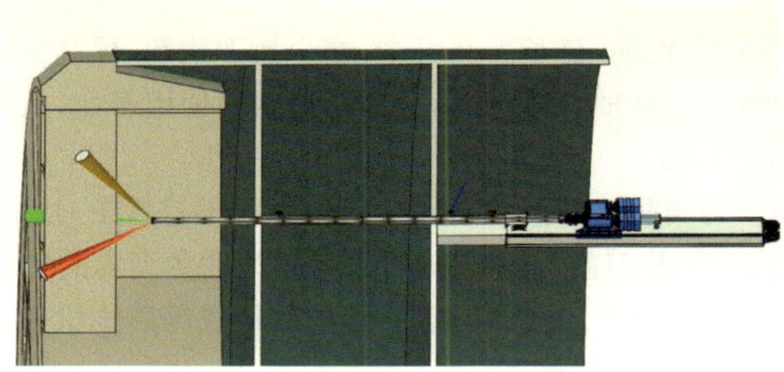

图 17-14　刀盘超高压冲洗示意图

图 17-15　刀筒改造示意图

2）常压换刀技术的改进

（1）改进换刀工具、工装，实现刀具在刀盘 3 点和 9 点位置时刀具更换的可能，进而实现换刀效率的提升。

（2）在刀箱闸板设置传感器或提示装置，将其与换刀阀块进行关联与互锁，防止因闸板开关不到位导致的闸板或刀筒异常损坏。

（3）改进刀箱闸门液压缸的安全锁紧方式，提高换刀工效。

（4）在进行刀具更换前，提前对所需更换的刀具进行安装和线路及传感器的检测，保证刀具安装质量。

17.4 本章小结

目前常压换刀刀盘还存在诸多不足，需要进一步研究的工作如下：

（1）优化刀筒结构与刀具设计，进一步减少刀间距尤其是中心区域刀间距。由于刀座及刀筒结构限制，中心区域刀间距较大，硬岩掘进过程中容易造成扭矩较小、推力增大、掘进困难。因此减小中心及面板区域刀间距，是未来常压换刀刀盘的研究方向。

（2）持续多点位快速换刀的装置与工法的研究工作，进一步压缩常压换刀时间。由于常压换刀刀盘拆、装刀具过程烦琐，且每次只能更换一把刀具，因此造成刀具检查时间及更换时间在工序中占比过大，设备利用率较低。

（3）优化刀具刀筒设计与安装方式，尽量统一换刀工装工具，提高换刀效率。常压换刀刀盘在装刀过程中要在闸门与刀筒的操作间来回切换，换刀工具及工装不通用造成换刀效率低。改进刀具安装方式及统一换刀工具、工装必将进一步缩短换刀时间，提升换刀效率。

（4）常压刮刀的防撞、止退设计需进一步优化和完善。盾构机在掘进孤石等不良地层时，易发生常压刮刀撞击变形与螺栓断裂退出刀筒，产生巨大工程风险。以后常压刀盘设计应充分考虑特殊地层中常压刮刀的防撞、止退设计。

（5）继续提升刀具耐磨、抗冲击等综合性能，延长刀具寿命，减少换刀次数，提高掘进效率。不断提升常压刀具的耐磨性、韧性及刀具轴承的承载力，延长刀具的使用寿命，从而降低换刀次数和施工时间占比，提高掘进效率。

（6）进一步完善刀筒防堵塞措施。刀筒防堵塞措施的优化是避免常压刀具在刀筒内二次磨损和提高旋转检测精度的关键，应该加装刀盖，增加实时冲刷系统来避免刀筒的堵塞。

随着常压换刀刀盘技术的不断发展，采用常压换刀刀盘的盾构机将成为盾构机未来发展的趋势。常压换刀刀盘的普遍应用，将大幅降低施工风险。

面向挑战的隧道及地下工程

第18章

多模式盾构技术应用与案例

Primary Problems and Case Analysis of Shield Construction

面向挑战的
隧道及地下工程

Primary Problems and Case Analysis of Shield Construction

当隧道穿越复合地层时，常常出现单一土压或泥水平衡盾构机不能完全满足施工安全性需要。被迫分段选用两台或多台盾构机，但这种方案不仅费用高，而且施工组织难度大。在盾构机内部空间允许的前提下，将土压平衡盾构机、泥水平衡盾构机、护盾式 TBM 等两种或两种以上的功能部件和控制系统布置在同一台设备上，形成多模式盾构机可极大地拓展盾构的地层适应范围，满足快速、安全、高效等施工需要。

18.1 多模式盾构机的概念与分类

18.1.1 多模式盾构机的定义

多模式盾构机是在结构空间允许的前提下，将土压平衡、泥水平衡盾构或 TBM 的功能部件同时布置在一台盾构设备上形成一台双模或多模式盾构机。多模式盾构机具备两种或两种以上功能模式，可实现在不同地质条件下的互相切换，满足盾构施工安全、高效需要。

18.1.2 多模式盾构机的分类

目前，常见的多模式盾构机主要有土压 + 泥水双模式盾构机、土压 +TBM 双模式盾构机、泥水 +TBM 双模式盾构机，如图 18-1 所示。

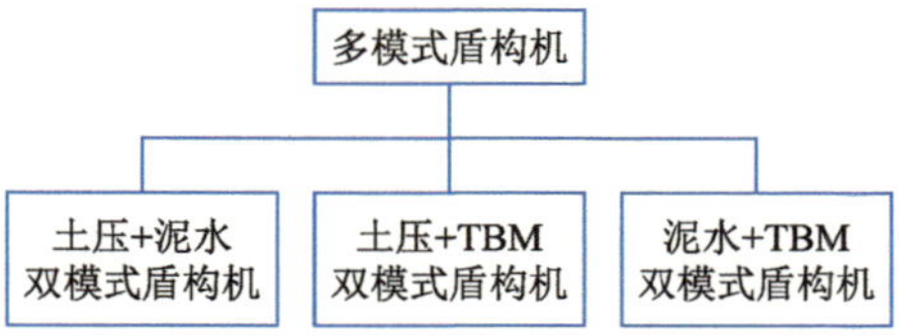

图 18-1 多模式盾构机的分类

18.2 多模式盾构机适用条件与范围

18.2.1 土压 + 泥水双模式盾构机

1)工作原理

土压 + 泥水双模式盾构集成了土压平衡盾构机、泥水平衡盾构机的设计理念及功能，融合了泥水、土压两种模式，广泛地适应复杂多变的复合地层和环境，能最大限度地控制工程风险的同时实现高效掘进。另外，土压+泥水双模式盾构机可根据地层变化在土压平衡盾构和泥水平衡盾构之间实现相互切换。采用土压平衡模式可以实现软弱黏性地层的高效掘进；采用泥水平衡模式可以更好地应对高水压渗透地层中的隧道施工。

土压+泥水双模式盾构机连续切换的施工方法如下。

在土压平衡模式下，停止盾构掘进，关闭螺旋输送机出土闸门，正转螺旋输送机使其内部形成有效土塞后关闭螺旋输送机，启动泥水处理系统，向土仓内加注泥浆，利用土仓搅拌棒、刀盘对仓内土体进行搅拌，逆循环操作环流系统对土仓及管路进行清洗，待土仓和管路正常后，将环流系统切换至掘进模式，加大泥浆循环，切换至泥水平衡模式掘进。

在泥水平衡模式下，停止盾构掘进，将泥浆循环系统切换至旁路循环，当土仓内压力稳定后，启动盾构机刀盘，关闭排浆泵站和泥浆阀门，随着盾构机向前掘进，刀盘切削下来的土渣在土仓内堆积，仓内泥浆通过螺旋输送机顶部预留的排浆口排出，当盾构掘进扭矩明显增大时，控制掘进速度，使渣土堆积在土仓内直至螺旋输送机排浆孔出现堵塞，启动螺旋输送机，通过闸门开闭控制出渣，切换至土压平衡模式掘进。双模式盾构机的模式转换如图 18-2 所示。

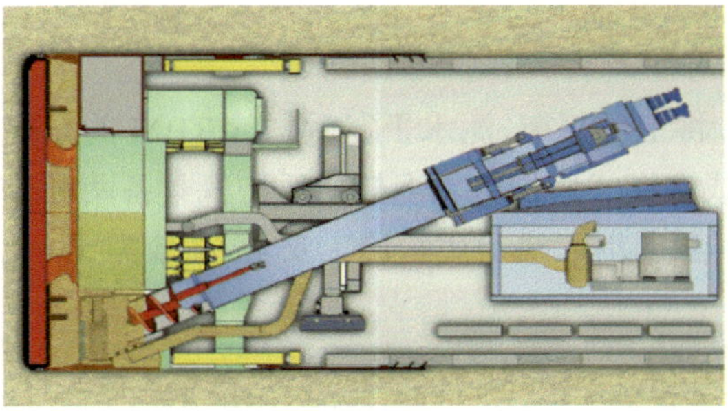

a）泥水平衡盾构模式

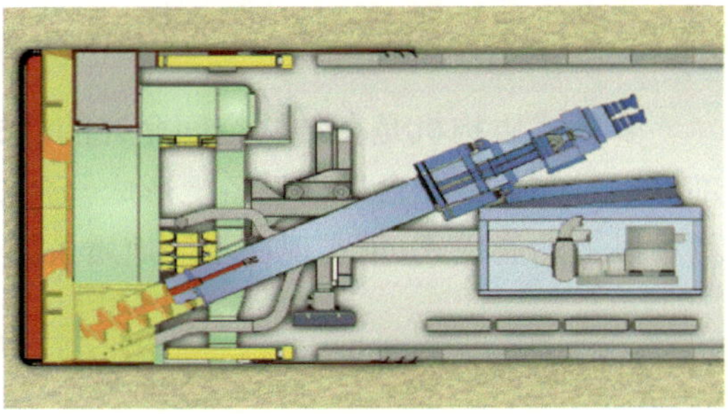

b）土压平衡模式

图 18-2　双模式盾构机的模式转换

2）主要技术特点

土体软弱黏性地层采用土压模式时可减少施工成本；土体高水压透水地层采用泥水模式可有效控制掌子面稳定，主要用于地表沉降控制要求高、高水压下强渗透及不稳定地层中的隧道施工。该模式盾构具备以下特点：

（1）技术先进。融合了泥水、土压两种模式，最广泛地适应复杂多变的复合地层和市区环境，能最大限度地控制工程风险，同时实现高效掘进。

（2）功能齐全。两种模式可独立运行又可互相支持，土压平衡模式下利用泥水系统稳压、造泥膜气压开仓等，泥水平衡模式下利用螺旋输送机排出大粒径渣土等。

（3）操作便捷。模式切换过程简易、安全、快速，切换不需要装拆移动任何部件，在掘进过程中通过主控制室按照规定程序操作就可以实现模式切换，可根据地质变化、地面环境变化的需要，随时实现安全、快速地切换。

（4）适应性强。兼有土压平衡盾构快速掘进和泥水平衡盾构沉降控制好的功能。特别适应上软下硬和软硬交替的复合地层及复杂敏感的地面环境。可实现在复杂条件下沉降小、掘进快的施工效果。

(5)环保、经济。能在控制工程风险、减少地面预处理、严控敏感地段的地表沉降、快速掘进等方面发挥显著的作用,从而能降低综合成本,减少对周边环境的影响。

3)适用范围

一般来说,当岩土中的粉粒和黏粒的总量达到40%以上时。通常会选用土压平衡盾构,相反的情况选择泥水平衡盾构比较合适。土压平衡盾构与泥水平衡盾构地层适应性如表18-1所示。

土压平衡盾构与泥水平衡盾构的地层适应性　　表18-1

盾构类型	地层渗透系数(m/s)	地层颗粒级配	水　压
土压平衡盾构	$\leqslant 10^{-7}$	粉粒和黏粒含量≥40%如淤泥、淤泥质黏土等	≤0.3MPa
泥水平衡盾构	$\geqslant 10^{-4}$	粉粒和黏粒含量≤40%,如砂砾粗砂类地层、卵石地层等	≥0.3MPa
泥水/土压平衡盾构	$10^{-7}\sim10^{-4}$	粗砂、细砂地层	

根据土压+泥水双模式盾构机的工作原理和技术特性,土压+泥水双模盾构机兼顾了土压平衡盾构机和泥水平衡盾构机的两种功能,不仅满足土压平衡盾构的地质适应性,又满足泥水平衡盾构的地质适应性,尤其适用于软硬交替的复合地层及对沉降控制严格的地面环境,可根据地质及地面沉降控制要求不同,实现泥水平衡模式和土压平衡模式的连续切换。

18.2.2　土压+TBM双模式盾构机

1)工作原理

土压+TBM双模式盾构机,集成了土压平衡盾构机、TBM的设计理念与功能,可实现两种掘进模式,且两种模式可以在洞内进行转换。当开挖面不能自稳时采用土压平衡盾构模式掘进,开挖面自稳性良好时采用TBM模式掘进。土压+TBM双模式盾构主机设计如图18-3所示。

图18-3　土压+TBM双模式盾构主机设计示意图

2)技术特点

(1)刀盘

①必须具有足够的刚度和强度,满足硬岩地层的掘进。

②刀盘开口率设计需兼顾土压平衡模式下的掘进。

③刀盘具有较高转速，满足硬岩地层快速掘进。

(2)主轴承

为了能够应对复合地层掘进时刀盘偏载和振动的问题，主轴承需要有较高的抵抗偏载和振动的能力，同时中心区域也需要有足够空间安装主机皮带输送机。

(3)主机结构

为了满足土压平衡模式时的密封需求，主机结构以土压平衡盾构结构为主。

(4)后配套

增加了除尘装置、选配豆砾石及水泥浆注入装置。

3)适用范围

TBM 适用于地层稳定的全断面岩层，而土压平衡盾构必须满足渗透系数、地层颗粒级配和水压的要求，详见 18.2.1 节所述。结合土压 +TBM 双模式盾构的特性，其主要适用于隧道区间长，且在同一隧道区间范围内存在全断面岩层和软硬交替复合地层，因其模式转换工序复杂，必须在稳定的全断面岩层中实现其模式转换。

18.2.3　泥水 +TBM 双模式盾构机

1)工作原理

泥水平衡模式下，通过开挖仓泥浆压力平衡掌子面水土压力，通过泥浆管道输送渣土(上部进浆管进浆)，泥水模式适用于砂层、上软下硬地层、地表沉降控制要求高的地层掘进施工，具备工作压力高、地表沉降控制好、刀盘刀具寿命长等优点。泥水 +TBM 双模式盾构机泥水平衡工作模式如图 18-4 所示。

TBM 模式下，开挖仓常压，TBM 模式适用于全断面岩层的地层掘进施工，具备常规 TBM 掘进效率高的优点。泥水 +TBM 双模式盾构机 TBM 工作模式如图 18-5 所示。

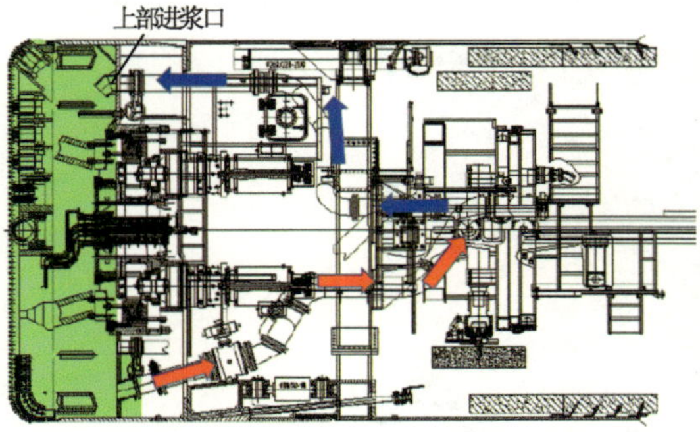

图 18-4　泥水平衡工作模式

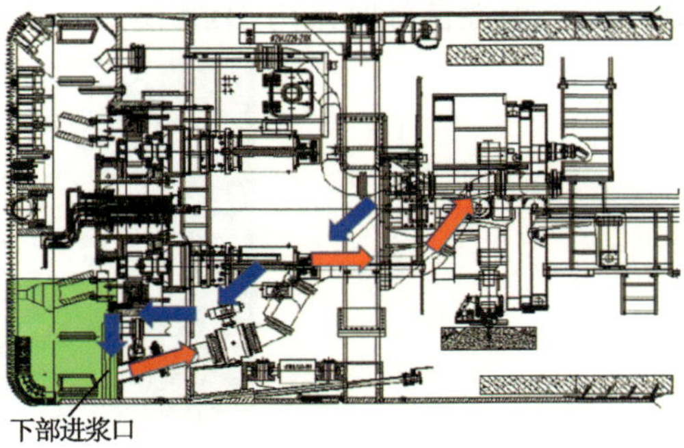

图 18-5　TBM 工作模式

2)工作特点

(1)泥水模式适用于砂层、上软下硬地层、地表沉降控制要求高等地层掘进施工，具备工作压力高、地表沉降控制好、刀盘刀具寿命长等特点。

(2)TBM 模式适用于全断面岩层的地层掘进施工，具备 TBM 掘进效率高特点。

（3）切换便捷。两种模式切换不需拆除任何部件，只需按规定程序进行操作，便能根据地层、环境变化的需要，随时实现安全、快速的切换。

（4）适应性强。特别适应长距离硬岩、上软下硬地层及对沉降控制严格的地面环境，可实现在复杂条件下沉降小、掘进快施工效果。

（5）环保经济。

能在控制工程风险、减少地面预处理、严控敏感地段的地面沉降、快速掘进等方面发挥显著地作用，从而能降低综合成本，减少对周边环境的影响。

3）适用范围

TBM 适用于地层稳定的长距离全断面岩层；泥水平衡盾构适用于高水压强渗透地层，尤其适用于对地表沉降指标要求高的工程环境。

18.3 应用操作注意事项

18.3.1 土压 + 泥水双模盾构机

（1）由土压平衡模式向泥水平衡模式切换时，在土压平衡模式掘进中，关闭螺旋输送机出土闸门，正转螺旋输送机使得螺旋输送机内部形成有效土塞，启动泥水处理机，向土仓内加注泥浆，向土仓加注的泥浆的黏度不小于 22s，其密度为 1.13 ～ 1.16g/cm³。利用土仓搅拌棒、刀盘对仓内土体进行搅拌，逆送环流洗仓，对土仓以及管路进行清洗，待土仓和管路正常后，切换成正送环流洗仓，加大泥浆循环，切换至泥水平衡模式掘进。

（2）泥水平衡模式向土压平衡模式切换时，在泥水平衡模式掘进中，将泥水的环流切换至机内旁路环流，土仓内压力稳定后，启动盾构机刀盘，关闭排浆阀，刀盘的转速为 0.6 ～ 0.8r/min，掘进速度 15 ～ 25mm/min。随着盾构机挖掘，刀盘切削下来的渣土在土仓内堆积，通过泥浆经由土仓后排出，控制土仓的压力，通过螺旋输送机顶部预留的排浆孔进行排浆，当盾构机掘进扭矩明显增大时，盾构机的掘进速度降到 8 ～ 11mm/min，使渣土堆积在土仓内直至螺旋输送机顶部的排浆孔出现堵塞，启动螺旋输送机，通过闸门开闭控制出渣，切换至土压平衡模式掘进。

18.3.2 土压 +TBM 双模盾构机

1）模式转换注意事项

（1）盾构机从土压平衡模式转换到硬岩掘进模式时，转换位置应选在进入硬岩地层后

10 ～ 15m 距离，具体位置需结合工程地质及周边环境进行分析确定。

（2）盾构机从 TBM 模式转换到土压平衡模式时，转换位置为硬岩地层中靠近软岩地层交界面，且盾构机完全处于硬岩地层内。

（3）土压 +TBM 双模式转换时，须拆装螺旋输送机、中心回转接头、土仓内刮泥板等装置，致使在掘进模式转换期间，不能够对掘进掌子面进行带压支撑，因此，需将盾构掘进模式转换设置在靠近硬岩地层的硬岩地层中。

（4）模式转换时，应安排专人对掌子面的安全状况进行监控，发现问题时应立即进行处理。

（5）拆除主机与后配套连接的所有管线，将后配套整体后移 15m，通过工装将螺旋输送机系统和皮带输送机系统进行替换，替换工作完成后，再将后配套整体前移，连接所有管线，并进行系统调试。

2)模式转换施工步骤

由土压平衡模式转换到敞开 TBM 模式的施工步骤主要包括：①由软岩层推进至硬岩层、停机、清理→②移除螺旋输送机→③移除中心回转接头→④安装刮渣板→⑤安装中心集水槽→⑥安装皮带输送机→⑦敞开模式掘进。

18.3.3　泥水 +TBM 双模盾构机

（1）泥水平衡模式向 TBM 模式转换时，要停止盾构掘进，刀盘低转速转动，加大排浆流量，降低气垫仓液位；同时，打开刀盘仓与气垫仓的压缩空气连通阀，打开盾体下部进浆管路，关闭顶部进浆管路，逐步将刀盘仓液位降至 1/3 位置；然后，提高刀盘转速至 TBM 掘进模式，启动推进系统，开始盾构掘进。

（2）由 TBM 模式向泥水平衡模式转换时，要停止盾构掘进，降低刀盘转速至泥水平衡模式；同时，加大进浆流量，逐步提高刀盘仓内液位至 2/3 位置，关闭刀盘仓与气垫仓的压缩空气联通阀，打开刀盘仓顶部排气阀门及盾体上部进浆管路，关闭下部进浆管路，直至刀盘仓顶部排气阀门有泥浆排出时关闭，启动推进系统，开始盾构掘进。

18.4 工程案例

18.4.1　广州市轨道交通 9 号线某工程

1)工程概况

广州市轨道交通 9 号线某工程，其中盾构区间长约 1680m，隧道内径 5.4m，外径 6.0m，管片环宽 1.5m，在里程 YDK3+875 ～ YDK3+960 处须穿越天马河，河面宽约 87m。天马河河水来源主要有雨水和生活用水，为景观河、政府规划饮用水源河，枯期水位 1.0m 左右，雨季汛期水位可达 2m 以上。

区间隧道穿越地层基本为上软下硬，隧道范围下部多为微风化炭质灰岩，隧道范围上部及拱顶以上主要为砂层。下穿天马河段岩溶发育强烈，岩面起伏较大，拱顶覆土厚度为 5.2 ～ 7.5m，河水与隧道埋深处的地下水存在水力联系。

2）双模式盾构设备选型

由于区间隧道下穿天马河段岩层为微风化碳质灰岩，裂隙发育，f_c=50.0MPa，上部为砂层、黏土层和淤泥层等软性土层，并且上覆土层较薄，平均厚度约为 7.5m，在深槽处覆土厚度仅 5.2m，掘进时仓内压力过低或过高会造成上覆沉陷或穿孔，从而导致河水与开挖面连通，存在一定的施工风险。

经盾构设备选型分析与研究，该项目采用国内自主研发的具有泥水平衡和土压平衡功能的双模式盾构机进行施工。盾构主机长约 8920mm。它集成了土压平衡盾构机和泥水平衡盾构机的设计理念与功能，可最广泛地适应复杂多变的地层和环境，能最大限度地控制工程风险、同时能实现高效掘进，并且可根据地层变化快捷地在土压平衡盾构和泥水平衡盾构之间两种不同掘进模式实现相互切换，如图 18-6 所示。

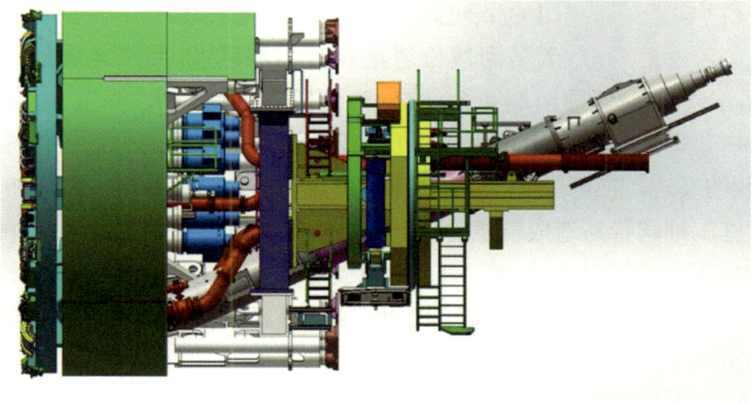

图 18-6　土压 + 泥水双模式盾构机

3）掘进施工技术措施

（1）盾构掘进防刀具磨损控制技术

盾构下穿天马河段约 90% 为上软下硬地层，岩层为微风化碳质灰岩，强度较大，若速度及推力较大，将增大刀具磨损速度和损坏的概率，且地层扰动较大，难以控制掘进对周边地层扰动的影响，因此，在上软下硬地层段，降低盾构掘进速度和推力，速度控制在 10 ～ 15mm/min，推力控制 13000kN 以下，以慢速切削岩层，减少刀具磨损速度，降低掘进扰动对周边地层的影响，避免在岩溶河段开仓更换刀具，确保施工安全。

（2）盾构双模式切换排石技术

天马河段上软下硬地层，微风化碳质灰岩面层裂隙发育，在盾构机刀盘切削时岩层易在裂隙处崩裂，产生大块的块石。当使用泥水模式时可能会造成泥水循环系统严重堵管，造成停机，不但影响掘进速度，更危害河床的安全与稳定。在土仓中块石堆积较多超出泥水循环系统处理能力的情况下，主要采用以下两种解决办法。

①首先采用逆循环或用备用管路正循环（半逆循环）的方式掘进，使大块石不进入排泥管。

②利用双模式盾构的特性，巧用螺旋输送机，在土仓注入高浓度泥浆，用以保压并形成类土压掘进模式的条件，再用螺旋输送机排出土仓积压的大量大块块石，在排完后继续用泥水模式掘进，取石时用的高浓度泥浆黏度须达到120s以上。螺旋输送机取出裂隙块石样例如图18-7所示。

图18-7　采用螺旋输送机排出的裂隙块石

（3）维持河床稳定的压力控制技术

盾构下穿天马河段埋深较浅，上部均为软弱地层，掘进过程易冒浆。天马河为景观河、政府规划饮用水源河，冒浆将污染河道，带来一系列的不良影响，为减少甚至杜绝掘进过程冒浆，掘进时切口水压设定不大于理论计算切口水压，切口水压波动控制在±5kPa范围内，掘进过程注意参数控制，避免压力波动过大击穿覆土层造成河面冒浆。

4）施工辅助技术措施

（1）加装套管的溶洞处理技术

天马河段位岩溶发育强烈区域，施工地质勘探已探明大型须处理溶洞4个，该处溶洞发育有面积大、深度大、伴生串珠洞等特点，加上水域施工作业的局限性，原有的袖阀管注浆已无法满足水域溶洞施工作业的要求。在雨季施工时，钻孔袖阀管安装完成后易被水流冲断，且冲断袖阀管难以封堵，后续施工袖阀管易造成冒浆冒气。为解决施工时袖阀管易被大水冲断的难题，在袖阀管钻孔施工时，采用套管引孔、护管，袖阀管外加装硬质PVC管，增加袖阀管强度：一是起到稳定孔壁，防止河水流动直接冲击袖阀管的作用；二是隔离动水系作用，减少冒浆反浆现象。

（2）水垫法增厚河床的安全技术

天马河的水流及水深受天气及周边环境影响较大，易在短时间内升高水面，水流速度湍急，加上上游桥桩的导流作用，在河流西侧形成一条流水深槽，该处隧道埋深约为5m，约为0.8倍开挖直径，盾构在下穿该处时，压力难以控制，河床易冒浆，甚至坍塌。在施工前，考虑以围堰填筑沙袋等传统方法人为加厚河床覆土厚度，提高施工安全系数，但无法满足河流的环保要求，因此，盾构在过天马河时，创新性地采用了水垫填充增加厚度法。具体做法如下。

①采用20000mm×15000mm×400mm的水垫布置在天马河床深槽处，水垫采用帆布制作，每条的水垫尺寸为2000mm×15000mm×400mm，用线缝合，并在外侧做出一排直径为20mm的小孔，用于固定，每条水垫的两端开有DN50的注水口，并缝有DN50的帆布管，用于注排填充液态填充物和扎口。

②水垫对河床薄弱处起到人为加厚河床的作用，水垫可以很好地封堵薄弱处从土仓上窜的气、浆，稳定土仓切口水压等施工参数，防止盾构土仓施工浆液污染河流，且对天马河床

的坍塌起辅助预警及保护作用。

③水垫的填充物在旱季枯水期可以填充水，但在雨季丰水期须填充密度大于 1.2g/cm³、无污染、易抽排的液体，确保水垫与河床紧密贴合，如图 18-8 所示。在盾构下穿天马河施工完成后，水垫内填充液须用抽浆机抽出，水垫回收利用，填充液按要求处理，若为泥浆，可回收用作泥水掘进模式施工，若为无污染清水，则可直接抽排入河道。

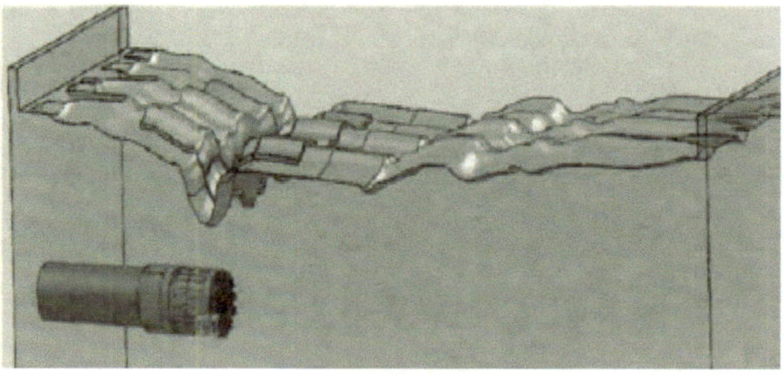

图 18-8 水垫施工铺设示意图

盾构下穿天马河前，因充分考虑地质条件及周边环境带来的上软下硬、大块石堵管、隧道浅埋等带来施工风险及困难，研制了具有泥水平衡和土压平衡功能的双模式盾构进行施工，并且采用了加装套管的袖阀管溶洞处理技术和水垫法增厚河床的安全技术。使得盾构平稳、安全、快速地穿越天马河，河面无冒浆、冒气，河床坍塌等危险现象发生，地面河床各项施工监测数据在预定的安全可控范围内。

18.4.2 南宁轨道交通 5 号线某区间

1)工程概况及地质情况

南宁轨道交通 5 号线某区间左线全长 2098m，线路最大纵坡为 -29‰（长度 850m）、29‰（长度 389m），左、右线间距 13 ～ 16m。区间隧道在里程 CK8+900 ～ CK9+500 范围下穿邕江河床，下穿段邕江水面宽约 400m，常水位深为 13m，隧顶距离江底河床最近距离约为 10.5m。设计管片内径 5.4m，管片厚度 0.3m，管片宽度为 1.5m。

隧道区间穿越工程地质为粉细砂、粉土、圆砾及粉砂质泥岩，其中江北段主要为富含水圆砾层，地层渗透性好。

2)盾构机选型

结合工程概况及工程重难点，本区间选用土压 + 泥水双模式盾构机，该盾构机集成了土压平衡盾构机、泥水平衡盾构机的设计理念与功能，可根据地层条件在土压和泥水平衡盾构两种不同掘进模式之间切换。采用土压平衡模式可以减少施工成本；采用泥水平衡模式可以更好地应对高水压强渗透地层中的隧道施工。

3)盾构机主要参数

盾构机总长约 110m，主机长度约 10.02m，最小转弯半径 250m，共 1 节连接桥、8 节拖车和拖车尾部平台。主机布置图如图 18-9 所示，盾构机主要技术参数见表 18-2。

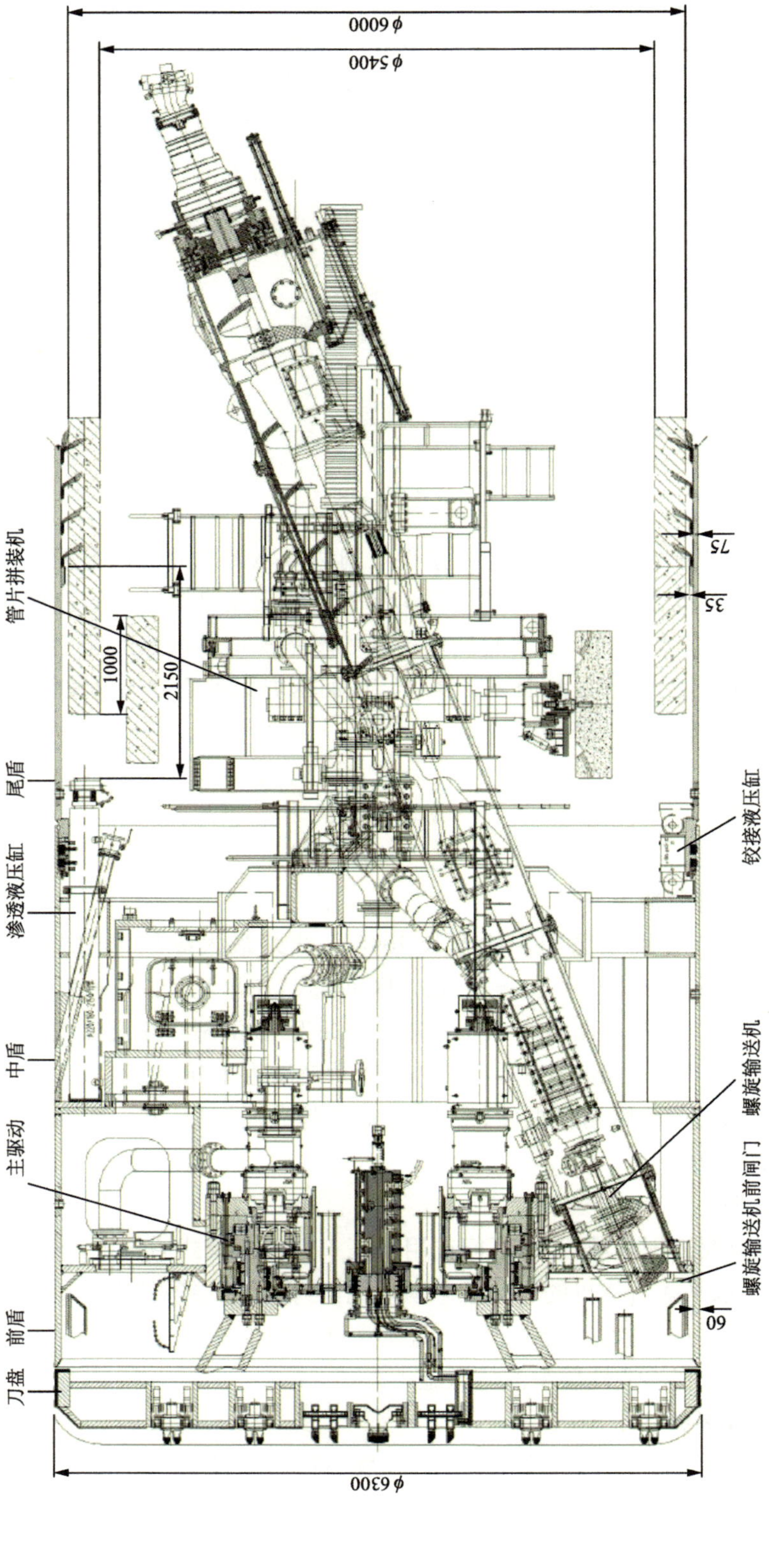

图 18-9　主机布置图(尺寸单位:mm)

盾构机主要技术参数　　表 18-2

序　号	项　目	参　数
1	刀盘开挖直径	6300mm
2	主驱动功率	770kW
3	主驱动直径	3060mm
4	最大转速	0 ~ 2.2r/min
5	最大扭矩	7200kN·m
6	额定扭矩	8400kN·m
7	螺旋输送机形式	轴式
8	螺旋输送机规格（直径 × 长度）	ϕ800mm×13175mm
9	螺旋输送机最大出渣能力	335m^3/h
10	螺旋输送机驱动功率	200kW
11	螺旋输送机最大扭矩	210kN·m
12	螺旋输送机转速	0 ~ 22r/min
13	最大掘进速度	80mm/min
14	最大推力	39910kN
15	最大设计压力	6bar
16	最小转弯半径	250m
17	进排浆管管径	DN250

4)盾构机核心部件设计

（1）刀盘结构设计

盾构机刀盘配置复合式刀盘，开挖直径为 6300mm，主要考虑兼顾岩层、圆砾层、砂层及软土层。

根据工程地质情况，采用 4 辐条 +4 面板结构，可布置较多数量的滚刀或撕裂刀，同时又具有合适的开口率，开口率为 45%，并且刀盘的刚度和强度设计安全余量也较大。开口在整个盘面均匀分布，保证刀盘掘进过程中渣土顺利进入泥水仓。能够实现渣土径向方向的顺利流动，使渣土在刀盘中心区域不易形成因流动不畅而引起的堵塞和堆积，从而有效降低中心结泥饼的概率。刀盘结构设计如图 18-10 所示。

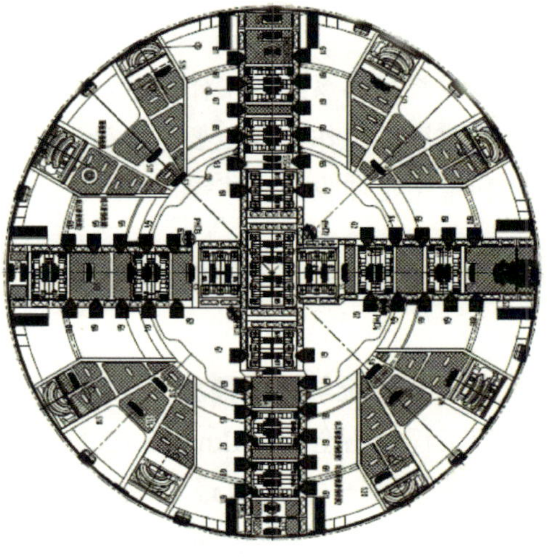

图 18-10　刀盘结构设计示意图

（2）刀具配置

①主切削刀具：6 把中心可更换撕裂刀、8 把可更换撕裂刀、8 把 17in 双刃滚刀。

②刀间距：中心刀间距 90mm、正面刀间距 100mm，该刀间距可以使掘进效率得到有效的提高。

③其他刀具：44 把刮刀、8 把边刮刀、8 把保径刀、30 把焊接撕裂刀、32 把大圆环保护刀、1 把超挖刀。边刮刀采用分块设计、更换方便且磨损后可分块更换。

(3)刀盘防泥饼设计

①刀盘结构设计。

刀盘开口率 45%，开口分布均匀，保证刀盘掘进过程中渣土顺利进入泥水仓。正常的进渣情况下，能够实现渣土径向方向的顺利流动，使渣土在刀盘中心区域不易形成因流动不畅而引起堵塞和堆积，从而有效降低中心结泥饼的概率。

②冲刷系统。

刀盘中心背部设计有中心冲刷管路，有效降低刀盘中心区域和中心背部泥饼概率。刀盘正面设计有均匀布置的泡沫喷口，可保证整个掌子面渣土改良充分。

(4)螺旋输送机

螺旋输送机安装在前盾的底部，采用轴式结构、双闸门设计，通过渣土最大颗粒尺寸为 ϕ290mm×560mm，螺旋输送机筒体内径为 800mm，出渣能力为 335m^3/h，驱动采用中心驱动，其圆周设有膨润土或泡沫的注入孔。预留保压泵接口，当发生喷涌时，及时关闭闸门，接保压泵调节土仓压力。

(5)泥浆循环系统设计

盾构机配置的进、排浆管路为 DN250，设计进浆流量为 600m^3/h，排浆流量为 700m^3/h。

①进排浆泵及管路设计。

根据工程地质情况和掘进距离，配置 1 台进浆泵、3 台排浆泵，进浆泵设计功率 250kW，排浆泵设计功率 400kW。泥浆泵采用知名品牌的重型渣浆泵，充分考虑泵的耐磨性能。

泥浆管路采用 Q345B 材质，所以弯曲均采用了内部焊接耐磨网格、外包加厚钢板的耐磨设计。

②泥浆循环系统的工作方式。

泥浆循环工作模式主要分为旁通模式、掘进模式、逆冲洗模式、停机保压模式、维修保压模式和管路延伸收浆模式等。

18.4.3 深圳市轨道交通 14 号线某工程

1)工程概况与地质情况

该工程线路全长 2.1km，隧道设计外径 6200mm，区间隧道左、右线最小曲线半径 600m，线间距为 10.0 ~ 32.5m，最大纵坡为 29.5‰，隧道埋深 15.0 ~ 44.61m；盾构区间穿越于强风化、中风化、微风化角岩地层；微风化角岩天然单轴抗压强度最大值为 165MPa，平均值为 103MPa；中风化角岩饱和单轴抗压强度最大值为 135MPa，平均值为 92MPa。

2)工程重难点

(1)大坡度掘进

区间总体呈“V”字坡左、右线在盾构始发端前 800m 范围线路坡度为 29.5‰,穿越主要地层为全、强风化岩层及全断面硬岩;盾构接收井前 600m 范围线路坡度 28.5‰,地层主要为全断面硬岩。

(2)长距离全断面硬岩掘进

区间左线全断面硬岩长度 1634.85m,占比 77.6%;右线 1545.62m,占比 73.2%,岩层实测饱和单轴抗压强度值为 53.30 ~ 153.6MPa,标准值为 106.6MPa。

3)盾构设备选型

结合工程概况及工程重难点,本区间选用土压 +TBM 双模盾构机,该盾构机集成了土压平衡盾构机、TBM 的设计理念与功能,可以采用两种模式出渣,且两种模式可以在洞内进行转换。一种是土压平衡模式出渣(螺旋输送机出渣),适用于软土地层与土压平衡盾构机相同;一种是敞开模式出渣(中心螺旋输送机出渣),适用于硬岩地层与 TBM 相同。

4)盾构机核心部件设计

(1)刀盘设计

两台双模盾构机刀盘采用复合式刀盘结构,刀盘采用六主梁六副梁重型刀盘结构形式,配置滚刀(可更换撕裂刀)+ 刮刀,开口率为 23%。刀盘结构及刀间距图如图 18-11 所示。刀盘背部溜渣板如图 18-12 所示。

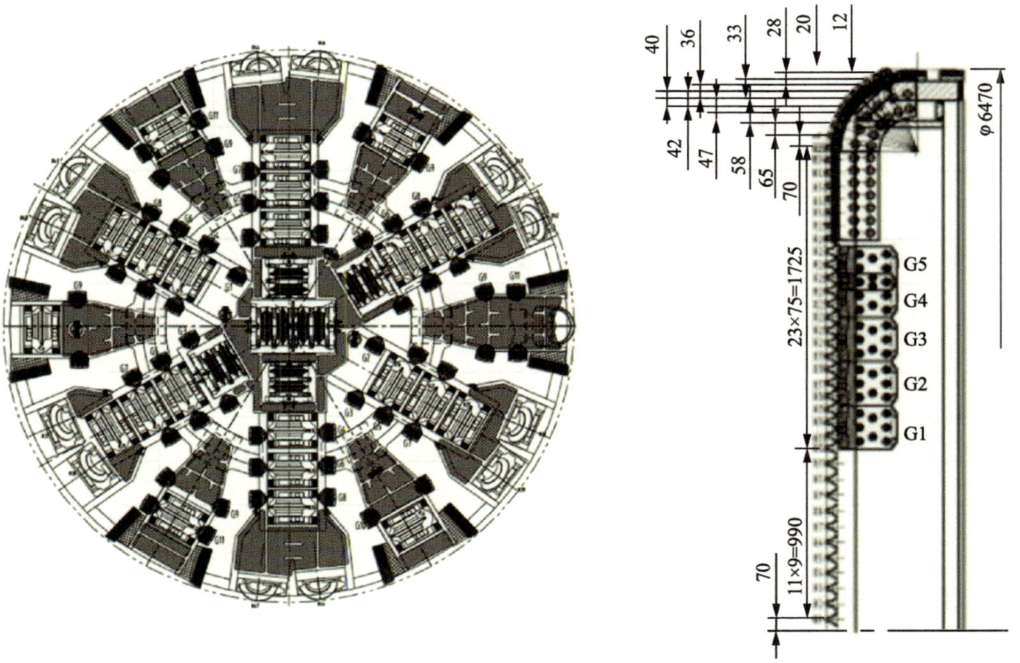

a) b)

图 18-11 刀盘结构及刀间距(尺寸单位:mm)

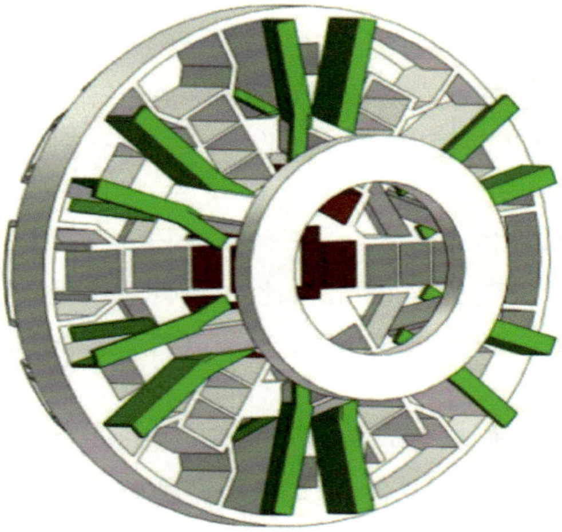

图 18-12　刀盘背部溜渣板

双模盾构机刀盘配置如表 18-3 所示，刀具配置如表 18-4 所示。

刀盘配置表　表 18-3

序　号	刀盘配置	单　位	参　数
1	刀盘规格	mm	ϕ6470
2	结构总重	t	75
3	刀梁	条	6
4	开口率	%	28
5	泡沫口数量	个	4
6	膨润土口数量	个	2

刀具配置表　表 18-4

序　号	刀具配置	数量(把)	刀具高度(mm)	备　注
1	双联中心滚刀	6	165	
2	单刃滚刀	38	165	
3	刮刀	49	115	
4	边刮刀	12	135	
5	大圆环保护刀	24	—	

(2)主驱动设计

双模盾构机双模盾构机配置的主轴承有效使用寿命≥ 10000h。双模盾构机刀盘由 7 组变频电机驱动，出厂时刀盘额定扭矩 5920kN·m，额定转速 2.26r/min，刀盘最大(脱困)扭矩 7100kN·m，刀盘最大转速 5.4r/min；主驱动密封采用唇形密封，内密封 3 道，外密封 4 道，密封最大承压力 5bar。主驱动结构如图 18-13 所示。

主驱动采用三排重型滚柱轴承并配以大功率电机和稳定的传动体系，分别满足土压模式高扭矩低转速、TBM 模式高转速低扭矩运行。

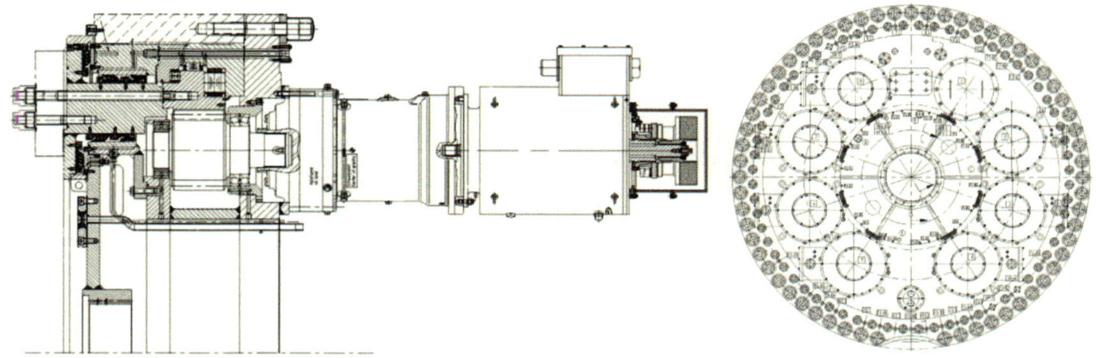

a）　　　　b）

图 18-13　主驱动组成图

（3）螺旋输送机

双模盾构机采用内径 800mm 轴式螺旋输送机，通过渣土的最大尺寸为 ϕ290mm×560mm。螺旋输送机由液压马达驱动，每小时出土量为 335m³/h（当 η=100% 时），出土能力满足最大掘进速度 80mm/min 的要求。螺旋输送机的螺旋轴可伸缩，在必要时可收回螺旋输送机，关闭前闸门，防止因不能形成土塞效应而发生喷涌或土仓压力骤减地表沉降的事故。螺旋输送机结构如图 18-14 所示。

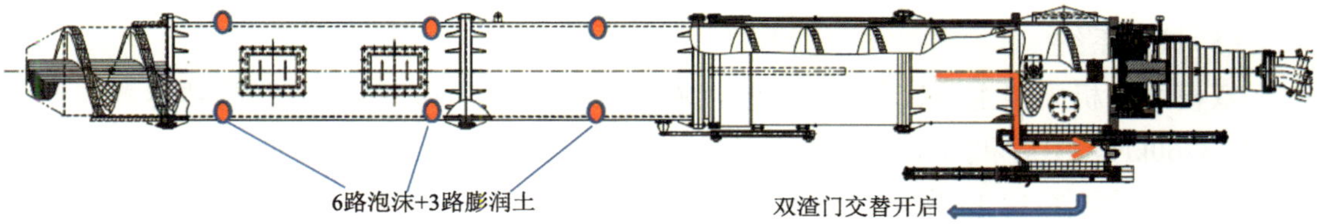

图 18-14　螺旋输送机

螺旋输送机采用前置关节轴承，后部浮动支撑的设计形式，在转弯及上下坡过程中可以随着盾构姿态随机进行摆动；土压模式和 TBM 模式螺旋输送机接口保持一致，方便后期切换安装。螺旋输送机移位设计如图 18-15 所示。

图 18-15　螺旋输送机移位设计图

（4）推进系统

双模盾构机配置 22 个推进液压缸（4 根带行程传感器），分为上下左右四组

(4+6+6+6),液压缸最大行程 2100mm,最大推进速度 80mm/min,最大工作压力 35MPa,最大推力 40860kN。推进液压缸分布图如图 18-16 所示。

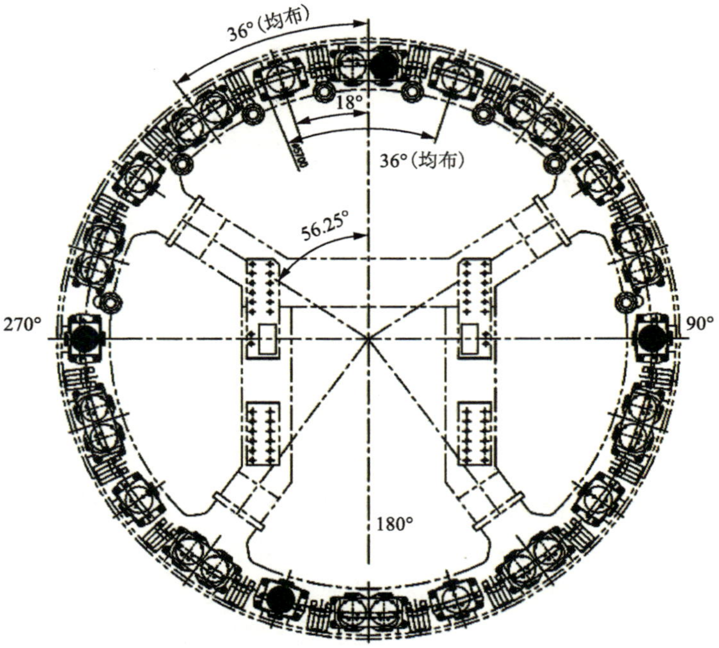

图 18-16 推进液压缸分布图

(5)铰接系统

双模盾构机采用主动铰接,12 根铰接液压缸 ϕ320/220-190(4 根带行程传感器),最大拉力 33760kN。中盾和盾尾之间设计有两道密封,一道为橡胶密封,一道为紧急气囊密封。铰接系统组成如图 18-17 所示。

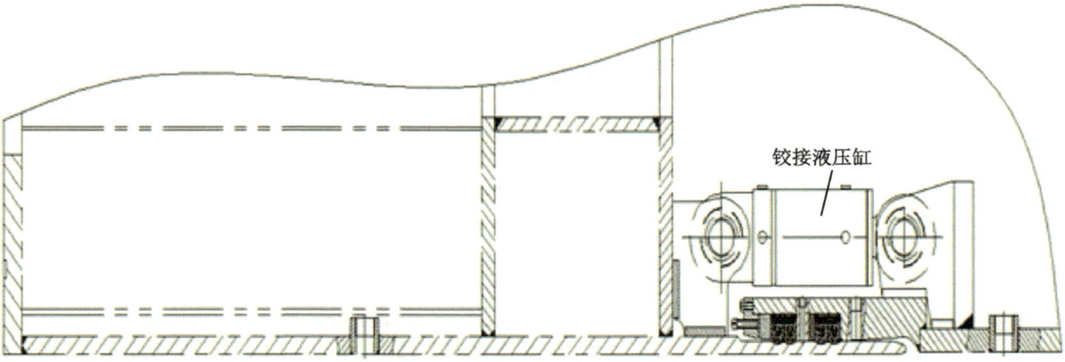

图 18-17 铰接系统组成示意图

(6)管片拼装机

双模盾构机管片安装机结构形式为中心回转式,具有 6 个自由度,回转速度为 0 ~ 1.8r/min,

并可实现微调。轴向液压缸行程 2000mm，可实现洞内更换两排尾刷。管片拼装机管片提升力为 120kN、旋转扭矩为 270kN·m，管片拼装机结构如图 18-18 所示。

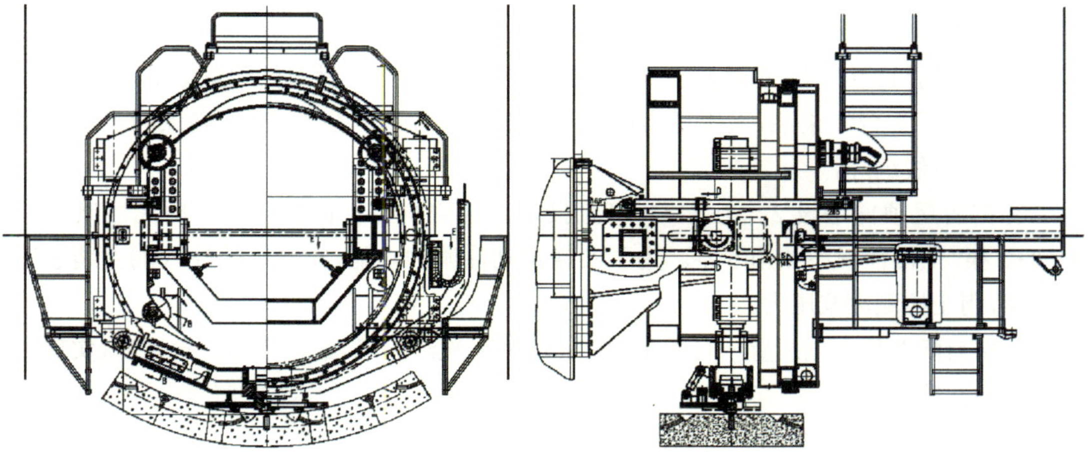

图 18-18　管片拼装机结构图

5)工程适应性

(1)大坡度掘进适应性

①盾构机设计纵向爬坡能力为 ±50‰，满足隧道设计要求。

②盾构机配置 22 根推进液压缸(4 根带行程传感器)，分为上下左右四组(4+6+6+6)，易于控制上下区液压缸的推力差，进行及时纠偏调整，保证盾构姿态。

(2)长距离全断面硬岩掘进适应性

①盾构机配置刀具为：中心双联滚刀 6 把，单刃滚刀 35 把，边刮刀 12 把，刮刀 30 把，满足硬岩掘进需要。

②滚刀安装为采用刀轴式 +C 形块安装，在掘进全断面硬岩及上软下硬地层，受力良好，不容易发生松动，且拆卸方便。

③在刀盘耐磨设计方面，外圈梁的外表面焊接 16 把保护刀 + 一圈 70mm 宽合金块，刀盘前面板表面堆焊 6.4+6.4 复合钢板，其他局部堆焊耐磨网格，提高刀盘的耐磨性。

(3)上软下硬掘进适应性

双模盾构机能够较好适应上软下硬地层中掘进，刀盘针对性配置如下：

①刀盘采用六主梁六副梁重型刀盘结构形式，增加大圆环厚度，增大主梁钢板厚度，增大主梁钢板高度，提升刀盘的整体结构强度，中心区域采用厚板整体加工后与主梁侧板焊接；改善中心区域结构稳定性，减小刀盘中心区域变形概率。

②刀具配置：中心双联滚刀 6 把，单刃滚刀 35 把，边刮刀 12 把，刮刀 55 把，正面滚刀刀间距为 75mm，超出前盾边滚刀为 3 把。可减少卡盾概率，增强刀盘保径能力。

③刀盘背面有主动搅拌棒，与前盾上的被动搅拌棒一起对土仓内渣土进行搅拌，改善渣土的流动性、和易性。

④刀盘设有渣土改良喷口（泡沫、膨润土），可以从背面拆卸，方便更换和清洗。

（4）下穿越、侧穿越既有线适应性

双模盾构机能够较好地适应下穿越、侧穿越既有线掘进。针对性配置如下：

①配备了 2 台注浆泵，采用压力或流量控制模式控制同步注浆量，确保同步注浆量充足，减少既有线沉降。

②在盾尾顶部增设 2 个注浆口，可直接对顶部空洞进行回填，这样，盾尾注浆管共有 4×2+2 根，正常情况下 4 用 6 备。为了实现自动注浆的功能，在管路的注入端安装了压力传感器，用于检测注浆压力。

③在后配套拖车上放置一台排量 50L/min 的二次注浆机，配两个 $1m^3$ 溶液罐，实现随时进行双液注浆。

④ TBM 模式下进行管片背后注豆砾石，配置 2 台澳柯玛气动泵（一用一备），额定压力 6bar，单台注豆砾石能力 $15m^3/h$，豆砾石罐 2 个，每罐容积 $8m^3$。每环约注 $4.5m^3$ 豆砾石，满足使用要求。

6)双模盾构机模式转化

（1）双模盾构机模式转化位置

当盾构机从土压平衡模式转换到 TBM 模式时，盾构机须进入硬岩段长度为 3 ～ 25m[盾构长度（9.95m）+ 安全距离（10 ～ 15m）] 时停机进行转换。土压模式转换到 TBM 模式如图 18-19 所示。

当盾构机从敞开模式 转换到土压模式时，盾构机须距离硬岩段长度为 10 ～ 15m（安全距离）时停机进行转换，TBM 模式转换到土压模式如图 18-20 所示。

图 18-19　土压模式转换到 TBM 模式

图 18-20　TBM 模式转换到土压模式

（2）双模式盾构机模式转换过程

①拆除刀盘搅拌棒、中心回转接头，装溜渣板、溜渣槽、关节轴承等，如图 18-21 所示。

②安装拉链，通过导向套筒及螺旋机支撑座将螺旋机退出盾体，如图 18-22 所示。

③移动螺旋输送机到位，和关节轴承螺栓连接，如图 18-23 所示。

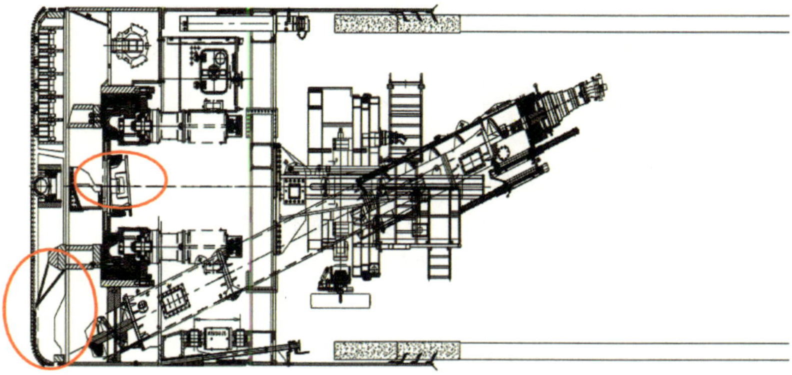

图 18-21 模式转换步骤一

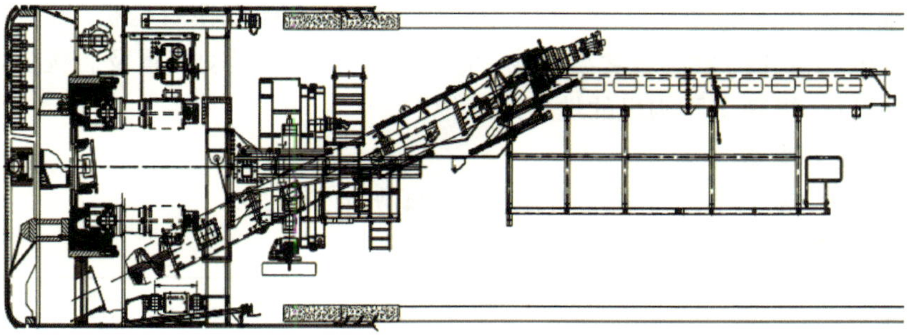

图 18-22 模式转换步骤二

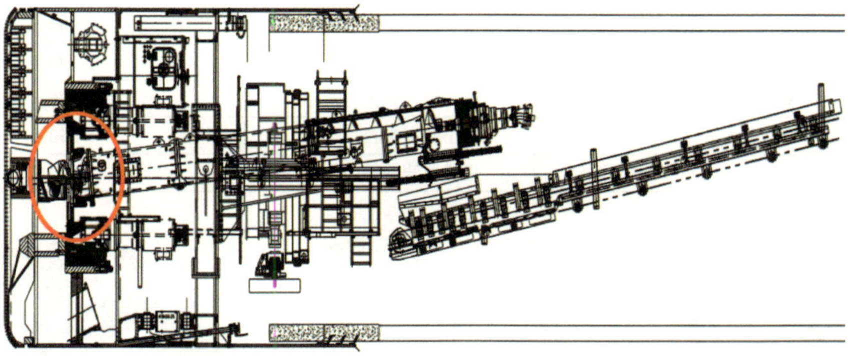

图 18-23 模式转换步骤三（尺寸单位：mm）

18.4.4 广州市轨道交通 7 号线某工程

1)工程概况与地质情况

广州市轨道交通 7 号线某工程盾构区间全长约 1086m，开挖直径 6.28m，区间大部分里程下穿山体，区间最小转弯半径 600m，最大坡度 3.16‰，结构底板埋深 19 ～ 65m；区间隧道主要穿越残积土层、全风化花岗岩、强风化花岗岩，微风化花岗岩，整个区间软土层长度约 122m，上软下硬地层长度约 139m，全断面硬岩地层长度约 825m，岩石平均强度约为 90MPa，软土地层孤石较发育，孤石揭露率约为 28%。

2)工程重难点

(1)长距离穿越硬岩地层掘进效率问题。

(2)软硬不均地层刀盘 / 刀具异常损坏、刀具更换困难问题。

(3)软硬不均地层盾构姿态不易控制问题。

(4)长距离掘进复合地层，刀盘 / 泥浆管路磨损问题。

(5)侧穿重要建筑物，地表沉降控制问题。

(6)砂质黏性土掘进，刀盘结泥饼、泥水分离困难问题。

3)盾构机选型及适应性设计

结合工程概况及工程重难点，本区间拟选用泥水 +TBM 双模盾构机，该盾构机集成了泥水平衡盾构机、TBM 的设计理念与功能，并在刀盘设计、主驱动配置及盾构姿态控制方面进行了适应性设计，提高了盾构机的地质适应性。

(1)盾构机主要参数

主要参数如表 18-5 所示，主机布置图如 18-24 所示。

主要参数表　　表 18-5

序　号	项　目	参　数
1	刀盘开挖直径	6280mm
2	主驱动功率	1400kW
3	转速	0 ～ 5.36r/min
4	泥水模式最大掘进速度	60mm/min
5	最大推力	39000kN
6	最大设计压力	6bar
7	最小转弯半径	250m
8	进排浆管管径	DN250

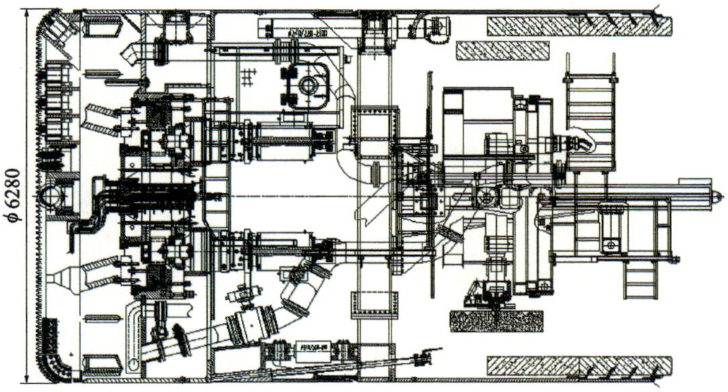

a)

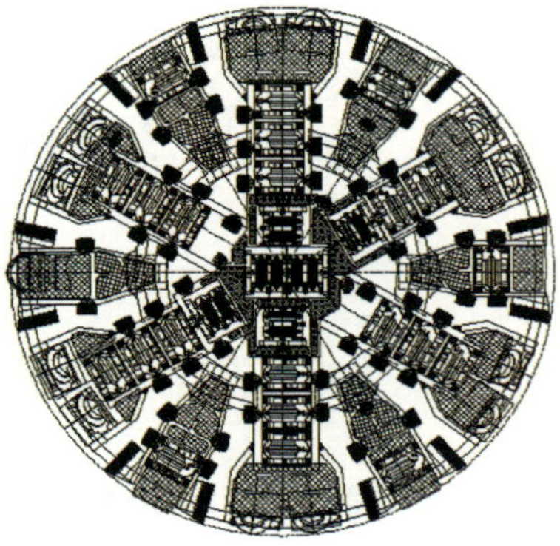

b)

图 18-24　主机布置图(尺寸单位:mm)

(2)主驱动参数

主驱动采用变频电驱,电机设置有液压扭矩限制器,防止扭矩过载造成电机损坏。具备较高转速,满足 TBM 模式掘进需求。主要参数见表 18-6。

主要参数设计 表 18-6

序号	项目	参数
1	驱动方式	电机驱动
2	主轴承直径(mm)	3060
3	驱动功率(kW)	1400
4	驱动组数	7 组
5	转速(r/min)	0-2.24-5.36
6	最大扭矩(kN·m)	5962
7	脱困扭矩(kN·m)	7154

(3)刀盘设计改进措施

①刀盘主梁采用加厚、加高设计。

②中心刀箱采用锻造件,提高刀箱抗冲击性能。

③中心板采用整体锻件拼焊结构。

④刀盘大圆环加厚。

⑤中心滚刀采用 TBM 连接方式,提高滚刀在硬岩地层的适应性。

⑥配置的重型加密扁齿滚刀的耐磨性、刀圈抗冲击能力、启动能力都优于光面刀圈滚刀,可以应对该项目的孤石地层、上软下硬地层等相对复杂岩层掘进。

(4)盾构姿态控制

①主机采用主动铰接设计,可较好控制盾构姿态。

②盾体前盾设计有稳定器,能够有效控制掘进机侧滚及振动。

③盾体中盾设计有撑靴,为铰接液压缸伸缩提供支撑力。

18.5 本章小结

(1)多模式盾构机的成功研制与应用,是盾构机在设计理念上的重大突破,不仅拓展了盾构机的环境和地质适用范围,而且在一定程度上为地质复杂、工程敏感地带提供一套可靠的解决方案。

(2)土压+泥水双模式盾构机兼顾了土压平衡盾构机和泥水平衡盾构机的地质适应

性，较好地适用于黏土、砂土、软硬交替复合地层、高水压地层、卵石地层及对沉降控制要求高的施工环境。

（3）土压 +TBM 双模式盾构机可有效提高盾构机在全断面岩层和软硬交替复合地层的施工效率和安全性，适用于隧道区间同时具有长距离硬岩和复合地层。

（4）泥水 +TBM 双模式盾构机可应用于全断面岩层、砂卵石等高水压强透水地层、软硬不均复合地层等，可有效提高环境敏感、地质复杂区段的施工安全。

面向挑战的隧道及地下工程

第19章

渣土垂直皮带提升技术与工程案例

Primary Problems and Case Analysis of Shield Construction

面向挑战的
隧道及地下工程

Primary Problems and Case Analysis of Shield Construction

渣土垂直皮带提升技术为安全、快速、高效输送隧道渣土提供了有效手段，相比桥式起重机配合抓斗、门式起重机等传统渣土提升技术，该技术机械化、自动化程度更高。本章对常用的渣土输送技术进行概述，着重介绍波纹挡边垂直皮带提升机在盾构渣土输送中的应用与优化，并对典型工程应用进行说明。

19.1 垂直皮带提升与传统提升技术对比

19.1.1 常规渣土垂直提升技术

桥式起重机配合抓斗、门式起重机等是地铁隧道施工中最为常见且使用最为广泛的出渣设备，已形成系列化产品，技术成熟，制造和维护成本低。桥式起重机主要用于地铁隧道矿山法施工中的渣土垂直提升，门式起重机主要用于地铁隧道盾构法施工中的渣土垂直提升，其主要缺点是出渣效率低。此外，也可通过电动葫芦提升料斗出渣，其缺点是装卸料技术落后，安全隐患多，工人劳动强度大，出渣效率低。桥式起重机 + 抓斗如图 19-1 所示，门式起重机如图 19-2 所示，45t 门式起重机主要参数见表 19-1。

图 19-1　桥式起重机 + 抓斗

图 19-2　门式起重机

45t 门式起重机主要参数表　　表 19-1

项　　目	单　　位	参　　数
额定起重量	t	45
起升高度	m	轨上 8，轨下 45
跨度	m	9.42/24/32
主电机功率	kW	132
小车运行速度	m/min	2.0 ～ 20
大车运行速度	m/min	2.5 ～ 25
起升速度	m/min	0 ～ 15

19.1.2 渣土垂直皮带提升技术

近年来，随着渣土垂直提升技术的发展，渣土垂直皮带提升输送机作为一种新型渣土提升设备，已成功应用于地铁隧道工程。该设备结构简单、运行可靠、维护方便，可实现大倾角输送，结构紧凑、占地少，适用于输送碎石、石灰石、煤炭、砂、黏土、卵砾石等多种物料。常见的渣土垂直提升设备有渣土垂直提升输送机（波纹挡边带式）、斗式提升机。渣土垂直提升输送机如图 19-3 所示，斗式提升机方案设计如图 19-4 所示。

a） b）

图 19-3 渣土垂直提升输送机

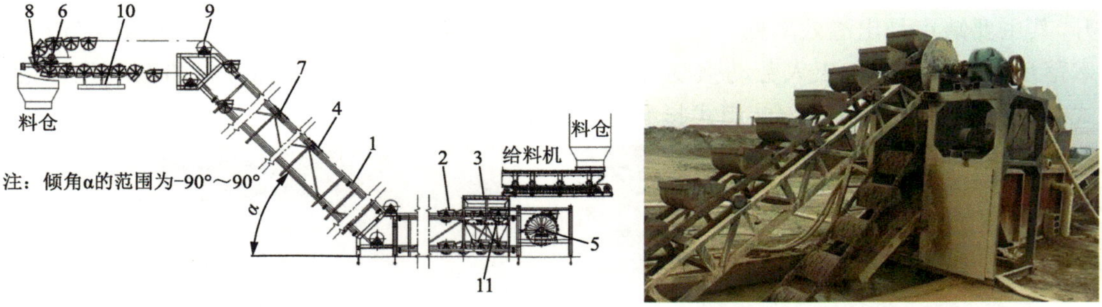

a）方案设计图 b）实物

图 19-4 斗式提升机方案设计及实物

1- 栈桥式轨道；2- 旋卸式矿车；3- 接装装置；4- 牵引装置；5- 张紧装置；6- 驱动装置；7- 断链抓捕装置；8- 卸载装置；9- 导向装置；10- 冲洗装置；11- 回收装置

斗式提升机提升能将散状物料垂直提升到数十米的高度，虽然占地空间小，产品结构紧凑，但是提升能力有限，时常出现卡阻、掉斗现象，影响施工进度。渣土垂直皮带提升输送机具有斗式提升机的优点，同时具有其结构简单，便于维修，运行可靠等特点。

19.1.3 渣土垂直提升设备特性对比

渣土垂直提升设备已成功应用在地铁隧道施工，表 19-2 为某地铁车站渣土垂直提升设备对比表，表 19-3 为某隧道渣土垂直提升设备对比表。

地铁车站隧道渣土垂直提升设备对比表　　表 19-2

项　　目	桥式抓斗起重机	渣土垂直提升输送机（DJ Ⅱ 61 波纹挡边带式）
提升高度（m）	0 ～ 45	45
设备功率（kW）	75	75
提升能力（t/h）	33	160
设备造价（万元）	45	150
优点	设备造价低	提升效率高、安全风险小
缺点	提升效率低、安全风险大	设备造价高

隧道正洞渣土垂直提升设备对比表　　表 19-3

项　　目	门式起重机	渣土垂直提升输送机（DJ Ⅱ 71 波纹挡边带式）
提升高度（m）	0 ～ 45	60
设备功率（kW）	180	160
提升能力（t/h）	120	600
设备造价（万元）	180	320
优点	产品已系列化，技术成熟，制造和维护成本低	连续运行、提升效率高，结构简单、运行可靠、维护方便
缺点	提升效率低、能耗高	设备造价高

19.2 渣土垂直提升输送机

19.2.1 设备工作原理

渣土垂直提升输送机是一种可连续、快速、安全提升渣土的施工装备，主要通过电机 - 减速器驱动传动滚筒，滚筒带动输送带转动，渣土随输送带运出，送至地面渣土坑。输送带绕经传动滚筒和机尾改向滚筒，形成一个可连续回转的封闭环形带，上行、下行输送带均支承在托辊上。施工时，渣土从机尾水平段装运到上行输送带上，经机身垂直段提升至地面，在机头水平段卸料，此后输送带进入下行段，返回到机尾水平段再次装载渣土，如此形成连续出渣，可实现 90° 垂直提升。

19.2.2 设备特点与主要参数

1)设备特点

渣土垂直提升输送机可将散状物料（石块、矿渣、煤炭、黏土等）在较小的水平空间内提升到数十米高的物料仓内。该设备具有以下特点。

（1）渣土输送能力高，可实现连续不间断作业，渣土运输效率是常规门式起重机的5倍以上。

（2）采用变频控制系统，设备启动平稳、能耗低。

（3）渣土垂直提升输送机还可以在机头和机尾设置任意长度的水平输送段，便于与其他输送产品的衔接，实现渣土无停留转运。

（4）实现了渣土的90°垂直提升，节约了占地空间，节省土建费用，具有良好的综合经济效益。

（5）设备操作简便，维修方便，运行平稳可靠。

2）设备主要参数

已投入使用的渣土垂直提升输送机性能参数如表19-4所示。

渣土垂直提升输送机性能参数表　　表19-4

项　目	产品型号			
	DJ Ⅱ 61		DJ Ⅱ 71	
输送带（mm）	基带宽度	1200	基带宽度	1400
	挡边高度	240	挡边高度	400
	隔板高度	220	隔板高度	360
	隔板间距	252	隔板间距	333
带速（m/s）	0.3～1.25		0～1.6	
输送水平距离（m）	10.75		19.5	
提升高度（m）	31.845		56.957	
倾　角（°）	90		87	
输送能力（t/h）	160		600	
环境温度（°C）	-20～40		-20～40	
输送物料	软土、卵砾石、风化岩		软土、砂黏土、卵砾石、风化岩	
物料含水率（%）	8～20		8～30	
物料密度（t/m^3）	1.2～1.6		1.5～1.6	
物料粒度（mm）	0～120		0～150	

19.2.3　设备适用范围

（1）渣土垂直提升输送机系列产品为散状物料连续大倾角输送设备，采用波状挡边输送带，因而特别适用于大倾角输送。

（2）渣土垂直提升输送机适用于煤炭、地下隧道工程渣土等物料的垂直提升。

（3）对于输送有特殊要求的物料，如：高温、酸性、碱性、油类物质或有机溶剂等成分的物料，需采用特殊的挡边输送带。

（4）输送倾角为0°～90°范围内任意角度。

（5）常规输送渣土最大粒径为150mm，特殊条件下最大输送物料粒径可达300mm。

（6）适用工作环境温度为-20～+40℃。

19.2.4 设备主要组成

渣土垂直提升输送机主要由机头水平段、垂直提升机身段、机尾水平段、防洒落装置、波状挡边输送带等组成，详见图 19-5。

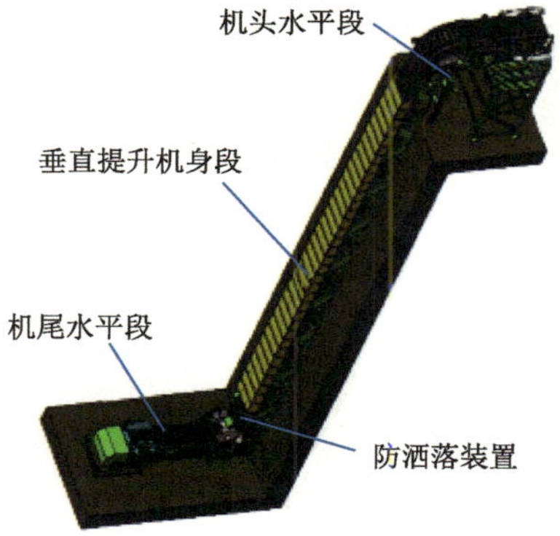

a）

b）

图 19-5 渣土垂直提升输送机

（1）机头水平段

机头水平段是输送带驱动部位和渣土卸料部位，主要由机头部、驱动部、凸弧段、机头底架、凸弧支架等组成。机头水平段结构组成如图 19-6 所示。

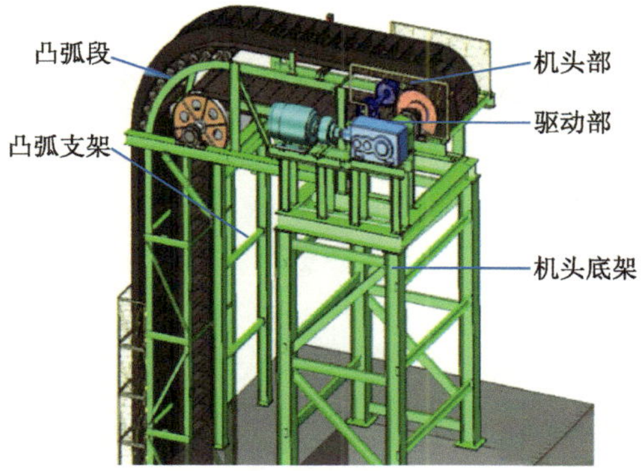

a）

b）

图 19-6 机头水平段

（2）垂直提升机身段

垂直提升机身段是实现渣土提升的部位，处于机头水平段与机尾水平段的中间位置，由框架、机身上托辊、机身下托辊、护网等组成。垂直提升机身段如图 19-7 所示。

（3）机尾水平段

机尾水平段位于竖井底部，主要由机尾部、受料部、凹弧段组成，机尾部用于张紧输送带，受料部用于装载渣土，凹弧段可实现输送带换向。机尾水平段如图 19-8 所示。

a）

b）

图 19-7　垂直提升机身段

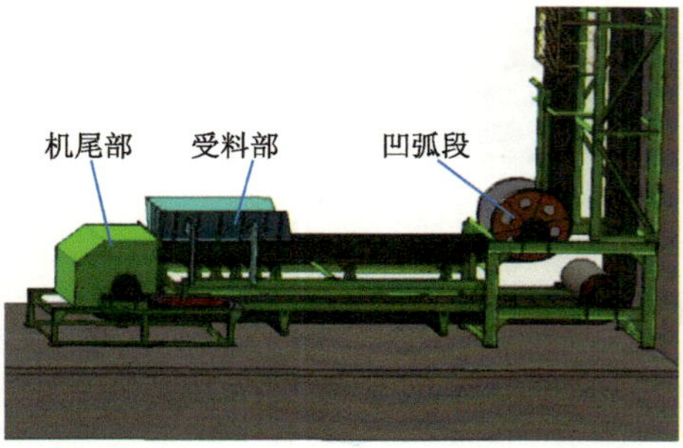

a）

b）

图 19-8　机尾水平段

（4）防洒落装置

当物料由水平段转向垂直提升时，物料由水平状态变为垂直状态，物料发生滑动、洒落现象。为防止物料洒落，设计了防洒落装置，如图 19-9 所示。

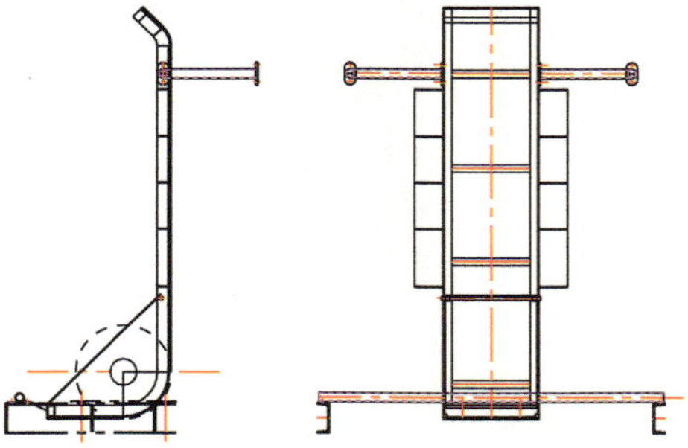

a）

b）

图 19-9　防洒落装置

（5）波状挡边输送带

波状挡边输送带在输送机中起曳引和承载渣土作用，结构如图 19-10 所示。基带的两侧为状挡边，可以自由伸展或压缩；挡边之间布置横隔板，并与基带连接。基带、波纹挡边与横隔板共同形成了“匣”形容器，从而实现散状物料大倾角输送。

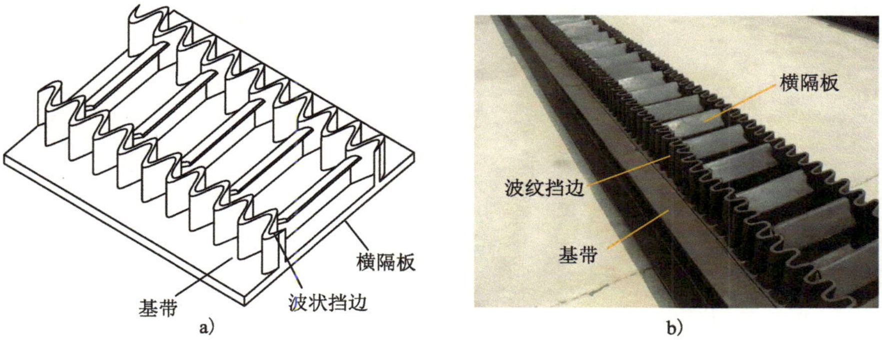

图 19-10 波状挡边输送带

19.3 常见问题及对策

渣土垂直提升输送机开创了隧道施工渣土垂直提升的新模式，可实现渣土 90° 垂直连续输送，占地面积小，工作噪声低，能够满足城市地铁隧道及地下工程竖井出渣需求，可与盾构法、钻爆法隧道施工配套使用。

由于隧道工程地质的多样性，当渣土中含有黏性颗粒、大块石等渣土时，渣土垂直提升输送机在渣土输送过程中易出现输送带黏料、渣土洒落等问题。

19.3.1 输送带黏料问题及对策

一般当渣土含水率大于 20% 时，黏性渣土在均匀给料机、集料槽、输送带间容易发生黏结，易出现给料机下料口堵塞、输送带黏料问题。残留附着渣土进入滚筒或托辊轴承座内会加快轴承磨损；滚筒或托辊表面黏结物料会导致和拉毛输送带面胶撕裂，加速输送带的磨损和毁坏，甚至造成输送带跑偏、撕裂滚筒包胶层等严重后果。

1)采用抗黏结给料设备送料

抗黏结给料设备是由振动筛、滚筒、水平输送带等多个部件组成的一套上料设备，可以控制物料大小、上料速度，并防止黏料、堵塞的问题。与渣土垂直提升输送机配套使用，既可控制运输物料的粒径，又能够克服下料时的冲击，为高效输送渣土提供了可靠保障。抗黏结给料设备如图 19-11 所示。

2)清扫器

拍打清扫器是清扫黏附物料的专用清扫器，通过滚轮转动循环拍打胶带背面实现清扫黏附物的作用，如图 19-12 所示。

图 19-11 抗黏结给料设备

图 19-12 振动清扫器

3）空段清扫器

物料在输送带上输送的过程中，其黏结在滚筒表面，累积较多时引起输送带跑偏、损坏、输送带等问题。因此，必须在连续输送机的尾部，返程输送带临近尾部改向滚筒处设置空段清扫器。空段清扫器如图 19-13 所示。

4）旋转式滚刷清扫器

旋转式滚刷清扫器能有效地清扫滚筒表面和输送带底面黏附物，由电动机驱动圆柱形尼龙刷，刷尖与带面轻微接触，尼龙刷的旋转方向与回程输送带的运行方向相反，从而将黏附在带面上的微粒料刷下，达到彻底清洁的目的，具有防止输送带跑偏、延长输送带及配件的使用寿命、预防事故等作用。旋转式滚刷清扫器如图 19-14 所示。

图 19-13 空段清扫器图

图 19-14 旋转式滚刷清扫器

19.3.2 渣土洒落问题及对策

采用输送机输送渣土时，渣土洒落是一个共性的问题。当物料转载时、由水平段转向垂直方向提升时、或物料在垂直段输送时，由于皮带振动及渣土的不稳定堆积均会引起渣土少量洒落。采取的防洒落对策如下。

（1）机尾水平段防洒落

机尾水平段洒落主要是给料不均匀、堆积而造成撒落。采用抗黏结给料设备均匀给料，可防止机尾水平段入料时洒落，见图 19-11。

（2）输送带输向垂直运输时防洒落

物料由水平状态转为垂直状态，由于速度和方向突变，渣土物料发生滑动，物料从输送带内抖落。为防止或减少渣土物料洒落，在输送带转向垂直运输位置设置了防洒落装置，可有效防止渣土洒落，如图 19-15 所示。

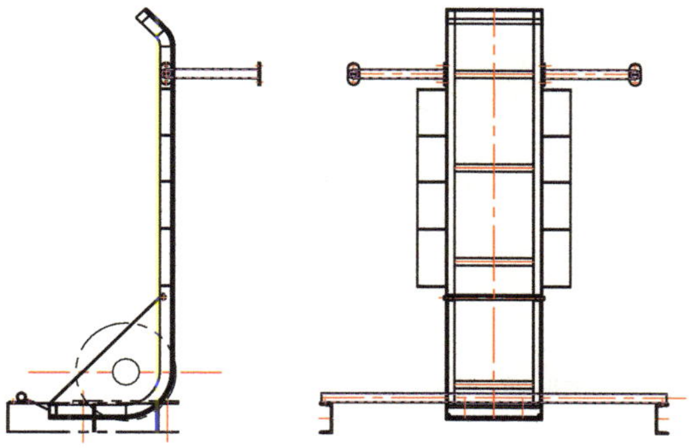

图 19-15 防洒落装置

19.4 工程案例

19.4.1 工程概况

北京地铁 19 号线某工程竖井采用倒挂井壁法施工，初期支护内净空尺寸为 8m×7.2m，井深 24.88m，井内采用型钢临时支撑及 300mm 厚临时中隔壁。

19.4.2 工程地质

车站主体结构顶板覆土 6.78 ~ 7.23m，底板埋深 20.70 ~ 21.15m。顶板位于粉质黏土层，底板位于卵石层，车站中部有 0.8m 厚粉细砂层。本场地赋存两层地下水：第一层为上层滞水，水位标高为 43.33m，位于先行导洞拱顶以下 1.8m 位置左右，埋深约为 6m，位于粉土填土层，黏质粉土砂质粉土层；第二层为层间水，水位高程 20.84m，位于结构底板以下 6.5m 位置左右，埋深约为 28.56m，位于卵石层和粉细砂层。

地铁站开挖面位于下层导洞。下层导洞位于卵石圆砾层、粉质黏土层、卵石层。卵石层最大粒径约 120mm，一般粒径 30 ~ 60mm，粒径大于 20mm 的颗粒含量大于 70%，中粗砂填充。下层导洞掌子面的土层结构自上而下分别是黏土、粉质黏土、卵石圆砾层。上层是黏土，容易形成大粒径土块；中间一层是粉质黏土，较柔软、易松散；下层是卵石圆砾、中粗砂。砂卵石和黏土是掌子面的主要组成部分，粉质黏土含量较少。平安里站渣土的性状如图 19-16 所示，呈松散状，含有较多的砂、卵石和黏土块。渣土中卵石和黏土块的形状如图 19-17 ～图 19-19 所示，卵石粒径大小多数处于 100 ~ 160mm 之间，黏土块粒径通常比卵石粒径大，最大可达到 250mm。砂卵石中含水率较低，呈湿润状态，如图 19-20 所示。

图 19-16　开挖后渣土

图 19-17　卵石和黏土块

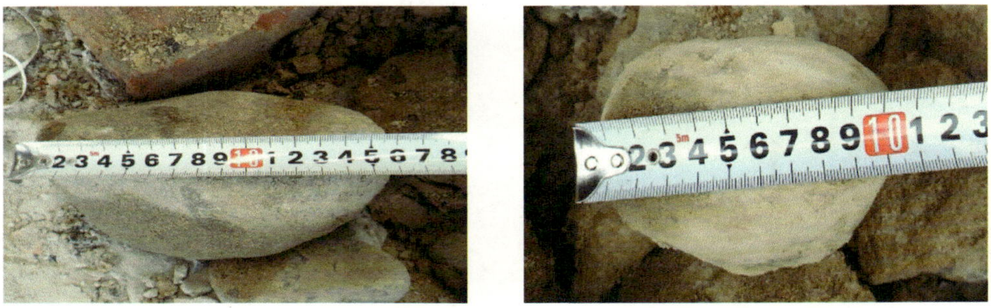

a）　　b）

图 19-18　卵石

图 19-19　黏土块

图 19-20　砂卵石含水状态

19.4.3　渣土垂直提升输送机现场布置

渣土垂直提升输送机在车站的布置形式如图 19-21 所示。机尾水平段固定在竖井底部，是渣土的装载位置；机身垂直提升段固定在竖井侧壁上，可将渣土从竖井底部输送至地面；机头水平段固定在地面上，是卸料点，同时也是驱动部位。渣土垂直提升输送机的控制台放在地面的操作间内。在导洞内挖出的渣土使用渣土运输车经过导洞、横通道，将渣土运输至竖井处；然后将渣土倒入机尾水平段的给料机内；随后使用渣土垂直提升输送机将渣土运输至地面弃料场。为便于施工，车站在竖直方向共分为 4 层作业面。下层导洞内的渣土可直接倒入给料机内。一～三层的渣土可通过溜槽倒入给料机内。

竖井截面有效净空尺寸为 7.2m×8m，竖井深度 28m。渣土垂直提升输送机机身段横截面尺寸为：1.8m×1.4m，提升高度约为 30m。

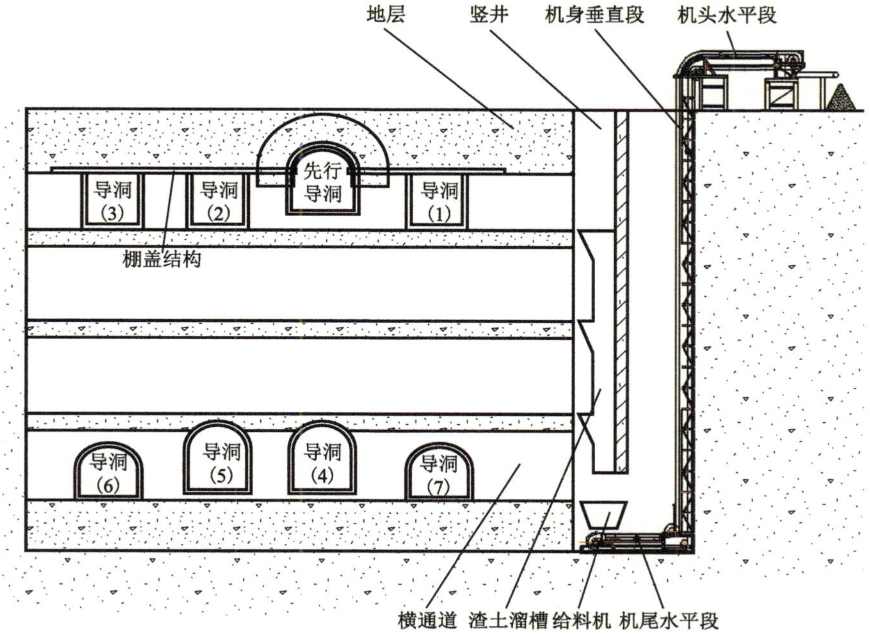

图 19-21 渣土垂直皮带提升系统布置示意图

19.4.4 设备主要性能参数

渣土垂直提升输送机性能参数见表 19-5、表 19-6。

渣土垂直皮带提升输送机性能参数表　表 19-5

项　目	单　位	规格、参数
产品名称	—	立式提升输送机
产品型号	—	DJ Ⅱ 61
带宽	mm	1200
带速	m/s	0.3 ～ 1.25
输送水平距离	m	10.75
提升高度	m	31.845
倾 角	°	90
输送能力	t/h	160
环境温度	°C	-20 ～ 40
输送物料	—	软土、砂卵石、风化岩
输送物料含水率	%	8 ～ 20
输送物料密度	t/m^3	1.2 ～ 1.6
输送物料粒度	mm	0 ～ 120

渣土垂直皮带提升输送机主要部件参数表　　表 19-6

名　称		规格、型号		备　注
电机		型号	YPT280S-4 380V	IP55
		功率	75kW	
减速器		型号	MC3RSF07-50+F+N	
		速比	50	
液压推杆制动器		型号	YWZ5-400/80	
输送带	基带	型号	ST1000（6+4+6）	
	挡边高度（mm）	240		
	隔板间距（mm）	252		
	隔板高度（mm）	220		

19.4.5　设备应用情况

渣土垂直提升输送机于 2017 年 3 月 1 日至 2017 年 6 月 30 日开展了工业性试验，共计 122d，累计运行时间约 1124.9h，累计输送渣土约 7457.3m^3。设备在现场应用阶段整体运行状态良好，出渣效率高，未出现渣土黏滞输送带的现象，操作简单，可靠性、安全性高，能够满足地铁软岩隧道建设出渣的要求。其中，急停保护装置、语音报警装置等工作状态良好，能够满足紧急情况下设备停机的要求，有效保证了工作人员的安全，提高了设备的安全性。

渣土垂直提升输送机在使用过程中也出现过若干问题，现将这些问题的现象、原因及应对措施进行说明。

1)输送带跑偏

（1）现象：在设备运行初期发生过一次输送带严重跑偏现象，运行中的输送带严重偏离设计中心线，触发跑偏传感器报警，设备紧急停车；经调整后继续运行，其后间断地出现过 2 次轻微的跑偏现象，触发跑偏预警，但未引起紧急停车。

（2）原因：输送带安装时设计中心线未严格对中，两侧张紧力液压缸伸缩量不一致，输送带运行一段时间后偏差累积，最终导致输送带出现跑偏现象。

（3）应对措施：调整两侧液压缸推力，使输送带恢复到设计中心线位置。经过调整后，输送带恢复正常运行，此后未再发生输送带跑偏现象。

2)送料装置优化

（1）现象：送料装置闸门打开与闭合动作不灵活、闸门出现变形、闸门液压缸漏油、黏土黏结不易落料等。为解决上述问题，拆除原设计的液压闸门，采用往复式给料机（图 19-22），并在漏斗侧壁上安装了振动器（图 19-23）。经过以上优化措施，虽然解决了黏土黏结和闸门发卡等问题，但是启动振动器时噪声较大，并且往复式给料机的滚轮和钢轨磨损严重、闸板右端翘起，如图 19-24、图 19-25 所示。

（2）原因：漏斗与机架是刚性连接，且往复式给料机闸板缺乏足够的约束，导致闸板出现翘起、振动、磨损等问题。

图 19-22　往复式给料机

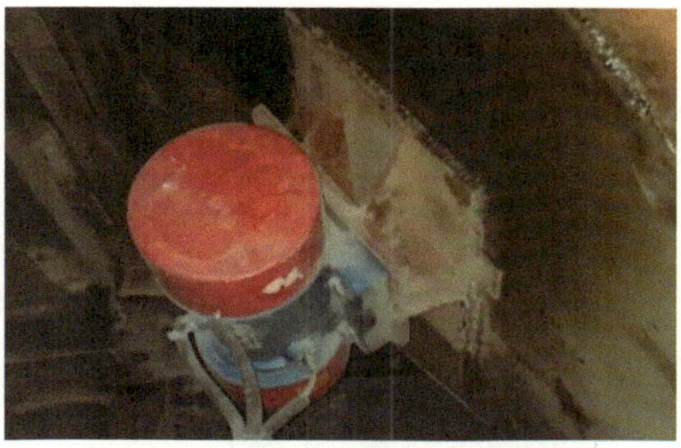

图 19-23　装料漏斗侧壁上的振动器

图 19-24　往复式给料机滚轮和钢轨间的磨损

图 19-25　往复式给料机闸板右端翘起

（3）应对措施：拆除送料漏斗和往复式给料器，采用重新设计的抗黏结给料机，如图 19-26 所示。抗黏结给料机由振动筛、滚筒、水平输送带等组成。可有效隔离大粒径物料和异物，防止渣土垂直提升输送机出现故障，渣土送料实现了均匀给料，避免了渣土堆积。

a）

b）

图 19-26　抗黏结给料机

3）渣土洒落问题

（1）现象：给料区域与机尾水平段渣土洒落，如图 19-27 所示。洒落在皮带外侧上的渣土随着皮带运行至压带轮处会产生再次洒落，如图 19-28 所示；另外，撒落的黏土与卵石易黏滞在压带轮上，如图 19-29 所示。

（2）原因：抗黏结给料机与渣土垂直提升输送机启动不同步，导致渣土洒落。

（3）应对措施：结合现场问题，调整设备启动程序，确保渣土垂直提升输送机启动后，再启动抗黏结给料机。

图 19-27　渣土洒落

图 19-28　压带轮处渣土洒落

4)空段清扫器磨损

(1)现象:渣土垂直提升输送机运行一段时间后,空段清扫器刮边磨损严重,部分边缘已经磨损成弧形,如图 19-30 所示。

图 19-29　压带轮和机架间的卵石

图 19-30　空段清扫器刮边磨损情况

(2)原因:空段清扫器用于清扫输送带背面的渣土,在工作过程中与输送带、渣土发生持续性摩擦,因而磨损严重。

(3)应对措施:空段清扫器属于耗损器件,应列入例行检查项目。当出现过度磨损,不具备清扫功能时应当及时更换。

5)设备工程应用实况

设备工程中的应用情况见图 19-31 ～图 19-36。

图 19-31　竖井外部的立式提升系统

图 19-32　输送系统机头水平段

图 19-33　输送系统机头水平段侧面

图 19-34　输送系统垂直提升段

图 19-35　机尾水平段

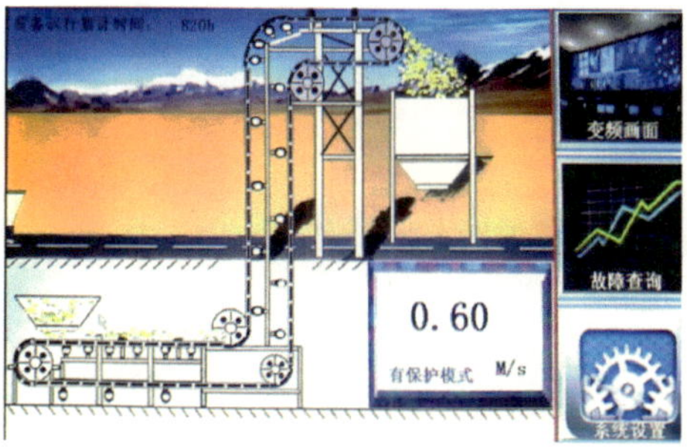

图 19-36　控制台屏幕画面

19.5 本章小结

（1）渣土垂直提升输送机为安全、快速、高效输送隧道渣土提供了新的解决途径，相比桥式起重机 + 抓斗、门式起重机等传统渣土提升技术，渣土垂直提升输送机可实现渣土的垂直提升和连续不间断作业，具有占空间小、提升效率高、机械化和自动化程度高等特点，渣土垂直提升输送机的出渣效率是常规出渣方式的 5 ～ 8 倍。

（2）近年来，渣土垂直提升输送机在隧道及地下工程施工中得到了成功应用和推广，能够满足城市地铁隧道及地下工程竖井出渣需求，可与盾构法，钻爆法施工工艺配套使用。

（3）渣土垂直提升输送机可输送堆积密度为 0.5 ～ 2.5t/m³ 的各种散状物料，适用于明挖法、暗挖法等隧道施工渣土提升。适用于含水率≤ 20%、粒径≤ 150mm 的渣土。当渣土中含水率大于 20%，且含有黏土时，易出现皮带黏料，或下料口堵塞，需进行给料装置和防黏专项设计。

（4）渣土垂直提升输送机改善了施工环境，降低了粉尘、噪声等问题，减少了施工各工序干扰。采用变频控制系统，设备启动平稳、能耗低，安全性能上具有保护装置等联锁集中控制，具有安全、可靠、快速、经济等特点。

第20章

盾构渣土环保型处理与资源化利用

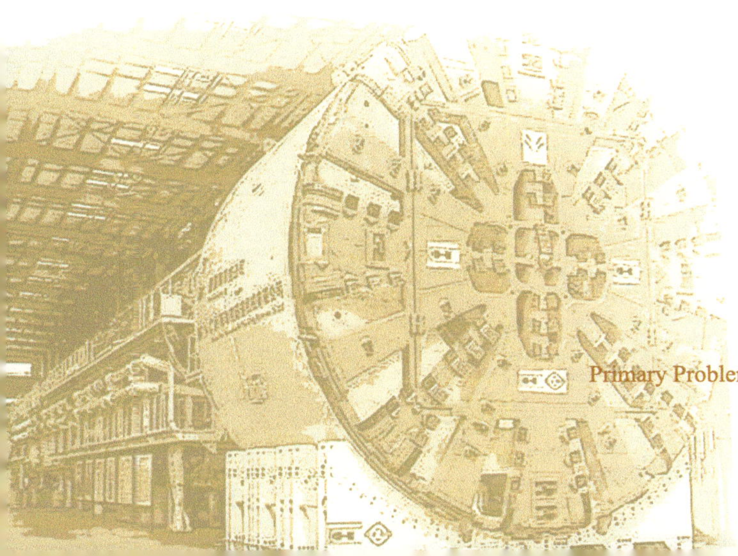

面向挑战的隧道及地下工程

Primary Problems and Case Analysis of Shield Construction

近年来，随着中国城市化建设步伐的加快，市政交通得到快速发展，地下空间利用突飞猛进，盾构法凭借其安全、可靠、快速、经济等优势被广泛应用于各大城市基础设施建设，对中国城市建设的快速发展起到了很好的推动作用，但其在施工过程中也会产生大量的工程渣土，据统计，中国大中城市开发建设项目渣土量已占到城市垃圾排放总量的15%～20%，这些工程渣土大部分未得到无害化处理和资源化利用，从国内主要城市的盾构施工情况来看，盾构渣土的处置除了泥水平衡盾构机及个别城市因环保要求对敏感区域的土压平衡盾构配置了筛分压滤装置，筛分出石块、砂子，使部分渣土得以循环使用外，基本都直接消纳弃置处理。这种消纳弃置处理将造成较为明显的生态环保问题，主要体现在以下几个方面：①弃置过程中装运困难、遗洒道路、污染环境；②造成渣土中大量的块石、石子、砂子、黏土等资源的浪费；③设置消纳场将占用大量土地资源；④还可能破坏市容，恶化城市环境。因此，对盾构渣土进行有效的环保处置及资源化利用显得极为必要和迫切，开发盾构渣土的资源化利用技术可以有效实现废弃物安全处理与资源循环利用，促进生态文明建设，对于减少占地、避免环境污染、建设美好城市、建设资源节约型社会都具有十分重要的意义。

20.1 渣土排放现状与问题

盾构施工过程中会产生大量的渣土废弃物，我国目前主要采用脱水减量后填埋处理方式，会产生占用大量土地、影响空气质量、污染水体、破坏市容、恶化城市环境卫生、存在安全隐患等危害。开发盾构渣土废弃物的资源化利用技术可以有效实现废弃物安全处理与资源循环利用，促进生态文明建设。渣土资源化利用，对减少占地、避免环境污染、建设美好城市、建设资源节约型社会都具有十分重要的意义。

20.1.1 渣土排放现状

1）概述

随着城市化进程的加快，城市周边具备容纳废弃渣土的场所逐年缩减，政府指定的弃土场存在数量少、容纳量有限、运距远等问题。在工程施工过程中，渣土外运单位在利益的驱使下，为多拉快跑、减少运输距离、降低运输成本，不按规定的时间、指定的路线运输，将渣土随意倾倒于城乡接合部、城中村或市内的隐蔽空地，造成资源浪费，影响城市环境。

目前，弃渣的应用主要有以下几个方面：

（1）路基填土。

（2）回填取土场或采石场凹地。

（3）开挖地段的地貌恢复，充填平整低洼坑地，进行土地整治平整，填筑沟壑。

（4）用于淤背护堤、桥涵台背、挡墙等的回填。

（5）加高培厚河流堤防、加高地基。

（6）地基处理中的渣石料或复合地基的用料。

（7）弃石用于建设景观园区，修建人工景点等设施。

（8）一些优质的弃渣可作为混凝土骨料料源，可用于路面垫层基层的施工，含特殊矿物质的弃渣也可用于各种工程材料的加工生产，如用于烧制水泥等。

2）盾构渣土排放现状

据统计，盾构隧道渣土通过采用环保型泥水处理系统对渣土进行循环利用的工程少之又少，大都直接消纳弃置处理。这种大量的简单消纳弃置所造成的环保生态问题也是显而易见的：一是弃置过程中装运困难、遗撒道路、污染环境；二是造成渣土中大量的块石、石子、砂子、黏土等资源的浪费；三是消纳场的设置将占用大量的土地资源；四是如果处理不当还会破坏市容，恶化城市环境。

从资源化再利用角度考虑，未经过处理的盾构隧道渣土含水量高，具有一定流动性，无法回填用于路基等。通过分析盾构渣土的性能和成分，渣土固化制砖再利用从技术角度上是可行的。但渣土脱水和运输的成本高，从经济角度仍需要克服困难。渣土脱水的常用方法有两种：一种是机械脱水，一种是自然晒干。前者成本高，后者效率低。只有突破盾构渣土工业化快速脱水的技术，才能实现隧道渣土大规模综合利用。土压平衡盾构施工中出现部分区段渣土含水量增加，对施工环境、运输作业到处置消纳的全过程都产生了不利的影响。传统的应急固化处理方法仍以添加化学添加剂为主，这不仅增加了成本和渣土量，对环境也存在潜在的污染。

正是上述问题的存在，使得对盾构渣土进行有效的环保处置就显得十分必要和迫切。目前，国内地铁盾构渣土环保处置和循环利用已有了相应的工艺方法和配套设备，但基本局限于对软塑、流塑状态盾构渣土的处置，并仅对渣土中砂、石等粗细骨料的回收利用，既不成规模也不成体系。采用的处置工艺方法主要有分离压滤法和固化剂法两类。分离压滤法也就是在盾构出渣现场配置渣土筛分压滤设备，软塑、流塑状态的盾构渣土首先经过泥浆筛分系统，将碎石、砂子分离出来，碎石作为建材粗骨料使用，砂作为同步注浆或其他建材细骨料使用；分离后的泥浆再经压滤系统脱水压滤，压制成含水率＜ 30% 的泥饼，成型泥饼可方便运输、消纳处置。固化剂法就是在现场盾构渣土池内或工厂内，通过强力搅拌设备将药剂（固化剂）与渣土均匀混合，经过一定时间的养护，在药剂的作用下渣土固化，固化后的渣土破碎后作为回填土使用或加入腐殖质土作为园林用土。

3）渣土利用情况

据统计，我国固体废物产生量持续增长，固体废物污染防治形势日渐严峻，其中仅建筑垃圾我国每年就产生约 18 亿 t。到 2020 年，我国将新产生建筑固体废弃物 26 亿 t。从资源化利用来看，我国建筑垃圾总体资源化率不足 10%，处理方式仍处于粗放的填埋和堆放阶段。国外发达国家在建筑渣土应用技术方面早已走在了中国前面，从广义上来说，美国的建筑渣土 100% 得到综合利用；新加坡在 2006 年就有 98% 的建筑渣土都得到了处理，其中 50% ～ 60% 的建筑渣土实现了循环利用；东京在 1988 年对于建筑渣土的再利用率就已达到了 56%。

因此，探索出一套建筑渣土有效利用的途径，提高建筑渣土循环利用率，将创造出巨大的经济和社会效益，对我国建筑渣土的合理利用具有重要的指导意义，同时对创建资源节约和环境友好型社会也具有重要意义。

20.1.2　主要危害

（1）占用土地，降低土壤质量。随着城市盾构施工渣土量的增加，土地被占用面积也逐渐加大，大多数渣土以露天堆放为主，经长期日晒雨淋后，盾构渣土中有害物质渗滤进入土壤中，造成土壤污染，降低土壤质量，渣土占用耕地，如图 20-1 所示。

a）

b）

图 20-1　渣土占用耕地

（2）对水域的影响。盾构渣土中的泡沫剂或膨润土未经环保处理后进入收纳场，一旦泡沫剂进入水体，会产生大量泡沫，影响正常生产生活，同时，对水中微生物造成不良影响。

（3）破坏市容、恶化城市环境卫生。渣土外运过程中破坏城市环境、污染道路、影响周边居民生活。同时，大多弃土场的渣土在风的作用下形成扬尘，影响空气质量，并使得周边建筑和设施积上厚厚的尘土，如果遇到雨天则会导致泥水四溢。

渣土外运过程中的遗撒，不仅影响城市道路市容，而且在冲洗道路过程中产生的污水易堵塞城市排污系统。渣土外运时遗洒情况如图 20-2 所示。

（4）存在安全隐患。大多数城市对建筑垃圾堆放未制定有效合理的方案，从而产生不同程度的安全隐患，比如建筑垃圾的崩塌时有发生，甚至有的会导致地表排水和泄洪能力的降低。

（5）影响水利设施，目前，经常出现堤塘、滩地、河道等处有渣土乱倒现象，有些渣土不慎堵住行洪排涝和水利设施，严重影响了设施的正常运行，一些水利设施因此遭到不同程度的破坏，渣土倾倒至河道，如图 20-3 所示。

a）　　　　b）

图 20-2　渣土外运时遗洒情况

图 20-3　渣土倾倒至河道

（6）影响航运及道路交通安全。工程渣土倒入航道后，会造成淤泥，堵塞航道。此外，倾倒在路边和路面的工程渣土也影响了道路的通行功能，车辆因此发生打滑甚至引发交通事故的现象时有发生，造成了严重的安全隐患。

20.2 传统的渣土处理方法

近年来随着高速铁路、城市地铁等轨道交通工程的蓬勃发展，产生了大量的施工渣土。然而，由于目前我国对建筑渣土的应用没有形成足够的规模，对大量的建筑渣土仍是采用传统露天堆放或填埋的方式处理。但随着时间的推移，消纳场处置能力将会逐年消减，消纳场数量也会随着达到设计容量而关停减少。以广州市为例，2015 年全市有正规消纳场 34 个，到 2018 年稍有规模的消纳场仅剩 4 个，年总消纳能力不足 1400 万 m^3。

20.2.1　渣土处理相关法律法规

（1）《中华人民共和国固体废物污染环境防治法（修订草案）》第四十一条对建筑垃圾作

了专门的规定:“施工单位应当及时清运、处置建筑施工过程中产生的垃圾,并采取措施,防止污染环境”。

(2)《城市市容和环境卫生管理条例》第十六条规定:“城市的工程施工现场的材料、机具应当堆放整齐,渣土应当及时清运;临街工地应当设置护栏或者围布遮挡;停工场地应当及时整理并作必要的覆盖;竣工后,应当及时清理和平整场地。”

(3)2005 年 6 月 1 日起施行的《城市建筑垃圾管理规定》,适用于城市规划区内建筑垃圾的倾倒、中转、回填、消纳、利用等处置活动。该规定突出了以下三个方面的特点:一是置顶了建筑垃圾处置的收费制度;二是设立了建筑垃圾的处置核准制度;三是加大了处罚力度,法律责任更加明确。

20.2.2 建筑垃圾管理机构

国务院建设主管部门负责全国城市建筑垃圾的管理工作。省、直辖市、自治区建设主管部门负责本行政区域内城市建筑垃圾的管理工作。城市人民政府市容环境卫生主管部门负责本行政区域内建筑垃圾的管理工作。

全国很多城市,如北京、上海、成都、海口、盐城等规模不等的城市都设立了渣土管理处或固体废弃物管理处,这些机构是全国各个城市实现建筑固体废弃物管理的最主要业务部门和管理部门。当然因城市的不同,我国各个城市的建筑固体废弃物管理方法也不相同,有市政管委作为行政主管机关,渣土管理处作为业务指导机构的、有渣土管理处对建筑固体废弃物一条龙管理的、有在市容环卫局下设直属基层单位的市容环卫设施管理处对行政区内城市建筑固体废弃物和运输车辆的清运、倾倒实行统一管理。

20.2.3 传统渣土处理方法的现状与问题

我国很多城市都开始对建筑固体废弃物(渣土)进行综合管理,管理的体系建立相对较好,但采用的技术却很低下,就算一个工地的渣土经过渣土管理处的核准拿到消纳证明,通过正规的渣土运送队倾倒填埋在管理机关指定的消纳场,仍对环境有不少的负面影响。填埋相对于乱堆乱放而言比较环保,渣土的粉尘污染也比较容易得到控制,但是填埋对耕地的破坏是不可恢复性的。土壤是有机的整体,建筑固体废弃物的填埋在土壤内堆积,阻隔了周边土壤原有的生态交互。好多已经填满的建筑固体废弃物填埋场铺设了表层土壤,并且种上了植被,形成公园等绿化场所,这当然是不错的做法。但是表层土壤已经不能用作耕地使用了。另外若干年后在填埋建筑垃圾的地方建楼房,由于地基强度不够,垃圾还要被重新挖出,再填埋黄土才能施工。

当前我国的渣土消纳场基本都是简单的填埋场,即填埋场内并不设有防渗铺层、防渗检测等设施。而建筑固体废弃物中,含有多种重金属等有毒物质,特别是建筑物拆除的渣土中,含有大量的装修材料和油漆。这些油漆和其他有害物质对环境危害很大,但是又非常难以从建筑固体废弃物中分离出来，因此如果采用填埋的方法，防渗层必不可少。但是中国的建筑固体废弃物处理开展较晚，水平比较低，就算设立专门供建筑固体废弃物填埋的消纳场也是近几年的事，中国建筑固体废弃物处理依然任重而道远。

20.3 环保型渣土处理与资源化利用技术

20.3.1 环保再生技术

盾构渣土由于地层特性不一，环保再生的方法略有不同，主要处理方法有以下几种。

（1）同步注浆材料：如地层主要为中砂、粗砂时，可直接或经处理后用于盾构同步注浆材料。

（2）压制砖技术：对于黏土和粉质黏土，进行脱水之后，可以通过添加页岩、煤矸石等粉料直接压制黏土砖。

（3）烧制空心环保砖：对于粉土，或含量粉砂的黏土，可以通过添加土壤固化剂等材料（土壤固化剂是由硅酸盐、瓦斯泥、高炉灰和粉煤灰等材料混合组成，均匀掺入土壤中能改变土壤物化性能的固化剂），进行配比试验后烧制空心环保砖。

（4）种植技术：对于淤泥，粉细砂及砂岩等不适宜用来造砖的材料，可以考虑用作绿化用土、景观用土、路基填料等。

1）同步注浆材料

当基坑开挖渣土或盾构渣土含砂量丰富时，将渣土运至渣土处理场进行清洗、筛分等工艺处理后，筛分出来的砂子可以直接用于盾构同步注浆材料、道路或房建等其他土建施工材料等。如南昌地铁 2 号线某区间盾构穿越地层主要为中砂层、粗砂层、砾砂层、圆砾层、卵石层、中风化砂砾岩；某车站工程地质为自上而下分别为素填土、粉质黏土、淤泥质粉质黏土、细砂、中砂、粗砂、砾砂、强风化砂砾岩、中风化砂砾岩。天然砂含泥量和泥块含量如表 20-1 所示。

天然砂含泥量和泥块含量　　表 20-1

项　目	指　标		
	Ⅰ类	Ⅱ类	Ⅲ类
含泥量（质量计）（%）	< 1.0	< 3.0	< 5.0
泥块含量（质量计）（%）	0	< 1.0	< 2.0

砂中不应混有草根、树叶、树枝、塑料等杂物，有害物质主要是云母、轻物质、有机物、硫化物及硫酸盐、氯化物等。砂的技术质量要求如表 20-2 所示。

砂的技术质量要求　　　表 20-2

项　目	指　标		
	Ⅰ类	Ⅱ类	Ⅲ类
云母(质量计)(%)	< 1.0	< 2.0	< 2.0
轻物质(质量计)(%)	< 1.0	< 1.0	< 1.0
有机物(比色法)	合格	合格	合格
硫化物及硫酸盐(SO_3 质量计)	< 0.5	< 0.5	< 0.5
氯化物(氯离子质量计)	< 0.01	< 0.02	< 0.06

2)压制砖技术

针对砂性或粉砂性为主的物料,需添加少量分离出来的黏性物料、少量压制砖专用增强剂、少量细骨料,调整合适的粒径、级配和含水率。采用自动化压砖系统制备出高强度免烧砖,压制砖强度可达到 15 ~ 30MPa,免烧砖可具有多种类型和样式,包括路面砖、墙体砖和护坡砖等。某隧道盾构渣土压制样品如图 20-4 所示。

3)浇筑建材技术

该浇筑建材技术适合于盾构泥浆经泥浆处理设备分离分级出的砂性或粉砂性为主物料,添加少量分离出的黏性物料、少量浇筑砖专用增强剂、少量细骨料、少量减水剂等,调整合适的粒径、级配和含水率,经搅拌得到拌和料,再将拌和料灌入模具中,振动成型,进养护窑静养一段时间后,脱模,再自然养护一段时间可以制备不同类型的浇筑建材产品,包括砌块、景观砖或石、路沿石、护坡石、护栏等浇筑产品。盾构泥浆分离分级产物的掺加量可达到 40% ~ 60%(Wt),压制建材强度可达到 10 ~ 25MPa,满足产品应用要求。浇筑建材制品如图 20-5 所示。

图 20-4　某隧道盾构渣土压制砖样品

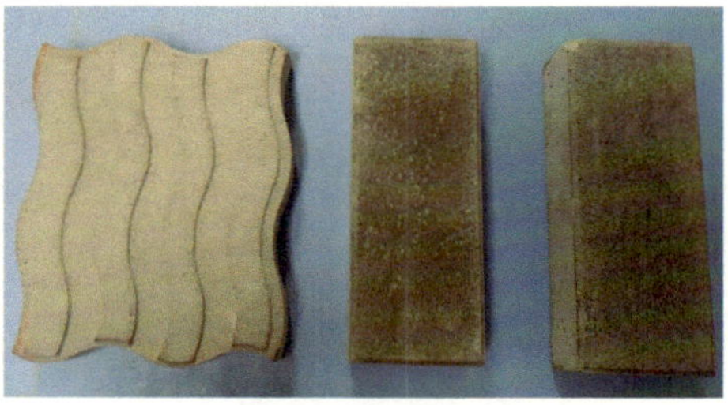

图 20-5　建材制品

4)种植技术

该种植土技术适合于盾构泥浆经泥浆处理设备分离分级出的黏性物料为主物料,添加少量分离出的砂性或粉砂性物料、专用改良剂和调理剂等通过专用的均混搅拌装置可制备出满足不同要求的种植土产品,盾构泥浆分离分级产物的掺加量可达到 80% ~ 98%(Wt),该产品分为两类:一类可满足一般性的植生要求;另一类可满足土地改良,林地和园林绿化植物所需,达到《绿化种植土壤》(CJ/T 340—2016)相关要求。盾构渣土种植土如图 20-6 所示。

a）

b）

图 20-6　一般盾构渣土种植土

20.3.2　回填土技术

回填土技术适合于盾构泥浆经泥浆处理设备分离分级出的黏性物料为主物料，结合渣土特性经试验确定合理的专用固化剂添加比例，通过专用的均混搅拌装置可制备出满足不同要求的回填土产品。该产品分为两类：一类可满足建筑或沟槽回填要求；另一类可满足路基回填要求。相关产品满足《土的工程分类标准》（GB/T 50145—2007）和《公路路基设计规范》（JTG D30—2015）相关标准要求，见图 20-7 ～图 20-9。

图 20-7　盾构渣土建筑回填土

图 20-8　盾构渣土路基回填土

图 20-9　类似产品现场应用效果

20.3.3 泥浆环保处理技术

1）总体思路

（1）选择环保型泥浆材料和高品质泥浆配比，使泥浆分离后的渣土零污染。

（2）摒弃传统的废浆处理概念，采用全机械化处理理念，使泥浆全循环利用，达到零排放。

（3）借鉴石油钻井工业及污水处理工业在泥水处理技术方面的优势与应用，使泥水平衡盾构机的泥水处理在原有泥水分离系统的设备配置基础上，引进离心机和压滤机等设备，增加泥水处理的过程与环节，在保证盾构高速掘进的基础上，使泥浆多级处理的搭配更合理。

（4）改进原有的泥浆池设计理念，合理设置泥浆池的分类布局，采用一用一备的新模式，在不中断盾构快速掘进的基础上，更有效的进行泥浆处理。

（5）使离心机和压滤机处理作为一道独立的、必要的泥浆处理工序，能够全天候 24h 不间断作业，使离心机和压滤机不再是可有可无的备用辅助设备。

2）环保型泥浆处理工艺流程

环保型泥浆处理设备分别由振动筛、一级旋流器、二级旋流器、压滤机、离心机等一系列设备组合而成，结合不同地质特性，通过设备配置和参数调整形成一整套泥浆环保处理工艺。泥浆环保处理工艺流程如图 20-10 所示。

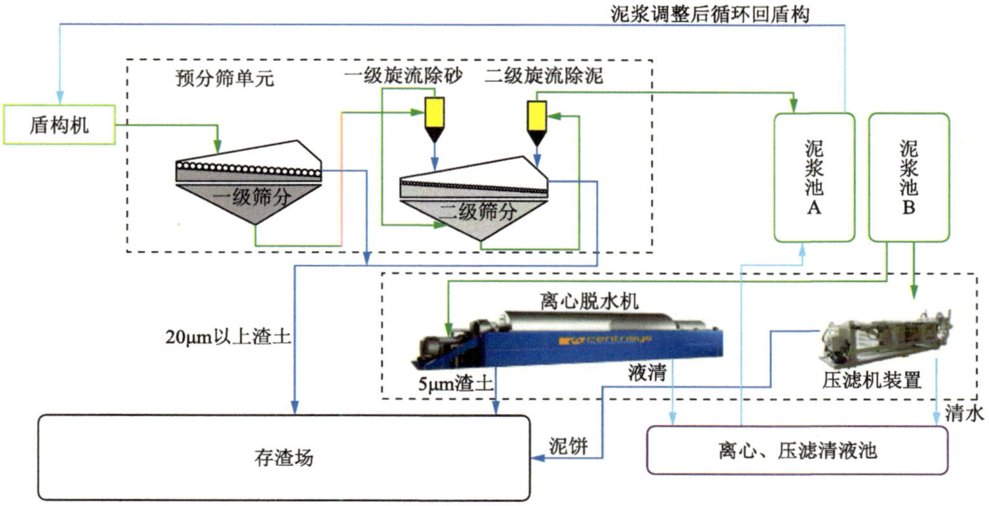

图 20-10 泥浆环保处理工艺流程

3）泥浆处理系统各主要设备组成及工作原理

（1）振动筛

振动筛是泥浆处理系统中的关键设备，由振动电机工作产生周期性的惯性力，迫使筛箱、筛网和弹簧等部件在底座上做间歇振动，可将盾构机排除泥浆中 2mm 以上的固体颗粒进行分离。

(2)旋流器

旋流器是利用泥浆中固、液相各颗粒所受的离心力大小不同进行分离。旋流器上部呈圆柱形,形成进口腔,侧部有一切向进口管,由旋流渣浆泵输送来的泥浆沿切线方向进入腔体内;顶部中心有涡流导管,处理后的泥浆由此溢出;壳体下部呈圆锥形,底部为排砂口,固相从中排除。

(3)压滤机

压滤机过滤部分由整齐排列在主梁上的隔膜滤板、厢式滤板和夹在它们之间的滤布所组成。过滤开始时,滤浆在进料泵的推动下,经止推板和压紧板的进料口进入各滤室内,滤浆借助进料泵产生的压力进行固液分离,由于过滤介质(滤布)的作用,使固体留在滤室内形成滤饼,滤液由排液口排出。压滤机工作原理如图 20-11 所示。

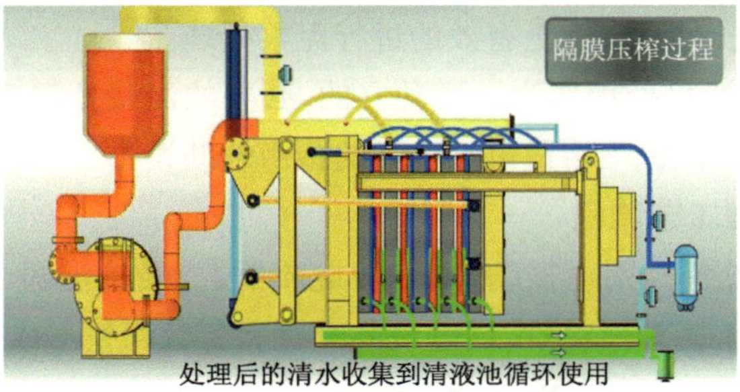

图 20-11 压滤机工作原理示意图

(4)离心机

离心机的工作原理是将处理的悬浮液置于增加的"离心力"作用场下,这样就增加了悬浮液体中固相物料的沉降速度。转鼓内产生的高离心力,在转鼓内形成一个清液池。游离液体和较细固体流向离心机较大的一端,液相物料通过溢流堰排出。较大的固相物料则沉降在转鼓壁上,形成一层泥饼。这些泥饼由螺旋推出。离心机工作原理如图 20-12 所示。

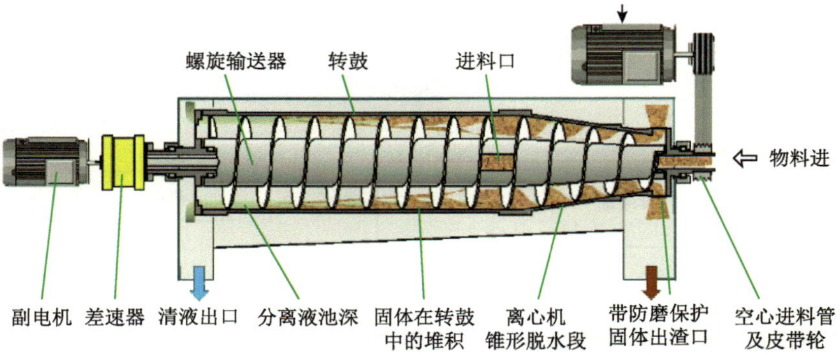

图 20-12 离心机工作原理示意图

4)环保型泥浆

为了减少对环境的污染,采用新型盾构专用制浆剂 + 膨润土的配合比取代传统的膨润土 + 纯碱 +CMC 的泥浆配合比,不仅大大节约膨润土的用量,也减少环境污染。

5）应用效果

（1）压滤机

压滤机先将经过搅拌改良后的泥浆经由加压泵进入压滤机滤室，经过滤布和颗粒的共同作用拦截固体并排出清水，然后再进行隔膜压榨降低含水率。经过压滤机压滤出的泥饼含水率＜25%，可直接装车出渣。压滤机压滤后的渣土如图20-13所示。

a）

b）

图20-13 压滤机压滤后的渣土

图20-14 压滤机压滤后的清液

压滤出的清水相对密度小于1.005，浊度＜5 NTU，色度小于10，石油类含量小于0.05，可达到北京市污水排放标准要求。滤出的清水直接存入清水池中，可再次拌制泥浆循环利用，真正做到零污染、零排放。压滤后的清液如图20-14所示。

（2）离心机

离心机可以将泥浆中2μm以上的固体颗粒物分离出来，固体颗粒物含水率＜40%，可直接装车出渣，分离出的清液进入离心清液池中作为调制泥浆用水，循环使用。

经过离心机处理后的渣土含水率＜40%，分离出的清液浊度＜10NTU，石油类含量小于0.05，达到北京市污水排放标准要求。分离出的清液直接存入清液池中，作为调整和拌制泥浆的原料循环利用，真正做到零污染、零排放。离心机处理后的渣土如图20-15所示，离心机处理后排出的清液如图20-16所示。

图20-15 离心机处理的渣土

图20-16 离心机处理后排出的清液

20.4 工程案例

20.4.1 制备陶粒

随着我国建筑行业的兴起以及轨道交通等工程的快速发展，工程渣土的产出量也越来越大，但是传统工程渣土的处理方式会对生活环境造成影响而且占用大量空间。以促进工程渣土的利用为目的，将渣土制备成陶粒是对其建材资源化利用的有效途径之一。目前有关将渣土制成陶粒的成果主要见之于一些偏学术性的理论和试验研究领域，具体的工程案例及大规模工厂化生产应用成果鲜有报道。

国内与渣土制备陶粒有关的理论与试验研究主要集中在500～900密度等级的渣土陶粒制备及其性能研究，具体如下：

张国良通过改变材料配比以及焙烧温度成功制备出500密度等级的渣土陶粒；制备500密度等级的渣土陶粒所需要的条件为：渣土和粉煤灰质量比为50：50，500℃温度下预热20min，1250℃温度下焙烧15min。所制备的500密度等级渣土陶粒性能满足规范要求，渣土陶粒的内部和表面结构中存在较多孔。

高二利以工程渣土为主要原材料，与粉煤灰、污泥和秸秆复掺。确定了最佳的原材料配合比以及烧制陶粒时的最佳焙烧温度，烧制出两种不同粒径范围内600密度等级的渣土陶粒。结果表明：①烧制15～25mm范围内600密度等级渣土陶粒所需要的条件为：按渣土和粉煤灰掺量分别为60%和40%的配比，在500℃下预热20min，1230℃下焙烧15min；②烧制10～15mm范围内600密度等级渣土陶粒所需要的条件为：按渣土和粉煤灰掺量分别为55%和45%的配比，在500℃下预热20min，1240℃下焙烧15min。

季维生研究了原材料（渣土、粉煤灰、污泥和秸秆）和温度对渣土陶粒密度等级的影响，确定了700密度等级，不同粒径（10～15mm、15～25 mm）的渣土陶粒配方和工艺。在上述基础上，通过超景深光学显微镜和扫描电镜观察分析了700密度等级，不同粒径下渣土陶粒的表面和内部微观结构。研究结果表明：①焙烧温度分别为1200℃和1230℃，渣土与粉煤灰质量比例相应为70：30和60： 40时，可分别获得粒径为15～25mm、10～15mm两种粒径，密度等级均为700的渣土陶粒；②渣土陶粒的筒压强度和密度随着粒径的减小而逐渐增加，筒压强度由15～25 mm下的4.3 MPa增加到4.9MPa；烧失量和1h吸水率随着粒径的减小而逐渐降低；③随着粒径的减小，相同密度等级的渣土陶粒表面和内部结构不同。大粒径陶粒表面和内部结构中含有的孔隙较多，孔径尺寸较大。

张磊等人研究了粉煤灰、污泥和秸秆对渣土陶粒密度等级的影响，通过原材料配方和工艺参数优化制备出700～900密度等级的渣土陶粒，并对其进行了宏观性能和微观结构分析。结果表明：①当焙烧温度为1150℃时，渣土陶粒的堆积密度随着粉煤灰、污泥和秸秆

（质量分数）的增加而逐渐降低；②渣土－粉煤灰最适合制备渣土陶粒，当渣土（质量分数）为 60% ～ 83%，粉煤灰（质量分数）为 17% ～ 40%，焙烧温度为 1170 ～ 1250℃时，可制备出 700 ～ 900 密度等级且粒径不同的渣土陶粒；③对于同一粒径渣土陶粒，当密度等级由 900 降至 700 时，其筒压强度由 12.6MPa 降至 4.9MPa；④低密度等级渣土陶粒的内部孔径比高密度等级渣土陶粒的大，且连通孔较多；⑤对于同一密度等级的渣土陶粒，小粒径陶粒内部封闭孔的比率较大，孔结构密实程度较高。

此外安徽建筑大学张卓等人以盾构渣土为主要原材料，在室温下成功制得了不开裂且有一定强度的免蒸免烧陶粒。将该陶粒和纯土样进行重金属离子浸出实验，发现陶粒中 5 种重金属（Zn、Cu、Pb、Hg、Cd）离子最大浸出量约为纯土样的 50%。该方法制备的盾构渣土基陶粒较好的固化了重金属离子，可有效地保障城市水质免受盾构渣土的污染。

20.4.2 盾构渣土制成空心砖

1）案例一

为了实现最大限度地利用地铁渣土，结合“绿色地铁”的建设理念，长沙市从 2009 年开始轨道交通工程渣土综合利用项目的专题研究。“通过分析地铁渣土性能、小型模拟试验和权威检测，确定利用地铁废渣为主要原料制作烧结制品是可行的”，经过研究和试验，长沙市已经摸索出一条可以推广的有效途径，通过 5 道工序、大约 3d 时间，地铁渣土就可变成新型墙材。

呈稀泥状的地铁渣土运达后，先要进行碾碎，然后搅拌，再通过挤出机压挤成砖块坯，接着人工干燥，最后进行 2 ～ 3d 的焙烧。这样 5 道工序全部完成大约需要 3d 时间，一批合格的新型墙材烧结多孔砖就能完成。

由地铁渣土制成的砖可用于房屋承重墙和非承重墙的建设，目前已经有房产项目开始使用这种“地铁砖”。

利用地铁渣土制砖既解决了自然堆放可能产生的污染环境、土地浪费等问题，也有利于推广高品质的新型墙材，推动绿色建设。

以长沙县黄花镇木马砖厂为例，按照年产 6000 万块标准地铁渣土砖烧结多孔砖的产能，每年可消纳轨道工程废渣土 10 万 m^3，以堆高 2m 计算，可节省渣土堆放场地 76 亩。多孔砖比实心砖更节材环保，与原生同等数量的黏土实心砖比较，可实现节约土地 1000 亩，节约能源 3845t 标准煤，减排二氧化碳 8841t。对于消纳废渣土生产新型墙材的企业而言，还将获得一定政策和资金扶持作为鼓励。

2）案例二

贵州省某烧结砖厂于 2012 年开始采用污泥和建筑渣土生产烧结空心砖和空心砌块。这不仅实现了污泥的“减量化、资源化和无害化”，同时实现了建筑渣土的资源综合利用。该烧结砖厂生产工艺为传统的“二次码烧工艺”，主要特点为人工捡码砖坯于小干燥车上，进入隧道式正压排潮干燥室干燥，干坯再次经人工捡码上窑车，进入烧成隧道窑焙烧得到成品。

生产过程如下：

（1）建筑渣土采用汽车运输到厂，分别堆放预均化，剔除树根、塑料包装袋、编织袋及石灰石等杂质，装载机给料，进入颚式破碎机、反击式锤式破碎机破碎，回转筛筛分，筛下料与污泥混合。

（2）污水处理厂污泥分为浓缩污泥和板框压滤脱水污泥两种，采用专用汽车运输污泥到厂后，分别堆放。浓缩污泥需堆放在专用堆放棚内进一步脱水，待其含水率低于40%后才能使用。板框压滤脱水污泥经装载机给料，进入螺旋给料机给料，与筛下料混合后进入双轴搅拌机，混合料进陈化库陈化。陈化后的混合料经多斗取土机取料，进入二次双轴搅拌机搅拌后，通过双级真空挤砖机挤压成型，自动切条、切坯后，人工捡码湿坯于干燥车上，湿坯经一定时间静停后，进入10条正压排潮干燥室干燥，干燥介质采用烧成隧道窑烟气，干燥后的废气经处理后烟囱排放。合格干坯由人工码放在窑车，进入烧成隧道窑焙烧，得到烧结空心砖或空心砌块。主要工艺参数如表20-3所示。

主要工艺参数　　表20-3

序号	参数名称	单位	空心砖	备注
1	年生产天数	d	330	折6000万块普通砖 空心砖折算系数2.84
2	年产量（空心砖规格：190mm×190mm×115mm）	万块	2110	
3	产品单块重量	kg/块	3.73	
4	产品容重	kg/m³	900	
5	万砖混合料消耗量	t/万块	44.76	
6	建筑渣土消耗量	t/万块	29.84	
7	干污泥消耗量	t/万块	7.460	
8	日干污泥消耗量	t/d	47.75	
9	干燥合格率	%	98	
10	烧成合格率	%	97	
11	成型水分	%	14～16	
12	混合料塑性指数	%	7	
13	干燥烟气温度	℃	60～80	
14	烧结温度	℃	950～1000	
15	烧成周期	h	28～36	

20.4.3　盾构渣土制成注浆材料

对盾构渣土进行了预筛振动分离，一级旋流除砂分离及二级旋流除泥分离，在预筛出口、下层筛板出口和上层筛板出口能分别收集到三类不同粒径，不同性质的渣土。

（1）粒径大于2mm的渣料经预筛振动分离后，从预筛筛板出口处被筛出。此类渣料大多为粒径较大的砾砂颗粒及环流系统带出的碎石，回收再利用价值不大，一般对其进行收集外运处理。

（2）粒径大于 74μm，小于 2mm 的颗粒，在经过一级旋流处理后，从振动脱水筛的下层筛板出口处被筛出。一般为砂质颗粒，对于此类渣土，通过现场观察其特性，结合盾构隧道沿线地质勘查报告，判断其用途，确定是否对其进行大范围回收利用。

（3）粒径大于 20μm，小于 74μm 的颗粒，经过二级旋流处理后，从振动脱水筛的上层筛板出口被筛出。一般为黏土颗粒，此类渣土的用途较广，在盾构项目施工现场中，可直接作为调整泥浆性能的材料，也可作为盾构注浆浆液的原料。

泥水平衡盾构机在强风化岩层和黏土地层的掘进过程中，由于地层本身具备一定造浆能力，在不断地掘进过程中，泥水循环系统中的泥浆黏度会逐渐升高。为了保持稳定的泥浆参数指标，必须往循环泥浆中加入清水以降低泥浆黏度。这种情况下，泥浆池中的泥浆量不断增多，达到一定情况需进行泥浆外运。

为了减轻泥浆外运压力，可对盾构废浆以及施工污水进行了压滤处理。多余的泥浆先排进废浆池进行存放，废浆池的废浆积累到一定的容量后，由预设在废浆池边的渣浆泵送至压滤设备进行压滤。经过压滤处理的废弃泥浆形成滤饼及滤液。滤饼存放在滤饼堆放区，可在泥浆黏度及密度降低后，作为制浆材料循环使用，亦可外运供其他泥水平衡盾构机项目造浆之用。滤液可抽送回泥浆池代替清水用作调节泥浆用水。

南京长江隧道所穿越的地层主要为淤泥质黏土和高渗透性的粉细砂、砾砂地层。其中后两者地层占总长度的 90% 以上。沿线地质条件表现为高透水性、流塑性、高外水压力。采用泥水平衡盾构施工方法，直径达到 14.87m。如此大直径的盾构中开挖，对壁后注浆性质的要求将更高，例如良好的流动性和充填性能，以及较低的泌水率和分层度，所需要的量也远远超过了一般的地铁盾构。沿线还有重要建筑物——长江大堤需要保护，需要严格控制地表沉降。

为此，研究了开挖排放的粉细砂在盾构壁后注浆中的再利用的问题。通过考虑地层不均质性——土砂比，研究了各种渣土情况下的浆液性质的变化。结果表明，盾构开挖排放的粉细砂渣土能够满足盾构壁后注浆施工的要求，浆液配方应根据土砂比的变化，快速做出调整，以保证浆液的性质不发生较大的变化。

20.4.4 泥浆环保处理技术

1）工程概况与地质情况

京沈客专某隧道为双洞单线隧道，全长 8000m，分为两个标段由 4 台泥水平衡盾构机从隧道两端同时向中间掘进。本工程盾构穿越地层以黏土层、粉质黏土层、粉土层和粉细砂层等细颗粒地层为主的复合地层，其中直径小于 75μm 的细颗粒含量超过 70%。盾构隧道施工范围内存在五层地下水：一层上层滞水，两层潜水和两层层间水。上层滞水的水位埋深为 1.1 ～ 3.8m。

2）工程重难点

（1）进度指标要求高

①施工进度指标高，泥水平衡盾构机的月进度指标必须到达 240m/ 月以上。

②盾构穿越的地层中小于75μm细颗粒含量超过了70%，泥水分离难度大，掘进效率难以控制。

（2）沉降控制要求高

①隧道周边环境复杂，沉降控制要求高。盾构隧道共下穿特级风险点2处，一级风险点9处。其中下穿运营中的首都机场快轨最小沉降变形控制标准为“+1mm，-2mm”，为国内首次。

②对泥浆性能指标控制和泥水压力的精确控制要求非常高。

（3）环保要求高

绿色环保要求非常高，地处北京市核心区，施工场地面积狭小，周围没有排放条件，废浆处理难度大。北京市环保局要求施工场地内的废水、废浆必须达到“零渗漏、零排放、零污染”。

3）环保型泥浆处理设备选型

常规泥水平衡盾构机施工的主要工作原理就是依靠泥浆维护掌子面的稳定，并通过泥浆携带渣土输送至泥水分离系统进行固液分离。在此基础上，环保型泥水处理系统及其配套设备等设备选型就要根据地质情况、泥水平衡盾构机的进排浆流量、场地大小等因素进行预分筛、旋流器、脱水筛、离心机和压滤机等设备的选型和配置。泥水处理系统总体布置如图20-17所示。

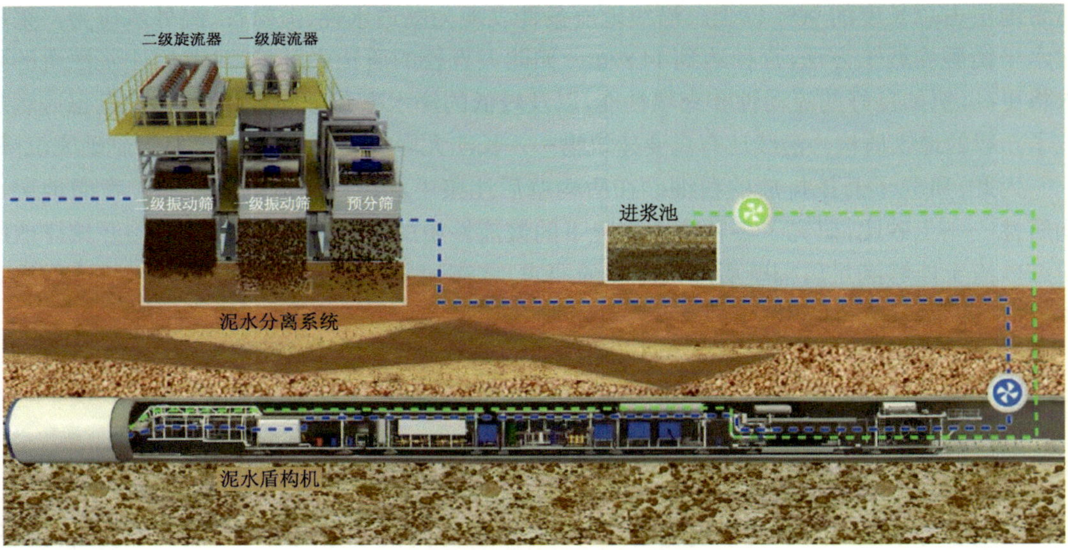

图20-17 泥水处理系统总体布置图

根据施工组织计划，每月的最小进度指标不得少于240m，则要求盾构机的掘进速度为40mm/min，此时理论排浆流量为1850m^3/h，泥水分离设备处理能力选择2000m^3/h满足要求。

为了满足城市内施工场地狭小的特点，泥水分离设备最好采用模块化设计。模块化设计易于拆分或组合成不同处理单元，增强了设备对不同地层处理能力适用性，同时可使占地面积最小。

（1）预分筛的选择

根据地勘资料显示，盾构隧道是以黏土、粉质黏土、粉细砂为主的细颗粒地层，74μm 以下颗粒占到 70% 左右，为了提高处理效果，预分筛选择了 2mm 孔径的筛板。预分筛及筛分效果如图 20-18 和图 20-19 所示。

图 20-18　预分筛

图 20-19　预分筛筛分效果

（2）一级旋流器、二级旋流器的选择

一级旋流器及二级旋流器选择必须满足排浆泵最大处理量 2000m³/h 的要求，旋流器处理能力计算按照下式计算：

$$Q=2.69nDd_i\frac{20}{\alpha}\cdot 0.2\Delta P\cdot\frac{\rho_m(1.5D/d_0)1.28-1}{2}-0.5 \tag{20-1}$$

式中：Q ——旋流器处理能力（m^3/h）；

n ——旋流器个数（个）；

D ——旋流器直径（cm）；

d_i ——旋流器给矿当量直径（cm）；

α ——旋流器锥角（°）；

ΔP ——旋流器给矿压力（MPa）；

ρ_m ——给矿浆液密度（g/cm^3）；

d_0 ——旋流器溢流管直径（cm）；

旋流器参数取值及处理能力计算结果见表 20-4。

旋流器参数取值及处理能力计算结果　表 20-4

名称	D(cm)	N(个)	d_i(cm)	α(°)	ΔP(MPa)	ρ_m(g/cm^3)	d_0(cm)	Q(m^3/h)
一级旋流器	25.0	24	8.993	16	0.19	1.40	ϕ4.5	2008
二级旋流器	10.0	144	3.611	10	0.23	1.30	ϕ3.6	1968

由以上计算可得，一级旋流器型号选择 RWT5118/DN250，处理最小粒径为 45μm，数量 24 个；二级旋流器型号选择 Gmax4U，处理最小粒径为 20μm，数量 144 个，能够满足施工要求。

（3）一级旋流单元

选用 RWT5118/DN250 旋流器，可处理粒径为 45μm ～ 2mm 的细颗粒物质。装有真空控制的底流排放口，便于对所需的底流密度进行精确调整，为下游脱水筛提供合适的浆液。一级旋流单元如图 20-20 所示，一级旋流器如图 20-21 所示。

图 20-20　一级旋流单元

图 20-21　一级旋流器

（4）二级旋流单元

选用 Gmax4U 旋流器组，可处理粒径为 20 ～ 45μm 的细颗粒物质。装有真空控制的底流排放口，便于对所需的底流密度进行精确调整，为下游脱水筛提供合适的浆液。二级旋流单元如图 20-22 所示。

a）　　b）

图 20-22　二级旋流单元

（5）脱水筛分单元

一、二级旋流单元分离出的浓浆经过脱水筛单元（图 20-23），可处理直径 20μm 以上的细颗粒物质。脱水筛单套渣料筛分能力为 150 ～ 180t/h。脱水后的渣土含水率≤ 25%，可直接运输出渣。

a）　　b）

图 20-23　脱水筛分单元

（6）离心机配置

本工程盾构掘进一环（2 m）的渣土量为：$V=2\times\pi\times(10.9/2)^2=186.53\ \mathrm{m}^3$。按照地层

中 20μm 以下颗粒物含量占开挖地层总体积的 30% 计算，每台盾构机正常掘进期间需要用 2000m³ 泥浆循环进行计算，可以得出每掘进一环进入泥浆中的 20μm 以下的细颗粒固体物为 2.8t，将会使泥浆密度增加 0.03t/m³，若调整后的备用泥浆密度为 1.10t/m³，则最多掘进 3 环，泥浆密度将增加至 1.2t/m³，按照一台离心机每小时处理泥浆 80m³ 计算，2000m³ 泥浆需要处理 25h，盾构每施工一环的工序循环时间按 4h 计算，则掘进 3 环需要 12h。由此可以计算出，每台盾构正常掘进时需要配置 3 台处理能力为 100m³/h 离心机。

本项目每台盾构配备了 3 台卧螺式离心机，每台离心机的额定处理能力为 100m³/h。离心机如图 20-24 所示。

（7）压滤机配置

每台盾构机配备了 1 台康明克斯产的带隔膜压榨效果的板框压滤机，处理能力为 100m³/h。配合离心机进行 20μm 以下的细颗粒物质处理。压滤机如图 20-25 所示。

图 20-24　离心机

图 20-25　压滤机

4）环保型泥浆处理效果

本工程通过采用多级泥水分离技术，保证了泥水平衡盾构机的高速掘进，每台盾构机日平均掘进进度达 16 ～ 20m，月平均进度达 300m 机以上，远远超过了原计划工期要求。按照每月掘进 300m 计算，比原计划（240m/ 月）可以节约工期 3 个多月。

另外，不仅节约了大量用地，而且还节约了大量自来水和膨润土等泥浆材料。据统计，采用环保型泥水处理效果如下：

（1）盾构每掘进 1m 可节约自来水 228.4t，节约膨润土 8.25t。

（2）整个工程总计可节约用水 85.4 万 t，节约膨润土 61714t。

20.5 本章小结

（1）盾构渣土合理化处置在环境保护、绿色发展等方面具有重要意义，随着渣土处理技术的发展，隧道施工渣土环保型处置、资源化利用技术已经得到成功应用。

（2）盾构渣土中物料粒度为20～200mm的砾石、卵石等物料回收后可作为铺路、制作地基材料；物料粒度为5～20mm的石子回收后可作为混凝土骨料；物料粒度为0.15～5mm的砂子回收后可作为隧道注浆用的原材料；脱水后的泥饼或离心脱水处理后的渣土可回收用作回填土、制作砖瓦建材等。

（3）盾构渣土资源化利用在政策上虽然已有相关规定，但是，在资源化利用的措施和工艺方面有待进一步完善，以形成一套与城市发展相适应的措施和工艺，提高渣土资源化利用率。同时，通过先进的设备配置和施工工艺，虽然可以实现隧道施工渣土处理“零排放、零污染”，但是工程造价必须要考虑渣土环保处理的相关费用，并且需得到各地政府部门的大力支持，科学规划、合理利用隧道施工环保再生后的产品和渣土，才能实现真正意义上实现渣土“零排放、零污染”。

（4）盾构渣土资源化利用在工程实践方面虽然有一定的研究与实验，并且取得了一定的研究成果，但是在其研究与实验的基础上的工程应用较少，有待进一步推广。

第21章

盾构技术的发展趋势展望

面向挑战的
隧道及地下工程

Primary Problems and Case Analysis of Shield Construction

目前，我国轨道交通等隧道及地下工程建设进入到史无前例的快速发展期，盾构机装备设计制造和盾构施工技术水平均取得了质与量的突破，结合我国盾构发展现状及需求，未来盾构发展需要在信息化的施工管理技术、智能化的盾构掘进技术、数字化的盾构设计及应对极限化的施工工况等方面做出了进一步的突破。

21.1 盾构设计形式多样化的发展

近年来，伴随着大规模的交通与水利基础工程建设，盾构机和 TBM 得到了广泛应用，在设计制造方面出现了多项技术创新，其工作性能得到了持续的提升，盾构形式出现多样化发展，从发展趋势来讲，在盾构开挖断面设计上趋于多样化发展、在装备设计尺寸上趋向于两极化发展，在地质适应性上朝着全域型方向发展。

21.1.1 盾构装备设计趋于微型化和超大化

从现有盾构设计发展趋势来看，为适应隧道及地下工程建设的发展需要，盾构的断面尺寸具有向超大、微小两个方向发展的趋势。

1）微型化盾构机设计

行业内通常把直径小于 3m 的盾构机称为微型盾构机。该类机型主要用于市政供排水管道，电缆管道等的建造。目前德国 wirth 公司出品了 RVS80、RVS160、RVS250 ～ RVS1200 型号的产品；加拿大的 lovat 公司欧洲分部也有直径小于 1.5m 的产品出售，如 MS40PJS 产品直径为 2m，另外还有 1m 的产品。美国 Robbins 公司产品直径一般为 2.4、2.2、2.1、1.8m，其中直径 1.8m 的产品，挖掘隧道长度可达 125m。德国的海瑞克公司研发了 AVN250-1200 的产品系列，其直径从 250 ～ 700mm 不等，规格多达十余种。总体而言，该领域技术当数日本企业最为领先，其开发了直径 0.15 ～ 2.95m 数十种规格的产品。其中 0.15m 直径的微型盾构机为迄今为止世界上该类产品中直径最小的。伴随新型设计应用的需要，盾构机微型化设计也是未来发展方向之一。

2）超大直径盾构机设计

大直径盾构机研发是未来城市规划建设必然需求。保守估计截止至 21 世纪中叶，我国至少有 20 个城市将逐步建成多平面多层次的城市高速交通网络，采用大直径盾构机进行隧道建设将是一种必然趋势。

（1）大直径盾构研发也是未来隧道功能设计需求使然。三车道公路隧道的必要极限直径为 19 ～ 20m，而 ϕ20m 级以上隧道则是防洪用雨水储存管道建设的要求。可见，采用大直径盾构进行隧道建设必然也是未来的一种发展趋势。

（2）盾构机研发设计与制造技术的日益成熟使然。从盾构发展历程可知，盾构机从直径 10m 发展到直径 14m，经历了 20 余年；从直径 14m 发展到直径 15m，经历了 10 年；现阶段美国西雅图修建的一条长 2.8 km 的超大直径地下道路隧道，盾构隧道直径为 16.5 m，采用了日本日立造船公司制造的 ϕ17.52m 土压平衡盾构机掘进施工，该盾构机是世界最大土压平衡盾构，我国香港屯门—赤鱲角长 4.2km 海底公路隧道工程再次打破盾构直径记录（图 21-1）。这台混合盾构机直径为 17.6m，该盾构机是目前世界最大泥水平衡盾构（图 21-2）。按照这一趋势，未来发展到直径为 19m 的特大型盾构机，将指日可待。

图 21-1　世界最大土压平衡盾构

图 21-2　世界最大泥水平衡盾构

21.1.2　全域型盾构装备设计技术发展

全域型掘进机是相对于目前掘进机地层通用性不强而提出的一种发展理念，目标是研发出可以适用各种地质条件的掘进设备。现阶段，不同类型的掘进机对应于不同的地层施工，因此在进行施工之前首先要决定采用盾构机还是 TBM，然后再根据具体地质情况和其他因素进一步确定具体类型。但是在一条隧道的掘进过程中将遇到工程特性差异明显的多种地层（图 21-3），这就使得各种模式的掘进机都不同程度地存在地层适应性问题。

图 21-3　类型丰富的地层

因此，产生了同时适用多种地层盾构机的研发需求。1988 年，Grauholz 隧道就实现了单护盾转为泥水式盾构机的工程应用，后续又逐步实现了单护盾 TBM 与土压平衡盾构机的复合、土压平衡盾构机与泥水加压盾构机的复合，并在近年在土压平衡和泥水加压双模式盾构机的基础上发展出可变密度盾构机。

可变密度盾构是指通过调节石灰岩粉与浆液混合物的稀薄程度（增加黏度）以在穿越多变地层时增大膨润土浆液的密度。泥水加压模式下，开挖土通过螺旋输送机传送到皮带上。在皮带输送机的末端安装有泥浆箱，这样实现泥水压力平衡模式下掘进过程中出渣，然后厚泥浆将被泵送到地表的泥浆处理池。土压平衡模式下，开挖面的平衡通过控制螺旋输送机的转速和掘进速度控制。

该方法在经过在吉隆坡地铁1号线石灰岩喀斯特地层的成功应用，目前投入到吉隆坡地铁2号线、澳大利亚珀斯Forrestfield机场连接线工程和中国香港沙田中环线工程（图21-4），2018年投入掘进的可变密度盾构超过了10台，到2019年还将有多台陆续投入。

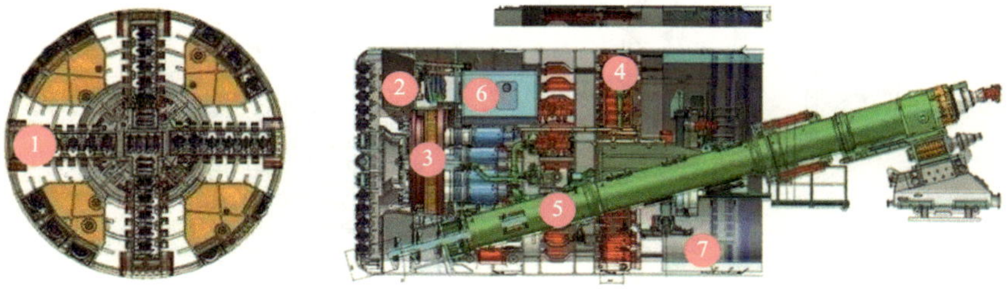

a) b)

图21-4 用于香港沙田中环线工程的可变密度盾构机

2018年，日本针对山岭隧道埋深和地层多变问题，在原有研究基础上提出了“新KM21TM”工法。该工法通过一台具有TBM和盾构两种模式的全断面掘进机，同时配备多种地层改良设备和及时的初期支护措施，在深埋和各种不良地层条件下实现完全机械化隧道施工。

可变密度盾构和“新KM21TM”工法的技术思路都是采用一台具有多种掘进模式的掘进机，同时配备丰富辅助措施，以此应对地质多样性带来的技术挑战。该类设备的出现是解决掘进设备地层适应性问题上取得的重要技术进步，使得全域型TBM具备了的雏形，后续在这方面的技术进步还有很大的发展空间和潜力。

21.1.3 盾构开挖断面形式设计多样化

前述盾构法均用于构筑单圆断面隧道，其隧道稳定性好、施工性能佳，但在某些应用领域中会出现断面利用率不高，或不经济，甚至可能制约了地下空间的有效利用。近年来，正悄然兴起了可构筑非圆形断面隧道的特种盾构机（也称异形盾构机）。异形盾构机更多地应用于城市地铁隧道的建造中，因为城市地铁隧道的最大特点是曲线多、半径小，在未来城市地下管线密布的狭小空间为实现复杂交叉、复杂重叠、急弯曲线穿越等困难施工，可能大量采用母子盾构机、可变断面盾构机、H&V盾构机等特种装备。同时，未来长距离、竖井—区间隧道一体化施工的趋势也将以采用球形盾构等特种装备为基础。另外，对于隧道断面，异形断面与圆形断面相比也有自己的优势。从断面的有效利用率来看，矩形断面比圆形断面更合理。未来盾构机形式及其施工断面多样化是一种必然。

1）偏心多轴盾构

其特征为采用多根主轴，且在垂直于主轴的方向固定一组曲柄轴；在所述曲柄轴上再安装刀架；主轴运转时，刀架将在同一平面内作圆弧运动；被开挖的断面接近于刀架形状。因此，该工法可根据隧道断面形状要求，将刀架设计成矩形、圆形、圆环形、椭圆形或马蹄形。图21-5为开挖圆形断面和矩形断面的偏心多轴盾构工法施工原理示意图，图21-6为相应的盾构设备。

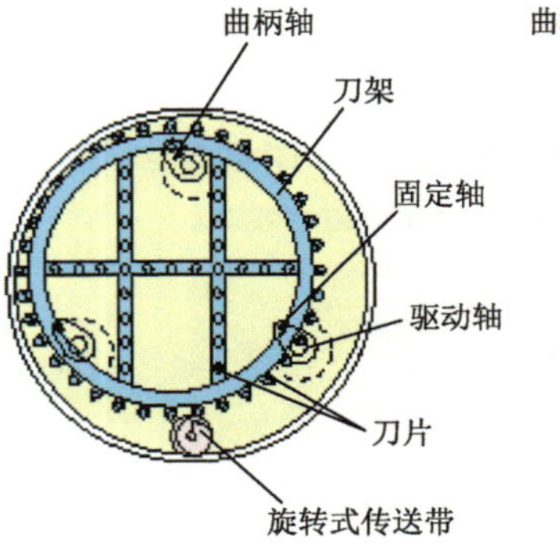

a）圆形断面

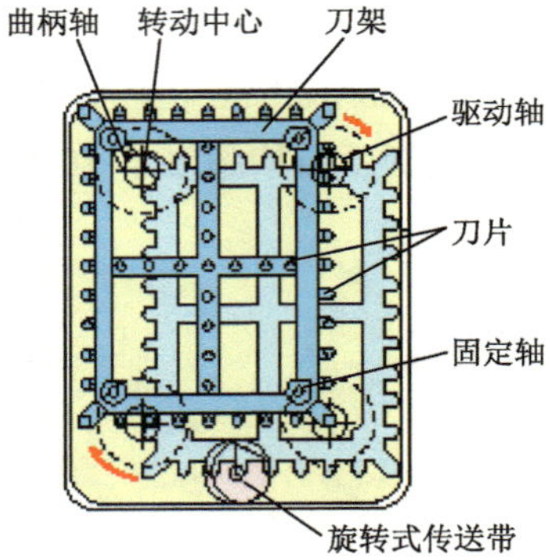

b）矩形断面

图21-5　偏心多轴盾构工法施工原理示意图

a）圆形断面

b）矩形断面

图21-6　偏心多轴盾构机

2）多圆盾构

如图21-7所示，MF盾构机由多个圆形断面的部分错位重合而成，可同时开挖多个圆形断面，且多圆形断面的有效面积较开挖面积相等的单圆断面大，属于一种较为经济合理的断面形式。2个或多个大小不同的圆形断面通过一定规则的叠合可提供任意断面形式的隧道，在隧道线路规划时对线形的选择有更多的灵活性。例如，在上下空间受限制的情况下，可选择如图21-8所示的横向叠合式。MF盾构法更适用于地铁车站、共同沟和地下停车场等大断面隧道的开挖。

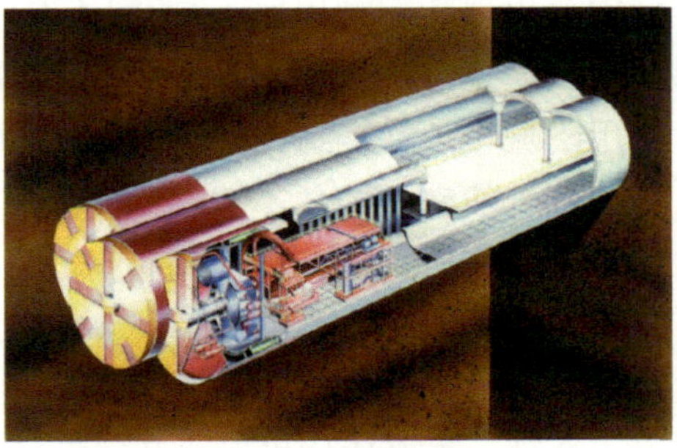

图21-7　MF盾构机

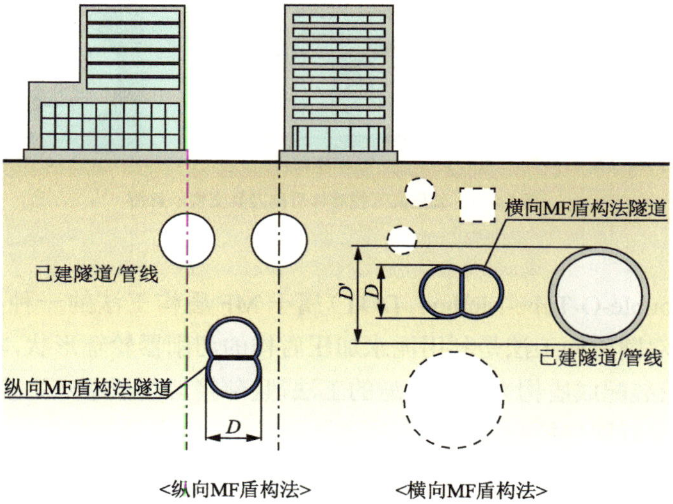

图 21-8 MF 盾构法应用示意图

3）球体盾构

球体盾构法采用如图 21-9 所示的球体盾构机进行施工。该型盾构机是利用球体本身可自由旋转的特点，将一球体内藏于先行主盾构机内部，在球体内部又设计一个后续次盾构机；待先行盾构机完成前期开挖后，利用球体的旋转改变隧道推进方向，进行后期隧道的开挖。球体盾构又分为纵横式连续推进球体盾构（图 21-10）、横横式连续推进球体盾构和长距离开挖球体盾构（图 21-11）。

图 21-9 球体盾构机

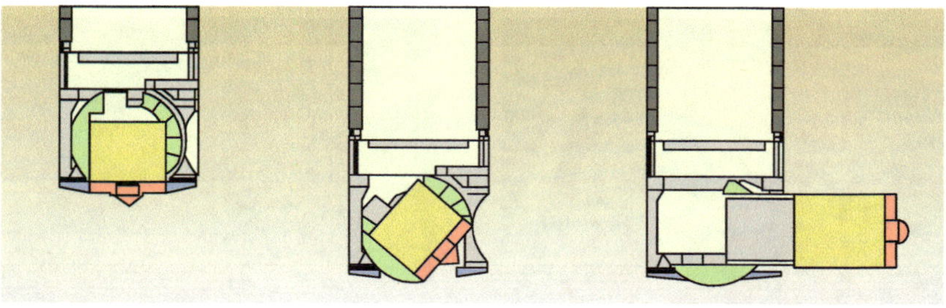

图 21-10 纵横式连续推进球体盾构的开挖

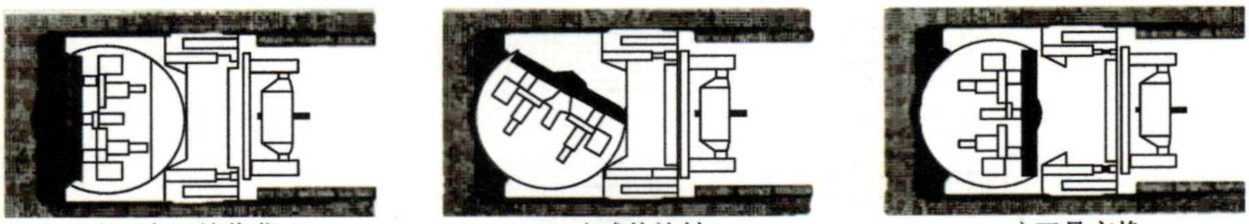

a)刀盘回缩收藏　　b)球体旋转　　c)刀具交换

图 21-11　长距离开挖球体盾构刀具交换示意图

4)DOT 盾构

双圆盾构（Double-O-Tube-Method，DOT）属于 MF 盾构工法的一种，如图 21-12 所示。不同于 MF 工法，双圆盾构工法是利用泥水加压盾构的切削器轮辐形状，将 2 个切削器用同一个平面内的齿轮装配成盾构来筑造隧道的工法，且邻接切削器不产生接触冲突，相互之间按相反方向旋转，进行同步控制。

a）　　b）

图 21-12　双圆盾构机

DOT 盾构法开挖空间小，故与盾构相配套的竖井施工深度和宽度都可以相应减小。隧道断面形式多样化，其中圆形断面可以进行左右、上下等任意组合，以便与周边状况和工程条件相匹配。

特别值得一提的是，随着我国装备制造业的提升，在异形盾构研发方面取得了重大突破，如在我国郑州地铁中州大道下穿隧道施工中，将采用自主研制的长 10.12 m、高 7.27 m 的矩形盾构机（图 21-13），该技术的掌握为今后我国车站及特殊结构的扩挖建设提供了解决方案。中铁装备为蒙华铁路白城隧道制造的马蹄形盾构机，盾构机刀盘呈倒“U”形，远观形似马蹄而因此得名。该台马蹄形盾构机刀盘高 10.95m、宽 11.9m，刀盘有 9 个小刀盘（图 21-14）。随着未来城市地下空间进一步发展的需要，异形盾构的设计也是发展方向之一。

图 21-13　矩形盾构机

图 21-14　马蹄形盾构机

21.2 新型破岩方式及破岩刀具技术的发展

21.2.1 新型破岩技术的发展

在各种新型破岩方式的研究上，高压水射流破岩速度是常规刀具破岩速度的 2 ～ 3 倍；激光法属于熔融和气化方式，较其他常规破岩方式具有更高的破岩效率。未来将进一步进行高压水射流法、超声波法、射弹法、激光法、电子束法和等离子束法新型盾构破岩方式的应用研究。新型破岩技术的发展是未来盾构发展的重要方向之一。

1)高压水射流破岩

高压水射流破岩机理主要是水楔破岩理论。当射流冲击无裂隙岩壁时，在岩体内除产生压应力外，在冲击接触区边界周围产生拉应力，当拉应力超过岩石的抗拉强度时，岩壁便被拉开形成裂隙。当岩壁初步形成裂隙后，在射流冲击力的作用下，水浸入裂隙空间，使裂隙尖端产生拉应力集中区，致使裂隙扩展，岩石破碎。这种作用，与在岩石内楔入一个钢锲子相似，使岩石劈开破碎，因此称为水楔作用。水楔作用是连续进行的，射流距岩体愈近，水压愈大，水楔作用愈大。当射流冲击裂隙岩层时，水楔作用更明显。中铁装备首次将高压水射流破岩技术应用于“龙岩号”TBM，该装备用于福建省龙岩市万安溪引水工程（图 21-15）。

图 21-15 “龙岩号”TBM——高压水射流破岩

2)大断面激光破岩技术

1968 年麻省理工学院的 Moavenzadeh F、McGarry F J 和加州大学 Williamson R B 等人在第 43 届 SPE/AIME 秋季年会上，联合提出了利用激光能量破碎岩石和钻井的设想。此后随着激光技术的不断发展，已经成功地将激光用于小直径钻孔，如精密仪器的轴承孔、石油钻孔等方面。与常规的石油钻井过程相比，激光钻井不需要钻井液、钻头、油管和套管，不产生钻屑，可大幅度降低成本；与常规钻井相比，激光钻井 10h 的进尺是常规钻井的 10 倍。

隧道施工中可以将岩石粗略地分为软岩和硬岩两类，其中极硬岩中的 TBM 掘进较为困难，可以研究利用激光在破岩方面的优越性，提高硬岩的掘进效率。但是目前激光破岩采用岩石熔化和气化的方法并不适用于隧道破岩。采用现有的岩石熔化和气化的方法，必须同时使用多个激光器，会带来电力耗费大、钻头成本高等问题。此外，对于隧道施工中常遇到的泥岩等，会产生烧结，导致破岩失败。实现激光的隧道开挖应用，关键技术是要解决激光的光点小而隧道工程要求开挖断面大的矛盾。

目前，关于激光破岩的研究基本上还处于基础研究阶段，国内尚未有相关的设备和工艺，但是发展机械能破岩和化学能破岩之外的破岩技术是隧道和地下工程行业能够取得突破性进展的重大机遇。

21.2.2 刀具及材料技术的发展

盾构机在施工中会遇到各种复杂地层。滚刀性能，尤其是刀盘刀具耐磨性，严重影响了盾构开挖的效率、施工质量和工程费用。综合优化滚刀性能，进行刀具磨损防治研究是未来刀具研究的热点问题。欧盟一项长期研究计划 GOODLIFE 也表明，提升复杂环境下（尤其是复合地层、水下或地应力下掘进）滚刀结构、材料、热处理以及轴承和密封件等的性能有助于提高刀具在硬岩及混合岩层中的使用性能。现简要介绍刀具及其材料的未来发展趋势。

1)滚刀性能综合优化方面

（1）新的滚刀结构设计

滚刀结构方面，包括研发能够有效阻隔泥沙侵入，防止密封过早失效的新型刀毂结构；批量化生产防止泥浆渗入的内腔带压型滚刀（图 21-16），研制配置内外压力平衡装置的新型高水压（≥ 5bar）泥水盾构用滚刀（图 21-17）。此外，盾构刀具将呈现出向两个极端发展的趋势。一方面，将出现体积小、尺寸紧凑又能满足硬岩掘进需求的微型滚刀；另一方面，将出现具有较高破岩能力和磨损性能的大型 20in 以上多刃滚刀。

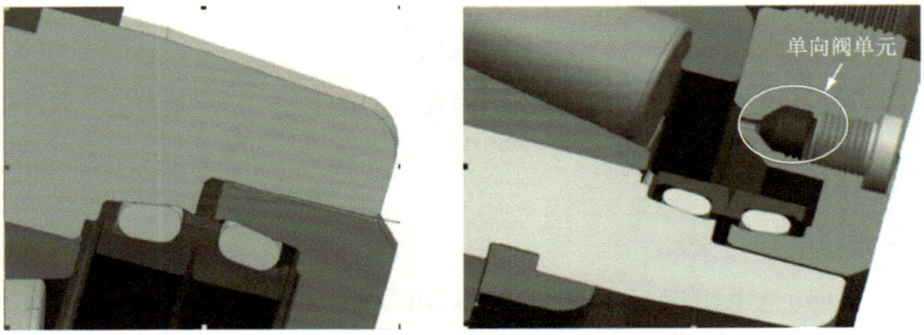

a）　　b）

图 21-16　内腔带压型滚刀局部结构示意图

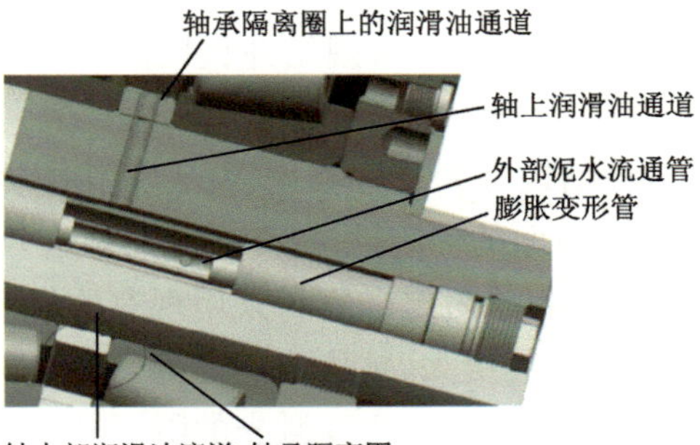

图 21-17　配置内外压力平衡装置的新型高水压（≥ 5bar）滚刀局部结构示意图

(2)刀具新材料研究

国内刀圈材料普遍采用H13钢材作为刀圈首选材料,而日本、韩国等采用SKD11制作刀圈,未来将尝试开发出莱氏体模具钢材质的滚刀新刀圈。此外,刀具材料制备技术有望从新型硬质合金刀圈(应用于120MPa以上的全断面硬岩和上软下硬复合地层,具有良好淬透性、淬硬性和回火稳定性)、粗晶颗粒硬质合金刀圈(具有良好耐磨性、导热性、抗疲劳冲击性和低热膨胀系数)、新型耐磨堆焊材料(堆焊层组织韧性好,堆焊层裂纹少,焊接性能好)等方面取得突破。

2)刀具状态检测技术

刀具状态检测技术将侧重向两个方向发展:一方面,实时获取刀具磨损量是未来发展趋势。在成本因素的制约下,具有可行性的新型磨损检测技术包括:基于超声波传感器的切刀磨损测量技术、基于电涡流传感器的滚刀磨损测量技术、刀具可视化测量技术等。另一方面,未来将开发出用于监测滚刀转动、滚刀受力等其他状态的多用途传感器,实现滚刀长距离状态监测,以便更好地服务于刀盘刀具设计开发工作及掘进参数控制过程。

3)刀圈修复技术

刀具在特殊地段施工时,刀圈极易受损,合理利用更换下来的旧刀圈是一项关键技术问题。随着3D激光打印技术的不断发展,进一步研究激光熔覆技术,并将其应用于刀圈修复技术,既可以加快施工效率,又能达到节约材料以及人力、成本的目的。因此,将3D激光打印技术应用到刀盘修复也是未来盾构技术发展的趋势之一。

4)数字化平台方面

由于盾构机刀盘结构复杂,很多刀盘细节特征尚无法通过现有数字化设计平台有效建模,且刮刀布置功能较粗糙;在刀盘计算与评价模块中,数据录入、人机交互对话界面专业化程度不高。未来,刀盘系统建模功能将得到进一步完善,并在系统智能化和通用性上有望获得继续开发和优化。

此外,刀盘掘进是一个频繁动态的过程,包含了海量掘进数据。基于现有计算机数据库技术、大数据分析技术和分布式管理技术,建设盾构大数据管理系统,也已经成为盾构数字化信息管理领域的一种必然趋势。

21.3 盾构法辅助配套设备技术的发展

我国国土幅员辽阔,地质情况千变万化、施工环境复杂,随着各类隧道的规划和建设,应对复杂工况下隧道的建造,必然需要发展自动化、智能化的技术以应对复杂工况下的施工需要。

21.3.1 盾构换刀机器人技术的研发

作为盾构施工过程中最危险的工序——盾构带压换刀，既费时又费力，工作强度大，带压作业效率低，稍有操作不当就对进仓人员健康带来不利影响。国内已有研究团队依托国家重点研发计划，针对高压、高湿等复杂环境下全断面隧道掘进机刀盘刀具性态检测和安全快速换刀的迫切需求，重点突破快速拆装刀具紧固机构设计与刀具磨损在线检测、末端随动蛇行避障、重载多自由度伸缩、折叠复合臂本体机构设计、高耐磨、自润滑、耐高压、长寿命的闸门及接口结构设计等关键技术，研制具有自主知识产权的刀盘刀具检测换刀机器人（图2-18），并开展工程应用验证，实现高危环节“机器代人”的安全高效作业。

图21-18 换刀机器人

21.3.2 管片拼装技术的发展

管片拼装技术的发展趋势取决于隧道和管片设计形式、管片拼装施工工艺以及管片拼装机自动化水平的不断提升，主要体现以下几点。

（1）新型管片及异形断面管片拼装机研制

为了适应异形断面隧道和隧道线形发展的需要，盾构断面形状除圆形之外，还有半圆形、矩形及马蹄形等，但是国内目前在异形管片方面（矩形、球形和曲线管片）的应用和设计开发尚处于起步阶段。作为现有技术的发展，以提高管片衬砌隧道的安全性、经济性和施工性为基础，未来将研发异形管片、超大直径和大宽度管片及管片接头形式。此外在异形断面管片拼装机研制也是未来研发的一个趋势，如国内在“阳明号”矩形盾构上成功使用的环臂式轨迹自动控制管片拼装机，可实现6个自由度拼装，并具有广泛的异形断面适应性，如图21-19所示。

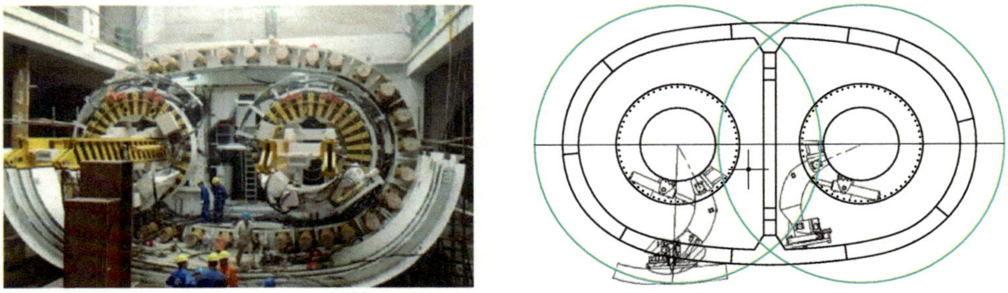

a） b）

图21-19 环臂式轨迹自动控制管片拼装机原理图

（2）高度自动化、高精度无人管片拼装机系统研制

随着工程设计学、自动控制技术、人工智能及计算机信息处理技术等的快速发展，管片拼装机必然会在自动化、多功能化及智能化等方向实现大的跨越，不仅能够实现快速精确定

位，而且还能够适应更复杂的施工环境。例如，需要在现有管片拼装技术的基础上针对管片K块拼装位置的识别、管片拼装位置的精确定位、管片螺栓固定、推进系统和管片拼装系统协同控制等技术进行研究，其系统功能如图21-20所示。

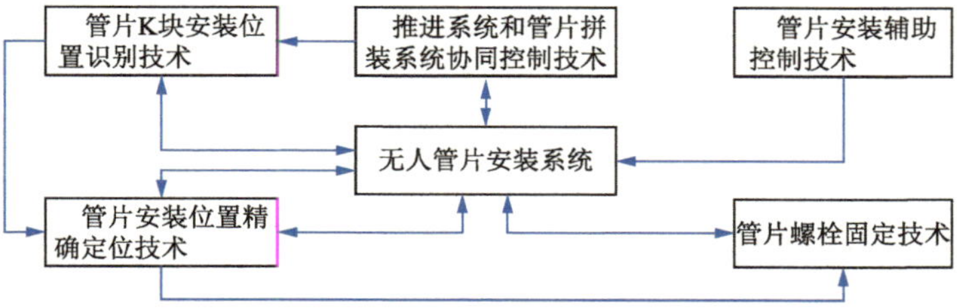

图21-20　无人管片拼装系统功能简图

21.3.3　新型渣土改良系统的发展

在盾构施工过程中，难免会遇到特殊地层，盾构渣土系统单纯地设计单一的改良剂已无法满足现有地层施工需要。随着改良剂不断的开发和应用，种类越多，无毒无公害的产品将备受关注。随着各类改良剂成功在土压平衡盾构机上应用，更多新型的改良系统将应用于顶管、泥水平衡盾构机和IBM行业。目前已成功应用的有掌子面支持系统（AFS），在部分的富水沙层、卵、砾石地层掘进时，土仓顶部往往存在改良盲区，地下水可渗入土仓稀释渣土，土仓额外膨润土保压系统向土仓顶部额外注入膨润土在土仓顶部形成泥膜，可有效防止地下水从顶部渗入土仓，同时在长时间停机时，该系统可自动注入膨润土，弥补土仓外渗失压，实现停机自动保压功能，原理如图21-21所示。

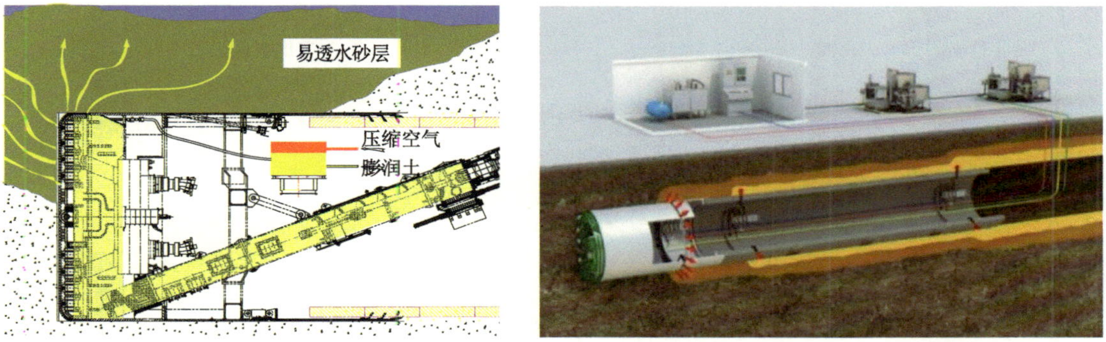

图21-21　掌子面支持系统（AFS）

21.3.4　超前地质预报技术的发展

20世纪中，英、日、法、德等国家就逐步重视隧道地质预报工作，并将此列为隧道施工的重要内容，并在可行性研究和勘察设计阶段主要采用钻探和大量的物探方法（主要是地震波法）；在1992年，瑞士Amberg公司推出用于隧道超前预报的隧道地震勘探（Tunnel Seismic

Predictions，TSP）方法；随后，美国 NSA 公司研发的 TRT 技术也推广应用于隧道施工地质预报中，并推进了地震波反射成像技术在隧道探测中的进一步发展。

我国的隧道地质预报工作始于 20 世纪 50 年代，起于川黔铁路的凉风垭隧道，陈成宗等在分析隧道施工掌子面地质情况的前提下，进行开挖工作面前方不良地质的预测工作；直至 70 年代初，谷德振等依托矿巷开挖进度和工作面揭露特征成功预报前方断层为序，真正将隧道地质预报技术推入了我国专家学者的研究领域；到 80 年代，我国开始引入物探方法进行隧道地质预报工作；1990—1995 年，中铁西南院（原铁道部科学研究院西南分院）采用自主研发的水平声波剖面（Horizontal Somc Profile，HSP）法进行不良地质预报工作；钟世航等人于 1992 年提出陆地声呐技术（Land Sonar），并推广至隧道地质预报工作中；1994 年，曾昭璜等研究的负视速度法推广应用于隧道超前预报工作中，取得了一定的成效；2003 年赵永贵等开发了隧道地震层析成像（Tunnel Seismic Tomography，TST）地质预报技术；Thomas Kopp 等 2006 年将 BEAM 技术引入高速铁路隧道地质预报中；李术才等人依托 863 和 973 计划等项目将激发极化法引入隧道地质预报中，实现了地下水的探测；郭如军等推出岩体温度法，实现隧道掌子面前方涌水预报；陈方明等人应用 CFC 复频电导隧道探水技术在巴基斯坦 N-J 水电站进行地下水探测。

常用地质预报技术如图 21-22 所示。

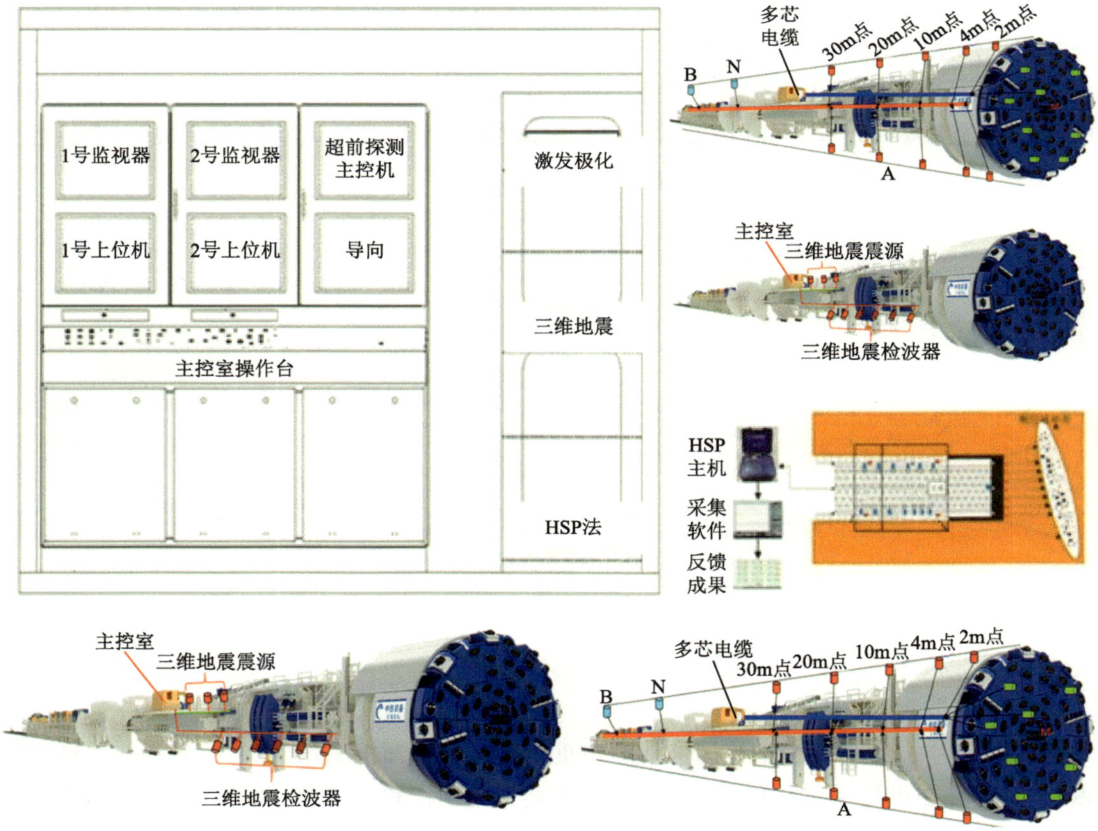

图 21-22 地质预报技术

目前，盾构施工地质预报仍采用“以地质法为基础的综合物探技术”进行隧道地质超前地质预报。在长大深埋隧道盾构施工工程中，地质预报方法的选择则非常重要，坚持以地质法为基础，并依托高效且适应的物探方法，必将辅助盾构机实现安全而快速的掘进。选择适合且可靠的地质预报技术，是保证工程顺利完成的重要因素之一，地质预报技术是未来隧道施工辅助技术重要发展方向之一。

21.4 隧道施工装备的信息化和智能化技术发展

近年来，大数据与深度学习相关技术发展的日新月异极大促进交叉学科技术融合。大数据技术实现了海量数据的分类并行存储、去噪、清洗，并可对数据运行各种算法处理，最终实现数据高级应用。深度学习在语音识别、自然语言处理、计算机视觉、图像与视频分析、多媒体等诸多领域的应用表现出了较大的技术优势。这些重大技术变革在隧道行业的多个技术方面都存在广阔的应用空间。

21.4.1 发展应用深度学习方法

同济大学薛亚东等人基于深度学习研究形成了盾构隧道衬砌的病害识别判识方法，自主研制了快速移动式隧道扫描检测系统——MTI-100 系统，可实现高精度衬砌表观图像连续、快速地扫描（图 21-23）。依托上海地铁采集了大量的隧道衬砌灰度图像，并提取渗漏水、裂缝、管片拼缝和管线 4 类建立样本。在隧道衬砌图像处理方面阶段，针对卷积神经网络结构提出了 2 种改进方式，优化提出了大尺度图像病害检测流程（图 21-24）。

图 21-23 MTI-100 隧道病害检测设备

长沙理工大学柳厚祥等通过深度学习技术提取公路隧道掌子面图片中的围岩分级相关信息（图 21-25）。训练以掌子面图片和特征标签为数据集的深度卷积神经网络模型，识别围岩的节理、裂隙、破碎程度、粗糙程度、光滑程度、泥夹石和涌水等分布式特征；结合深度学习技术和岩体裂隙图像智能解译方法统计围岩节理组数和间距来描述结构面完整程度；再利用色彩模型确定岩石种类描述出岩石坚硬程度；最后将围岩分级各判别因子转换为 BQ 值进行分级，获得围岩分级最终结果。验证了深度学习围岩分级的可行性和准确性。

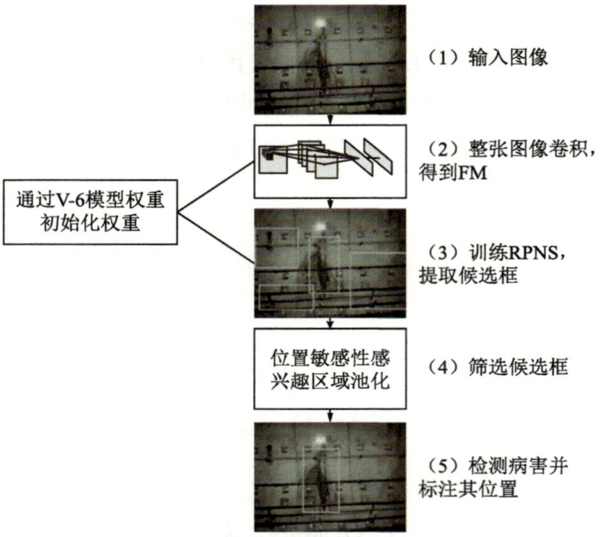

图 21-24　大尺度图像病害检测流程图

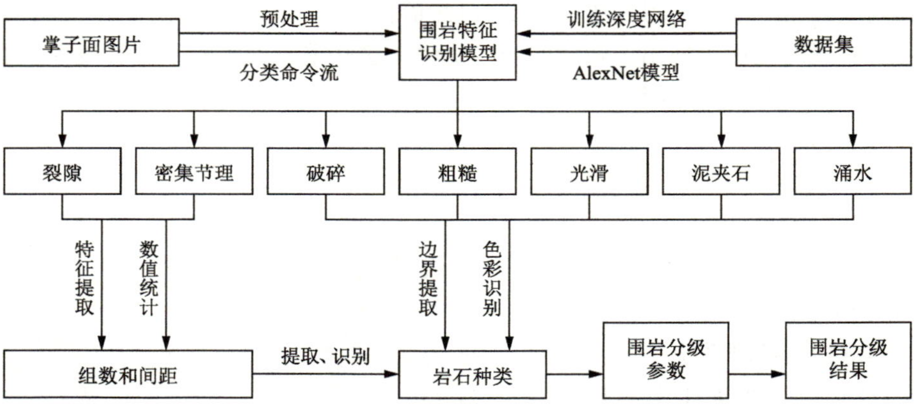

图 21-25　深度学习围岩分级流程

中国铁道科学研究院柴雪松等提出了一个基于深度学习的衬砌裂缝识别算法，针对隧道图片特征分析并优化了 SLIC 超像素分割算法，构建了一个用于衬砌裂缝分析的数据集 CLS-CRACK。在此基础上，设计分类网络 ResNet 18，用 caffe 深度学习框架进行模型训练与优化。最后，将训练好的模型在验证集上进行性能分析。该模型在 CLS-CRACK 数据集上可以达到模型识别正确率 94%，能够快速准确地实现裂缝的识别。

除病害判识、围岩级别判识之外，隧道工程技术领域还有很多应用接口，如在超前地质预报方面也已有了初步的应用。长安大学党巾涛运用小波包分析对隧道地质超前预报的探地雷达实测数据进行去噪处理，并在卷积神经网络模型 lenet-5 的基础上，提出两种改进的网络模型对去噪后的图像数据进行分类研究，提高了对探地雷达图像分类的准确率。后续可以进一步将深度学习方法应用到超前地质预报的结果分析阶段，实现人工智能判识。

人工智能的快速发展向各行各业都伸展出了应用接口，隧道行业也应该积极地利用互联网时代的“知识红利”，将相关的前沿技术纳入到学科发展中。

21.4.2 智慧隧道建造相关的大数据技术

随着信息技术的发展，特别近年物联网、互联网及卫星定位系统、云存储、云计算、人工智能等技术的发展，信息技术已经充分融入盾构自动化装备中，当代的盾构正向智能化方向发展。盾构整体装备已经作为智能终端，存在物联网中，与盾构施工成套技术也融入信息化体系，如盾构施工隧道地质信息、结构信息、地面沉降信息、隧道方向坐标、施工组织、施工动态等等多维度信息，综合形成了盾构大数据，盾构大数据的时代已经来临。

目前，国内中铁隧道局、中铁装备、铁建重工等龙头企业均利用大数据技术构建了具有隧道施工信息数据采集、存储、分析及应用等功能架构的掘进机远程信息化管理系统，实现了隧道掘进机施工监控应和集群管理功能，和传统管理方式相比可以较为便捷地进行高通量数据 WEB 云发布和手机发布。但是目前这些数据平台都没有进一步实现对数据的深层挖掘，尚不能解决隧道掘进机掘进时海量实时信息与历史数据融合分析与挖掘的难题，行业尚未有意识的向着盾构智能化掘进的方向发展。

对照地质针对性认知装备、对照装备客观应对地质是盾构 TBM 行业应用关键技术问题。将地质、装备、人等因素高度融合，需要克服系列关键技术，盾构隧道施工协同作业与监控平台主要由岩体地质隧道施工作业与监控子系统、软土地质隧道施工作业与监控子系统、砂卵石地层隧道施工作业与监控子系统、复杂工程（穿越既有运行隧道和建筑物）的隧道施工作业与监控子系统等组成，如图 21-26 所示。

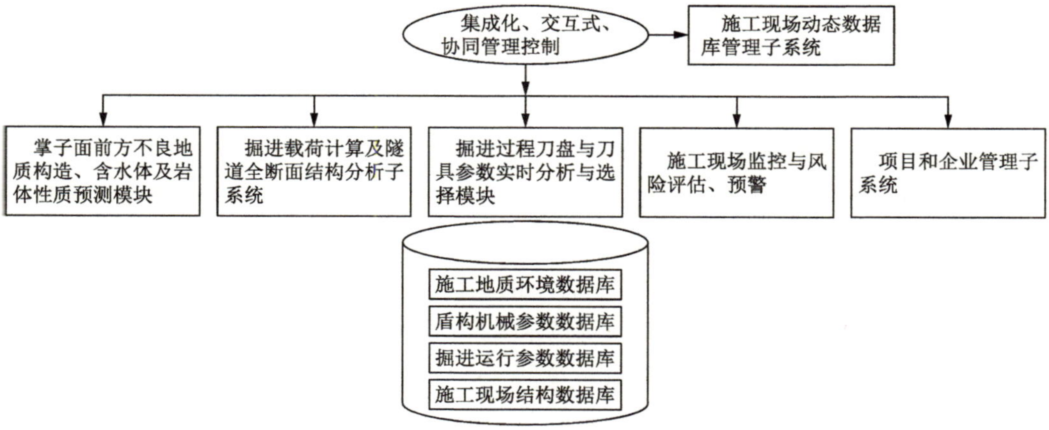

图 21-26 岩体地质隧道施工作业与监控子系统架构

但从智能掘进的发展情况来看，盾构机的操作场景是能够部分并逐步全部实现无人化智能掘进的。借助盾构大数据平台的海量操作数据（图 21-27），配套算法训练，实现盾构机的无人化操作是下一阶段学科发展的热点。

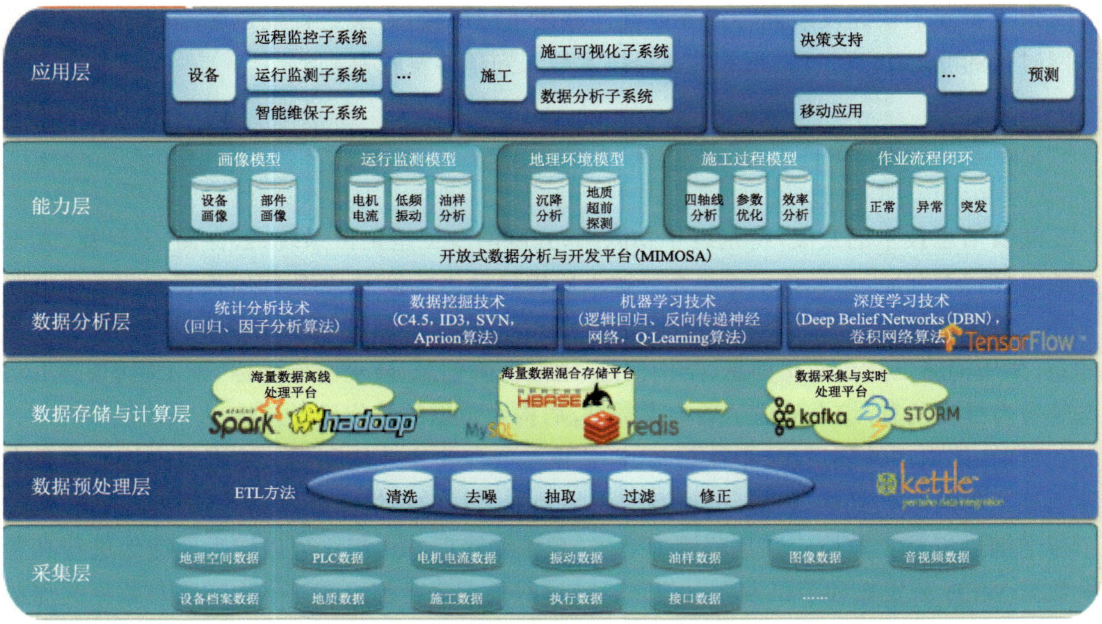

图 21-27　盾构大数据平台基本架构

21.5 本章小结

我国已经成为当今世界城市轨道交通、地下空间、综合管廊、海绵城市等领域的建设大国，盾构产业在我国的发展将大有作为。虽然盾构机设计制造和盾构施工技术水平均取得了质与量的突破，但依然存在一些亟待解决和研究的问题。

高水压、大断面水下隧道建设技术研究，高水压是在建的苏埃通道、佛莞城际新狮子洋隧道，及拟建的渤海海峡通道、琼州海峡通道、台湾海峡通道等大断面水下隧道工程所面临的重大技术难题，开展 1MPa 以上水压条件下的盾构机刀具更换、长距离掘进等关键技术研究显得尤为迫切；高地温高地热隧道建设技术研究，如针对大瑞铁路高黎贡山隧道（深孔钻探实测最高温度为 40.6℃，路肩最高温度为 36.7℃）及类似工程建设的需求，需尽快开展高地温、高地热条件下隧道施工及防护技术研究；高地震烈度与构造活跃带的隧道建设技术，如目前正在修建的成兰铁路隧道、川藏铁路隧道、高黎贡山隧道等都位于强地震带，又如超长隧道面临长距离独头掘进的难题。此外，利用信息化技术以及人工智能对隧道的智能安全监控、隧道灾害预警以及救援措施实施等相关技术进行研究也可作为该领域的一个发展方向。岩溶发育、高海拔缺氧、低温、低气压恶劣气候环境下的隧道防灾相关技术也有待进一步深入研究。新材料研发与应用的开发研究混凝土材料的耐久性、混凝土材料在强度发展过程中与钢筋协同工作的性能、施工性能等是提高隧道安全服役年限的重要因素，高性能混凝土（含喷射混凝土）、高可靠性防水材料等也有待进一步开发。

未来盾构技术的发展一方面需要应对这些工程难题的挑战设计出超级盾构机，另外一方面需要结合人工学习、智能化的需求设计出更智能化的盾构机，实现无人化智能掘进。结合我国盾构技术发展现状，未来盾构技术发展趋势可概括为如下几方面。

（1）盾构机形式及其施工断面多样化发展

目前在盾构施工断面方面，存在矩形、马蹄形、椭圆形、多圆搭接形（双圆搭接、三圆搭接）等多种异形断面。在盾构机功能方面，出现了球体盾构机、母子盾构机、扩径盾构机、变径盾构机、分岔盾构机、途中更换刀具（无须竖井）盾构机、障碍物直接切除盾构机等特种盾构机；此外，硬岩与软土掘进技术相互渗透、相互融合，导致了能适应复杂地质条件的多模式复合盾构的产生，未来盾构机形式及其施工断面多样化是一种必然。

（2）盾构机设计极限尺寸的挑战

盾构机尺寸方面，要求盾构机挑战更大的尺寸极限。中国幅员辽阔，大江大河纵横，许多大城市沿江河建设，甚至跨江河而建，随着中国经济的飞速发展，城市交通、轨道交通、铁路、综合管廊跨江越海隧道的需求急剧增多，与此同时，城市里越来越难以找出适合建设桥梁的空间。铁路方面，行车速度越来越高，为减少占地，单洞双线大断面隧道成为发展方向；公路方面，公路等级越来越高，车流量越来越大，必然导致公路隧道断面越来越大，在此形势下，大直径盾构隧道工程越来越多，大直径盾构机设计是未来盾构机设计发展的必然。

（3）盾构机应对极限工况的挑战

如中国规划建设的渤海海峡隧道、琼州海峡隧道、台湾海峡隧道等超长水下隧道区域的最大水深将超过100m，如果采用盾构法进行修建，考虑覆土厚度则需要将盾构机的整体密封性能提上到2MPa以上才能满足要求。而目前采用盾构法修建的水下隧道最大水压都在1MPa以内，盾构机的整体密封性能最高为1.1～1.6MPa，与建设需求有较大差距，需要在目前研发制造的基础上取得较大的突破。

此外，在隧道埋深方面，要求盾构机能适应越来越大的埋深。由于上软下硬地层施工难度大，隧道线路最忌选在交界面处。要避开在岩层与土层交界面上选线，应尽可能使盾构掘进断面位于全土层或全岩层中，然而覆土厚度太浅，往往影响地面交通，因此隧道选线具有埋深越来越大的发展趋势。

（4）发展性能优越的全域型盾构机

盾构机适应性方面，要求盾构机具有更高的地层适应性，在复杂地层中，盾构机穿越地层既有岩石，又有软土和砂砾层，地层变化频繁，要求盾构机设计特别是刀盘刀具必须能够适应各种不同地层。技术先进、质量可靠的长寿命盾构机是保证工期的关键因素之一，也是盾构工程成功的关键因素，因此要求盾构机有更长的使用寿命。未来研发全域型盾构机满足适用各种地质条件是未来盾构技术发展方向之一。

（5）新型破岩方式的探索及发展

按照各个不同掘进机的分类来看，第四代半、第五代掘进机逐步舍弃了过去以刀盘、刀具等固体为主要掘进介质的方式，转而以光线、声波、液体等为介质进行岩体、土体切削，这将彻底解决掘进机存在的掘进速度缓慢、刀具易磨损等难题，大幅度提升掘进效率，改善工作环境，降低施工成本，为铁路、公路、水利和地下空间开发等领域建设提供更优选择，未来探索以高压水射流法、超声波法、射弹法、激光法、电子束法和等离子束法等新型盾构破岩方式是未来发展方向之一。

（6）盾构机关键核心部件及材料突破及发展

极限的工况需要极限的施工装备，在现有基础上，我国整体装备制造业的水平还需要进一步提供，如针对长距离独头掘进的超长隧道，对掘进机的整机寿命要求进一步提升，未来需要在盾构机设计寿命及掘进长度上稳步提升。此外，随着材料等相关学科的发展，在关键的主轴承等核心零部件的研发上，材料及热处理工艺等方面需要作出深入的研究和突破，提高主轴承等关键部件的寿命，来应对极限工况的挑战。

（7）盾构机辅助装备高度自动化、智能化技术的发展

装备的设计制造在一定程度上反映了一个国家的综合科学技术和工业水平，体现了计算机、新材料、自动化、信息传输和多媒体等的技术的综合和密集水平。

针对复杂工况，研制具有自主知识产权的刀盘刀具检测换刀机器人，实现高危环节“机器代人”的安全高效作业。探索新型的管片拼装技术，实现异性断面的管片拼装；研制高度自动化、高精度无人管片拼装机系统，保障管片的拼装精度。针对复杂地质，通过超前地质预报提前规避地质风险，研究新型准确的超前地质预报技术保障盾构的顺利掘进。通过先进的探测技术，高度自动化及智能化的装备，减少隧道施工人员的参与，保障隧道工程的安全。

未来盾构施工将会把机器人技术、计算机控制技术、网络远程通信遥控技术、现代传感器检测技术、激光导向技术、超前地质探测技术等综合应用，最终实现盾构远程信息化管理与自动化控制。

（8）盾构数字化设计，智能化掘进、远程化管理方向发展

我国盾构技术的愿景就是数字化设计，智能化掘进、远程化管理，即输入地质参数和隧道结构参数，就能设计出适应工程地质和水文地质的盾构机；盾构机实现无人化智能掘进，实现在办公室控制盾构操作，在办公室直接从计算机屏幕上获取远程的盾构施工图像和参数，并发出指令进行盾构机的控制和操作；技术人员只需在办公室就能管理好分布在全世界的在用盾构机。

参考文献

[1] 严辉．盾构隧道施工中刀盘泥饼的形成机理和防治措施 [J]. 现代隧道技术，2007，44（4）：24-27，35.

[2] 陈乔松，刘德智，杨军宁，等．泥水平衡盾构机刀盘泥饼形成机理及防治技术 [J]. 长沙铁道学院学报：社会科学版，2011，12（2）：214-215.

[3] 胡欣雨，张子新．砂卵石地层土压平衡盾构机开挖面动态平衡机理研究 [J]. 地下空间与工程学报，2009，5（6）：1115-1121.

[4] 张志伟，贾艳敏，赵艳娟．地铁盾构法施工事故预防及处理措施 [J]. 铁道建筑，2010，（11）：50-53.

[5] 邓彬，顾小芳．上软下硬地层盾构施工技术研究 [J]. 现代隧道技术，2012，49（2）：59-64.

[6] 徐岩，赵文，黄龙光，等．富水砂层土压平衡盾构关键施工技术 [J]. 施工技术，2011，40（7）：71-73,77.

[7] 李婕，吴起星．广州地区软硬复合地层盾构施工技术研究 [J]. 广州建筑，2014，42（3）：26-32.

[8] 张智，雷宇芳，鄢佳佳，等．新型泡沫剂在广佛地铁盾构施工中的应用 [J]. 施工技术，2013，42（10）：55-57，93.

[9] 陆国栋，钟志全．土压平衡盾构针对深圳地层的改进设计 [J]. 建筑机械化，2013，37（3）：74-76.

[10] 张双亚，陈馈．北京铁路地下直径线盾构选型 [J]. 铁道工程学报，2007，24（3）：70-73.

[11] 韩晓瑞，朱伟，刘泉维，等．泥浆性质对泥水平衡盾构机开挖面泥膜形成质量影响 [J]. 岩土力学，2008，29（增 1）：288-292.

[12] 郭家庆．成都地铁盾构 4 标段泥水与土压两种盾构机的适应性分析 [J]. 现代隧道技术，2010，47（6）：57-61.

[13] 王梦恕．中国盾构和掘进机隧道技术现状、存在的问题及发展思路 [J]. 隧道建设，2014，34（3）：179-187.

[14] 邢慧堂．南京长江隧道泥水平衡盾构机穿越江中超浅覆土段施工技术 [J]. 现代隧道技术，2010，47（2）：68-73.

[15] 李光耀．狮子洋隧道泥水平衡盾构机穿越上软下硬地层施工技术 [J]. 铁道标准设计，2010（11）：89-94.

[16] 李昀，张子新，张冠军．泥水平衡盾构开挖面稳定模型试验研究 [J]. 岩土工程学报，2007，29（7）：1074-1079.

[17] 李东升．泥水平衡盾构机黏土地层的适应性改造 [J]. 中国设备工程，2014（3）：48-50.

[18] 曾垂刚．泥水平衡盾构机泥浆循环技术的探讨 [J]. 隧道建设，2009，29（2）：162-165，193.

[19] 李志军，翟志国，赵康林．泥水平衡盾构机刀盘结泥饼形成原因及防治技术 [J]. 地下空间与工程学报，2014，10（s2）：1866-1871.

[20] 邓如勇．盾构刀盘结泥饼的机理及处置措施研究 [D]. 西南交通大学，2018.

[21] 于勇，傅鹤林，史越，等．泥水平衡盾构机江底掘进泥饼形成机理研究 [J]. 施工技术，2019，48（5）：105-109.

[22] 赵国栋，姚印彬 . 刀盘中心体泥饼成因及其防治对策 [J]. 铁道建筑技术，2017,（3）:69-72.
[23] 贾璐，温法庆，黄欣，等 . 土压平衡盾构刀盘泥饼防治综合技术研究及应用 [J]. 施工技术，2015,（S1）：243-246.
[24] 王飞，袁大军，董朝文，等 . 盾构直接切削大直径群桩的刀具配置研究 [J]. 土木工程学报，2013，46（12）：127-135.
[25] 傅德明，李毕华，马忠政 . 软土盾构直接切削钢筋混凝土桩基施工技术 [J]. 中国市政工程，2010,（4）：46-47.
[26] 王飞，袁大军，董朝文，等 . 盾构直接切削大直径钢筋混凝土桩基试验研究 [J]. 岩土力学与工程学报，2013，32（12）：2566-2574.
[27] 徐前卫，朱合华，马险峰，等 . 地铁盾构隧道穿越桥梁下方群桩基础的托换与除桩技术研究 [J]. 岩土工程学报，2012，34（7）：1217-1226.
[28] 刘勇，何振华，李忠 . 苏州轨道交通一号线盾构区间通过桥桩的方案设计 [J]. 隧道建设，2007，27（3）：51-55.
[29] 滕丽 . 盾构穿越地下障碍物的试验研究 [J]. 建筑机械化，2011，32（10）：89-91.
[30] 王占生，王全华，袁大军 . 盾构连续切削穿越大直径桥桩施工安全技术 [J]. 都市快轨交通，2013，26（3）：97-101.
[31] 刘建卫 . 盾构穿越城市建（构）筑物桩基的施工技术研究 [J]. 铁道标准设计，2010,（2）：113–118.
[32] 朱逢斌，杨平，林水仙 . 盾构隧道施工对邻近承载桩基影响研究 [J]. 岩土力学，2010，31（12）：3894-3900.
[33] 岳鹏飞，戴泉，何炬 . 盾构施工下穿建筑桩基的影响研究 [J]. 铁道标准设计，2012,（3）：77-79.
[34] 孙立宝，王云春 . 套管钻进拔桩法及其工程应用 [J]. 探矿工程：岩土钻掘工程，2009，36（9）：59-63.
[35] 杜闯东 . 侵入盾构隧道桩基人工挖孔处理技术 [J]. 隧道建设，2009，29（2）：222-226.
[36] 杨自华，钟志全 . 泥水平衡盾构机穿越桩基础掘进施工 [J]. 建筑机械化，2007，28（9）：51-53.
[37] 王虹，鞠世健 . 盾构穿越建筑物桩基群的施工技术 [J]. 广东建材，2006,（7）：71-73.
[38] 符敏 . 盾构穿越厂房切削钢筋混凝土桩基施工技术 [J]. 建筑机械，2010,（7）：90-91.
[39] 郑 坚 . 穿越桩基础的盾构机改造技术 [J]. 建筑施工，2010，32（5）：391-393.
[40] 竺维彬，鞠世健 . 地铁盾构施工风险源及典型事故的研究 [M]. 广州：暨南大学出版社，2009：111-114.
[41] 侯克忠，白佳声，盛林峰，等 . 盾构掘进机用特种刀具的研究与制备 [J]. 硬质合金，2009，26（1）：24-28.
[42] 陈日曜 . 金属切削原理 [M]. 广州：机械工业出版社，2012.
[43] 李国和，王敏杰，段春争，等 . 基于 ANSYS/LS-DYNA 的金属切削过程有限元模拟 [J]. 农业机械学报，2007，26（1）：24-28.
[44] 何海健，刘维宁，项彦勇，等 . 地铁施工对邻近桥桩影响的研究现状与探讨 [J]. 都市快轨交通，2006，19（5）：85-88.
[45] 倪安斌 . 泥炭（质）土地层中盾构法施工对邻近桥梁的影响分析 [J]. 现代隧道技术，2014，51（3）：168-173.
[46] 宋南涛 . 地铁隧道洞内托换跨河桥梁桩基的应用 [J]. 现代隧道技术，2013，50（4）：164-169.
[47] 石舒 . 隔离桩施工对邻近高铁高架桥桩基的变形影响分析 [J]. 世界桥梁，2012，40（5）：54-58.
[48] 丁红军，王琪，蒋盼平 . 地铁盾构隧道桩基托换施工技术研究 [J]. 隧道建设，2008，28（2）：209-212.
[49] 张恒，陈寿根，谭信荣 . 近接桩基盾构隧道施工管片力学行为研究 [J]. 现代隧道技术，2012，49（6）：101-107.
[50] 徐明，谢永宁 . 盾构隧道开挖对邻近单桩基础的影响 [J]. 华南理工大学学报（自然科学版），2011，39（4）：209-212.

[51] 方勇，何川．地铁盾构隧道施工对近接桩基的影响研究 [J]. 现代隧道技术，2008，45（1）：42-47.
[52] 傅德明，李毕华，马忠政．软土盾构直接切削钢筋混凝土桩基施工技术 [J]. 中国市政工程，2010，（4）：46-47.
[53] 张武训，詹荣锋，程道信．潜盾隧道穿越台、高铁下方挡土壁之案例探讨 [J]. 隧道建设，2007，27（4）：354-360.
[54] 洪开荣，等．盾构与掘进关键技术 [M]. 北京：人民交通出版社股份有限公司，2019.
[55] 赖伟文，李奕，赖理春，等．泥水土压双模式盾构连续切换的施工方法：ZL201510091463.8 [P].2015-2-28[2017-12-12].
[56] 凌波，史雪珊，杨孟，等．国内首台泥水、土压双模式盾构机的设计 [J]，中国科技投资，2014（A18）：203-204.
[57] 竺维彬，鞠世建，等．复合地层中盾构施工技术 [M]. 北京．中国科学技术出版社 .2005.
[58] 李建斌，张宁川，赵华，等．新型双模式 TBM 及其控制方法：ZL201110317494.2[P].2011-10-19 [2013-10-30].
[59] 李青山，陈卓，陈强，等．双模式盾构机在长距离复合地层中模式转换方法：ZL201510248995.8 [P].2015-10-24[2018-05-15].
[60] 王家祥，刘东，陈卓，等 .TBM-EPB 双模式盾构在复合地层中的施工方法：ZL201410823688.3 [P].2014-12-26[2017-3-15].
[61] 郭森华，钟志全．双模式盾构下穿岩溶地区河流施工技术 [J]. 建筑机械化，2015（07）：65-67.
[62] 陈振军．土压平衡盾构渣土环保再生处理方法和设备：ZL201510228018.1[P].2015-05-07[2017-04-05].
[63] 广东华隧建设股份有限公司．一种泥水平衡盾构机渣土回收利用的施工方法：ZL20141010872.6 [P].2014-01-09[2014-05-07].
[64] 张国梁．工程渣土制备 500 密度等级陶粒技术研究 [J]，国防交通工程与技术，2018，16（05）：12-14.
[65] 高二利 .600 密度等级渣土陶粒制备及其性能研究 [J]，内蒙古科技与经济，2018（22）.68.
[66] 季维生 .700 密度等级渣土陶粒制备及其性能研究 [J]，硅酸盐通报，2017，36（07）：2209-2214.
[67] 张磊，张鸿飞，荣辉，等 .700 ～ 900 密度等级渣土陶粒的研制及其性能 [J]，建筑材料学报，2018，21（05）：803-810.
[68] 张卓，张峰君，谢发之，等，盾构渣土基免烧免蒸陶粒固化重金属离子研究 [J]，广州化工，2015，43（09）：51-53.
[69] 陈荣生，余志刚．污泥、建筑渣土烧结空心砖生产线简介 [J]，砖瓦技术交流，2017，（2）：16-21.
[70] 武营军，郭清华．泥水平衡盾构机渣土回收利用绿色施工技术 [J]，建筑机械化，2015，（11）：75-76.
[71] 王梦恕．中国铁路、隧道与地下工程发展概况 [J]. 隧道建设，2010，30（4）：351-364.
[72] 《中国公路学报》编辑部．中国隧道工程学术研究综述 2015[J]. 中国公路学报，2015，28（5）：1-65.
[73] 陈馈，杨延栋．中国盾构制造新技术与发展趋势 [J]. 隧道建设，2017，37（3）：276-284.
[74] 洪开荣，陈馈，冯欢欢．中国盾构技术的创新与突破 [J]. 隧道建设，2013，33（10）：801-808.
[75] MOAVENZADEH F，MAGARRY F J，WILLIAMSON R B. Use of Laser and Surface Active Agents for Excavation in Hard Rocks[C]//SPE 2240，presented at the 43rd Annual Fall Meeting of the Society of Petroleum Engineers of AIME.
[76] 张庆松，李术才，孙克国，等．公路隧道超前地质预报应用现状与技术分析 [J]. 地下空间与工程学报，2008，4（4）：766-771.
[77] 李术才，刘斌，孙怀凤，等．隧道施工超前地质预报研究现状及发展趋势 [J]. 岩石力学与工程学报，2014，33（6）：1090-1113.
[78] 郭如军，何发亮，李术才，等．岩体温度法隧道施工掌子面前方含水体预报模型试验研究 [J]. 现代隧道

技术，2008，02：50-55+87.
[79] 陈方明，邢秦智，白现军，等 .N-J 水电站某 TBM 开挖洞段岩爆倾向性判定分析 [J]. 人民长江，2018，49（S1）：173-175.
[80] 薛亚东，李宜城 . 基于深度学习的盾构隧道衬砌病害识别方法 [J]. 湖南大学学报（自然科学版），2018，45（03）：100-109.
[81] 柳厚祥，李汪石，查焕奕，等 . 基于深度学习技术的公路隧道围岩分级方法 [J]. 岩土工程学报，2018，40（10）：1809-1817.
[82] 柴雪松，朱兴永，李健超，等 . 基于深度卷积神经网络的隧道衬砌裂缝识别算法 [J]. 铁道建筑，2018，58（06）：60-65.
[83] 党巾涛 . 基于 CNN 的隧道地质超前预报 GPR 实测数据分类研究及应用 [D]. 西安：长安大学，2018.